文学名著

Birthplace of literary masterpieces

诞生地

人民文学出版社

1951-2021

人民文学出版社

图书在版编目（CIP）数据

文学名著诞生地：人民文学出版社：1951—2021／人民文学出版社编. —北京：人民文学出版社，2021

ISBN 978-7-02-016326-7

Ⅰ.①文… Ⅱ.①人… Ⅲ.①人民文学出版社—概况—1951-2021 Ⅳ.①G239.22

中国版本图书馆 CIP 数据核字（2021）第 044212 号

责任编辑　王永洪
装帧设计　陶　雷
责任印制　宋佳月

出版发行　人民文学出版社
社　　址　北京市朝内大街 166 号
邮政编码　100705
网　　址　http：//www.rw-cn.com

印　　刷　三河市宏盛印务有限公司
经　　销　全国新华书店等

字　　数　448 千字
开　　本　710 毫米×1000 毫米　1/16
印　　张　33.75　插页 1
印　　数　1—5000
版　　次　2021 年 3 月北京第 1 版
印　　次　2021 年 3 月第 1 次印刷

书　　号　978-7-02-016326-7
定　　价　99.00 元

如有印装质量问题,请与本社图书销售中心调换。电话:010-65233595

目　录

写在前面的话

人民文学出版社成立于1951年,至今已整整七十年了。

值此七十华诞之际,人民文学出版社决定辑录并邀请部分作家、评论家、学者、翻译家、编辑家等,撰写他们眼中的人民文学出版社,讲述他们的作品在人文社出版的种种难忘经历……于是,就有了呈现在您眼前的这本《文学名著诞生地》。

七十年前,人文社建社伊始,首任社长冯雪峰就提出了延续至今的出版理念:"古今中外,提高为主。"作为中华人民共和国成立后设立的首家国家级专业文学出版机构,七十年来,人民文学出版社出版图书品种约两万种,发行量十亿多册。如今"朝内大街166号"已经成为首都北京城市文化时尚地标,它是许多读者、作者心目中的"神居之地"。

人文社确实是一个非同寻常的所在。一方面,从建社开始,它就聚集了众多的名家、学者,如冯雪峰、楼适夷、聂绀弩等;另一方面,由这些名家、学者,又联系起了更多的作家、翻译家、学者,构建起了有中国特色的文化版图,成为新中国文学出版事业的起点。

如今人们熟知的中国古典文学作品如"四大名著",影响了一代又一代读者的《鲁迅全集》以及"中国古典文学读本丛书""中国人民文艺丛书"……都诞生在这里;又如改革开放以来的茅盾文学奖,四十八部茅奖作品中有二十部是由人民文学出版社出版的;而外国文学中的名著如《莎士比亚全集》《巴尔扎克全集》《列夫·托尔斯泰文集》《塞万提斯全集》……也正是从这里走向读者。

"人事有代谢,往来成古今。"七十年时光荏苒,每一部给读者带去或欢乐或悲伤或激扬或沉郁的文学名著,都留下了一段值得铭记的历史,既凝结着作者的无数心血,也饱含着出版者的辛勤劳作……正所谓"江山留胜迹,我辈复登临!"我们编选这样一本书,既是对以往历史的回顾,也是对前辈的缅怀,更是对我们自己的一种鞭策警醒:此后更长的时间里,我们希望有更多的作者成为我们的合作者,有更多的名著奉献给广大读者。

人民文学出版社

2021 年 3 月

《清江壮歌》出版的前前后后

| 马识途

　　我和人民文学出版社的关系与我和《人民文学》杂志的关系一样，就是我和文学的关系。也就是说，如果不是人民文学出版社和《人民文学》杂志社把我硬拽进文学圈里来，也许我的人生道路会是另外一个样子，也许我根本不会和文学结上善缘，以致戴上作家这顶光荣的桂冠，或者更准确地说，这顶扎人的荆冠了。

文学生涯

　　要说我和文学发生关系，却是可以早推到1935年。那时我在上海上高中。30年代的上海，是一个文化比较发达的城市，各种报刊，从革命的到黄色的，无不具备。全国最大的出版社几乎全在上海。在那里出版了全国大半的教科书、参考书和课外读物以及大量古今中外的文学著作。还有印刷粗劣但确是古今中外名著的"一折八扣"书籍，满地摊摆着，颇受求知穷青年的青睐，我就买过不少。许多知名的文化人都聚居在上海，更多不知名但追求进步文化的青年，哪怕穷居亭子间以烧饼度日，也不愿离开文化气息很浓的上海。我也是这样，在上海上学时，像海绵一样，胡乱吸收着各种文化知识。从进步的书刊如邹韬奋办的《生活》，杜重远办的《新生》到提倡性灵小品文专谈幽默的林语堂办的《论语》，陶亢德办的《宇宙风》，什么都读。当然，读得最多的是进步的文学书刊，像鲁迅化名在《申报》副刊上发表的花边杂文，我几乎天天要翻翻《申报》，去找来读。开明书店出版的叶圣陶主编的《中学生》，我更喜欢，每期必读。我虽然以"工业救国"为职志，发奋读理工科的书，但是我渐渐地喜欢起进步文学来。我从中受到熏陶，思想逐渐进步，终于卷入抗日怒潮，走向革命。可以说，我走的是当时一般青年走的"文学——抗日——革命"这样一条觉醒之路。

　　1935年，《中学生》杂志举办有奖征文。我在也算是上海作家的语文老师章铁民的鼓励下，投去一篇散文，居然获了奖，高兴得不得了。这便是我的第一篇作品。从此我虽然在大学读着工科，却热爱文学。1937年，我为了反抗国民党法西斯军训，写了一篇《军训集中营记》，当时无处发表，后编入我的《夜谭十记》。1938年初，我又为《新华日报》写了一篇报告文学《武汉第一次空战》。后来我因从事地下革命活动，无法搞创作了，直到1941年我进了昆明西南联大中文系为止。

　　西南联大中文系拥有全国著名的教授，如闻一多、朱自清、沈从文、李广田、陈梦家、卞之琳等，我在他们的门下接受了文学的科班训练，同时又生活在一个文学创作比较活跃和自由的环境里。众多文学社团举办各种讲座、集会，办起各种文学壁报以至自由出版文学刊物，耳濡目染，激发了我的创作热情。我一进联大，就发现一本叫《微波》的小本杂志，由微波社出版，这真是那时一摊死水中的一片微波，我马上参加他们的活动，并且写点儿小文章。其后我又参与把老资格的"冬青文学社"恢复起来，展开活动，办起了壁报，同时也参加闻一多关怀的"新诗社"和"剧艺社"的进步活动。后来我们几个同学与正在昆明以教书作掩护的张光年一起，在楚图南、尚钺等教授的支持下，办了一本文学杂志《新地》。我在上面发表了一些小说和杂文，因为大家发表作品时都用化名，在课堂上曾引起朱自清教授的询问。我同时和张彦、吴国珩办了一张进步的《大路周刊》，约请闻一多、吴晗、楚图南等教授和吕剑等作家写文章。我在那上面经常发表时事杂文，当然都用化名。

从这种种的活动看，似乎我是诚心要在文学这条路上走下去了。其实不然，我当时的真正活动是革命。我在党的云南省工委领导下，担任联大党支部书记，领导学生进步活动。这才是我的正业，文学活动甚至课业活动都只是我的副业。1945年毕业时，系主任罗常培教授有意要留我跟他做研究生，我也婉拒了，因为我已接受了省工委的任务，要到滇南工委做书记，准备滇南的游击战了。

1946年，党的南方局把我从滇南调到川康特委，做地下党的领导工作。我完全转入地下，工作既繁重又危险，和文学完全绝缘，直到解放。解放以后，我一直担任着行政领导工作，十分繁忙，虽然有时翻翻文学书刊，也关心文坛风云，但既无时间思考写作，也不敢思考写作。又看到文坛上风云变幻，波诡云谲，我哪还敢涉足文坛？

初涉文坛

到了1959年新中国成立十周年前夕，《四川文学》要发表纪念作品，省作协主席沙汀特别给我写信，要我写一篇革命回忆录。这个我自然不能拒绝，便写了一篇回忆录《老三姐》送去。谁知一发表出来，便引起四川文学界注意。《人民文学》接着加以转载，又引起全国文学界的注意。《人民文学》主编陈白尘给沙汀写信，托他向我约稿。陈白尘认为我的生活底子很厚，又有艺术表达能力，这样的作品很有教育意义。为此他特派编辑周明到成都来，通过沙汀找到了我，要我写稿，说他奉陈白尘之命，这次一定要带回一篇稿子去。一时我感到茫然，就推说我没有多少好写的，而且我的工作很忙，没有时间写。周明是一个组稿能手，对我就是不放手，他趁我休息时来找我闲聊，说想听一听我的革命经历，摆一摆（四川方言、聊一聊）革命斗争故事。我就随便向他摆了几个过去革命斗争中的故事。他马上就抓住说："就是这几个故事，照你摆的写出来，就是好作品。"我想如果这样写下来就是作品，那倒也不难。我便答应试试。他真有耐心，就在成都等我的稿子。我写了一篇《找红军》，他拿回去交给陈白尘，结果在《人民文学》上作为头条发表了。这一下引起文学界更多人的注意。不久我到北京去开会，除开《人民文学》编辑部的人来看我外，作家协会书记处的几位书记如郭小川、严文井也来看我，还有一位书记张光年，我们本来在昆明时就有文字缘，他更是鼓励我拿起笔来写作。他们还安排我和作协党组书记、著名文学评论家，也是老革命的邵荃麟见了面。邵荃麟认为我有很丰富的革命斗争经历，而文字功夫也不错，已经开始形成自己独特的风格，能够用艺术形式很好地表达出来。他说这在老同志里是不多的，因此我有责任用小说形式把中国人民的革命斗争表达出来，既有艺术价值，又有教育作用。他强调说："这个革命责任，你是不能推卸的。"在座的书记们自然极力鼓动我，《文艺报》主编侯金镜说："我们发现你的脑子是一座革命故事的富矿，你是不能拒绝我们来开发的。"

他们这么一说，我还能把我不想卷入文坛是非地这样的思想亮出来吗？回来后四川作协的同志特别是沙汀一个劲儿地鼓动我写作品，并且转来作协书记处决定吸收我为作协会员的通知书。这一下真的把我和作协套牢，成为中国作家了。于是我连续在《人民文学》和其他文学刊物上发表了一些小说，不仅写革命斗争故事，而且接触当代生活，写起大家都怕写的讽刺小说来。头一篇《最有办法的人》就发表在《人民文学》上，很受到以讽刺剧见长的陈白尘的鼓励，他给我写信，说小说引起茅盾的注意，茅盾说解放后最缺的就是讽刺小说，现在开始有了。

这样一来，我真的有点儿飘飘然也有点儿昏昏然起来，至少有意要做一个业余作家了。我几乎把我所有的从政之余的时间都用来写作。特别是我找到了随她妈妈入狱、她妈妈牺牲后二十年下落不明的女儿的事，在四川成为美谈；不仅沙汀等文学界的同志极力鼓动我把它写成长篇小说，就是朋友和领导同志也鼓励我把这可歌可泣的英雄事迹写出来。于是我在沙汀的具体指导下，真的写起长篇小说来。

清江壮歌

我那时正担负着繁重的行政领导工作,不可能脱产写作品,而且害怕受到"追名求利,不务正业"的批评。事实上我已经听到"马识途在搞自留地,搞小自由"的窃窃私语。那个时候,这种话的含义就是在搞"资本主义自发",这对于一个共产党员来说,是一种危险的罪名。我真的有些害怕,不想写了。可是我已经从感情上"进入角色",那些一同战斗过的烈士,特别是我尊敬的何功伟和我的爱人刘惠馨烈士在呼唤我把他们的事迹写出来。我们常常在梦中相见,他们和我谈笑风生。一种感情一种责任感在催促我,欲罢不能。就是冒受讽刺受批评的危险,我也要义不容辞地拿起笔写下去。因此可以说我是在偷偷摸摸的状态下写这本书的,也可以说是怀着一种悲愤的情怀来写这本书的。

我白天照样上班,工作一点儿也不减,写作都靠晚上开夜车。我几乎每天晚上都熬到半夜以后。我的老伴一直支持我写,却又可怜我这么伤神。她虽然也是大学毕业,可是在写作上,却无力帮助我,只好陪我熬夜。她把孩子们安排睡觉后,便来陪我。她的工作也很忙,而且身体不好,营养又差,坐在一旁,不断打盹。猛然醒来,便给我的茶杯添水,有时给我煮两个荷包蛋提精神。须知那个时候,正是所谓"三年自然灾害"的时候,连饭都吃不饱,每人每月十九斤粮食,还得照顾三个孩子,两个鸡蛋岂是容易的事?夏天晚上蚊子很多,那时的房子没有纱窗,我被叮咬得受不了,妨碍思路。我老伴便为我在床上安一张小桌,挂上电灯,放下帐子,让我坐在帐子里写作。帐子里闷热,又为我安一个小电扇,这样总算有了一个开夜车写文章的环境。不过那时电扇的质量不好,那嗡嗡的叫声也怪烦人的,我不想用。这就给我的老伴添了麻烦,她不时进帐来给我扇扇子,真难为她了。我就这样一连开了一百八十多个夜车,加上所有的节假日,才算是拉出了初稿。有时真是筋疲力尽,晚上一见到摆在桌上的方格稿纸,头就疼起来。然而我终于在英烈们精神的感召下,写完了《清江壮歌》。我感到从来没有的痛快,真是如释重负。

沙汀把初稿拿去看了一下,觉得不错,马上在《四川文学》上连载,引起文学界的注意。同时成都市市委书记决定在《成都晚报》上连载,那影响就更大了。据说《成都晚报》还因此增加了发行量。我认识的一位四川大学教授告诉我,他每天一到晚饭前,就是去拿晚报,看连载的《清江壮歌》,他说许多教师和同学都如此。后来《武汉晚报》也开始连载,晚报主编写信告诉我,因为小说的故事发生在湖北,写的又是湖北的烈士,一连载就引起轰动,反应强烈。因此之故,我就进入了人民文学出版社的视野。

据说自从《清江壮歌》在报刊上连载,人民文学出版社就开始注意,印成征求意见本后,他们找我要去了一本,经过审读,有意出版。特别是人民文学出版社的总编辑韦君宜,特别关注。抗战初期,她和我一起在黄安党训班学习过,算是老相识了,和《清江壮歌》中的女主人公的原型刘惠馨烈士(也是那个训练班的同学)两人很熟。因此她对这部稿子更有兴趣,通读以后,更为书中的革命英雄人物所感动。在此之前,她早已认可我的写作能力,曾在《文艺报》上写文章,评介我在《人民文学》上发表的短篇小说。所以虽然四川人民出版社已决定出版《清江壮歌》,她还是力主改由人民文学出版社出版。她派了王仰晨到成都来,找了沙汀和我,提出由人民文学出版社出版这本书的意思。我想,由全国最有权威的文学出版社出版,当然更好,沙汀也赞成。于是由沙汀出面和四川人民出版社交涉,最后达成了由两个出版社同时出版的协议,稿子由人民文学出版社组织修改和审定。

此前,这部文稿,已经由沙汀在省作协组织过两次讨论会,大家一致肯定这部作品,认为其不仅歌颂了革命英雄主义,而且着力表现了"父子之情,夫妻之情,母女之情",很有人情味,令人感动。结构上悬念迭起,扣人心弦。语言上不乏幽默讽刺,耐人寻味。当然大家也谈到还有这样那样的不足和问题。我过去在西南联大时虽然写过一部长篇,但这一部才算是我准备正式出版的第一部长篇,自然还会有许多问题,因此我决定好好改一改。王仰晨这位老编辑很有眼光,当着沙汀的面,向我传达了他们社里的审读意见和韦君宜的看法,我才知道小说的问题还不少。有两章须砍掉,有两章须改写。前后如何贯通,如何收尾,特别是悲惨牺牲的结尾的调子如何处理,还要斟酌。果然人民文学出版社不乏高手,提的修改意见很中肯。同时曾在南方局直接领导鄂西特委的钱瑛同志看了初稿,要我更加强化第一主人公何功伟的分量。因此我决定用一年时间,从头改写一遍。韦君宜要我抓紧改完,他们等着出版。

但是那个时候,我的工作的确很忙,我在西南局宣传部和科委担着两份差事,更担任着中国科学院西南分院党委书记的重任,具体事务很多,忙得不可开交。只利用业余时间,一年内改写一遍几乎是不可能的。韦君宜知道这个情况后,趁我在北京开会时,带我去见了周扬。韦君宜为我说明情况,提出请周扬给西南局常务书记李大章打个招呼,给我修改作品的时间。周扬慨然同意,他大概真的在中央的什么会上见到李大章,向他打了招呼。李大章回来,在西南局办公会上对我说,允许我每天只上半天班,抽时间修改《清江壮歌》。但是他知道第一书记会有看法,所以加了一句:"工作任务不减,还要完成。"这无非是要我多流点儿汗水,挤时间做事,我也同意了。但就是这样,还是有人不满意,认为我写作是不务正业,干私活。不管他,李大章同意了就行。我就马上把修改的任务紧紧抓住,利用下午和晚上,一章一章地重写,搞了大概一年,重写了一稿,其实不止一稿,从我女儿保留的最后一稿稿本标注的字样看,一共写了五稿。总之,我终于完成任务。书稿送到人民文学出版社,他们大概又做了一些小修改,便交付印刷厂排版,打出了清样。王仰晨把清样送到成都来,交给我,我把清样再看一遍,便最后定稿,上机印刷出书了。这大概是 1962 年的事。

文坛惊变

但是事情突然发生了变化。1962 年,中央在北戴河开八届二中全会,提出了"以阶级斗争为纲",在会上揭发出一本歌颂革命烈士刘志丹的书《刘志丹》是反党大毒草,还说毛主席说:"利用小说进行反党活动,是一大发明。"这一下株连了一大批中央要人,被批被斗,撤职查办,连国务院副总理习仲勋这样的高级领导人也未能幸免,被搞成了"西北反党集团"的头头。《刘志丹》的作者更是被抓起来投进监狱,整得很惨。出这本书的工人出版社也受株连,出版社的领导坐了监狱。这件事,我早有风闻,但详情还是我到北京开会,到我过去的上级中央监委副书记钱瑛家里去玩,才得知的。

钱大姐对我说了北戴河会议的情况后,告诫我说:"谁也没有想到,一本歌颂革命烈士刘志丹的书,竟然是反党的大毒草,你写的《清江壮歌》也是歌颂革命烈士的,到底怎么样?你有把握吗?我看还是小心一点儿的好,不要出版了吧。现在有些事情你是料想不到的,弄到你头上来时,就悔之晚矣。所以,"她从她的书柜里取出一本小册子来给我,说,"这是一本怀念革命烈士的书,由中国青年出版社出版,已经印出来了,还没有发行。我从北戴河回来以后,马上通知中青社,停止发行,全部销毁。我只留了几本做纪念,这一本是留给你的。"我看见书名叫《俘虏的生还》,翻看一下,知道这是她在大革命时代牺牲的爱人谭寿林的一部遗稿,钱大姐写了序,书名是董必武题的字。这样的书对于教育青年一代不是很好吗?我们不是提倡革命传统教育吗?竟然自行销毁,不见天日,实在可惜,也实在不可理解。不理解归不理解,眼前的事实却不能视而不见,悬在我的头顶上的那把看不见的达摩克利斯之剑,是可以随时落到我的头上来的。钱大姐一番好意的劝告,我是不能不听的,我答应回去就和出版社商量,起码目前暂时不出版。不过钱大姐说:"你的书虽然还没有出版,但是已经在几个报刊上连载了,影响很大,如果有问题,你也是想跑也跑不脱的了。中央正在进行全面的检查,但愿《清江壮歌》不会有问题。不过你还是要有思想准备。一有风闻,自己争取主动检讨。"我当然接受了老上级的警告,不过心里真不是滋味。一是恐惧祸从天上落,一是心里不服气,为什么歌颂烈士的书也会是毒草呢?

我回来以后,马上和人民文学出版社联系,给韦君宜写了信。她回信说,《刘志丹》一书的事,他们知道了。他们也奉命清理。她说《清江壮歌》一书,她认为是不会有问题的,他们还将继续出版。不过她叫我再认真地检查一遍,可能犯嫌的地方都要进行必要的改写。她提到,最后的被屠杀的悲惨局面,一定要把调子提高一些,亮色一些。我同意了她的意见。说实在的,我真希望《清江壮歌》还是能出版,我不希望我的第一部长篇中途夭折,即使要担风险,为了纪念我最怀念的革命烈士,我也准备豁出去了。话虽然如此说,心里总是七上八下,家人也为我担心,因此我决定拖后出版。但是我不想告诉出版社这个主意,只对出版社推说,我正在重看重改,我的工作很忙,能抽出的时间不多,所以一时还不能把清样改好送回去。事实上也真是如此,我的确很忙。同时我的确接受韦君宜的意见,为了把结尾的调子改得高昂一些,设计了一场劫狱斗争,整个结尾几章都要重写。韦君宜同意我拖些时间交清样,不过编辑部还是催我赶快,说新华印刷厂排的《清江壮歌》铅字版,摆了一屋子,等着打纸型后拆板,占了他们的铅字和屋子,是要收租钱的。我还是稳住不动。

这时又出现了一个新的情况。全国阶级斗争的弦越绷越紧了,中央决定在全国农村展开社会主义教育运动,据说农村有三分之一的政权不在共产党手里,必须通过阶级斗争夺回来。于是在全国调了几十万干部下乡搞"四清"。我本来是决定第二年下去的,却因为开罪了第一书记,当年就被下放到川北南充县去做县委副书记,专搞"四清"。这一下我完全被卷入十分紧张的阶级斗争里去了,日夜奔忙,心情又不佳,老伴又得了重病,哪有时间来修改《清江壮歌》?干脆就放下了。

在这同时,眼见文艺战线上的问题越来越多,山雨欲来风满楼,我慢慢地对于出版这部小说丧失信心了。特别是我在北京中宣部亲耳听到陆定一部长在一个小会上说了一句"作家是危险的职业"的话,印象深刻。我何必去从事这个危险的职业呢?《清江壮歌》不出也罢。不过我仍然耐不住韦君宜的催促,自己也有敝帚自珍的心理,我还是把清样带乡下去,有时晚上得空,就挑灯夜战。真的是挑灯,那些山区里只点土煤油灯。但是这样一曝十寒,进展自然不大。

这样拖了一年多,又出现新问题。文学界批判这个,批判那个,人性论、人情味、中间人物,如此等等,都在被批判之列。沙汀从成都写信来告诉我这件事,特别提醒我,《清江壮歌》里正有这样的问题,既富人情味,又有中间人物,要我考虑修改。他甚至提到,书里许多地方有痛哭流泪的场景,凄凄惨惨的,虽是情之所至,可是也可能犯忌讳,要做适当的打磨。在这同时,韦君宜也一番好心,给我写信,说到同样的问题,要我注意。她沉痛地告诫我:"现在不准流泪,你就暂时不流吧。"于是我就为保安全,遵命不流泪,把那些流泪的描写尽量删去。看看,在革命斗争中,我的女儿生下才一个月,就跟着妈妈去坐牢,妈妈牺牲后她下落不明,我找了二十年才把她找到,父女一朝相见,自然是涕泪滂沱。但是,我在小说里写到同样的父女相见的情节,却不准写流泪,这是多么不近人情的事!但是我为了自保,也顾不得了。

《清江壮歌》这部清样,人民文学出版社一催再催,我却一拖再拖,就这么拖了五年,直到 1966 年初,才把清样送回出版社去。他们在文字上又做了一些修改,马上付印。1966 年初夏,我终于收到了样书。然而这时候,"文化大革命"已经是山雨欲来,而我籍列"阎王殿",已经成为西南局第一个被抛出来为"文化大革命"祭旗的牺牲品了。《清江壮歌》的出版,给我这个罪孽深重的人,增加了新的罪孽、新的被批判的材料。为了这本书,我不知挨了多少批斗。所幸的是,因为批斗,这本书竟成为青年们最喜欢偷偷阅读的书。我坐牢时,常常被点名拉出去到这个学校那个工厂斗争,每到一处,都有成群结队的青年,像看珍奇动物那样来围观"写《清江壮歌》的马识途",批判会变成展览会。

1976年"文化大革命"这场史无前例的大灾难终于结束了。1977年人民文学出版社和我联系,提出重新出版《清江壮歌》的事,韦君宜和我也恢复了联系,告诉我准备重新出版《清江壮歌》,要我把原书再看看有什么修改没有,我说,没有什么大的修改了,只是把原来不得不做的某些修改,恢复过来,比如那时不准流泪,现在可以流了。我把原书稍做字句的修改,便给了出版社。他们于1978年定稿付印了,还是和第一版一样,开印就是二十万册,据说卖得很快。后来我看到有天津和武汉印刷的版本,不知是不是加印的。1979年天津广播电台连播这本小说,听说反应不错,电台应听众要求,特地来采访我,并播出了对我的专访和《我怎么写〈清江壮歌〉》的讲话稿。接着中央人民广播电台连播了这本小说,随后四川广播电台和武汉广播电台也做了连播。应该说,我写这部长篇小说所想起的作用,已经如愿以偿。过去为此书的创作所受的一切惊恐和磨难,都算不得什么了。

文学之缘

从此以后,我和人民文学出版社的文字缘结得更深了,和社长韦君宜则早已是患难之交。我有什么新的创作,首先想到的就是要送给人民文学出版社,请他们先看看。因为我知道人民文学出版社有许多很有水平的资深编辑,他们的工作态度比较严肃,对于文学作品要求严格,无论从思想上艺术上都能看出问题,并且提出很好的修改意见。但是他们很尊重作者,决不强人所难,更不胡乱涂改。至于那种为了迎合潮流,为了"卖点"而随意捏弄作品的事,我从未听说过。他们始终保持一种国家文学出版社应有的高品位高素质的传统作风。而且他们的眼光我以为是比较敏锐的,他们善于发现好作品,即使还是一件不很成熟的作品,他们善于和作者合作,把一件有希望的作品毛坯,打造成为艺术精品,这的确是既要有眼光又要有本事的。我知道有的成名作品,是经过他们细心的打磨,才臻于完美的,而名与利他们均不与焉(那时甚至责任编辑的名字也不印在作品上)。他们这种力求出精品的作风,在目前这种出版风气中是弥足珍贵的。无怪乎全国重大文学评奖,比如茅盾文学奖,都有他们出版的书,几乎每届榜上有名,且常是首卷,这绝不是偶然的。

基于我对人民文学出版社这样的认识,除了把他们作为我的送稿首选出版社,我有什么创作打算,也总想找他们谈谈。他们多半都能对我的作品起催生作用。和那个时候的《人民文学》编辑部一样,他们有一种诱导创作的办法。使你不成熟的思考成熟起来,不明确的概念明确起来,不清晰的人物清晰起来。帮助你挖掘你潜在的能力、情节和素材,使之发光出彩。说老实话,那个时候,我虽然算是一个年龄较大的革命老兵,还受过文学科班训练,却还是一个文坛新兵,我能敞开胸怀,接受他们的帮助,确实获益匪浅。80年代,我连续在人民文学出版社出版的三本小说《夜谭十记》《雷神传奇》《马识途讽刺小说集》,都是这样出炉的。前后做我的书的责任编辑的有王仰晨、黄伊、于砚章、刘稚四位,他们在我的文学创作生涯中起过使我不能忘怀的作用。王仰晨在组织《清江壮歌》的创作和出版上,出过大力。黄伊和于砚章在《夜谭十记》的编辑出版中,给我很大的帮助。《雷神传奇》可以说是于砚章和我共同经营的。于砚章在被派到朝鲜之前,还和刘稚一同把我的讽刺小说集编了出来。他和我打交道最长,有十几年。他对我的创作帮助很多,在多次的长谈中,他启发我的思路,结构新的作品。

至今我引为遗憾的是,我和于砚章研究好了要写一部描写四川革命斗争的长卷《风雨巴山》,却流产了。这部书的分卷、人物、主要故事情节,都已有了眉目。可惜由于我工作很紧,又志大才疏,结果只出了上卷《雷神传奇》。中卷《秋香外传》写了十六万字,便半途而废,甩在那里。下卷《巴山黎明》也只把重要人物拉出来写了七八万字的短篇(这是《人民文学》编辑部派周明来挖的,在《人民文学》发表了《老三姐》《找红军》《小交通员》,在《解放军文艺》发表了《接关系》,在《四川文学》发表了《三战华园》《回来了》）。人民文学出版社的编辑们对我这样的做法很不以为然，黄伊和于砚章都对我提过。韦君宜则几乎是警告我说："把一个长篇里的精华人物拿出来写成短篇发表，生生地把一个好长篇《巴山风云》（当时定的书名）肢解了，太不合算。再也不能这么干了。"我从此再也没有这么干，但是结果这个长卷却至今没有写出来。前年我在北京时，于砚章来看我，还说起这事。而于砚章那次来和我谈得最多、简直可以说耿耿于怀的是，我和他多年前就谈好的另外一部作品，即《夜谭十记》的续篇《夜谭续记》，我一直没有交卷。什么都说好了，和出版社的约稿合同也签字了，甚至《引言》都写好了，就是没有坚持写出来。于砚章深感遗憾，我也深感内疚。我本来对于这部《夜谭续记》很有兴趣，也有信心，但是由于我不能不把我有限的余年，投入到另一个传记文学系列《我这八十年》五卷本的写作中去，已很难顾及《续记》的写作了。

当然，我也有对人民文学出版社感到遗憾的事，我的一本书想在他们出版社出版而未能如愿，那就是我积十年之功写成的《沧桑十年》。这部稿子是我想写、许多人劝我写的传记文学《我这八十年》五卷中的一卷。我首先送到人民文学出版社，但大概因为这是写"文化大革命"的，他们有他们的为难之处，没有接受，对我表示歉意。作家出版社也想出而一时未能出。结果中央党校出版社从季羡林教授（他给这书写序）处得知，从他那里拿去稿本，一个星期就来找我签约，不过两月便推了出来，赶上了书市，听说反应不错。然而它没能进入人民文学出版社的书目，我总是心中欠欠的。

我和人民文学出版社结了四十年的文字缘，我对他们把我带上文学之路，表示诚挚的感谢，还有着深深的难以割舍的感情。今后我还能和他们继续文字之缘吗？《我这八十年》余下的四卷，我以为应算是传记文学作品，可是中央党校出版社以为我写的有党史研究参考价值，应由他们出版，社长亲自来和我签了约稿合同。我戏说："我这一辈子大概是卖给你们了。"我和人民文学出版社的文学之缘，大概将抱憾以终了。

神居之地

| 丰 收

　　记得清楚,1987 年 9 月 3 日,初睹你的芳容。你不高的身姿却让我仰视,仰视着,如边陲远地的博格达、汗腾格里、巍莽昆仑! 锻造出《林海雪原》《青春之歌》《野火春风斗古城》《三家巷》……一个戈壁少年眼中重重昆仑峰巅天山雪冠光芒的所在。——这天,他最终没有踏进这处让他神往的所在。不是没有勇气,是高天阔地的荒原赋予的孤傲和自尊。

　　一切的开始无非往来人生。

　　1986 年盛夏,我陪同中国作家协会组织的一批作家走访新疆建设兵团。那时,亦农亦工亦兵却不着军装的"兵团"群体国人尚知甚少。十多人的队伍里有诗人、莎士比亚十四行诗权威翻译家、人民文学出版社总编辑屠岸前辈;"现当代诗坛一个绕不过去的名字""一棵常青的世纪之树"牛汉前辈;作家张胜友先生;文学评论家李炳银先生……自乌鲁木齐西行,穿越传说成吉思汗西征大军凿通的伊犁河谷门户果子沟;行走那拉提草原翻越天山冰大坂直抵南疆重镇库尔勒……深水潜流青松环绕赛里木;漫坡山花探过窗口,飘飞的雪花已在车前,一日四季时间沙漏里一连翻几个筋斗实在不稀罕……这一切雄浑壮阔,大山大水熠熠千里,山根握力攀盘上旋又山巅筋骨磅礴而下,引得前辈惊叹连连。牛汉前辈自语："整整一天,我们穿行在大山的肠子里。"兵团四师 65 团,雪青紫的衣衫已在地平线上耸耸肩,迎向远客。原生阿尔卑斯山脉南麓的薰衣草,三十余年农场职工的汗水心香,让一株株薰香籽落草为家,育养伊犁河谷,世界为乡。一个五岁大小的小女孩拿着一张一分钱长宽的白纸条去榆树下的冰棒箱换了一根冰棍。"农场发不出工资,不得不实行内部借贷",我道出缘由,屠岸尊师红了眼圈,"兵团人为国家做出了大贡献,付出了大牺牲……"

同行一路,文学根系在新疆大地的交集攀缘,生根地响在小小的胸腔,理解终究是人生往来之始。时光匆匆五年。耕耘于此的郭宝臣先生责编,屠岸尊师作序的《绿太阳》问世。走四方的边地男儿年已不惑,路迢迢,岁月急急又是二十年。在炳银兄的引荐下,我带着《西长城》手稿走进北京朝内 166 号。

我是新疆人。部队行军途中我落生古驿站玉门,没满月母亲就抱着我追随部队继续西进。对古称西域今谓新疆的辽阔大地我有着原生的深情,对这真实多样态世界充满了探究好奇。古往今来,商贾行旅,走西口的汉子婆姨,哪一个开口不是一部人世传奇?如一粒随风而去或是借风而动的种子,上承霜气,下接地气,就那么落地生根开花结果了,就那么"湖南庄子""河南庄子""六户地""十户滩"地繁衍蓬勃了。西部阔大磅礴,足够宽容育养人生的博大。以国家民族最高利益为己任的"兵团第一代"已渐渐褪影时间长河,他们的归宿地甚至未能有一块最简陋的墓碑……我的愿望是要让为国为民努力过的人,不再是风中尘、瀚海沙,而是被记住的有名于世的阳光大地的光的种子。新疆兵团一甲子时,我完成了《西长城》。当我把手稿交到脚印先生手上时,心中忐忑,不知我对新疆大地,耕植其上的每一个过往人生战士的记述,他们的光能否照进朝内 166?能否让读者们看见他们曾有的光芒?2018 年,《西长城》获得第七届鲁迅文学奖,脚印先生和脚印工作室的智慧和努力不可隐去,他们让记忆之学有了开枝散叶的可能。

出版社的品格成于编辑的知识维度和职业操守价值判断的坚守。

我聆听过名编辑郭宝臣先生的文学夜话,领略过先生墨宝机锋;受教于尊师屠岸先生。更幸甚,我得以迈进这处所在——"脚印工作室",相识相友脚印先生和一众热情朝气专业的青年。自此,已步入花甲之年的我,文学之山却一路风景。一个写作者,若遇上了问道谁与争锋的"水灵童子"编辑,那是三生有幸!我就是一位幸运者。

2018 年秋,以 1962 年中印边境自卫反击战为背景的书稿历时三年审读终得出版面世。只有我知道脚印工作室为此付出的智慧和辛劳。成书四十八万字,经两部门审阅斧砍刀削八万多。一件扯剪成碎片的新衣,要怎样的巧手慈心才能补漏掩痕,缀连如初?!感激之情无以言表。脚印工作室所在的朝内大街 166 号,引领文学的精神循内而行,酒香不怕巷子深,书香只缘本根深。人活七十古来稀,郭宝臣先生已仙逝多年;受人敬重的老革命"韦老太"韦君宜前辈已离世十八载;2016 年 12 月 2 日,中国作家协会第九次全国代表大会闭幕前一天,我得以拜见屠岸尊师。一年后,德高望重、享年九十四岁高龄的先生也驾鹤远行;最让人痛心的是,刚评完鲁迅文学奖,张胜友兄也离我们远去!电话中浓浓乡音犹在耳边……而今,我亦步入古稀之年。朝内大街166 号依然青春激扬。其实,166 号不挺拔更不伟岸,只有五层高,早被新起建筑压成一个小矮人。它也不秀丽俊美,多年灰暗衣装,说是灰头土脸一点儿也不过分。但,敬字惜纸的人眼里,那是"光之处"奥林匹斯山,是"龙脉之祖"昆仑虚——众神栖居之地!神居之地,生生不老!

编者·读者·作者

| 王充闾

一

人民文学出版社一向被称为"中国作家心目中的文学殿堂",而对爱好文学的广大读者来说,她从诞生那天起,就已成为一座可望而不可即的精神圣殿。当时,我正在读初中,每当走进书店,望着架上那端乎其神、肃乎其容的装帧秀美的图书,都怀着一种深情渴慕、仰止无限的心情,徘徊瞻顾,流连忘返,只是由于阮囊羞涩,最后只好怅然而去。好在还有图书馆等着我,可以到那里通过借阅满足要求。

由于我幼年读过八年私塾,对于人文社图书,最钟情的是"中国古典文学读本丛书"和"中国古典文学理论批评专著选辑"。读师范大学时,虽然享受公费,但手里并没有几个零花钱。1957年暑假前,我偶然在学校书店看到了《史记选》,平装竖版繁体字,厚重、气派,看了看定价是一元七角钱,狠了狠心就买下了。毕业后在县城中学任教,有了五十九元的月薪,除去养家糊口,再留下少许必要的生活费,余额几乎全部送给了新华书店。因为我是固定客户,混了个"脸熟",每当有这类书进货,书店都会尽先告诉我。那天听说郑振铎的《插图本中国文学史》到了,但午前我要讲课,待到午后赶去,已经被人捷足先得,心中憾然久之,特别是 1958 年 10 月,听到郑先生遇难的噩耗,更是抱憾终天。直到 1982 年,我终于买到手——已经是第五次印刷了,手托着四册书,算是圆梦二十五年。

购书,我还有许多帮手。南开大学孙昌武教授,青年时代即为挚友,由于他在人文社出版过《柳宗元传论》等多部作品,凡是这里出的重要古籍,他都能及时见到,这样我也有所偏得。1980 年代,随着学术视野的拓展,我开始补西方文史哲方面的短板,其间读了大量人文社版的西方文学、哲学、美学名著。就此我可坦然自诩,无愧于一个忠实读者。

二

事物都在发展变化。从 2007 年开始,在人文社,我又由读者转为作者。这一年我的散文集,有幸列入"中华散文插图珍藏版"。接下来,2018 年《诗外文章——哲学、历史、文学的对话》三卷本出版,并经由九位专家、学者、媒体人组成的评委会两轮投票,最终评上了"人民文学出版社 2018 年十五大好书"。评语是:"这是一部创新型散文新作。作者依凭近五百首历代哲理诗的古树,绽放哲学智慧、人生感悟的时代新花。创作中,借鉴东坡居士的'八面受敌'法,每立一题义,都是从多重视角研索、深思,从而拓展了情趣盎然的艺术空间,做出准确而警辟的点拨。全书意蕴丰厚,格调清新,文情并茂,兼具学术性与可读性。"2019 年,社里又编辑出版《王充闾语文课》,集结了过去二三十年选入大中语文课本或高考试题的几十篇散文作品。今年又出版了《千古诗心一趣通》,为《诗外文章》菁华版,并有多篇经过增补、改写。今年还有一本散文集《永不消逝的身影》,依我的初衷,要为七十年社庆聊献绵薄,彰显历史的闪光点,弘扬社会的正能量,展现应有的精神魅力。

其实,就永清社长和《诗外文章》责任编辑李磊女士来说,我在多年前就已成为他们的作者了。永清先生掌政中信出版社和现代出版社期间,策划、出版过我的《中国好文章》《龙墩上的悖论》等六部作品;小李在中国青年出版社与青岛出版社时,也曾责编过《话文人》《成功的失败者——张学良传》等五部作品。他们都竭尽辛劳,倾注心血,令我感念不尽。《中华散文插图珍藏版·王充闾散文》责编张晴女士,我们在浙江绍兴"鲁迅文学奖"颁奖会上热情交谈过。而《语文课》与《永不消逝的身影》的责编脚印女士,尽管深为其认真负责、务求尽善尽美的精神所感动,但至今尚缘悭一面。

三

对于作家来说,出版社就是家。两年前也是这个时节,已经临近岁晚了。我冒着凛冽的寒风进京出席《诗外文章》出版座谈会,一进"家"门,就受到永清社长、应红总编辑的热情接待,立刻感到一股温馨的热浪兜头涌来。由于领导分外重视、精心策划和多位专家、学者的鼎力支持,会议开得非常成功。会后,我乘便参观了社长办公室的书库,真是琳琅满目,如入宝山,大开了眼界。其实,我从走进这幢显现老资格的陈旧的五层楼,就已经心旌震撼——"郁郁乎文哉!"在这里,该曾进出过多少位硕学鸿儒,至今仍能感受到他们的芳泽遗韵。也正是这座文学殿堂,为中外读书界奉献出难以计数的宝贵精神财富,从而赢得代表中国出版界最高水平的盛誉。

革命导师列宁有言:纪念一个节日,"最好办法是把注意力集中在还没有解决的革命任务上"。值此举国向第二个百年奋斗目标进军的新发展阶段,这座书林巨擘也迎来了七十华诞。作为深情关注她的读者与作者,我欣喜地得知,全社同仁在总结既往、饱享胜利喜悦的同时,正按照国家十四五规划整体布局,擘画新的更高品位、更高质量的图书出版蓝图,开启更加宏伟的征程,迎接百倍辉煌的未来。意犹未尽,且以《江城子》词作结:

精神圣殿不寻常，溢书香，照琳琅。老树新花，驰目满庭芳。文运向来关世运，齐奋进，展辉煌。　　恢宏踔厉谱新章，慨而慷，竞腾骧。前景迷人，何惧路途长！过隙白驹争晷刻，休负却，好时光。

熏风有意不鸣条

——战争、人和文学

| 王树增

我与人民文学出版社的交往,至今二十年有余。

交往从我的"中国当代战争系列"的写作开始。

战争是什么?这一诘问困扰了人类数千年。

距今三千六百年前的商灭夏之战,是中国有文字记载的最早的战争。战争的发生地在"鸣条"。尽管"鸣条"于今的具体位置,有山西南部、河南西部和山东西南部诸说,而唯一可以肯定的是:那是黄河中下游的大河两岸,是华夏文明发源的腹地。

鸣条:枝条在风中猛烈摇动发出的鸣叫声。

汉,董仲舒言:"太平之世,则风不鸣条。"——大河在无垠的旷野上静静流淌,浩浩森森的河面上阳光闪烁;微风拂过两岸葱茏的田野,林木柔韧的枝条静谧得如同醉睡,天地间荡漾的只有为水中伊人吟唱的缠绵情歌。——多么风和日丽,多么岁月静好,这就是太平之世!接着,在一个无法预料的时刻,我们的先人们看见天边涌来成片的乌云,狂风紧跟着乌云横扫大地,枝条被推搡得剧烈摇摆在狂风中发出痛苦的呻吟。——自古以来,由于自然气候异常、农耕生产受害、社会分配不公、天下人心思变,族群之间、国家之间的战事总是猝然爆发。

人类长久地在战争与和平的交替中困惑。

战争是人类生活中破坏力最大的行为。一场战争过后，赤地千里，尸横遍野，万户萧疏。三千多年前，中原大地上又一次枝条鸣叫，战争的发生地名叫"牧野"，位于今日河南淇县南部。依旧是在大河岸边，周与商进行了一场血腥拼杀。那时，铁器尚未出现，青铜器是贵金属，青铜剑柄仅握在战车上的贵族手中，厮杀的双方兵士手中的"武器"大多是粗木棍。《尚书》："罔有敌于我师，前徒倒戈，攻于后以北，血流漂杵。"——双方兵士的鲜血在沟壑中流淌，已经成为血色的河水上漂浮着一层粗木棍。

战争真的值得书写么？

有哲人说，世上最大的问题是：智者充满疑惑，愚者坚信不疑。

我和我的爱人王瑛，我们的一生都是在军队里度过的。很多时候，我们不断地对战争是什么进行探讨，寻找着书写一场战争的合理性。这样探讨有时候会持续到凌晨三时，而在这样的过程中总会出现让我们怦然心动的书写战争历史的缘由，这些缘由往往由人的向往和期待、人的鲜血和生命、人的爱恋和情仇交织而成。

同样，有很多时候，人民文学出版社的脚印编辑——她后来成为我的每一部书的责任编辑——总是不断地询问我们准备写什么，我相信，脚印编辑以及人民文学出版社的社长们：刘玉山、潘凯雄、管士光、臧永清，他们也在试图走出怎样的书写才是成功的困惑，他们渴望出版一本好书和我们渴望写出一本好书的心情是一致的。

人民与文学，组成了一个令我十分敬重的出版社的社名。

我认为，战争的正义与非正义的区分，是看这一场战争是否具有人民性。

中国古人很早就明白："民者为万世之本。"孟子曾为人民、社稷、君主排了一个顺序：民为贵，社稷次之，君为轻——尽管历史的许多时刻正相反，而这样的相反往往预示着战乱的危险开始萌生。

中国古人也很早就明白："自古天下离合之势常系民心。"王韬说得直白："天下何以治？得民心而已。天下何以乱？失民心而已。"——尽管历史上许多战争的起因和结局恰恰是因此！

鸣条之战前，夏的百姓认为日子过得生不如死，他们会指着太阳咒骂他们的君主："时日曷丧，予及汝皆亡。"——"太阳啊，你什么时候灭亡，我们宁愿与你一起灭亡。"——谁能说夏的灭亡，仅仅来自商的武力攻击？

纵观历史数千年的流程，哪怕一场战争以千百万生命的付出为代价，只要战争的一方的作战意愿来自这片土地上绝大多数人民，付出生命的目的符合绝大多数人民的最大意愿，战争的这一方便有理由宣称是正义的一方——对于一个族群来讲，绝大多数人民的生存权和发展权，永远是正义的理由。

我书写的中国的当代战争，实际上就是新中国的创建过程，是中国当代史中伴随着危险突变与艰难新生的摧枯拉朽的历史。为新中国而战的一场场战争，是为绝大多数人民争取民主、自由、平等权益的战争，是为实现百年以来中国无数仁人志士的民族复兴理想而进行的生死决斗。这一场场战争，尽管在炮火连天中国土满目疮痍，尽管在枪林弹雨中生命血流成河，但我在写作的时候万分珍爱这些细节：衣衫褴褛的老人向路过村庄的队伍递来一碗米汤、憔悴的母亲为解放大军送出自己最后一个儿子、面带菜色的女人昼夜不停地为士兵缝制布鞋，奔赴前线的队伍后面跟着成千上万木轮在坎坷小路上吱扭扭作响的小推车——小推车上是百姓为了支援战争忍饥挨饿换来的一切：粮食、布匹、药品、子弹，甚至还有用来覆盖牺牲士兵的裹尸白布。

西北战场的佳县战役中，全县的穷苦百姓为了让士兵吃饱饭以便有力气举起战斗的刀枪，他们捐献出了所有的一切：茅屋土灶上仅有的一碗粗面、深藏地下的以备灾年的一袋黍米，甚至杀掉了自家赖以为生的牛、羊或者驴子。最后，全县的老人孩子不得不吃观音土，以维持虚弱的生命；最后，全县的穷苦百姓们为他们的士兵凯旋敲响了腰鼓；最后，毛泽东主席在献给佳县百姓的一面锦旗上写下了这样一句话："永远站在大多数劳动人民一面。"

为创建崭新的中国而发生的战争，有太多令今天的我们深思的内涵。

我和王瑛，与人民文学出版社的同仁，曾多次畅谈"人民战争"这个话题。

在这个话题上始终我们心心相印。

由此，我十分庆幸此生能够与人民文学出版社合作。

因为，这是人民的出版社。

文学与人民的关系就是文学的人民性。

一般认为，"文学的人民性"这一概念，产生于 18 世纪中叶俄罗斯文学中的浪漫主义流派。别林斯基认为，生活有"民众的生活"和"贵族的生活"两种，而文学必须表现人民的生活，文学的人民性在于反映人民的思想、感情、愿望和利益——很明显，别林斯基的"文学的人民性"，是针对当时俄国文学中的贵族性而提出来的。

当代中国"文学的人民性"，有着中华民族历史的民族性和地域性，我赞成用"人民性"来解读中华民族古典文学的精神走向。对于《诗经》《楚辞》，杜甫和白居易的诗作、关汉卿的戏剧，《西厢记》《水浒传》《儒林外史》和《红楼梦》等等，其人民性是其成为经典的主要要素。百年前，鲁迅先生等人提出了"人的文学"，这一概念在新文化运动后扩展为"庶民的文学"或"平民的文学"。无论何种称谓，人民的诉求和祈愿、人民的苦难和欢乐、人民的生存状态和命运走向，以及对人民的生存境况和时代面貌的书写，被认为是文学的正道。新时期以来，伴随着社会结构巨变以及多元文化的形成，文学的人民性这一认知不断发散和开放，但我看到，人民文学出版社的出版家们始终坚守着牢固的价值目标和精神立场，即以"文学的人民性"作为中国当代文学的主体意识。

在长期的合作中，我与人民文学出版社的出版家们形成了以下共识：

文学的人民性，强调的是人民创造历史的世界观。人类所有的一切，都来自人民大众的社会实践。因此，只有人民，才是生产关系的适应与不适应、生产力和生产关系合理与不合理的最先感知者、最敏锐的发现者以及最激进的改造者。文学的人民性，不仅是现实世俗生活的逻辑，更在于表现人民在社会实践中解放生产力、推动社会发展的精神和意志。

文学的人民性，强调的是人民的精神走向就是文明发展的逻辑。作为社会主体的芸芸众生，在历史发展的过程中，从感性走向理性、从自卑走向自尊、从蒙昧走向文明的历程，也正是他们用生命的感知、意会、判断、选择，整体性地直接把握社会发展和文明走向的过程。

文学的人民性，强调的是尊重人民大众的道德性和审美性。人民在各种生活境况下世代承担的责任和义务，在庸常繁复乃至艰难血腥的世俗生活中世代必备的韧劲和耐力，令他们即使仅能维持温饱依然可以在历史的漫长时光里生生不息。这是人类精神世界中最普遍、最值得敬畏的道德内涵，深沉地歌咏民生是中国文学的优秀传统。

人民文学出版社自成立以来，之所以傲立新中国出版界翘楚之位，正是因为这里的出版家们秉承不媚俗不苟且的职业品质，视人民性为一部优秀文学作品的重要条件，把人民性视为中国文学殿堂里的最高功勋，始终不渝地为人民提供最优秀的出版物。人民文学出版社出版的古今中外文学经典，日积月累，成为当代中国人心目中的文学高地；由人民文学出版社扶持培养的许多作家，成为当代中国文学创作队伍的中坚力量。

我的战争写作，一直遵循着"人民性"的文学价值。

我以为，为人民的选择、人民的利益和人民的历史命运而书写，是一个作家的本分，是中国文学的正道。

与人民文学出版社的志同道合，是我在万分艰辛中坚持写作的重要原因。

我不认为所谓"战争文学"是个专门的、归类式的词汇。纵观古今中外的经典文学作品,其涉及的人类生活,无论是时代背景、社会场景,乃至个体命运,与战争有关的占多数。从更宽泛的意义上讲,这些作品都可以称之为战争文学。

广义上的"战争文学"作品,人民文学出版社经典迭出。

人民文学出版社具有最强大和最优秀的编辑力量,他们始终对文学抱有一颗赤诚之心,他们对文学作品优秀标准的追求矢志不移。具体到我个人,他们令我在写作中不敢有丝毫松懈,哪怕我的《抗日战争》书稿长达一百八十万字。

据我所知,人民文学出版社的出版史上,鲜有当代作家关于战争题材的非虚构类作品出版。

近些年来,中国文坛有关于"虚构"与"非虚构"的概念之辨,其中多数观点都有虚张声势、夺人眼目之嫌。或许,非虚构写作,由于借鉴了社会学、人类学、新闻学等学科,与所谓"纯文学"的基本定义产生了某种疏离——且不说世界上是否存在所谓的"纯文学"——于是,面对非虚构文学作品,不断地有人在类属问题上提出质疑,认为非虚构作品与文学作品无关,这或许和那个典型的汉语词汇"报告文学"有关——"报告"这个词,有着众所周知的词义,深究起来确实与"文学"不是一回事。

非虚构文学并不是一个新名词。文学意义上的所谓"虚构"和"非虚构",界限明显而单纯:作为叙述形态的不同的类型,非虚构文学作品和虚构文学作品一起,构成了世界文学的两个主要样式。中国自司马迁的《史记》以来就有纪实性写作传统。

大约三十年前,我开始非虚构文学写作。

对于非虚构写作,我体会出的粗陋观点是:

首先,非虚构作品,是文学不是史学。史学著作以事件为轴,梳理的是事件与事件间的因果关系,得出符合历史规律的逻辑链条;非虚构文学以人为轴,梳理的是人在历史中命运突变的因由。我力图层层剥离所有被历史的风云吹成一团乱麻的因由,从中查找探求代表绝大多数人的情感、心愿、意志、渴望,书写出我们这个民族在一个特定历史片断中的心灵史。

再者,所谓"非虚构",相对应的只是虚构而不是其他,因此,必须坚持非虚构的真实性原则。所谓真实性原则,就是要符合历史的逻辑和事物的客观规律,在人物、时间、地点、细节、情节上,追求真实的客观存在。不虚构是底线。

其次,无论多么苛刻地遵循"非虚构"的原则,任何非虚构作品都不是自然形态意义上的"历史真实"——《史记》的真实,只是司马迁站在自身历史立场上所表达的"真实"——茨威格说:"历史是真正的诗人和戏剧家,任何一个作家都甭想超越它。"柏拉图说:"文学(诗歌)比历史更接近真理。"——接近真理,多么不可抵御的诱惑!——我认为,一部优秀的非虚构作品的标志是:为读者提供鲜明和独到的历史认知,宣泄出触及历史真实的强烈激情,令阅读者被这种关注自身命运的激情感染,与书写者一起固执地朝着人类社会的永恒真理接近:人民是历史的创造者。

书写非虚构作品几十年后,有评论称我为"非虚构写作第一人",此话不靠谱。第一人,是改变世俗规则的非凡人物。我不是。

但人民文学出版社的出版家们,是。

人民文学出版社,是新中国文学事业的开拓者和奠基者。人民文学出版社与新中国一起,以崭新的风貌和辉煌的成就,为中国当代文学事业谱写出一部壮丽的史诗。这里的一代代的编辑,既是文学家更是思想家,他们的敏锐、独到同时又是博大、包容的文学鉴赏和审美能力,是令人民文学出版社成为当代中国最高文学殿堂的重要原因。

在没有很多中国经典作品参照的前提下,我的非虚构写作迫切需要方向性的肯定,以便让我的彷徨之心有安居之所。我和王瑛始终记得第一次见到脚印时的情景,那个晚上她一直在听王瑛讲长征,尽管距离我真正动笔写作还有两年,但脚印在第一时间就意识到《长征》将会是一部好作品,在随后的两年乃至我写作的三年间,她锲而不舍地联系我们希望成为《长征》的责任编辑;我和王瑛始终记得第一次见到刘玉山、潘凯雄社长的情景,他们因为人民文学出版社能够出版《长征》而欣喜,虽然之前没有出版过这类作品,但深厚的人文情怀与宽阔的出版视野,以及能够与时代比肩的责任感,令他们在第一时间给予了我们由衷的信任和托付。《长征》的出版获得巨大成功,发行量达二百多万册,至今仍然畅销,赢得三大国家级图书奖。之后的管士光、臧永清社长,还有脚印工作室年轻的编辑颜炼军、刘健、梁康伟、王蔚、张梦瑶等,他们给予我们的远远超出了通常一个出版社对一个作者的帮助。所有这些,令我们每一次走进人民文学出版社都有回家的感觉。人民文学出版社的出版家们,最早不容置疑地认定:非虚构类写作,不但是文学创作中的重要门类,同时具有文学意义上的经典性、审美性和需求性。而我的"中国当代战争系列"的写作——《长征》以及随后出版的《解放战争》《朝鲜战争》《抗日战争》——和"近代历史系列"的《1901》《1911》,它们二十年来一直作为非虚构经典常销书,并获得数个国家图书大奖,对于当代中国文学是有意义和价值的。

人民文学出版社的支持和鼓励,对于我的写作至关重要,没有来自人民文学出版社的诚挚的厚爱,我无法坚持写完想写的所有的书稿。

我和王瑛很清楚,人民文学出版社为我们担当了很多。

人民文学出版社是当代中国文学事业的担当者。

人民文学出版社的出版家们都是干大事业的人。

人民和文学,两个道义,只有干大事业的人才有力量担当起来。

正值人民文学出版社成立七十年纪念之际,可喜可贺。

我的战争题材的非虚构文学写作仍在继续,战争与和平两种场景仍旧在我的心中纠结,让我被历史变迁中各式各样的生命状态鼓荡起磅礴的写作激情。以冷面著称的鲁迅先生，心中依旧有一派由人民和文学交织而成的恬静风光："微雨欲来勤插棘，熏风有意不鸣条。"

但愿我们的家园永远风和日丽，月静云轻。

但愿人民文学出版社事业兴旺，前程似锦。

我和王瑛都相信，作家和出版家的合作，只要有足够的真诚和努力，人民和文学的未来都将是美好的。

难忘当年 AA 制

| 王跃文

我同《当代》结缘早在 90 年代中期。准确的时间和地点,印象都很模糊了。记得很清楚的是周昌义老师的眼睛,不太望人,瞟你一眼,又望到别处。据周老师在他的《文坛那些事》里的回忆,似乎是《当代》到湖南办笔会,他和胡德培老师迟到了,而我则是早退。俗身不由己,赶回去上班。我们是在路上碰见的,经人介绍握了手,匆匆别过。周老师似乎是穿着马甲,衣服上好多口袋。事后,我寄了中篇小说《今夕何夕》去,没多久就接到电话,采用了。此后,连续在《当代》发表了中篇小说《夜郎西》和《夏秋冬》。这是 1996 年到 1997 年的事。

大约是 1997 年底,刘稚老师打电话来,说她是周昌义的同事,约我写长篇小说。我早就有写长篇小说的冲动,只因尚未学会电脑书写,找理由偷懒。总想,要写那么多字,太恐怖了,等学会了电脑书写再说吧。

我办公室有一台 386 电脑,用深红色窗帘布盖着,已蒙尘多年。同事间,没有任何人会用它。一天夜里,我独自在办公室,揭开电脑上的窗帘布,摸索着开了电脑。我普通话不标准,便学五笔输入。头两天就像捉虫,弄得腰酸背痛都敲不了几个字。一个星期,我把《桃花源记》默写下来,打字就很熟练了。

我仍不急着写长篇,先写一个中篇小说。《湖南文学》的约稿,我得先把稿债还了。那个中篇小说叫《蜗牛》，篇名同我当时电脑书写的速度暗合。写完这个中篇小说，我打字水平已是专业级了。

没想到，事故从天而降。我的长篇小说写了三万多字，电脑屏幕突然飘起红色雪花，纷纷扬扬，无休无止。键盘上的任何键子都失灵了。只得硬关机。但是，电脑重启之后，再也找不到我写的半个字。那种崩溃的感觉是无可名状的。

第二天，我上街买了自己的第一台电脑，应该是 486 吧。凭着记忆，重写那三万多字。可总感觉不如先前写得好，但那些文字已不在人间了。吸取教训，我同时买了软盘，每天写完都储存下来。记得当时，五寸软盘刚刚淘汰，用的是三寸盘。现在回想电脑代次 386、486 和软盘，简直是石器时代，但当时却是感慨科技进步真快！

写到十几万字，周昌义和刘稚两位老师都说想先看看。我便打印出来，寄往北京。很快，两位老师都来电话，说稿子很棒，好好接着写吧。当时，小说并没有想好名字。

受到鼓舞，我当然是高兴的，但我能够用来写作的时间并不多。白天上班开不得小差，晚上加班写公文也是常有的事。有时忙起来，一个多月都没去碰小说稿。等有空了，打开电脑，得先读几万字，找回头绪和语感，再写下去。

终于，大约在 1998 年底，我把长篇小说写完了。寄出软盘的前天，才想好这部小说叫《国画》。

小说先在《当代》上发表节选，再于 1999 年 5 月由人民文学出版社出版，首印 20000 册。头一次出版长篇小说，并不知道这个印数意味着什么。我也没想到这部小说会畅销到洛阳纸贵，三个月之内居然加印五次，印到了 105000 册。

从那以后，我每到北京出差，都会去人民文学出版社看看我的老师们。陪着吃饭的总是周昌义、洪清波、杨新岚、刘稚、孔令燕等诸位老师。他们开着自家的车子，带着我去怀柔爬"野长城"，去山海关吃皮皮虾。结账的时候，他们都是 AA 制，却偏不肯让我出钱。我私下想得却很世故:杂志社招待作家好歹也是公务,可爱的编辑们干吗自己掏钱呢?

那位眼睛不太望人的周昌义老师,待我实在是青眼有加。他对人说过,王跃文的稿件文字很干净,做他的责编很轻松,要不是为了政治把关,连发稿程序都可以免了。我后来读周老师《文坛那些事》,方知他可是位会算计的先生!刘稚老师想约我写长篇小说,征求他的意见。他喜欢我的中篇小说,可对我能否写好长篇小说,心里是存疑的。他的说法是,我的中篇小说取胜在于某种味道,而靠味道撑长篇小说不太可能。可这老狐狸话不说破,只让刘稚找我约稿。我哪里知道,自己埋头写了一年长篇小说,都在敬爱的周老师的"算计"中。没想到,周老师"失算"了。他接受别人访谈时说:"我发现自己错了!我以为味道很难支撑几十万字,没想到王跃文支撑住了,而且比用那些结结实实的跌宕起伏波澜壮阔支撑得更结实、更美妙、更天然。"

致敬朴实而高贵的《当代》,致敬 AA 制的编辑老师们!

希望的日子

| 王　蒙

　　提起《当代》杂志，我就想起 1979 年的希望的日子，想起人民文学出版社当时的主事人韦君宜、秦兆阳、孟伟哉等，也想起我刚刚从新疆回到北京，住在北池子那间小客房里的情景。在那里，我写下了我的第一部中篇小说《布礼》，发表于当年的《当代》上。这篇小说后来还翻译成了英语与法语，在美国与法国出版。

　　那是一个解放思想的年代，一个"文革"后拨乱反正、百废俱兴的年代，一个沉默了许久，作家们终于发出了出自肺腑的声音的年代，也是广大读者期待着关注着文学的声响的年代。

　　《当代》在那样一个时代应运而生，它一直坚持着刊物的当代性、现实性，关注着与实践着文学对于现实的责任，成为中国极富影响的大型文学期刊之一。我也不会忘记我在《当代》上发表的《湖光》等作品，尤其是《活动变人形》《狂欢的季节》等长篇小说或长篇小说选载。尤其是《狂欢的季节》还获得了《当代》的大奖。

　　转眼间三十五年过去了，《当代》在坚持，《当代》在发展，《当代》在面临新的困难与机遇，向《当代》问好，祝福《当代》，怀念《当代》的奋斗历史！

一座人、事、思、书的宝库

| 卞毓麟

时光无形,岁月有痕。转眼间,读书竟要看"大字本"了。案头有人民文学出版社的整套"四大名著大字本"(2019年6月版),其品质之精美,令人爱不释手。

遥忆六十多年前,《三国演义》和《西游记》最令时为初中生的我入迷。我也记得,那些早年版本,同样出自人民文学出版社。书在我心目中地位崇高,书籍的诞生地也近乎神圣。

高中阶段,我的求知倾向是专注数理又爱好文史,最推崇的出版社是科学出版社和人民文学出版社,当然还有商务印书馆、中华书局等老字号。

1960年高考如愿,我就读南京大学天文系;1965年毕业,分配到中国科学院北京天文台工作,我的一位大学同窗则到了科学出版社做编辑。于是,朝阳门内大街137号(即"九爷府",当时科学出版社的社址)就成了我经常出入的处所。马路对面,朝内大街166号,就是人民文学出版社。多少年哪,我行着注目礼从她面前经过,却因里边"虽然有那么多我钦佩的人,却没有一个我认识的人"而止步门前。我是人文社的忠诚读者,但不是作者。

在改革开放的春风中,1980年5月30日,"第二次全国少年儿童文艺创作评奖"授奖大会在人民大会堂隆重举行。荣获一等奖的包括两部科学文艺类著作:郑文光的《飞向人马座》(人民文学出版社)和叶永烈的《小灵通漫游未来》(少年儿童出版社)。当时郑文光就职于中国科学院北京天文台,是我的同事。《飞向人马座》蕴含着丰富的天文知识,是一部很成功的长篇硬科幻小说。这部作品用手稿上报参评,人文社抢在正式评奖前印出成品书。郑文光亲笔签赠的一册至今仍立在我的书架上,书脊上"人民文学出版社"字样依然熠熠生辉。

变化着的世界不时有始料未及的事情发生。也是 1980 年,先后在中青、人文两社履职有年的黄伊先生正在主编一部文集《论科学幻想小说》,竣工在即时忽悟尚缺一篇专介阿西莫夫的文章。黄伊同我素不相识,唯言简意赅来信说明:承郑文光先生介绍,特邀你撰文介绍阿西莫夫及其科幻小说,字数少则数千,多可逾万,要求行文流畅,言之有物。交稿时间以一星期为限,过时不候。

我对"过时不候"印象深刻。心中暗忖这是你找我"救急",措辞何以如此生硬?但既蒙抬举,又出于对阿西莫夫作品之酷爱,遂奋力写就一万三千字,一周之后如约到朝内大街 166 号,将稿件面交在门厅等候的黄伊。后来,此书由科学普及出版社出版。因别无工作联系,我就再没见过黄伊先生。但那"过时不候",却成就了我的唯一一次造访人文社。

我热衷于科普,四十多年来发表了不少作品。业界同人多有所知,1998 年我五十五岁那年离京赴沪,加盟上海科技教育出版社专事科技出版,而尤以科普为重。十余年之后,我应邀为"书林守望丛书"(吴道弘主编,首都师范大学出版社)写了一本《编辑路上的风景》。这套书的选题和体裁不拘一格,但所有品种都是老编辑们从亲身体验出发,言谈关乎编辑这一行的人、物、事、理。丛书中有不少佳作都使我感动,而最令我震撼者,尚属人文社的前辈编辑王仰晨先生等的《文学编辑纪事》(2010 年 12 月版)。

王仰晨先生 2005 年已驾鹤西去,享年八十有四。《文学编辑纪事》是其子负责编集整理的。吴道弘先生《编辑家的风采——我的怀念（代序）》说得好，仰晨一生真诚淡泊，谦虚谨慎是他人生观的集中体现，他全身心地责编现代文学大师鲁迅、巴金、茅盾的"三大全集"（还有《巴金译文全集》）是其编辑事业的光彩亮点，而1987年首届韬奋出版奖颁奖，"我向仰晨表示祝贺时，他只是淡淡地笑一笑"。此种境界，能不令人动容！

一个出版社有没有优秀的编辑，犹如一家医院有没有优秀的医生，一所学校有没有优秀的教师，其重要性不言而喻。王先生高山景行，实堪为后学圭臬。人文社于2007年出版《王仰晨编辑人生》一书，我未能及时购得，至今深以为憾。

曾任人文社社长兼总编辑的聂震宁先生，是"书林守望丛书"二十多位作者中的最年轻者——他恰与人文社同庚。他为丛书提供的著作是《书林漫步——聂震宁序跋随笔集》，其"自序"谈及书籍对人类文化传承之不可或缺的作用，回顾了1942年罗斯福总统在美国书商协会的著名讲演："我们都知道书可以燃烧，但我们更知道书不可能被火毁灭。人会死，书却永存。"作者继而写道："面对永恒的书籍，人们将感激写作它们的思想文化、科学教育大师们，也会感激出版它们的出版人。"诚哉斯言！这不正是无数读者对人文社所抱的感激之情吗？

近年来，一些新的阅读理念正在渐渐生长。2019年，人文社将四十年来屡经修订的拙作《星星离我们有多远》纳入"语文阅读推荐丛书"，使我首次成了人文社的作者。我欣喜地在责编陈建宾先生身上看到了人文社的优良传统，并对年轻编辑发扬光大这一传统寄予厚望。

光阴荏苒，2020年即将逝去。来年赴京，很想再次走进朝内大街166号的大门——设若久传的人文社乔迁成真，那就正好瞻仰它的新居。无论在何处，那都是一座人、事、思、书的宝库。

恭祝七十华诞的人文社再上层楼，更现辉煌！

文学,我们永远的心灵家园

| 古　华

> 京都绛树绽奇葩,
> 噙露含烟动彩霞。
> 翰墨江山仓颉子,
> 诗书万卷是娘家。

记得是 1980 年 9 月中旬,中国作家协会文学讲习所第五期行将结业。其时三十三名来自全国各地的中青年小说作者济济一堂,聆听了周扬、张光年、贺敬之、丁玲、冯牧、冯其庸、吴组缃、王朝闻、艾青、严文井、陈荒煤、秦兆阳、王蒙等文学大家的讲座,使得我这个南方乡巴佬生出"爬上巨人们肩膀"的妄念。听课、读书之余,悄悄写了部长篇。"文章自己的好",北京话臭美。稿子送去心目中的文学殿堂人民文学出版社的小说南组。编辑不认得我,我也不认得编辑,只听到一句客套话:您还住讲习所哪。我对自己的事多从低处着想。过了十几天,我们都吃过"结业宴"了,正准备打道回湖南,忽然两位人民文学出版社的编辑大姐来找,邀去社里住客房改稿。一位大姐刘炜,另一位彭沁阳。十月小阳春,晴空万里,暖融融的,北京人说天上掉馅饼。我行装简便,一袋衣物加一包听课笔记、辞书等,于是进了朝内大街 166 号大门。小说南组组长龙世辉见面一口湘西普通话:"古华,小老乡。稿子我们读了,有基础。她们两位更喜欢《爬满青藤的木屋》。老弟你先住下,好商量。"

龙世辉头发花白,长我一辈,称我"老弟",我当然尊他为乡长。当天下班后,他就领我上一家清真馆,羊肉火锅佐京啤,边吃边喝边谈稿子。第一次碰到这样热情真诚的编辑老师,但见龙老师儿杯啤酒喝下,红光满面,华发生辉,先给几句鼓励的话:"从稿子看得出来,你长期生活在湘南农村,生活营养丰富;写得大胆、泼辣,悲楚中笑出泪水。文字有韵味,乡村牧歌风。胡玉音、秦书田、李国香、北方大兵几个人物鲜活,立得住。现在最大的问题在于你的一个重要人物大队支书黎满庚,他对女主人公胡玉音的爱情经历了从忠诚到背叛,一次次运动使一个好人变成不可救药的坏人,难度太大了,读者也难以接受。你原来的立意是好的,想塑造出一个社会典型。但你写了六七个主要人物,又只有十几万字的篇幅,是完不成这个黎满庚的。怎么办?老弟你有生活,要看你自己怎样油盐酱醋锅碗瓢盆烹饪一道大菜,争取色香味俱全。"新词。要我当一回大厨。

龙老师不愧是编辑过《瞿秋白文集》《子夜》《林海雪原》等名著的重量级老编,一席话令我醍醐灌顶,点破习作的"肠梗阻"。之后老师"放羊",任学生煮字鬻文习"厨艺"。年关不远,他案头好几部书稿待定,大忙。我也颇有点儿生活资源,第二天就想出来,黎满庚这个人物分拆两半:黎仍陷在忠诚与背叛的感情纠结之中,但不失为一个好人;另增写一个王秋赦,乡村流氓无产者,不事生产专事运动。这样,就要动整部书稿的结构。我爬格子笨人笨法,每一稿都是重写。但每次重写会把一些多余之物剔除,另有些好的句子、好的细节如雨后春笋。没的说,当年老曹著《红楼》,京郊苦寒,还瓦灶绳床哈手研墨披阅十载增删五次一把辛酸泪呢。你算老几?小的我有客房住有白面馍有日光灯有方格纸有英雄牌墨水有金星钢笔,幸福指数无可比拟!浪费稿纸?稿纸公家有的是。污染环境?领导没说。你破坏森林!我在乡下种树你在哪里?你留给后人一页页拍卖。瞎话!爷丁克。

说书哪。也就花了二十多天时间,赶考似的日夜兼程,习作面目一新。心情忐忑呈请龙世辉老师审阅。他目光犀利,眼带问号,意思明白:这样快,粗制滥造?让我很没面子。我都三十八了。第二天上午,他笑呵呵来找,一巴掌拍在我肩头:"老弟你行啊!害得我一口气看到下半夜。加了土改根子(王秋赦)这个人物,有特色,提高一大步。你家乡的民歌简直是艺术的钻石。可以回湖南了。过了春节,会有消息。对了,你替作品拟了十多个名字,用哪个?《芙蓉镇》怎样?"我说龙老师您说了算。他说痛快。

我依然不大相信会有什么好运。半辈子晦气一箩筐。1981年《当代》第一期刊出《芙蓉镇》。果然春节后收到刊物。兴奋之余,还嫌排了小号字。人心不知足。3月,我又到人民文学出版社另写一部反映农村生活的中长篇《浮屠岭》。仍是刘炜、彭沁阳两位大姐到北京站接我,坐南小街公交车进社。大门口传达室老师傅出来招呼:回来啦!一声亲切、慈祥的京腔"回来啦",让我真有"回家"的温暖。此后数年,多次入住人文社,传达室师傅都是一声"回来啦",如见亲人。

此番回来,感受热烘烘氛围。龙老师、刘大姐、彭大姐,还有《当代》启治兄告诉各种信息:大年初一,作家刘绍棠给《当代》主编秦兆阳拜年,进门就说:秦老,湖南出了个小沈从文!从《边城》到了《芙蓉镇》;远在上海的大导演谢晋有话传来:阿拉上影就有李国香、王秋赦;白桦兄亦有高论:《芙蓉镇》比我反动;老作家康濯说精彩是精彩,可以写好几部的素材浓缩进一部,可惜了;《当代》编辑部收到不少电话,打听作者是什么人,老右派?"秦癫子"是不是作者的化身?或者"北方大兵"是作者?也有人担心:《边城》美化旧社会,《芙蓉镇》矮化新……打住。

我做人比较迟钝。听到好话不翘尾巴,听到批评实时肃立。大不了回去种田。一天中午,到食堂排队打饭站在总编辑屠岸前辈的后面,他举举手里的筷子:"愤怒出诗人。"当然是句表扬。我可怜见儿从不敢愤怒的。人文社附近的音乐出版社、戏剧出版社都有编辑老大姐中饭时分过来看看作者是不是个刁钻古怪、未改造好的"老右"。尚好，给她们印象是中等个子，不到四十，样子算周正，年纪轮不到当"右派"。貌似恭顺。莠坏。更有夸张的说法：满城争说《芙蓉镇》。离谱。大约是那时电视剧尚处在"初级阶段"，街头巷尾读小说蔚然成风。新书一印数十万，出版社财源广进。

有些礼遇令我感动。几家大报都有评论：新华社发了专题消息，说习作反映农村改革；著名评论家雷达写了两论《芙蓉镇》；文坛耆宿沈从文给我一封六页长信，字里行间蕴含对晚辈的厚爱；社科院文学所所长沙汀前辈约我到他府上单独谈了一上午，煮水饺吃；严文井前辈在家赏饭，同去的龙世辉老师说：大面子，文井同志很少在家请作家吃饭，50年代请过一次赵树理；孟伟哉前辈在家赏饭，龙世辉老师同去。孟夫人在北京人民广播电台工作，说会派人去湘南体验生活，要做《芙蓉镇》的长篇小说配乐连播。后北京台编辑请饭告知，她们制作的长篇连播节目二十几个省市电台都用了，包括新疆、西藏。

龙世辉老师多次谆谆教诲：得意莫忘形，写好下一部。不要拍电影，上面会不高兴。我对他满怀感激。他说作家对编辑的感激就是送上好的书稿。君子风范，金石之言。

朝内大街 166 号四面楼房，中间是个大天井。两家大出版社共享。1982 年仲春吧，我又住天井西厢三楼客房改稿，窗开着，听见韦君宜老太太在天井里讲话，声音很大，说周扬同志从广州来电话了，他在火车上读了《芙蓉镇》，怎么怎么高兴……当天下午，刘炜大姐拿了本样书来找我，是韦老太太交代，这本书乔木同志读过，社里要存档，给作者看一下。刘炜大姐补充：乔木同志读得很仔细，改了几个"的""地"不分，以及二十几个标点，但没有一字批示。可理解成默认。

1983 年，人民文学出版社出了中短篇小说集《爬满青藤的木屋》。

四十一年过去，我已是年近八旬苍头。海内外近二十家出版社出过我逾千万字的各类习作。时间是一面筛子，我的系列习作任由时间去筛选淘汰吧。记忆里只留下一则则编辑佳话，最不能忘怀朝内大街

166 号和龙世辉等等老师。当初如果不是龙老师一语点出了习作初稿的"肠梗阻",不增写王秋赦这个人物;如果不是国家最高文学出版机构出版了习作;如果不是欣逢上世纪 80 年代新中国文学的黄金时期;还有如果不是电影大师谢晋拍摄了同名影片并泛起层层涟漪……习作《芙蓉镇》可能是另外的命运。唯有感恩。客房今安在?沧桑七十年。文学,我们永远的心灵家园。

附:五律　人民文学出版社七十社庆有感

朝内谱春秋,大街星月稠。

书香熙海市,经典誉神州。

南北芹溪殿,东西歌德楼。①

兰亭欢雅集,代有大风流!

---

① 芹溪殿:曹雪芹号芹溪,喻指中国小说;歌德楼:歌德,德国文学巨人,喻指外国文学。

记韦君宜

| 冯骥才

  1977 年春天我认识了韦君宜。我真幸运，那时我刚刚把一只脚怯生生地踏在文学之路上，对自己毫无把握。我想，如果我没有遇到韦君宜，我以后的文学可能完全是另一个样子。我认识她几乎是一种命运。

  但是这之前的十年"文革"把我和她的历史全然隔开。我第一次见到她时，并不清楚她是谁，这便使我相当尴尬。

  当时，李定兴和我把我们的长篇处女作《义和拳》的书稿寄到人民文学出版社。尽管我脑袋里有许多天真的幻想，但书稿一寄走便觉得希望落空。因为人民文学出版社是公认的国家文学出版社，面对这块牌子谁会有太多的奢望？可是没过多久，小说北组（当时出版社负责长江以北的作者书稿的编辑室）的组长李景峰便表示对这部书稿的热情与主动，这一下使我和定兴差点儿成了一对范进。跟着出版社就把书稿打印成厚厚的上下两册征求意见本，分别在京津两地召开征求意见的座谈会。那时的座谈会常常是在作品出版之前，决不是当下流行的一种炒作或造声势，而是为了尽量提高作品的出版质量。于是，李景峰来到天津，还带来一个身材很矮的女同志，他说她是"社领导"。当李景峰对我说出她的姓名时，那神气似乎等待我的一番惊喜，但我却只是陌生又迟疑地朝她点头。我当时脸上的笑容肯定也很窘。后来我才知道她在文坛上的名气,并恨自己的无知。

座谈会上我有些紧张,倒不是因为她是"社领导",而是因为她几乎一言不发,我不知该怎么跟她说话。会后,我请他们去吃饭——这顿饭的"规格"在今天看来简直难以想象!1976年的大地震毁掉我的家,我全家躲到朋友家的一间小屋里避难。在我的眼里,劝业场后门那家卖锅巴菜的街头小铺就是名店了。这家店一向屋小人多,很难争到一张凳子。我请韦君宜和李景峰站在一个稍松快的角落,守住小半张空桌子,然后去买牌,排队,自取饭食。这饭食无非是带汤的锅巴、热烧饼和酱牛肉。待我把这些东西端回来时,却见一位中年妇女正朝着韦君宜大喊大叫,原来韦君宜没留意坐在她占有的一张凳子上。这中年妇女很凶,叫喊时龇着长牙,青筋在太阳穴上直跳,韦君宜躲在一边不言不语,可她还是盛怒不息。韦君宜也不解释,睁着一双圆圆的小眼睛瞧着她,样子有点儿窝囊。有个汉子朝这不依不饶的女人说:"你的凳子干吗不拿着,放在那里谁不坐?"这店的规矩是只要把凳子弄到手,排队取饭时便用手提着凳子或顶在脑袋上。多亏这汉子的几句话,一盆水似的把这女人的火气压住。我赶紧张罗着换个地方,依然没有凳子坐,站着把东西吃完,他们就要回北京了。这时韦君宜对我说了一句话:"还叫你花了钱。"这话虽短,甚至有点儿吞吞吐吐,却含着一种很恳切的谢意。她分明是那种羞于表达、不善言谈的人,这就使我更加尴尬和不安。多少天里一直埋怨自己,为什么把他们领到这种拥挤的小店铺吃东西。使我最不忍的是她远远跑来,站着吃一顿饭,无端地受了那女人的训斥和恶气,还反过来对我诚恳地道谢。

不久我被人民文学出版社借去修改这部书稿,住在北京朝内大街166号那幢灰色而陈旧的办公大楼的顶层。凶厉的"文革"刚刚撤离,文化单位依然保留着肃寂的气息,"揭批查"的大字报挂满走廊。人一走过,大字报哗哗作响。那时"伤痕文学"尚未出现,作家们仍未解放,只是那些拿着这枷锁钥匙的家伙们不知跑到哪里去了。出版社从全国各地借调来改稿的业余作者，每四个人挤在一间小屋，各自拥抱着一张办公桌，抽烟、喝水、写作，并把自己独有的烟味和身体气息浓浓地混在这小小空间里，有时从外边走进来，气味真有点儿噎人。我每改过一个章节便交到李景峰那里，他处理过再交到韦君宜处。韦君宜是我的终审，我却很少见到她，大都是经由李景峰间接听到韦君宜的意见。李景峰是个高个子、朴实的东北人，编辑功力很深，不善于开会发言，但爱聊天，话说到高兴时喜欢把裤腿往上一捋，手拍着白白的腿，笑嘻嘻地对我说："老太太（人们对韦君宜背后的称呼）又夸你了，说你有灵气，贼聪明。"李景峰总是死死守护在他的作者一边，同忧同喜，这样的编辑已经不多见了。我完全感觉得到，只要他在韦君宜那里听到什么好话，便恨不得马上跑来告诉我。他每次说完准又要加上一句："别翘尾巴呀，你这家伙！"我呢，就这样地接受和感受着这位责编美好又执着的情感，然而，我每逢见到韦君宜，她却最多朝我点点头，与我擦肩而过，好像她并没有看过我的书稿。她走路时总是很快，嘴巴总是自言自语那样嗫嚅着，即使迎面是熟人也很少打招呼。可是有一次，她忽然把我叫去。她坐在那堆满书籍和稿件的书桌前——她天天肯定是从这些书稿中"挖"出一块桌面来工作的。这次她一反常态，滔滔不绝。她与我谈起对聂士成和马玉昆的看法，再谈我们这部小说人物的结局、人物的相互关系、史料的应用与虚构，还有我的一些语病。她令我惊讶不已，原来她对我们这部五十五万字的书稿每个细节都看得入木三分。然后，她从满桌书稿中间的盆地似的空间里仰起头来对我说："除去那些语病必改，其余凡是你认为对的，都可以不改。"这时我第一次看见了她的笑容，一种温和的、满意的、欣赏的笑容。这是我永远不会忘记的一个笑容。随后，她把书桌上一个白瓷笔筒底儿朝天地翻过来，笔筒里的东西"哗"地全翻在桌上。有铅笔头、圆珠笔芯、图钉、曲别针、牙签、发卡、眼药水等等，她从这乱七八糟的东西间找到一个铁夹子——她大概从来都是这样找东西。她把几页附加的纸夹在书稿上，叫我把书稿抱回去看。我回到五楼一看便惊呆了。这书稿上竟然密密麻麻写满她修改的字迹,有的地方用蓝色圆珠笔改过,再用红色圆珠笔改,然后用黑圆珠笔又改一遍。想想,谁能为你的稿子付出这样的心血?

我那时工资很低,还要分出一部分钱放在家,每天抽一包劣质而辣嘴的"战斗牌"烟卷,近两角钱,剩下的钱只能在出版社食堂里买那种五分钱一碗的炒菠菜。往往这种日子的一些细节刀刻一般记在心里。比如那位已故的、曾与我同住一起的新疆作家沈凯,一天晚上他举着一个剥好的煮鸡蛋给我送来,上边还撒了一点儿盐,为了使我有劲儿熬夜。再比如朱春雨一次去"赴宴",没忘了给我带回一块猪排骨,他用稿纸画了一个方碟子,下面写上"冯骥才的晚餐",把猪排骨放在上边。至今我仍然保存着这张纸,上面还留着那块猪排骨的油渍。有一天,李景峰跑来对我说:"从今天起出版社给你一个月十五块钱的饭费补助。"每天五角钱!怎么会有这样天大的好事?李景峰笑道:"这是老太太特批的,怕饿垮了你这大个子!"当时说的一句笑话,今天想起来,我却认真地认为,我那时没被那几十万字累垮,肯定就有韦君宜的帮助与爱护了。

我不止一次听到出版社的编辑们说,韦君宜在全社大会上说我是个"人才",要"重视和支持"。然而,我遇到她,她却依然若无其事,对我点点头,嘴里自言自语似的嗫嚅着,匆匆擦肩而过。可是我似乎已经习惯了这种没有交流的接触方式。她不和我说话,但我知道我在她心里的位置;她是不是也知道,我虽然没有任何表示,她在我心里却有个很神圣的位置?

在我的第二部长篇小说《神灯前传》出版时,我去找她,请她为我写一篇序。我做好被回绝的准备。谁知她一听,眼睛明显地一亮,她点头应了,嘴巴又嚅动几下,不知说些什么。我请她写序完全是为了一种纪念,纪念她在我文字中所付出的母亲般的心血,还有那极其特别的从不交流却实实在在的情感。我想,我的书打开时,首先应该是她的名字。于是《神灯前传》这本书出版后,第一页便是韦君宜写的序言《祝红灯》。在这篇序中她依然以惯常对我的方式,语言朴素得近于平淡,没有着意的褒奖与过分的赞誉，更没有现在流行的广告式的语言，最多只是"可见用功很勤"，"表现作者运用史料的能力和历史的观点都前进了"，还有文尾处那句"我祝愿他多方面的才能都能得到发挥"。可是语言有时却奇特无比，别看这几句寻常话语，现在只要再读，必定叫我一下子找回昨日那种默默又深深的感动……

韦君宜并不仅仅是伸手把我拉上文学之路。此后"伤痕文学"崛起时，我那部中篇小说《铺花的歧路》的书稿在人民文学出版社内部引起争议。当时"文革"尚未在政治上全面否定，我这部彻底揭示"文革"的书稿便很难通过。1978年冬天在和平宾馆召开的"中篇小说座谈会"上，韦君宜有意安排我在茅盾先生在场时讲述这部小说，赢得了茅公的支持。于是，阻碍被扫除，我便被推入了"伤痕文学"激荡的洪流中……

此后许多年里，我与她很少见面。以前没有私人交往，后来也没有。但每当想起那段写作生涯，那种美好的感觉依然如初。我与她的联系方式却只是新年时寄一张贺卡，每有新书便寄一册，看上去更像学生对老师的一种含着谢意的汇报。她也不回信，我只是能够一本本收到她所有的新作。然而我非但不会觉得这种交流过于疏淡，反而很喜欢这种绵长与含蓄的方式——一切尽在不言之中。人间的情感无须营造，存在的方式各不相同。灼热的激发未必能够持久，疏淡的方式往往使醇厚的内涵更加意味无穷。

去年（1997年）秋天，王蒙打来电话说，京都文坛的一些朋友想聚会一下为老太太祝寿。但韦君宜本人因病住院，不能来了。王蒙说他知道韦君宜曾经厚待于我，便通知我。王蒙也是个怀旧的人。我好像受到某种触动，忽然激动起来，在电话里大声说是呀，是呀，一口气说出许多往事。王蒙则用他惯常的玩笑话认真地说："你是不是写几句话传过来，表个态，我替你宣读。"我便立即写了一些话用传真传给王蒙。于是我第一次直露地把我对她的感情写出来，我蛮以为老太太总该明白我这份情意了。但事后我知道老太太由于几次脑血管病发作，头脑已经不十分清楚了。瞧瞧,等到我想对她直接表达的时候,事情又起了变化,依然是无法沟通! 但转念又想,人生的事,说明白也好,不说明白也好,只要真真切切地在心里就好。

秦兆阳编《当代》

| 朱盛昌

秦兆阳同志是《当代》杂志第一任主编,从 1979 年初筹办工作开始到 1994 年 10 月去世,他在主编任上干了十五年。在他的主持下,《当代》杂志办得特色鲜明、个性突出,获得了广大读者的喜爱。

秦兆阳同志曾经被错误地打成"右派分子",受到不公正的政治待遇。1978 年落实政策回到北京后,韦君宜同志将他接到人民文学出版社,担任了副总编辑。1979 年《当代》创刊后,他被任命为主编。

《当代》初创时期,正是党的十一届三中全会之后,中国历史性大转变开始的年代,是解放思想、拨乱反正的时期,此时文学界思想非常活跃,创作有了初步繁荣。当时文学创作的主要内容是反映十年动乱以及"反右派"时期的社会生活和拨乱反正的现实。人们称这叫做"伤痕文学",而秦兆阳同志则称之为"拨乱反正文学",他认为这个提法更准确也比较积极。这段时间,创作这种内容的文学,是三中全会以后拨乱反正的要求,也是人民群众对文学的要求。秦兆阳同志领导我们编辑部解放思想,突破"左"的思想桎梏,组织发表了一批有分量的作品,揭露"文革"和"反右派"这些"左"的错误造成的严重恶果,反映拨乱反正、落实政策出现的变化。我们连续发表的一批优秀的作品,如长篇小说《将军吟》《芙蓉镇》,中篇小说《代价》《惊心动魄的一幕》等等,产生过广泛影响。这些作品，都是经兆阳同志审阅并且提了修改意见或者亲自动手改过才发表的。这类作品，因为反映错误的、消极的、丑恶的现象比较突出，悲剧成分很重，兆阳同志特别提醒编辑部同志们，在处理这类稿件时，注意掌握好分寸，一方面要深刻揭露和批判"左"的错误，另一方面又不要使人读后感到看不到出路，觉得一团漆黑，产生对我们党、对我国社会的错误判断。

兆阳同志不愧是一个真正的、有坚定信仰的共产党员，为贯彻执行党在新时期的路线方针而尽力。他心怀全局，在编辑工作中总是从全局利益出发，决定稿件的取舍。在处理揭露性、批判性作品的时候，既积极支持那些正确反映、深刻揭露"左"的错误政策给人民带来的痛苦和灾难的作品，又坚决拒绝那些偏激片面、可能给党和社会主义抹黑的作品。

当时有一篇来稿，题为"如梦令"，秦兆阳看过后，叫退了，因为作者只图痛快，有一些描写和比喻很不妥当，例如，把我们党说成是"四 K 党"，就完全错误。长篇小说《将军吟》是一部优秀的作品，韦君宜和秦兆阳同志决定在《当代》发表，但它原来的篇名叫《将军梦》，兆阳同志觉得这个"梦"字显得太灰，他跟韦君宜以及责任编辑商量几次，征得作者同意，最后改为《将军吟》。

兆阳同志把社会效果放在首要位置。他坚持一贯的现实主义文学主张，强调我们刊物要突出时代性、现实性、群众性和多样性，他要求我们刊物上要体现"五气"，即正气、志气、朝气、勇气和锐气，要反对邪气和泄气。他说，我们发表的作品，要反映时代的风貌、人民的意愿，表现人民最敏感、最关切、最激动的生活内容，要通过我们发表的作品启发读者的思想，宣泄读者的情感，提高读者的批判能力，激励读者的生活意志，能引导读者积极向上。他特别强调作品要表现政治理想、社会理想和道德理想，即使是批判性的作品也应该这样。

在刊物发表了不少揭露性的作品之后，他根据四次文代会上邓小平的祝词精神，跟我们说：今后这类作品有很好的有特色的还要发，但不能光是搞这类东西,"这类题材太多了也不好,容易使人产生绝望情绪,总还是要多些鼓舞人心的才好"。所以,他要求我们要积极地去组织反映社会主义四化建设和改革开放的作品。他说,要加强现实性。我们刊物名叫《当代》,就要无愧于当代,就要及时关注当前的现实生活。不仅仅要反映已经过去的"文革""反右"那些事情,那是过去的现实,更要多反映当前的现实,多反映当前人民群众关心的事情,多反映四化建设的沸腾生活和四化创业者的英雄形象,要通过我们发表的作品给人民群众以信心和力量。他说,我们要对时代负责,对人民负责,要帮助党推动现实前进。我们这是关心社会,反映当代人的生活、愿望和思想感情。我们就是要反映时代精神,我们的文学要走在时代前面。

按照他的这种编辑思路,我们编辑部在继续选发一些优秀的"拨乱反正"作品的同时,以更大的精力去发现、组织反映时代精神、塑造四化建设者形象的作品,陆续发表了柯云路的长篇小说《新星》、张锲的长篇《改革者》、焦祖尧的长篇《跋涉者》、蒋子龙的中篇小说《赤橙黄绿青蓝紫》、谌容的中篇《太子村的秘密》、张贤亮的中篇《龙种》、郑万隆的中篇《年轻的朋友们》等一大批优秀的小说。其中不少都获得各种奖项。

兆阳同志在抓现实题材作品的时候,特别重视报告文学。他说,光靠小说不够,要抓报告文学。报告文学比起小说来,更能及时地反映当前现实生活。创刊后不久他就要求我们积极地去抓报告文学,而且经常出题目要我们去组稿。他要求编辑要关心时事,平时看报要随时注意有什么可以抓的线索。他自己带头这么做。

1980年第四期《当代》的头条《热流》,这篇长达七万字的反映改革的报告文学,组稿线索就是秦兆阳同志在报纸上发现的。他读到一条关于中共河南省委紧抓改革的报道,觉得从一个省的范围来反映当前的改革潮流,这是一个大题目,应该抓住。他给副主编孟伟哉打电话,要他立即组写这篇报告文学。孟伟哉很快就约请正在北京的安徽作者张锲去河南采写,并给他一个"本刊特约记者"的名义。张锲很快完成了《热流》的采写任务。

秦兆阳同志很重视这个作品,要了校样去看,在校样上做了一些修改润色。他给作者提了一个重要意见,要作者在结尾部分用抒情的笔调展望我国改革建设的光明前景,给读者以更强的信心。这一大段的增加,不但深化了作品的主题,也加强了作品的感染力。

《热流》产生于我国改革初期,此前还没有见到过反映如此大范围改革的报告文学作品,所以它的出现很自然地受到人们相当大的关注,得到了上上下下各方面的欢迎。作品产生了比较大的影响。

秦兆阳同志经常把编辑叫去汇报某篇报告文学的情况,有时会要了稿子去看,看了必定提修改意见,甚至自己直接动手修改。

1981 年 7 月,《当代》编辑部组织国家体委鲁光写的一篇反映中国女排艰苦训练顽强拼搏由弱转强取得好的比赛成绩的报告文学完成了。同年 11 月初,女排世界杯决赛将在日本举行。根据我国女排当时的技术状态和国际排名,编辑部估计她们极有可能第一次夺得世界冠军。于是我们计划在女排世界杯开赛之时的第五期(10 月底出刊)发表这个报告文学。

秦老得知这个情况,把稿子要去看了。他写了一份详细意见,认为"这篇作品比《热流》差",但考虑到这个题材内容很好,同意发表。他动手从头至尾做了不少的删改,又把"编者按"做了较大的修改,突出地提出:"倘若我们各条战线上的人们都能像这样为了祖国的荣誉、尊严和富强而贡献自己的一切,那么,社会主义祖国腾飞之日还会远吗?"

这个作品内容好,发表很适时,人们看到它的时候,正好中国女排夺冠的消息传来。于是出现了邮局里争购《当代》,公交车上阅读《中国姑娘》,行人驻足倾听广播电台连播《中国姑娘》的盛况。一时之间,由中国女排夺冠引发的爱国主义热情激荡全国,为《中国姑娘》的传播起了一定的催化作用。

由于《当代》在长时间内不断大量地组织发表报告文学作品,推出了一批有分量的报告文学佳作,形成了社会公认的我们刊物的一大特色。在那个时期,每一次全国性报告文学评奖,《当代》获奖作品总是最多。有人称《当代》为"报告文学的重镇"。

秦兆阳同志办刊,十分重视发现和扶持文学新人。早在50年代,他在《人民文学》工作期间,就非常注意发现和推出新人新作,像峻青、曲波、玛拉沁夫、王蒙、刘宾雁、萧平这些后来的文坛名家,当年都曾经他的手推出了好作品。在《当代》主编任内,他一如既往关注发现和支持新人新作,要求我们注意从来稿中发现好的苗子,然后加以帮助。他说,要善于去发现那种踏踏实实写作的,写出的作品能使人不忘记的作者。即使写得不完整,也要与他共同合作改好作品。他自己就是这样做的。

一个突出的例子是路遥。

大约是1980年4月,编辑刘茵送给秦兆阳一个中篇小说《惊心动魄的一幕》,这篇稿子是作者路遥托人转交来的。这个作品,写一个老干部在"文革"中遭遇造反派批斗,并因他引发了两派的对立。为了避免两派因自己的问题而发生武斗和流血,他毅然拒绝一切劝阻星夜赶往造反派的驻地主动接受批斗,避免了一场大规模流血,自己却献出了宝贵的生命。兆阳同志看后很赞赏,认为这篇作品很独特,迄今还没有任何一篇作品像这样去反映"文化大革命",他决定发表,让马上通知作者来京修改,并询问其创作缘由。5月初,刘茵收到路遥回信,讲了他写中篇小说《惊心动魄的一幕》的缘起,说明这是根据一件真实事件写成的。他对《当代》准备发他这个作品很是感激。他说,这篇东西曾经投了好几个大刊,都被退回,最后才决定投给他认为是"最后裁判"的《当代》,当时他曾想,如果《当代》也认为不行,他就一把火把它烧了。

我把路遥的信带给兆阳同志,他看后跟我说,这个作者有生活,没有生活是写不出来这么真实的作品的。他说,这个作品突出写的是一个正面人物,只是把斗争写得残酷了些。这没有关系,因为作品的基调给人的感觉还是高昂的。我们应该发表这个作品,而且要把这个作者好好树一树。他说,我们就是要培养青年作者。

路遥应编辑部的邀请来到北京,当面听取了秦兆阳同志、孟伟哉同志的意见,修改了他的作品。作品发表在《当代》1980 年第三期,标题字是秦兆阳以隶书体写的。秦老只有他认为是好作品才会主动为其题写篇名。后来,1982 年 3 月 25 日,秦老在《中国青年报》上发表了致路遥的三千多字的长信,题目是"要有一颗热情的心",对《惊心动魄的一幕》做了高度的评价和深度分析,就一些不足也讲了他的看法。这些意见对路遥帮助很大。

《惊心动魄的一幕》发表之初,在文学圈内并没有引起多大的注意。在中国作协 1977 至 1980 年度全国优秀中篇小说评奖时,有评委也没有重视这个作品。兆阳同志是评委,他在发言中对这个作品的优点和它的意义做了深入分析和积极评价,说服了多数评委,给路遥评了奖。此后,《当代》1982 年第五期又发表了路遥的另一个中篇《在困难的日子里》。从此,路遥成为文坛瞩目的一颗新星。他接着又写出了《人生》《平凡的世界》等好作品。

兆阳同志关于"我们就是要培养青年作者"的思想,在《当代》编辑部中达成了共识。编辑部公开在刊物上宣布"每期必发新人新作",每期发稿时我们都要检查本期有几篇新人新作,把这作为一项制度执行,相应地每期还要发"本期新作者简介";又将推出新人新作作为考核编辑人员业绩的重要内容,对于从来稿中发现了有价值的新人新作的编辑给予及时表扬鼓励;对于有基础的新人新作,编辑部总是给以耐心细致的帮助,提出详细意见帮助修改加工,争取达到发表水平。这些措施的实行,大大鼓励和吸引了广大业余作者,他们纷纷来稿,甚至把被别的编辑部退回的稿件寄给《当代》,希望得到关注。

秦兆阳同志在帮助和扶持新作者方面真是不遗余力。他看到有苗头的新作者,会主动去约稿。1984 年 8 月,他给江西作者陈世旭写了一封约稿信。他不认识陈世旭,只是看过陈世旭写的得奖小说《小镇上的将军》，又听别人讲到陈世旭在文学创作上虚心而且认真，就"不禁要引以为同调"，表示愿与他结为"忘年之交"。但是，当他看完陈世旭寄来的两篇稿件，觉得作品不够成功，就很坦率地写信提出意见供作者参考，帮助作者提高写作水平。陈世旭的稿件虽然未能发表，但他对秦老给他的诚恳指导，一直念念不忘。

兆阳同志经常收到陌生的不知名作者的来信和来稿，他总是认真处理，或要编辑部认真处理，从不马虎敷衍。1983年2月26日，他收到来自西安的业余作者喻清新的一封信，信中说，他在三个月前寄给《当代》一个短篇小说稿，迄无消息。他讲了这篇作品的创作过程和他对这个题材的认识和思考以及他对创作的态度。这篇作品曾经寄给《十月》被退回，他做了反复修改后投给了《当代》。秦老从来信中看到这位作者"是个埋头苦干的有生活基础的作者，他的小说也许有些可取之处，或值得培养"。他当即责成编辑部抓紧看稿并给作者回信，而他自己当天就给作者回了信。有关编辑看过这篇题为"张驴儿和他的驴"后，确认这是一篇不错的作品。发表后，作者获得了当年《当代》文学奖的"新人新作奖"。

秦兆阳同志扶持新人新作，在文学界有口皆碑，他被称为"文坛伯乐"。

秦兆阳同志总是以饱满的热情、积极的态度对待编辑工作，尽管多年的磨难严重损害了他的健康，他依然以多病之身全力以赴地抓工作。他最关注的是每期刊物的头条稿件，他要求我们，一发现有可做头条的稿子，就马上送给他看，经常是催着我们送稿子去。当他没有看到满意的稿件时，就很着急，要我们赶紧去找。他自己也主动向一些作者约稿。有一次，编辑龙世辉看了一个长篇小说，说他看了感到很震撼，考虑到秦兆阳身体不好，就将稿子送给别的社领导去看，兆阳同志听说有好稿子，马上就要了稿子去，非要自己看不可。还有一次，编辑部选了三个较好的中篇，怕他太累，只送一个给他看，他却都要了去，连夜看。有一天，他到孟伟哉同志办公室来谈稿子的事，正好老孟给了两个中篇要我看,他说秦老太忙就不一定看了,不料秦老听了马上要了一个去。随后说起短篇,我说有个写彭德怀的,两个编辑都认为有基础,老孟叫我先看看。秦老立即又要了去。他这种一心想尽早抓到好稿子的精神,使我们深受感动。

他多次对我们讲:要明白我们的担子重,认识肩上的分量,工作要紧张、勤奋。他说,搞文学事业要有献身精神、牺牲精神,要有事业心和责任感。他自己就是这样以身作则的。

1979年第四季度,我们着手准备明年第一期的稿件。小说南组提供了一个中篇小说《活着的和死去的灵魂》,作者是广东的陈国凯,当时刚刚以《我应该怎么办?》获得全国短篇小说奖。南组编辑认为这个中篇不错。秦兆阳要抓头条,马上就要去看了,觉得基本可用,但是文字粗糙,结构也有问题,要做较大的修改加工才能用。他把孟伟哉和龙世辉找去谈了意见,考虑这一期先不用。可是第二天,他到社里来说,昨晚他考虑了一夜,决定还是要发这个中篇,用它做头条,将篇名改为《代价》。他自己已经动手改了一半,再过一天就可改好发稿。在发稿的同时,他给作者陈国凯写了一封信,详细说明改了一些什么地方,为什么那样改,特别讲到由于发稿时间急促,来不及事先与作者商量,表示了歉意。同时表示,如果作者对改动有不同意见,可在出书时再改回去。

从这件事,可以看出,秦兆阳强烈的事业心、高度的责任感和严肃认真的工作作风。

还有一件小事,也很能表现他的责任心。1980年8月的一天,编辑刘茵去秦老家谈一篇报告文学的修改问题,顺便说到第三期将要发表的遇罗锦的报告文学《一个冬天的童话》。她告诉秦老,文中有一小段床上动作,描写很细,社内有些同志看了校样,觉得写得太脏。秦老一听就着了急,马上就要删掉。但此时第三期的校样已经付型,不能再倒版了。怎么办呢?秦老立即叫组版编辑小姚拿了校样去,把床上动作过于露骨的文字删去,然后,按照删去的字数,他字斟句酌,一句句口述,让小姚做记录,补到校样上,直到字数正合适,文气又还连贯。这样既消除了作品的问题,又避免了倒版。这件事,显示出秦老强烈的责任心、严细的工作态度和高超的编辑水平。

秦兆阳同志曾有一首五言诗,可说是他的夫子自道:"磨稿亿万言,多少灼心泪。休云编者痴,自识其中味。"

秦兆阳同志胸襟开阔,志趣高远,对党和人民的事业无限忠诚,对国家和社会的未来充满信心和希望。从他为《当代》写的两首诗中,我们能清楚地看到他的崇高的精神状态。

第一首《迎春曲》,发表在1981年2月出刊的第一期《当代》扉页上,署名"本刊编者"。写这首诗之前,在年前商量新年第一期稿件安排时,他就提出要为明年第一期组织一篇热情洋溢的歌颂春天的散文或诗,可是我们还没有动作,他自己就写了一首,一大早就送到编辑部来。诗中写道:"要学习春之神的深情厚谊,她为了人世间布满生机,吻遍了每一寸亲爱的土地。要学习春之神的火热心肠,她为了让大地飘满花香,用胸膛融化那残剩的冰霜。也应该用我们微小的呼吸,使大地多一点儿温暖的气息。也应该用我们全身的血浆,凝聚成一小滴甘美的琼液。……耕耘吧,大地的儿子,要报偿母亲的乳汁。千万不要误了春时!"还有一首《晨曲》,发表在1984年第一期扉页,也是用"本刊编者"名义。诗中写道:"好马决不卧槽,夜里吃饱了粮草,对昨天和明天的行程,都作了思考。天一亮,就昂首顿蹄,对着晨光长啸。振奋啊,力量,在全身发酵。万里行程,走向新的意境,又要开始了。"这首诗的结尾,有这样两句:"地因心热而常新,人因多情而不老。"两首诗,充溢着积极进取、乐观向上的蓬勃朝气,对未来充满了信心,展现了秦兆阳同志的奋发昂扬的精神风貌,哪里看得出他是一个衰弱多病的老人?

从这两首诗,我们知道了秦兆阳不但是杰出的编辑家,思想深邃的文学评论家,优秀的小说家,还是一个充满激情的诗人。在作家出版社出版的《笔下流情——秦兆阳诗剧画印选》中,可以读到他许多精彩的诗篇。

秦兆阳同志为人谦和平易,行事低调,淡泊名利。他在文学界有很高的声望,却从不张扬,不争名利地位,不争享受,不赶热闹。他从不掺和文艺界那些扯不清的纠葛。像他这样的名家,文学圈子里外邀请开会是常有的事,他却常是谢绝出席。即使是作协开会有时不得不参加,他也不愿上主席台。有一次作协代表大会选举理事,他高票当选,票数在前六名之列,而他却没有出席这个会。不少人都是争着出国,他却主动放弃出国的机会。《当代》受到了表扬,记者采访他,他却说,成绩是大家做出来的,采访的却是我,我于心不安。他写的稿子拿到编辑部来,总是说,你们看看、改改,如果觉得能够充实刊物的内容,就发,要是觉得不行,我再给别的刊物,从来不以主编身份指定我们发他的作品。前面提到的那首《晨曲》,他在给我们的短信中说:"我胡诌了这首所谓的'小诗',请大家修改、补充或重写,以作下期的卷头之语。如果觉得为难,就算了。"他的长篇小说《大地》出版之前,我们希望在《当代》上选发一部分,他就是不肯,说,那么多作者希望发长篇,我们都发不过来,怎么可以发我的呢?我们反复跟他做工作,最后他只同意选发两章。

他给作者提意见,也总是谦逊的态度,商量的口气。1981年5月,他给蒋子龙写了一封七千多字的长信,回答蒋子龙提出的创作问题。开头讲他为什么复信拖晚了,原因之一是"肚里无货,说不出个道道来",还因为"'人之患在好为人师'这句古话时常提醒我别乱发议论,要多向比我年轻的同志们学习,有时应该自认为落后于人。所以,我的这封复信只是把受你启发后的一些凌乱想法写出来跟你商讨,并向你请教"。他多次跟一些向他请教的年轻作者表示,愿与他们作为忘年交的普通朋友。这种谦逊,出自内心,不是矫情。他对于人们把他称作文学理论家不以为然,总是说,我不是理论家,人们说我是理论家,我觉得好笑。我的理论是从看稿的实际中来的,只有在需要时才去找马恩列。来稿比任何书本更复杂、广泛。通过看稿,可以学习理论,学习艺术。我是从看稿中得到好处的。

《解密》首发《当代》

麦　家

　　弗兰茨·卡夫卡生前默默无名,不是因为他死得早,而是读者觉醒得迟:现代社会对人的异化。阿尔蒂尔·兰波,十四岁写诗,十六岁写出《奥菲莉亚》,名扬天下,因为他"杀死上帝"的号角吹得恰逢其时,发令枪一样的,一呼百应。艾略特说,经典作品只可能出现在文明成熟的时代(文明成熟的读者)。博尔赫斯说,任何一部作品都需要读者的某种合作乃至于合谋。我想,这都是在讲一个道理:读者是大地,作家或者作品是根植于大地的作物,什么田地长什么作物,盐碱地是什么也长不出的。

　　这一点,我的《解密》深有体会。是火烤三遍,油煎五回,又焖在高压锅里煮个烂,这种残酷的体会。《解密》《暗算》《风声》,是"三部曲",虽然年代、人物、故事各不相干,但构思是整体的,指向是一致的,血性是相通的:一个秘密部门701的前世今生,一群天赋异禀的人在暗黑的"地下"以命相搏,前仆后继。他们是"同一个",又是"另一个"。他们迷人的才华可以炼成金,传奇的经历充满梦的纷繁无序,要把我撑破,又把我照亮。然而,《解密》作为开路先锋,一路跌跌撞撞,差点儿跌死。换言之,读者不乐意接受它——这是一块荒地、生地,种下去的作物,容易死掉。

　　过去那么多年，我仍清楚记得动笔写《解密》的情景：那是1991年7月的一天，当时我在解放军艺术学院文学系读书，是马上面临毕业离校的一天晚上，大部分同学都开始为即将离校奔走忙碌，我却像发神经似的坐下来，准备写个"大东西"。也许正是这种不合时宜的鲁莽举动，暗示我将为它付出成倍的时间和心力。但我怎么也想不到，最终要用"十余年"来计——准确说是十一年。二十万字，十一年，你到底在干什么？我在接受一次次退稿，共十七次，很夸张吧。

　　可以这么说，编辑作为读者的代表，并不情愿同我合作去挑战一种新小说：这小说题材有点儿敏感（特别单位，秘密部门），主人公是个无名英雄（天才破译家）。题材敏感，搞不好要闯祸；英雄嘛，嘿嘿，现在谁要看？20世纪八九十年代，中国社会的思潮是反崇高、反英雄、反本土，月亮是西方的圆，人民币才是英雄，欲望乃是天道。文学积极响应，写黑暗、写丑恶、写身体、写鸡零狗碎、写鸡鸣狗盗，一拥而上，前呼后应，暴露假恶丑，嘲笑"高大上"，追赶"欲望号街车"。新时期文学的重要任务是打倒英雄，消解崇高，消费欲望。我背道而驰，哪壶不开提哪壶，岂非自撞南墙？唐人喜诗，宋人好词，一个时代有一个时代的读者和读物。

　　读物与其说是作家写出来的，不如说是读者要出来的。读者不要的东西，作家写了也只能锁在抽屉里。《解密》一锁就是十一年，吃尽白眼，历尽沧桑。这是我不识相，一意孤行，跟新时代唱反调，挑战"红线"。

　　问题是我为什么非要写这类小说？坦率说，决非我鲁莽。我是深思熟虑过的。我有清晰的"战略思路"。首先，我想写一种新小说，以前没人写过的。中国文学在经历20世纪80年代外国文学的狂轰滥炸下，表现形式（怎么写）已经十分多样化，各种主义和流派都流进来，遍地开花。但在题材和内容上（写什么）依旧是老一套：农村、市井、个人、家族，几乎一式仰仗的是日常生活、土地情结、历史情怀。琼瑶的言情，金庸的武侠，对不起，它们是通俗小说，咱们瞧不起。可人家有广大的读者,这是十分让我羡慕的。所以我一直在想,是不是可以尝试一种新小说,用通俗小说的材料,写一种所谓的严肃小说?

然后,我研究发现,自古及今,中国有两类小说最具读者缘:一是才子佳人,缠绵悱恻;二是英雄好汉,旱地拔葱。我打小在农村长大,十七岁考入军校,学无线电,身边尽是一拨理工男。1991年,我连女人的手都没摸过,才子佳人,隔着十万八千里,想来是白茫茫一片,黑乎乎一团。总之是摸不到边,不敢想。为什么后来我写了一系列天才,跟这个有关:男欢女爱面前我是废柴一块,只有去寻英雄好汉与读者结缘(合作,乃至合谋)。我是坚信英雄之于文学的魅力的,天才是智力英雄。

那么,读者当时为什么反英雄?我认为这是以前我们塑造了大量"假大空"的英雄造的孽。或者说,读者反的不是英雄,而是"假大空"。所以,"真"是我当时创作牢固的出发点、支点。《解密》《暗算》《风声》"三部曲",说到底是一个主题:解密,揭秘,寻求真相。真的问题不解决,善也是伪善,美不过是面纱而已,不服人的。为了反"假大空",我甚至特意选择有缺陷的英雄,阿炳有生理缺陷(瞎子,弱智),容金珍有心理缺陷(孤儿,孤僻),黄依依有生活作风问题。我赋予他们天赋异禀,也给他们找碴寻短。他们一方面是天才、英雄;一方面是天妒英才,英雄气短。我不要浪漫主义,给英雄搞造神运动,刀枪不入,油盐不进。我要真实,要现实,要英雄落在地上,长在崖上(不是悬在空中),有人性,有困苦,犯常人的错,流凡人的泪,落难,认罚,决不完美收场。

话说回来,怎么写可以设计,写什么是设计不来的。写什么,作家只能做选择题,在经历和情感范围内选择。我在农村长大,在军营生活,只能在这两地选择。当时农村已被各路作家占山为王,插遍红旗,我自知攻不下,只好在军营动脑筋。今天最聪明的人都在商界,互联网、证券、金融,英才辈出。退回半个世纪,最聪明的人都在军营,东西对峙、冷战、军备竞赛,把一堆精英人物都圈入铁丝网,钻研这个,破坏那个,风声鹤唳,暗战迭起。密码是暗战的深巷里弄,于无声处藏惊雷。

要感谢生活,军营、冷战、密码……简而言之,我就这样一步步接近

《解密》。只是，人算不如天算，我想得美，却想不到尝试一种新小说有可能付出的代价。《解密》几乎耗费了我全部青春：十一年，十七次。这是要置人死地的数字。我没有死，或者说我在死了十七回后有幸被两个人救活：一是中国青年出版社的李师东，二是《当代》杂志社的洪清波。其实两人我已认识多年，只因一次次退稿，搞得我很自卑，不敢向他们投稿。尤其是《当代》，公认的皇牌，发一部长篇，梦都不敢做。最后认识的人都投完了，走投无路，才豁出去，投给他们。是一种找死的心理，很悲壮的。没想到，绝处逢生了。

在《解密》面前，这两个人——准确地说是四个人——成了我的英雄。据说《当代》发稿严格执行民主制，五人参与投票，《解密》得了三票，一票不多也不少，属于涉险过关。在《解密》面前，我其实也成了英雄。一点儿不夸张，我写《解密》的过程，已有限地接近西西弗神话：血水消失在墨水里，苦痛像女人的经痛，呈鱼鳞状连接、绵延。我有理由相信，这过程也深度打造了我，我像一把刀，在时间和墨水（也是血水）几近疯狂残忍的锤打磨砺后，变得极为惨白，坚硬锋利是它应有的归宿。可能正因为锋利，吓坏了不少人，也正因为吓坏了那些人，才攀到《当代》这豪门。书如人，有命的，《解密》能遇到《当代》，就是命好。2002年11月，《解密》在《当代》第六期以头条刊发，为它后来逐渐发酵提供了强有力的坚持。今天你打开电视机就是谍战剧、电波声，我可以不谦虚地说，拔得头功的是《解密》，它是杀红了眼的先锋队（差一点儿阵亡），紧随其后的《暗算》是幸运的插旗手，《风声》敲锣打鼓从银幕上走下来，一身喜洋洋。

这一切当然离不开读者的合作。世界日日新，在历经十多年的"反英雄"后，读者开始想念英雄了，同时那敏感的"红线"也变得不大灵敏了，降压了。这正应了一句老话：风水轮流转。我以无可奈何的坚持终于等到了读者的合作，等到了时代的"文明成熟"。所以，文学创新，从来不是作家独自作战，而是与读者和时代同进共舞。文学的创新路，是作家寻自己的路，也是寻读者的路，创新也不单是大路朝天，一路向前,有时走回头路也是创新,向下超越也是超越。

　　毋庸置疑,作家首先是个读者——难道有不吃草的牛吗? 阅读是写作最好的准备,写作是写作最好的老师。作为读者,我也是自己作品的读者——像照镜子吗? 修改、编校性的阅读不是普通的阅读,不配为合格的读者。十年乃至二十年后,我重读《解密》,一种陌生的感觉扑面而来,触手可及:既是冰凉的,又是炽热的;既犹豫,又大胆,仿佛行走在暗黑的老宅里。我感激这种相逢,因为时间,我成了自己的陌路人。我摸摸索索地往前走,随时准备止步,却兴致勃勃一路走到底,像被黑暗吸引着,要去寻找光明。我把这看作是我的骄傲,经得起一个普通读者的挑剔。如今,《解密》的读者已经会讲三十多种语言,零散在上百个国家和地区,让我沾沾自喜,也惴惴不安:因为,它在寻求更多读者的合作,那些遥远的生人陌客,我不知道他们会不会误解它、歧视它。

雪峰同志和《保卫延安》

| 杜鹏程

一

"春蚕到死丝方尽,蜡炬成灰泪始干。"我提笔写悼念冯雪峰同志的文章,这诗句,总是在脑子里萦绕。是的,这诗句和他战斗的艰难的一生联系起来,并不十分确切。说他为中国人民和新文学事业燃烧净尽,到死方休,那才是千真万确的事实。但是,"丝"并未吐尽,"泪"也未流干啊!

他是带着满腹的不尽之言,离开了终身向往的事业;他是带着对党和祖国深深的忧郁,离开了人间!

然而,每一个为创建我们国家而历尽艰险的战士,绝不会不留踪迹地离去,至少在我的心目中是如此。

二

那是 1953 年冬——12 月初,我接到冯雪峰同志的一封信:"你的信及《保卫延安》打字稿,我都收到。心里很感激。你几次找我没遇见,我都不知道,这是很惭愧的。你的作品,我一定挤出时间在最近一星期看完。本月15号左右你来找我如何?"过了两天,我又接到他的信:"你的小说,我兴奋地读着,已经读了一半以上,估计很快可以读完。我因事多,否则,我一定一口气读完,不愿意中断的。如果你有时间,11日五时半到我家吃便饭,趁吃饭,我们谈一谈。"反复看这信,心情很不平静。我已经发表过一些作品,有些作品印成了小册子,有些剧本上演过,因而不像有些初学写作的青年人想到自己写的文章将要印成铅字时那样激动。可是,现在我要去见的这位前辈,这位著名的诗人、作家和有着光辉革命阅历的文艺理论家,心里还是又兴奋又不安。在我眼里,他是我国文艺界别具一格的权威。我读过他早期翻译的马克思主义文艺理论书籍,读过他的《论文集》,读过他的诗集、散文、寓言著作和那理解伟大先驱者鲁迅先生的最宝贵、最重要的书籍之一的《回忆鲁迅》等等。声名和地位对我这多少经历一些斗争生活的人来说,不会有多大的吸引力。而卓越的战士、革命家的业绩和用生命写下的著作,却可以在我心里掀起巨大的感情的波涛。其时,他住在北京崇文门内苏州胡同16号。那是很小的一个院落,有五六间小房子,以他的地位和当时北京住房条件来说,确是很简朴的了。我是傍晚去的,一按门铃,他就亲自来开门,也不寒暄,只是谦逊地点了一下头,便领我进了他的房子里。灯光下,我才看清楚这位年近半百的长者,瘦而高,身板硬朗,面孔微黑头发苍白,一双不大的眼睛里闪着诚挚的光芒。你一眼就可以看出,这是一位铁骨铮铮和具有献身精神的人。雪峰同志操着浓重的江浙口音,他没有任何客套,指着茶几上放着的《保卫延安》打字稿,开门见山地问:"你觉得你写的作品怎么样?"我疲惫不堪地望着身边火焰熊熊的大铁炉子,一时不晓得如何回答。我从遥远的边疆来到这京华之地,人地两生,整天埋头于大堆稿子中,可以说常常是寝食俱废。而且经过四年之久的苦苦摸索,身心交瘁,像害了一场大病的人似的。当冯雪峰同志再一次问我时,才说:"我心里很矛盾,甚至可以说很痛苦,我简直说不清……"他深深地弯下腰,用手按着那一大堆稿子,和蔼而关切地说:"这是可以理解的。一个运动员集中全部精力向前跑的时候,终点和周围的事物,他都是顾不上看的。"他问我多大年纪,我说:"三十二岁。"他思索了一阵说:"那还是青年。不过,你这样年纪就能写出这样的作品,尤其是能写出描绘彭德怀将军形象这样的文章,真是很不容易。要我写我也不一定能写得出。这是一部史诗,当然在艺术的辉煌性上它比不上《铁流》《水浒传》和《战争与和平》。只能说这是一部史诗的初稿,将来你还可以不断修改。我之所以说修改要在将来,而不是现在,是因为这个作品不足之处反映了我们现有的文学水平,等待将来我们水平提高了,你的经验也多了,你自然有能力把它搞成和古典杰作争辉的作品。我认为你是有才能的,是个很有前途的人。你一定读过很多作品,像列夫·托尔斯泰的《战争与和平》等等书你都读过,这是从作品中可以看出来的。当然,这并不是说你模仿他,我是说你读书很多。这是一本好书,我读了这样一本书,非常兴奋。当然,你不要骄傲,这本东西生活比艺术多。但是什么是艺术? 什么是技巧? 生活是最主要的。这样的东西只能这样写。文艺界粗糙的东西很多;并不是有缺点的东西就一定不好,就不能存在,像陀思妥耶夫斯基,他的作品有很多不好,但是还存在着。搞创作的人,意见要听,但是不要为那些意见所左右,不要乱改,不要把这部作品破坏了。我和出版社的同志们商量,要尽快地让这部作品出版。我也准备写一篇文章,因为我看了这作品,有话要说。"最后,他翻着稿子,关于作品的精神,关于人物、叙述、描写、语言以及抒发感情的方式等等方面,指出许许多多毛病,连一句不确切的话、一个生僻的方言字眼也不放过。他说:"你写东西是创作,读者读作品时也在进行创作。要相信和尊重读者。要含蓄,要让人有回味余地,不要一有机会你就跳出来讲一大套道理,而且不管人物处境怎样,都要说到'党的培养呀'等等,这是不必的。你我谈话,没有说到党的培养,难道这能说明我们忘记自己是共产党员,难道就忘记了党的培养吗? 不会的。生活的实际情况是怎样的就怎样写;尊重生活,对一个作家说,没有比这更重要的。再拿写作手法说,第六章第一节第一句话,描写无定河。你写'无定河呜呜地向东流去'！你去看看中外的那些好作品，人家绝对不会这样去写一条历史上有名的河流！"他爽直、精辟而又十分耐心地举出好多这样的例子，我浑身是汗，满脸通红。他转过头，瞥了一眼，意识到这是第一次和我见面，如此率直的言词我是否吃得消？于是推心置腹地说，他虽然指出了一些缺点，但是这些意见可以听，也可以不听，最重要的是这部作品为我们的新文学事业带来了一些新东西，因而他很高兴，非常高兴。我们谈话时，他的夫人何爱玉，一直静静地坐在一边，慈祥而亲切地望着我们。她察觉到我的窘状了，指着雪峰同志对我说："这几天，他不断地向家里人谈到这作品，仿佛是他自己写了一部好作品似的。他这个人性子急，又容易兴奋，看了这作品，他夜里睡不着。"我转过身望着雪峰同志，长久地望着他。

深夜三时，我从他家出来时，街上行人和车辆都已很少，辉煌的灯光照着路上的积雪。我走在长安街上，时而疾行，时而深思，时而高声说话。虽然天气异常寒冷，而我心里却充满了火一样的热情。冯雪峰同志的高而瘦的身影，坚毅的面容，苍白的头发，时时显现在我眼前。那直率而热情的谈话，也时时在我耳边回响。他，这从"五四"运动以来就活跃在文坛的英勇战士，对我这文学战线上的后来者的鼓舞，是多么巨大而难忘啊！他使我懂得文学是严肃的艰巨的事业，是需要献出毕生精力而奋斗而学习的事业；浅尝辄止和沽名钓誉的人，注定要碰得头破血流的！如果光说书的印行，那么总政文化部已经把它列为"解放军文艺丛书"之一，决定出版了，我想知道的是这本书是否给中国文学带来了一点儿什么。为此，我拜访过一些人，但是没有什么结果，因此我心里充满了焦灼、苦闷和不安。今晚，雪峰同志的一席话，把我的积虑一扫而光。他和我素不相识，只是看到一部作品，觉得这作品还有某些可取之处，便为我们的文学事业而那样激动，仿佛给他自己以及给他全家人都带来什么欢乐似的。这种胸怀和情操，给我留下了永生难忘的记忆。雪峰同志当时担负着许多重要的工作，难道会消闲吗？别人告诉我说，在作家协会开会时，他坐在会场里低着头看这稿子；在东四大街的有轨电车的颠簸中,他聚精会神地坐在那里看这稿子。还有人好几次地看到他——冯雪峰同志,穿着一件旧呢子大衣,腋下夹着这部稿子,在东单附近的人行道上边思索边走路——12月北国的寒风,吹拂着他苍白的头发。后来,当我离开北京时,我从他贤惠的夫人口中得知:一天夜里,家里人全睡了,他坐在写字台前的台灯下看《保卫延安》打字稿,深夜时分,他的夫人听见他咳嗽得很厉害,起来一看,炉火熄了,他又没有披大衣,结果手脚快冻僵了,而头却烫烧,患了重感冒。雪峰同志若无其事地站起来,搓着手,来回走着,说:"这位作者在哪里住着?现在,我很想和他谈一谈。"他的夫人说:"夜里四点了,你到哪里去找人?我马上给机关打个电话,让车子开来,把你拉到医院去看病。"雪峰同志立刻焦急起来,厉声说:"看什么病!"然后他就激动地对她讲述作品的内容,讲到有些人物和场景时,眼里滚着泪水:"我们的战士多英勇!中国人民付出了多么大的牺牲噢!"

三

第二天,我又接到他的电话,说昨天谈话似乎犹未尽兴,希望我晚上去他家再谈一次。傍晚时分,我到了他家。他和他夫人热情地接待了我。他的夫人说,这几天只要来了客人,他就向人家谈这本书。雪峰同志挥挥手,坐下来,立刻又热情地谈起来。说是他已给《人民文学》编辑部做过推荐,希望他们能选发一部分。还说,他和人民文学出版社几位负责同志商量了,让我用两个星期时间把我认为需要改的地方修改一下,1月10日左右交给出版社,打算很快印刷,希望3月份能和读者见面。还说,读了这作品,他突然产生了强烈的创作冲动。他长期以来就打算写两部长篇小说,一部是关于"长征"的,另一部是关于"太平天国"的。关于红军二万五千里长征的小说,在国民党白色恐怖下,他隐姓埋名,写了几十万字,后来丢失了!他的夫人在一旁说:"在那苦难的日子里,逮捕、屠杀、饥饿、困苦,时时威胁着人,那是背着灵牌过日子噢！别说一部稿子，连生命都随时可能丢掉！解放前，我们一家人跟上他，颠沛流离，受尽了艰难！"雪峰同志摇摇头，不让谈这些，仿佛这一切都已成为过去，不值得一提了。他说，那部丢失的稿子，并没有很好地反映"长征"那一段伟大的历史。现在他设想的这部小说是：一位农民出身的人，长征开始时他是一个普通红军战士，后来成为一名师长，通过这个人物的经历来从侧面反映不朽的长征。他吸着烟，时而坐在那里弯下腰讲，时而站起来讲，时而沉入遐想之中，时而又长久地沉思默想着。这时候，出现在你眼前的是热情奔放的诗人，是高瞻远瞩胸怀大志的作家。时代的风云，宏伟的构思，罕见的场景，片断的对话……我一边听着，一边望着身旁的炉火，完全沉浸到庄严的向往中。我情不自禁地想，关于伟大的长征，关于中国革命，只有这些亲身经历为之牺牲奋斗而且具有非凡的经历的人，才能写出来；比起他那种丰富的阅历以及深厚的文学修养来，我这样的后辈只能算是文艺战线上一个小小的新兵。我望着他刚毅而倔强的面容，问："你为什么选一个农民做主角？"他说："我们的红军战士，主要是农民噢！其次，一个作家乐于写什么，选什么人物作主人翁，那是和经历、和他熟悉的生活分不开的，和他的生命分不开的。只有随意乱编的人才是抓住什么题材都写。随意乱编的作品我们见得少吗？能有什么生命？"他仰起瘦棱棱的脸，望着手里的纸烟冒起的白烟柱，像回到遥远的童年时代似的。他说，他是浙江中部义乌县一个小山村的人，自小就放牛，下地干农活，中国农民的苦难生活，艰辛的劳动以及坚韧的生命力，都深深地影响了他的一生。严格地说，我们这样的知识分子的血管里流着农民的血液！说罢这些意味深长的话，他问起我的出身和经历。他是前辈，我是后生；他生长在大江之南，我生活于荒漠的北国，但是农民子弟的遭遇和不幸如此相似。此种情怀，使我们心灵相通，使我们相互间充满着难以言传的信赖。虽然这是我和他第二次见面，相识仅只两天，可是仿佛是相识了许多年似的。这也许就是那种肝胆相照的忘年交吧！夜已深，长城外刮来的风，卷着雪片在小庭院里呼啸着。我们都沉浸在无言的激动的深思中。过了好一阵工夫,他说:"其实你不讲,也能大致想象到你所走过的路程。因为通过你的作品,可以清楚地看到你的出身、经历、气质、爱好和志向。任何好的作品都有这个特点。"

四

一天夜里,我又到了他家。他伏在台灯下,正在深深地埋下头,奋笔疾书,那充满倔强力量的身姿,那满头苍白的头发,那种忘我的神情,使我想起了战斗生涯,想起了战斗中指战员们勇猛冲锋的身姿和形象。他的夫人怕打扰他,手托下巴静静地坐在一旁,无可奈何地望着他。当雪峰同志发现我站在那里时,以手示意,要我坐在桌旁的凳子上。他的夫人连忙说:"你还没有吃饭!"雪峰同志焦躁地摇着头说:"开了一天会,刚刚坐下写了几个字,吃什么饭!"接着就把一堆草稿推到桌边,说:"这是我写的文章,你看看。"我把这篇题为"评《保卫延安》的地位和重要性"的洋洋近二万言的大作捧读之后,非常激动。这不仅是因为他对这本书评价高,而是他卓越的见地,犀利的眼光,独特的论断和出自内心的热情,使我看到:只有经过久经考验的革命家、知识渊博的学者和对中国革命以及新文学具有强烈而深厚感情的人,才能写出这样的文章。文如其人,一点儿不错。我说:"作品是我写的,但是读了你的文章,我仿佛才对它看得更清楚了。你指出的东西,有些我写作时并没有意识到。"他说:"真正从生活中来的作品,常常会带来许多作家自己意识不到的东西。文艺评论的任务之一,就是要指出形象显出来而作家本人尚未意识到的东西。那些言之无物的文章,面目可憎,常常引起我的愤慨。我忍不住要说出来,可是一说出来就得罪人。有什么办法?得罪人也得说。"接着他又说:"看了清样,看到你把作品修改得更好了。作为一个作家,我对你把稿子反复修改,非常赞成,可是编辑部的同志说吃不消。这是一个矛盾!"他爽朗地笑了,笑得那样开怀和真诚——显出他不失赤子之心的诗人气质。

原来，雪峰同志和出版社编辑部同志们，给"打字稿"提了意见，我用了两个星期把稿子加以修改之后便付印了。第一校清样，我几乎通篇做了大修改，以致只好重排。编辑部的同志说，二校清样千万别大改，可是拿到二校清样，又改得非常乱，于是不少章节又得重排。他们嘱咐我，三校清样，绝对不要大动了。可是我又做了改动，还有一些页码必须重排。因此，原来这书应3月出版，结果6月才改完，预计七八月才和读者见面。这就是说，发稿之后，又琢磨了将近半年。回想起给编辑部和工人同志带来的麻烦，心里十分惭愧！雪峰同志察觉到我的心情了，他说："别把这些事情放在心里，一个作家就得这样。果戈理初稿很粗糙，也是经过多次修改，一次比一次更好——这从别林斯基的评论文章中可以看出来。"

正说话间，老诗人柯仲平同志进来了。他向雪峰同志挥了一下手，一转身便把我紧紧地拥抱起来，热情洋溢地说："好兄弟，祝贺你。昨天我在作协开会和雪峰坐在一块儿，他把你的作品的情况仔细地向我讲了。"

雪峰同志的夫人给柯老倒茶水，招呼他就座，柯仲平同志全没有注意到，他来回走着，双手搓着，扬起头，略微思索一下，声如洪钟似的喊："我给你们朗诵我最近写的一首诗。"他朗诵着，时而抢着拳头，时而挥舞手臂，时而仰望顶棚，热情奔放，声震屋瓦。朗诵完，已满头大汗。当他正朗诵诗时，雪峰同志坐在沙发上聚精会神地听着，时而脸色严峻，时而眼里喷发热情。朗诵结束好一阵儿了，他还坐在沙发上，微微弯着腰，眼睛望着一边，严肃而激动地深思着。

柯老和雪峰同志肩并肩坐在沙发上，要雪峰同志讲意见。雪峰同志讲了这首诗充满着热情，但从艺术上说，也有一些可以改进的地方，他率直而诚恳地讲出自己的看法，毫无保留，也不转弯抹角。柯老很激动，好几次都要跳起来争辩，可是雪峰同志压住他的膝盖，依然严格地讲下去，最后说："我们是老朋友，看到不足的地方，就一定要说出来，而不考虑你高兴不高兴。"柯老放声大笑，看了看我和雪峰同志的夫人,猛击茶几,大声呐喊:"诤言难得。雪峰就是雪峰!"我望着他俩那苍白的头发,望着中国文学界的两位前辈和老诗人,真是抑制不住自己激动的感情。我想,战士的真诚,心地的坦率,正直而深沉的性格,多么令人神往啊!

<h2 style="text-align:center">五</h2>

1954年初夏的一天,我去向雪峰同志告别。他、他的夫人和孩子,像送别自己的亲人一样聚集在一起。雪峰同志把两函刚出版不久的影印本《鲁迅日记》和他的《论文集》第一卷、《雪峰寓言》送给我。他问我关于今后创作的打算。我说,全国轰轰烈烈的大建设开始了,我要到建设工地去,准备书写新的历史时代。雪峰同志非常高兴,他说:"到斗争生活中去,这是最根本的;离开群众,不管怎样有才能的人,也一无所为。你看我坐在北京能写出东西吗?"而且还谆谆告诫:"不要当了作家,就坐在北京当'新闻人物',什么做报告啦,介绍创作经验啦,这种风气很不好,会毁坏人!"

当我离开时,他说他要去看一个人,于是我们一道出来,到崇文门那里,又顺着行人和车辆较少的东交民巷走去。他穿着布鞋,普通的蓝布制服,顺着人行道信步走着,不明内情的人一定认为他是一位普通职员或者上了年纪的教师。的确,在他身上没有一点儿"当官"的气味,他始终是一个党的普通干部,是人民群众中的一分子,是牢牢铭记着自己使命的作家。公家给他配有小车,但是,我和他相识半年多,几乎没有看见过他坐小车。有一次,我们一道到很远的旅馆去看望《把一切献给党》的作者,他也是像一个普通劳动者一样质朴,穿着一件旧呢大衣,挤在长长的人行道上,以步代车。此时,我们又是这样挤在人群中步行。他时而站下来看路旁新修的建筑物,时而谈文学,时而谈学习和工作。一直到了前门大街,这才分手。我走了好远,还看到他在街头伫立着。这时我才意识到,他并不要去看什么人,不过是想和我走一走,随意谈一谈而已。这位在生活的道路上,经历过严酷斗争、担任过许多重要职务的前辈,看上去脾气倔强,对丑恶的东西态度凌厉,可是他有着一颗热烈的诗人的心啊!

后来几年,我去北京开会或送什么稿子,多次见到他。他一见面就问深入群众的情况,问到工人们的生活,问我在偏远的工地上买书困难不困难,而且总是立刻就谈起我新发表的作品;当谈到作品的缺点时,总是非常严格,毫不客气。但是我知道在这似乎严厉的外表下,蕴藏着对我们文学事业的巨大的关怀和期待呵!因而,哪怕是短暂的会晤,简短的交谈,也能使我铭记于心、历久不忘。

记得"反右"斗争的后期,我和柳青同志奉命去北京开会,任务是把全国作协"反右"斗争情况带回来向同志们传达。我们一去就参加大会。大会上宣布了冯雪峰等同志的"反党罪行"。坐在我身边的人民文学出版社的同志给我说:冯雪峰是他们的社长,在他们那里过党组织生活,可是把他定成"右派",出版社的许多同志全不知是怎么一回事,有的同志听到这事之后甚至哭了!我集中全力听他们宣读的雪峰同志的"反党罪行",其荒谬可笑,使人难以想象。

会后,我和柳青同志回到和平饭店。我一声不吭,躺在床上。柳青同志气得脸色发青,他嘴唇抖动着说道:"怎么能这样毁灭自己的同志!中国参加长征的作家,一共有几个嘛!全国解放不久,中国作家代表团访问苏联时,雪峰同志是我们的团长。他为人正直,疾恶如仇,深受我们大家尊敬。"我说:"做一个正直的人谈何容易?1954年秋天,我从外地刚回到北京,那时雪峰同志在关于《红楼梦》研究问题的那一场批判中,做过检查,还被撤销了《文艺报》主编的职务——罪名之一是'压制新生力量'。可是在几个月之前他还废寝忘食地帮我看稿子,奖掖我这个文学新兵哩!"

此后,有十几年时间,我再没有见到尊敬的冯雪峰同志和他贤惠而善良的夫人以及他的孩子们。在漫长的岁月里,会有多少人去看望他们呢?大约,他们饱尝了那种"交游莫救,左右亲近不为一言"的辛酸滋味吧——更不要说有人落井下石了！听说，他成了"反革命"之后，党籍开除了，职务撤销了，工资降低了。他从那个我所熟悉的小小院落里被赶了出来，一家三代人，多少年来就挤在极其简陋的房子里。他心爱的书籍，经过再三处理，还是没地方放置，只能堆在地上或塞在床下。生活之屈辱和窘困，无以复加。试想，他在这种情况下，怎样去写"长征"和"太平天国"的大部头小说？怎样进行鲁迅研究？冯乃超同志在《新文学史料》第一期上发表的《鲁迅与创造社》一文中说：冯雪峰是"把党和鲁迅关系沟通起来作出贡献的人"。冯雪峰与鲁迅接近，自1928年12月到1933年12月，1936年4月到10月，共计五年半的时间。党组织要成立"左联"的想法是由他去和鲁迅商量的。又如李立三约见鲁迅，陈赓去见鲁迅，瞿秋白住在上海期间与鲁迅的联系，以及方志敏烈士信稿转交，等等，都是由冯雪峰负责进行的。冯雪峰在瑞金多次与毛主席谈话，其中一个主要内容就是介绍鲁迅的情况。1936年4月，冯雪峰由陕北到了上海，他把党的领袖毛主席的活动、抗日民族统一战线政策、长征的英雄事迹介绍给鲁迅先生。其后鲁迅先生在病中，还托冯雪峰送书和火腿等物品给毛主席和周副主席。鲁迅的丧事是冯雪峰等同志主持的，在他们拟定的治丧委员会的名单中列有毛泽东的名字。如此等等重大的文学史实，让他写出来难道是可有可无吗？造就一个有用之才，谈何容易——何况他这样一位中国文学史上的重要人物？他临终耿耿于怀的是："……我没有能写一本关于鲁迅的比较完整的书……我心里难过。"现在他永远离开了我们，这空白谁来弥补！又如，冯雪峰同志从陕北到上海，在鲁迅家中给美国进步新闻记者史沫特莱谈了两个下午，史沫特莱首先把红军长征的真实情况报道出去，影响颇大。美国进步作家斯诺，1936年到上海找到宋庆龄同志，宋庆龄同志找到冯雪峰，冯请示了周恩来同志，并派秘密交通员在西安与斯诺接头。这样，斯诺才能完成他的旅行，给我们留下一部巨著——《西行漫记》。至于毛主席的两个孩子毛岸英、毛岸青，也是冯雪峰同志及别的共产党员和进步人士在上海找到了下落并加安置的。如此等等的情况,让冯雪峰这些当事者,给我们记录下来,岂不是宝贵的吗?如今,时逝人去,我们活着的人想起这一切,只能撕心裂胆地仰天长叹了!……至于被错误地划为"右派",其妻子儿女受到歧视,本人精神上的痛苦,那是无以用笔墨表达的!"悲莫痛于伤心……"司马迁说,"……是以肠一日而九回,居则忽忽若有所亡,出则不知其所往,每念斯耻,汗未尝不发背沾衣也!"我读这类文章,想到雪峰同志的处境,热泪夺眶而出!可是,献身于共产主义理想的雪峰同志,比起我想象中的样子要坚强十倍、百倍。他受到如此的打击,还是那样坚定,还是那样忠诚,还是那样艰苦朴素,还是那样坚韧不拔,还是那样充满信心和热情。叫他去当普通编辑,他就兢兢业业地埋头工作;叫他去劳动,他就极其认真地劳动;叫他去农村搞"社教",他和人民群众相处得如同家人一般。不灰心丧气,甚至连幽默感也没有丧失。特别是 1961 年,在总理亲自提名下给他摘了帽子,他更是对中国革命和新文学事业,满怀着热烈的希望。他到祖国南方去考察"太平天国"征战过的地方,回来之后又钻在陋室之中秉笔疾书,他要使那一段壮烈的历史复活起来,要从他们覆灭的血与泪中为子孙后代找寻一点儿什么!特别是在"四人帮"统治时期,他即使受到怎样的迫害和折磨,也是心中有数,泰然自若,头脑清醒,坚持原则,保卫党,保卫同志,保卫中国新文学的历史。但是,他未能看到"四人帮"的灭亡,便在那千百万群众以鲜血和生命捍卫周总理功勋和声誉的严寒日子里,溘然长逝!(他的夫人何爱玉同志,一年多之后也默默逝去!)其时,我正为了"苟全性命"而躲在黄河边的一个偏远农村。当我得知雪峰同志离开人世的噩耗时,已经是开过追悼会十多天之后了。我手攥着电报,站在黄土崖壁之上,临风挥泪!任凭脚下万丈深谷里的黄河之水奔腾咆哮,狂呼怒吼……

1976 年 1 月 31 日,他被癌症夺去了生命!这不奇怪,毋宁说必然如此。我以一个与医学无缘的人,敢于断言:得"癌"的原因固然多种多样,但巨大的刺激,巨大的悲痛,巨大而长期的精神折磨,很可能使人得这种"恶疾怪病"!这种例子,我们任何一个人都可以举出十个八个。试想,一个把毕生都献给人民的忠心耿耿的革命者,被诬为"反革命";一个 1927 年 6 月入党的经过长征的坐过监牢的受尽千辛万苦的人民功臣,被诬为骗子;一个著作等身、中外闻名的作家,被诬蔑为一无所能的伪君子,而且千口皆谤,万人皆指,你却丝毫不能分辩! 这是怎样的"千古奇冤"啊!

但是这位忠诚、耿直而内心富有的革命者,这个坚定不移的共产主义者,虽然被赶出党近十八年,可是一直到临终时,留给他的友人、子女和这个世界的遗言是:"希望回到党的队伍中来。"是的,到他死后三年的今天,这个愿望实现了,在党中央关怀下,他的冤案被纠正了,他的名誉恢复了,他的作品又要和读者见面了。可是,这一切,他都看不到了,听不到了,他已经离开了这个他为之征战终生而对他并不仁慈、并不公平的世界。但是,知他爱他的人,依然铭记着他艰苦奋战的一生,钻研着他的著作,总结着历史的教训,思考祖国的未来,为了中华民族的尊严,为了我们国家富强,为了人民生活幸福,为了雪峰同志毕生为之苦斗的理想的实现而不息地思索着、前进着。

尊敬的雪峰同志,你如地下有知,当会以老诗人的激情为我们现在正在进行的这一场史无前例的新的进军而引吭高歌。

尊敬的雪峰同志,革命者是不朽的——让我把这镌刻在我心头的话,奉献于你的灵前!

我与人文社，素交三十年

李鸣生

一转眼，人民文学出版社建社七十年了。而我与人民文学出版社的交往，屈指算来，也整整三十年矣。

三十年不算短，想说的话似乎很多，却又不知说啥是好。我知道，作家们写人文社的好文章多了去了，我若再写一篇，也就凑个数而已。既如此，那就简单说说我与人文社三十年来的交往情况吧。

我与人文社第一次交往，是 1990 年。我之所以与人文社交往，缘于人文社主办的大型文学杂志《当代》。上世纪 80 年代初的《当代》，乃全国响当当的名刊，尽管那时的我还在一个原始的大山沟——西昌卫星发射场——当兵，但《当代》每期发表的报告文学，都是我的必读之作。因此，我记住了《当代》，也记住了《当代》一位编辑的名字，她叫刘茵。

而我亲眼见到刘茵老师本人，则是十年之后了。1989 年，我考入解放军艺术学院文学系，第二年初夏的一天，军艺文学系与《当代》杂志举办座谈会，那天刘茵老师就坐在我的对面，当我第一眼从座位牌上看到"刘茵"二字时，我喜出望外，甚至有点儿不相信自己的眼睛。在《当代》发表报告文学，是我多年来的一个梦想，也是我追求的最高目标，而刘茵老师，就是《当代》专门负责报告文学的编辑。于是会后我找到刘茵老师，把我当时正着手创作的一部长篇报告文学的构思和她简单聊了聊，恳请得到她的指导（当时在场的还有《当代》的年轻编辑杨新岚）。刘茵老师听完我的构想后，说，题材很新鲜，想法也很有新意。这样，你先不要考虑别的，就按照你的这个想法写完，然后先给我看，我看后再与你联系。听了这话，我好似吃下一粒定心丸；刘茵老师的随和、亲切与真诚，也给我留下了深刻的印象。

四个月后，我完成了我的第一部二十五万字的长篇报告文学《飞向太空港》，当即复印一份，寄给了刘茵老师。这是我第一次给《当代》这样的名刊投稿，有信心却无把握。但十天后，我便接到了刘茵老师的电话：稿子看了，不错，题材新，观念新，思维方式也很新，我们初步考虑刊用。但书稿太长，不能全文发，你最好能来出版社招待所住两天，把书稿再压一压。我放下电话，兴奋不已。但军艺有规定，学员不能在外过夜，我只好利用周六偷偷溜了出去，然后在刘茵老师的安排下住进了人文社招待所。

人文社的招待所位于人文社的后楼，狭小简陋，寂寂无闻，若与北京的豪华大酒店相比，最多算个火柴盒。但后来我才得知，中国不少重量级作家都在这个"火柴盒"里改过稿，并由此登上文坛，扬名天下。我在这个"火柴盒"住了两天，昏天黑地，昼夜不分，顿顿方便面，没出过一次门。改完稿那天，已是凌晨五点，我站在朝内大街166号的门前，望着初升的太阳，像熬过了整整一个夏天。

大约一周后，我接到一封发自首都机场的来信，打开一看，是《当代》副主编何启治老师的亲笔，大意说，他现在在首都机场，马上准备登机，但书稿还没看完，不能及时回复，等出差回来后，尽快复我，不要着急。来信虽短短几行字，却令我感动。当时，《当代》的主编是秦兆阳，执行主编是朱盛昌，稿子很快经何启治、朱盛昌二位老师终审后，决定发表。不过后来我听刘茵老师说，稿子决定发表前，编辑部也是有过顾虑的。一是此稿题材重大，内容敏感；二是思维超前，打破了某些写作"禁区"；三是稿子只有保密部门的意见，其他部门还在审查中，结果未卜。发表此稿,是要承担一定风险的。但是,1991年《当代》第一期,还是用头条隆重推出了我的长篇报告文学《飞向太空港》(责任编辑是刘茵和杨新岚)。接着,人民出版社主办的《新华文摘》等全国上百家报刊先后选发连载了此稿,在社会上引起不小反响。可有关部门很快找上门来,要追究有关责任。幸而《当代》挺身而出,为我遮风挡雨,其回答很朴实却有力:"《当代》编辑部有严格的三审制,只要作品没有泄密问题,其他问题由我们负责。"这才为我解了后顾之忧。

随后,人民文学出版社和《当代》杂志又联合举办了《飞向太空港》作品研讨会,会议由社长陈早春先生主持,老前辈屠岸先生及评论家冯立三、雷达、白烨、李炳银、朱向前等二十多位专家也到场力挺。这是人文社为我举办的第一次作品研讨会,对我这个小荷才露尖尖角的青年作者来说,其鼓舞之大可想而知。1992年,《飞向太空港》获1990—1991年度全国优秀报告文学奖,它既是我的长篇处女作,也是我的成名作。

我与人文社的第二次交往,是1993年。这年2月,我写完航天系列第二部《澳星风险发射》后,毫不犹豫地又给了《当代》。此稿写的是中国发射连连失败的问题,而失败问题是个很敏感的问题,何况用一部长篇来写失败,国内尚无先例。但《当代》经认真商讨后,认为此稿虽然写的是失败问题,切入角度却很巧,于是还是在1993年第二期头条推出了此稿(责任编辑是刘茵和杨新岚,副主编是朱盛昌、何启治、胡德培);接着,人文社主办的《中华文学选刊》于1993年第二期头条选发了此稿;再接着,《当代》和《中华文学选刊》在北京联合举办了《澳星风险发射》作品研讨会,会议由朱盛昌老师主持。这是人文社为我举办的第二次作品研讨会。此稿后来获1992—1993年"505杯"全国优秀报告文学奖、首届《中华文学选刊》奖、《当代》"大科技杯"征文奖、1985—1993年人民文学出版社"炎黄杯"《当代》文学奖、中国改革开放30年优秀报告文学奖、第三届中国人民解放军文艺奖。

我与人民文学出版社的第三次交往,是1995年。这年5月,我完成了我的航天系列第三部《走出地球村》。在人文社出书，和当初我希望在《当代》发表作品一样，是我多年的一个心愿。但我知道，人文社对书稿要求很高，而我的水平有限，于是此稿还在构思阶段——大概是1991年下半年，我便与人文社编辑部主任李昕先生取得联系，在他办公室谈了我的基本构想。李昕主任听罢我的构想后，对其题材和构想都给予了充分肯定，不光提出建设性意见，还对书稿寄予厚望，并一再强调，书稿写完后一定先给他看！而且在此后几年时间里，李昕主任也一直关注着这部书稿的写作进程，每次见面都会问问书稿的进展情况，不光给予我写作的动力，还为写好此书增添了信心。所以书稿刚写完，我便送到李昕主任和刘茵老师的手上。但由于此稿涉及"文革"，以及"文革"中复杂的政治背景和中国科技知识分子的坎坷命运，正如李昕主任后来在此书的序中所写的那样："《走出地球村》真正要写的已不再是'东方红一号'卫星发射成功的'新闻'。作家可谓'醉翁之意不在酒'，他的真实用意是以我国第一颗卫星研制的线索为经，以冷战环境下的国际对抗和竞争为纬，以一批堪称'中国的脊梁'的杰出知识分子及其社会活动为中心，对中国的当代社会史进行一次痛切而深沉的整体剖析和全面反思。"因此，此书的出版难度可想而知。但后经李昕主任和责任编辑龚玉大姐的用心把控，倾力打造，此书还是于1995年12月得以顺利出版，而且李昕主任还特意为此书作序，给予我很大的鼓励："我认为《走出地球村》不仅是李鸣生个人创作上的一个突破，而且在我国当前乃至整个当代报告文学创作中，它也是独具价值、独具地位、独具光彩的佳作。"

而与此同时，《当代》也于1995年第四期隆重推出此稿（责任编辑是刘茵和杨新岚，主编是朱盛昌，副主编是胡德培、常振家、汪兆骞）；接着，《中华文学选刊》于1995年第五期头条选发了此稿；再接着，人民文学出版社在北京举办了《走出地球村》的作品研讨会。这是人文社为我召开的第三次作品研讨会。1998年，《走出地球村》获首届鲁迅文学奖。

我与人文社的第四次交往，是 1999 年。这年《当代》第二期发表了我的报告文学《国家大事》，责任编辑是副主编汪兆骞。兆骞老师既是资深的编辑，又是知名的学者、作家，眼光独到，思想敏锐，我后来看到他力荐《国家大事》而写下的编审意见，可谓言简意赅，深刻精准，一针见血。此稿发表后，被《中篇小说选刊》1999 年第四期选发，后获中国报告文学首届"正泰杯"大奖。

我与人文社的第五次交往，是 2003 年。这一年，中国宇航员杨利伟上天，我的航天系列第五部《风雨长征号》恰好写完，我便将此稿交到了刚刚出任副社长的潘凯雄手上。凯雄副社长是老朋友了，当年人文社举办《飞向太空港》研讨会时，他就代表《文艺报》到会捧场；后来他在经济日报出版社担任总编辑，还出过我的一部长篇。他到人文社后我们便说好，我的下部书稿交由他出。此稿后经胡玉萍编审和陶良华主任精心编辑，于 2003 年 10 月顺利出版。本来，此书人文社也是准备要开个研讨会的，因当时我正在外地忙于一部电影故事片和电影纪录片的创作，本已筹备好的研讨会只好作罢。此书后来入围第三届鲁迅文学奖。

我与人文社的第六次交往，也是 2003 年。这年底，人文社出版了我的《毛泽东和他的随行摄影记者》（组稿是副社长潘凯雄，责任编辑是资深编辑龚玉大姐）。此稿属重大题材，加之照片繁多，送审、编辑、排版等工作，都颇费周折。但经凯雄副社长精心策划，龚玉大姐认真编辑，此书不仅出版顺利，且品相甚好。

我与人文社的第七次交往，是 2010 年。这一年，我完成了我"航天系列"的第七部《发射将军》。由于此书很可能是我"航天七部曲"的最后一部，我自己比较看重，经慎重考虑，便同时交到了编辑室主任脚印和《当代》编委杨新岚的手上。脚印和杨新岚都是多年的老朋友，又是我很看重、信任的编辑，所以多年前我就有给她俩一部稿子的打算。两位女将思想敏锐，眼光独到，看稿速度极快，短短一周左右，便分别给我打来电话。杨新岚说，稿子不错，留用了。但考虑到有些内容涉及审稿问题，不能全文发，只能从中选发几章。脚印说，书稿看了，也送给潘凯雄社长看了，感觉很好。但有一个问题，此稿属重大题材，按规定，必须走一下送审程序……

听到"送审"二字，我心速顿时加快。二十年来，由于我写的题材几乎都属"重大"，书稿总是一次次地送审，而每次送审，我的心里都会经历一个战战兢兢的过程；尤其是第一部书稿被审了一年多，最后还无疾而终，此后似乎便落下了"一朝被蛇咬，十年怕井绳"的后遗症，所以有时宁可书不出，也不愿送审。于是我犹豫再三，只有对脚印如实相告：这样，给我一周时间，我给别的出版社看看，如果别的社可以不送审，那请原谅我的自私；如果别的社也要送审，我再拿回来请你出。

结果，很遗憾，全书最终未能在人文社出版。尽管善解人意的脚印宽容大量，并不介意，我却感到愧对脚印。而《当代》这边，由于杨新岚摘选的五六万字无需送审，所以《发射将军》有幸在《当代》2010 年第三期得以发表（责任编辑是杨新岚，二审是编委周昌义，三审是主编洪清波）。此稿后获"《当代》文学拉力赛"2010 年第三站冠军。

我与人文社的第八次交往，是 2017 年。这年 8 月的一天，接到脚印的电话，说希望出版我的《飞向太空港》。此稿二十七年前发表于《当代》，二十七年后居然又成了所谓的"经典"，当时多家出版社和文化公司都希望出版此书。而我想保证此书的质量，不希望版本出得太多，所以谢绝了多家文化公司和出版社的好意。但接到脚印的电话，我毫不犹豫便答应了，甚至连合同都不用看。此书出版后（责任编辑是脚印和王蔚），三年时间，再版十一次，总印数已近二十万。

我与人文社的第九次交往，是 2019 年。这一年，我完成长篇纪实文学《敢为天下先》后，很自然地便想到了脚印，我总觉得欠她一部书稿似的。虽然此书也属重大题材，但由于此前相关部门有过审查，再经脚印和张梦瑶两位责任编辑做些技术性处理后，很快得以顺利出版。接着，人文社又为此书举办了作品研讨会，社长臧永清先生主持会议，并在开场白中继续对我鼓励道："李鸣生是人文社的老朋友了。这么多年,非常感谢李鸣生先生对人文社的信任和支持。《敢为天下先》是人文社近期推出的李鸣生的最新力作,也是当代纪实文学又一新的高度。李鸣生是一位有社会担当、有历史使命感的作家,他的作品充满史诗风范和崇高品格,我想这也是各位专家学者汇聚于此的原因。让我们怀着对李鸣生先生的敬意和钦佩,来共同探讨他的这部最新作品。"这是人文社为我举办的第四次作品研讨会。

以上,便是我与人文社三十年来九次交往的基本情况。我之所以记录于此,意在证明,在我三十年的创作路上,人文社的确给过我很大的支持、帮助与鼓励;甚至说,没有当年《当代》发表我的第一部长篇,就没有我的今天。因此,我对人文社一直心存感激!

然而,扪心自问,我的这种感激仅停留在心理层面,而并无什么实际行动,所以总有一种内疚感。比如说,三十年来,记忆中我好像还从未请人文社的编辑们喝过一杯酒,吃过一次饭,每次去到他们简陋的办公室,坐在摇晃不定的沙发上,一杯清茶,几句寒暄,除了谈稿还是谈稿。尽管其间我也多次想过请他们聚一聚,可不知何故,每次想到要饭桌相见,便踌躇不前。老实说,这还真不是抠门,而是担心会不会一不小心亵渎了那份多年来自然生成的纯感?于是便想,对人文社编辑们的最好感激,也许就是尽可能交出两部像样的书稿吧。再比如说,几位曾经给予我很大支持、帮助与鼓励的编辑老师——陈早春、屠岸、高贤均、陶良华、刘茵、朱盛昌,我本该在他们生前给予应有的关心和照顾,可我还没顾得上好好关心、感激他们,他们便匆匆驾鹤西去。每当想起这事,心里就很不是滋味。

而尤其让我深感内疚的,是刘茵和朱盛昌两位老师。刘茵老师是2015年2月28日逝世的,在她去世的两天前,我还给她打过电话,说等抽空去看望她,不料两天后,她竟不辞而别。噩耗传来,我悲痛不已,后悔莫及。刘茵老师是我文学路上的伯乐和恩人,中国不少惊世骇俗、影响深远的报告文学均出自她之手,故在文学界享有"中国报告文学的保姆"的美誉。她高贵的品德、善良的心灵、无私的敬业精神以及生活中的点点滴滴，为我树立了人格的榜样。可在她的晚年，我却没能好好地关心她、照顾她，没有尽到一个作者对编辑应尽的责任和义务，这事至今我都无法原谅自己。因为在我看来，作者与编辑的关系，不该只是单纯的作品的关系，除了作品，还有人情，还有善良，甚至还有悲悯与日常。为表达我对她的追思与怀念，在她的追悼会上，我为她敬献的挽联是：

　　当保姆育作家呕心沥血两袖清风
　　做好人爱朋友良知不灭隐忍一生

　　而朱盛昌老师是 2019 年 1 月 17 日逝世的，本来，好几年前我就有过计划，等退休后一定去拜望他。可惜我一次次错失机会，最终留下遗憾。为表达我对他的追思与怀念，在他的追悼会上，我为他敬献的挽联是：

　　一生寂默大编辑
　　两袖书卷真文人

　　总而言之，三十年来我与人文社的交往，不过就是一种"素交"罢了。所谓素交，在我理解中就是一种平淡如水的君子之交。在日常生活中，相互尊重，淡然相处，素似花骨，淡如春风；未见时默想着对方，见面时执手相望，无所不聊；即便彼此天涯海角，非但毫不生疏，反而倍感亲近，不为功利，只为懂得与相惜。诚如钱锺书先生所言："在我一知半解的几国语言里，没有比中国古语所谓'素交'更能表出友谊的骨髓。一个'素'字，把纯洁真朴的交情的本体，形容尽致。"所以，在五花八门的人际交往中，我乐意素交。

　　最后，我想说的是，身为一个写作者，能与人民文学出版社交往三十年，是我的幸运！而我之所以愿意与人文社交往，一是人文社藏龙卧虎，群贤毕至，既有优良的编辑传统，又有深厚的人文底蕴；二是编辑队伍具有较高的人文素质、编辑水平和鉴赏眼光，他们恪守职业操守，善待作家与作品,讲道义,重友情,守承诺,有信誉。简而言之一句话:值得信任。故此,倘若今后还有机会,我仍愿与之交往。当然了,君子之交,素交为上,我最乐意并享受的,恐怕还是只有素交了。

再让我们期待一次未来

| 杨志军

1

这些年我去北京,总是喜欢囡在《当代》,那是人民文学出版社的后楼。在许多著名的院子里,后楼都是领导干部的所在,但在著名的朝内大街 166 号院子里,它却是《当代》。所以尽管后了又后,倒比前楼热闹开放些。对我来说,这是一个有话可说、有书可看、有杂志可拿、有饭可吃的地方。这最后一点尤其重要,临到中午,《当代》人总是从订餐的饭店里拿来盒饭,坐在沙发之间到处都是书、报、杂志的拥挤的房间里,围着茶几,吃着,聊着。他们知道我吃素,给我的盒饭里一丝荤腥都没有,感觉爽口而清净。当然也有宴席,但我常常忽略那是为了我的接风,散场后才意识到,念头一闪,又忘了,记牢的还是那素素的盒饭、无所拘束的聊天。

除了吃饭,还有穿衣。那次去北京参加一个隆重的集会,人家要求正装出席,我却吊儿郎当 T 恤进京,而且是无领的。所有人都是西装革履,你怎么可以鸡立鹤群?《当代》的杨新岚拿来她老公的西服,新的,号称"你们两个身材差不多"。一穿,裤子宽得能装我一个半肚子三条腿。那也得穿。可小杨拿了西服,却忘了领带。她东跑西颠要了一条来披挂上，突然又傻了：大家都不会打领带，连北大毕业的新生代编辑石一枫也不会，连时尚女生徐子茼也不会。说是清波会，好不容易等来了，他却呵呵笑着说："不会，不会。"神情是落拓不羁的，暗藏着一丝对西服领带的嘲讽，似乎不会才是自豪的。恰好清波爱人也来了，在我脖子上比画了几下，满怀希望她能打好，结果发现她不是在打领带而是在系丝巾。昌义更不会了，兴高采烈地总结一句："这就是《当代》。"又不甘心地解释道，"这帮人曾经也是会打的。"他的意思是：西装作为"奇装异服"的时候，我们穿过，后来人都穿西装了，我们也就不屑它了。但现在不是总结历史的时候，现在必须立刻把领带打好。为了不尴尬，我说："奇了怪了，那么小的时候打过的红领巾，一辈子都忘不了，可是领带，也算是改革开放的成果吧，一晃眼就忘了。"好在人文社人才济济，终于从发行部来了一位青年，跷起指头三下五除二搞定了。就这样他们不怕麻烦，把我捯饬成了一个干部，翘着尾巴出现在了北京的大街上。

《当代》就是这样一帮不会打领带的当代文人在打造经营，脱略形骸的文人习气，从容自若的处世姿态，让他显得开放而松弛。你瞧他一身正装，有板有型，脖子上却是没有拘束的，想吼什么就吼什么。所以像我这个粗放的、直率的、独野的作者，便也有了一席之地。还说领带，穿西装打领带的文学太正式，像场合里的朗诵；不西装不领带的文学太随便，好比插了葱的猪嘴，被厚道的人们说成了象；有西装不领带的文学似乎刚刚好——要先锋那是怀旧的先锋，要时尚那是积淀的时尚，要历史那是当下需要的历史，要文化那是可以发行的文化，这大概就是《当代》的模样。不堕"常边"，也不堕"断边"，中道即佛道。

喜欢囚在《当代》，还有一层意思，那就是羞于见人。这些年我逃避了多少约见和约稿已经记不清了，每一次逃避的成功，都让我歉疚，有时是见了面吃了饭再逃避的，那就更是歉疚得要死。想一想被我回避的那些朋友，大都也是办杂志、搞出版的，我本事太小，写得太慢，总不能老是许愿而不兑现。想做一个守信的人，就只能不赴宴，不许愿，老老实实的,有就有,没有就没有,许了第一个,就勇嫁到底。朋友们,我是得罪了你们的,在这惨淡动人的恳挚里,有你们的宽宥和谅解,那就是我的阳光。

就在囚于《当代》的某一天,昌义问起我《藏獒3》之后的计划,我谈到了仓央嘉措,谈到了"伏藏",但当时我并没有确定这一定就是我的"下一部"。昌义听了很激动,比我激动多了,一上午都在说这个话题,吃了盒饭送我去机场时还在说。我很想把我们的谈话记下来,却没有时间,上了飞机再记,发现许多细节已经随着激动的消失而消失。但是我知道,我不能再犹豫了,就是那个香音无敌的神王、已逝的歌手——六世达赖喇嘛仓央嘉措,已然是我生活的主宰了,接下来唯一要做的就是心无旁骛,专心致志。

2

仓央嘉措和他的情歌时时刻刻诱惑着我,但这并不是我写作《伏藏》的全部理由,更重要的理由还在于当下生活中日益严重的精神冲突。

精神的冲突每天都在以最激烈的方式发生着,而我们却毫无察觉。蝇营狗苟的人际以强大的力量拖累着我们,迫使我们用最明亮的眼睛去侦察最浑浊的事态。无聊纠缠着,庸俗纠缠着,乏味纠缠着。我们死了,精神早已在冲突之前就死得一干二净。这个世界上有多少行尸走肉,有多少没有灵魂的躯壳,我不敢数,一数就会把自己数进去。也许仅仅是为了当别人在清点行尸走肉时,不至于把我也算进去,我才想到了仓央嘉措,想到了"伏藏"。

《伏藏》是一本关于人与灵魂的书。灵魂就是信仰。

没有道德约束,没有良心发现,没有魂,没有救赎,没有主宰,自然就没有诚信、包容和善良,成人之美和与人为善已是难上加难。当世界性的精神危机电掣而来时,当无数人不能用信仰保证自己拥有灵魂时,当早已沉入渊谷之底的"底线"仍然被我们践踏得七零八碎时,我找到了写作《伏藏》的现实理由。

《伏藏》中我试图表达这样一种信念——其实也是事实:用仇恨消除仇恨,永远不是我们的需要。世界的力量,能够撼动我们的力量一定是友善与高尚,是爱的思想。信仰的表现最不掺假的方式就是爱。在文学的范畴里,那些被苦难培养而超越苦难的精神追求,一定是和信仰殊途同归的,它们共同组成了人类最美好的风景,就像流淌之于江河、葱茏之于林木。雨果告诉我们:完美的人生不是没有罪孽的人生,而是有了罪孽就忏悔就赎罪的人生。陀思妥耶夫斯基用"罪与罚"的命题拷问了人类在善与恶之间徘徊的灵魂,然后得出结论:有爱就有一切。而托尔斯泰却让我们幡然醒悟:当生存的危机、不公的待遇、贫富的悬殊已成事实,能够拯救人类的,只有爱一切包括爱敌人的博爱。为了爱的死亡是再生,为了恨的再生是死亡。爱是情感的、精神的,也是经济的、政治的,是政治的最高表现:甘地的不抵抗是爱,他因此赢得了一个独立的印度。马丁·路德·金的不抵抗也是爱,他因此实现了一个种族的梦想:平等。曼德拉的不抵抗更是爱,他让我们看到了政治可以达到的宽度,看到了一个和平的南非。

还有特蕾莎修女。

3

特蕾莎修女是阿尔巴尼亚人,她十八岁到印度,每天所做,就是推着小车,去垃圾堆里、水沟中、教堂门口、公共建筑的台阶上,捡回奄奄一息的病人和遗婴,以及垂死的老人,然后四处奔波,为他们寻找食物和药品。很多人把她当成乞丐和疯子,骂她打她赶她走。但当他们看到她从水沟里抱起被蛆虫吃掉一条腿的乞丐,看到她把额头贴在濒死的病人脸上,看到她从一只狗的嘴里抢下还在哭叫的婴儿,看到她把艾滋病患者紧紧搂在怀里时，他们终于被感动了。她救援的人大多数是和她信仰不同的印度教徒，她尊重他们，按照他们的信仰处理他们的后事。

她创建的仁爱传教修女会有四亿多美金的资产，全世界最有钱的公司都争相给她捐款。但她一生却坚守贫困。她的住处只有两样电器：电灯和电话。她的全部财产是一个耶稣像、三套衣服、一双凉鞋。她努力使自己成为穷人，她的修士修女们也都把自己变成了穷人。因为只有这样，他们服务的穷人才会有一丝尊严。她认为，给予爱和尊严比给予食物和衣服更重要。

她在全世界一百二十七个国家有六百多个分支机构。她用最快的速度、最高的效率发展机构，仅 1960 年一年，就在印度建起了二十六所收容中心和儿童之家。但是她的总部只有两个修女，一台老式打字机。她的办公室只有一张桌子、一把椅子，她接待全世界的来访者总是在她的工作岗位——贫民窟、弃婴院、临终病房、麻风病院、艾滋病收容所等。来她这里服务的有银行家、大企业家、政治家、大学校长、大学生、演员、模特、富家小姐等。他们千里迢迢来到特蕾莎修女身边，做了他们从来没有做过的事情：洗碗、给病人穿衣服、喂水喂饭、洗衣送药、搬运尸体。之后才认识到："我们一直在躲避着人类的真正穷困和不幸，其实我们从来没有真正爱过。"特蕾莎修女的影响能使巴尔干战场交战的双方立即停火，她来了，爱来了，她要把妇女儿童从枪林弹雨中带走。尖锐的战争突然有了柔软的抒情，枪炮等待着，直到她和那些被救者离开。

1979 年，特蕾莎修女获得诺贝尔和平奖，她穿着一件仅值一美元的印度纱丽走上领奖台，因为她没有别的衣服。她对台下的珠光宝气、显赫人等视而不见，说："这个荣誉，我个人不配，我是代表世界上所有的穷人、病人和孤独的人来领奖的。因为我相信，你们愿意借着颁奖给我而承认穷人也有尊严。"当她知道颁奖大会的宴席要花七千美金时，便恳求主席取消宴席。她说你们用这么多钱只宴请一百三十五个人，而这笔钱够一万五千个穷人吃一天。宴会被取消了,特蕾莎修女拿到了这笔钱。同时拿到的,还有被她这句话感动后的四十万瑞币捐款。她一生都以穷人的名义活着,从来不穿遮体御寒意义之外的衣服,因为世界上还有许多人穿不起衣服。她一拿到诺贝尔和平奖的奖牌就问,去什么地方可以卖掉它,因为那些穷人需要的不是奖牌而是食品和衣物。

特蕾莎修女去世后,印度人说:"我们的母亲去世了。"所有人都跪了下来,跪下的人群里还有印度总理。当遗体经过大街时,两边楼上的人都奔跑下来,因为他们——无论达官贵人还是平民百姓,谁也不敢站得比她更高。印度总理说:"她是少有的慈悲天使,是光明和希望的象征,她抹去了千千万万人苦难的眼泪,她给世界带来了荣誉。"人类固有的罪恶:贪婪、虚伪、享乐、骄傲、虚荣等等,在特蕾莎修女身上没有一丝痕迹,有的只是被她一生奉行的名言:"你们要彼此相爱。"

我把特蕾莎修女的故事讲给一个喇嘛听,喇嘛说:"你不知道,你说的这个修女,她就是观世音菩萨的转世啊。"所以,《伏藏》中,"七度母之门"的第七门是践行之门,我盼望有更多的"菩萨转世",走出殿堂,泽被苍生。

4

人性是人的道德性和社会性的体现,让佛教闪烁人性之光,是现代佛教光大自己的必由之路。因此我一直在寻找,希望有一种改造世俗而不是投身世俗、洗涤罪错而不是再造罪错的精神支柱,能从浑浊而盲目的崇信之中,清醒而健朗地挺起。虽然没有找到,但毕竟有了曦光。那就是仓央嘉措,是仓央嘉措宁死肉体不死爱的无量之情和牺牲自己从而消弭新仇旧恨的天然佛性,是他用纯情博爱对冷冷的世界给予的热热的拥抱,是"伏藏"提供给我们的走向崇高的无限可能和再造心灵的努力。它在我的小说中变成了"七度母之门"。

"伏藏"就是把信仰或经典埋藏起来,让千百年后的信徒发掘而成为当代的精神资源。"地伏藏"是埋藏在岩石、湖泊、寺庙中的伏藏,"意伏藏"是埋藏在后人灵魂、内心和意识里的伏藏。从2007年底告别"藏獒三部曲"之后,我就投入《伏藏》之中,断断续续历时两年多。我以为这是一种发掘,作为责任编辑的周昌义以掘藏师的执着和热情在我心灵深处发掘出了先人或先圣的伏藏,他的督促关心以及各方面的帮助、他的洋洋八千言的建议、他晚上从家里打来的连续三小时的电话、他"夜半醒来""豁然开朗"的邮件,如同灌顶的醍醐,激醒着我的愚钝,又似刚猛的经咒,总让我的精神时时坚挺。画上句号的时候,我发现《伏藏》是我迄今写作时间最长的一部长篇。时间长是因为难写,最难的是我必须和作品中的人物共同思考那些宗教文化的密码,共同经历那些危难和恐怖以及所有的未知,几乎每一步我都不知道下一步会怎么走,直到写出结尾,才恍然大悟:原来是这样。

写到这里,又想起了领带。《伏藏》出版的时候,我依然不会打这玩意儿。这说明我的生活一如既往,不喜欢应酬,不喜欢会议,不喜欢社会活动,不喜欢热闹场合。也不应景文章,不公众人物——走在大街上被人认出是十分不幸的,恍然之间便把自己疏离在了遥远而没有杂草的光丘上,而我向来以为平凡、平淡、平和、平静是最好的状态。——我是草,一棵迎风摇曳的无花之草,而且是杂草。孤云野鹤,老子婆娑,在寂美守拙之中独立着也清洁着,和仅属于自己的世界缱绻缠绵,歌哭而恸。对朋友们曾经和即将的邀请,对我曾经和即将的拒绝,我只能表示歉意,并诚挚鞠躬,唯愿他们因为我的缺席而更加称心满意。

最后我要郑重感谢给了我知识资源和思想资源的老师们:于道泉、曾缄、牙含章、葛桑喇、李雪琴、刘家驹、刘希武、王沂暖、索朗嘉措、周良沛、黄颢、吴碧云、潘知常、何训田、陈庆英、降大任、段宝林、毛继祖、于乃昌、王振华、胡秉之、杨恩洪等等,正是他们给了我写作的灵感。其中庄晶老师搜集翻译的一百二十四首仓央嘉措情歌,因其数量超过他人,成为我欣赏、学习、参照、引用的主要蓝本。尤其重要的是,让我从其著作中获益匪浅的著名藏学家诺布旺丹先生,在繁忙的科研和教学之余,"较长时间字斟句酌地研读"了拙作,最终给了我鼓励并以"审慎的态度"提出了意见,这些中肯的意见成为《伏藏》最后的修改。可以说,没有以上各位老师的"授记",就没有我的《伏藏》。再次感谢。另外我在小说最后引用了不少人都在传抄的《那一日,我听了一夜梵呗》,这是一首现代版的仓央嘉措情歌,是转世者或代言者的美丽作品,也是我借以传述的发自肺腑的祈愿——祈愿朋友们如意,祈愿所有人吉祥。

文学甘霖润物新

| 杨　克

在我少年时代，人民文学出版社几乎是神一样的存在，且是唯一的书神。十年动乱的若干年间，我家里其他的书都被抄走了，书橱里只剩下两本文学书籍，一本是鲁迅的《故事新编》，是神话、传说及史实的短篇演义，另一本是王愿坚的短篇小说集《普通劳动者》，两本书都是人民文学出版社出版的。《故事新篇》是 1963 年版本，定价 0. 52 元。《普通劳动者》是 1959 年 10 月出版，硬壳精装，定价 1. 15 元。扉页都盖着我父亲的印章，想必他十分热爱文学，在工资很低的上个世纪 50 年代，才会掏钱买精装本短篇。要是只是看过瘾，一般只买《林海雪原》《青春之歌》那类长篇。除了偶尔借阅到其他书，在没有课后家庭作业的那个年月的漫漫长夜，这两本书成了我唯一的消遣，或文学滋养。我反复读过十几遍乃至几十遍。《故事新编》都散页了，我用订书机从两面硬钉起来。印象最深的是《铸剑》，主人公叫眉间尺，名字挺怪的，情节更为怪异，国王被砍下的头和眉间尺的头在金鼎里死命撕咬，黑色人砍下自己的头进鼎中相助，一场头颅惨烈大战以白骨森森终场。小说中唱的歌，歌词让人云里雾里，小小心灵倍感懵懂而新奇。我还觉得鲁迅先生喜欢用"格支格支"这个拟声词，书里用来模拟老鼠径自咬锅盖声音，他的另一篇小说《肥皂》，描摹遍身洗一洗，也是"咯支

咯支"。王愿坚小说记忆最鲜明的是《七根火柴》，红军长征过草地的故事，寒冷的长夜，战友牺牲前从怀里掏出纸包着的七根火柴，像金子一般珍贵，篝火照亮了士兵的生命……在几乎所有文学读物都被认为有问题的动乱年代，这两本幸存下来的书，似乎代表了"政治正确"，故而出版它们的人民文学出版社，在我心目中，不仅意味着文学最高水准，还象征着某种标杆和尺度。

尽管人文社有过好几任社长总编辑，可我在小学初中阶段似乎只知道冯雪峰，他参加过长征，当过"左联"书记，如此大的人物出任出版社负责人，我觉得人文社的地位几乎比天还高。而我还常常把他和曾任北京市委书记的李雪峰混淆，觉得这家出版社在我们国家太重要了。从未敢想，有朝一日我也能忝列它的作者之中。

很感谢莫文征编辑，记不清是在《诗刊》刘湛秋先生的家，还是在哪里与他认识的，1994 年，他责编了我的诗集《陌生的十字路口》，那是出版商业化之前的最后节点，当时在人民文学出版社出诗集相当难，可能我是两广诗人中最早在人民文学出版社出诗集的"那一个"。记得我为诗集取名《杨克诗选》，出版社来电话，说不行，只有艾青、贺敬之那样级别的才能以姓名命名，我才三十来岁，能出就谢天谢地了。出版社对我很不错，同意诗集用美国诗人大卫·艾诗乐写的序，还附录了三十多首我诗歌的英译在后面。上个世纪 90 年代初，被国外翻译过几十首诗的青年诗人还比较稀有，附有部分译文也算罕见。

二十一年后，人民文学出版社先后出版了《杨克的诗》和散文随笔《我说出了风的形状》，两本书都是脚印工作室编辑的。这个工作室只脚印老师率领几个年轻编辑，一步一脚印，高路入云端。《尘埃落定》《暗算》《俗世奇人全本》和王树增多部等发行量很大的书，都是这个工作室策划出版的。我的诗集发行当然不能同日而语，但诗集能几印，作为作者，已相当快慰。诗歌虽然是献给少数人，可毕竟是"无限"的少数人。我希望自己的诗，能大踏步走在人群中。

前后各两本书，两种语境，不同时代，人民文学出版社薪火相传七

十年,传承了中华文明的文脉和文运。为之撰联:

　　　书山大道凌云起,

　　　文学甘霖润物新。

《百鸟朝凤》的前世今生

| 肖江虹

很小的时候，父亲是个乡村教师，订阅了很多文学期刊。印象最深，也最喜欢看的是《当代》，刊物上好多都是文学史无法绕过的名字。捧着它就想，当个作家该是如何荣耀的事情啊！有次小学语文老师问我，你的理想是什么？几乎没有思考，我说我要当个作家。老师立刻就笑了。我不怪他，他差不多六十岁了，问过很多学生这个问题，那些小时候豪言要做科学家、政治家的，最后都做了农民。我的老师笑完后，又问我，为什么要当作家呢？我说当作家有面子。我的老师很真诚地对我说，其实，当个村支书更有面子。

好像是1985年第一期吧，《当代》刊载了作家李斌奎的一个长篇，叫《啊！昆仑山》。好多字不认得，就去问爷爷，老头子读过几天私塾，在乡村也算高级知识分子了。看我捧着的书，他说你娃连一二三四都还没捋清楚，就看这个？我说我要当个作家，将来也把自己写好的字印在这本书上。爷爷呵呵大笑，说你娃要真成了，我拿手心煎鸡蛋给你吃。

我的童年属于典型的放养。父母总有忙不完的事情，根本没有时间对我们兄妹几个进行有效管理。夜晚归家，从大到小点一遍，只要还活着就阿弥陀佛了。虽然在物质上极度贫乏，但是精神却很自由。就拿读书来说,我都读到五年级了,我父亲还不知道我连两位数的加减法都捋不顺溜。

放养有放养的好处,父母的不作为让我拥有了极大的精神空间,很多稀奇古怪的想法总是主宰着我。放牛的时候我就想,如果村子里的人一夜之间都变成了牛,会不会遭到这些原本就是牛的家伙的排挤;看见村子里面最邋遢的那个人,就想他身上的虱子会不会为了抢夺一块肥沃的地盘而进行群殴。

没日没夜地遍地乱跑,让我和那片土地建立了朴素而深厚的感情。如今,一旦空闲下来,我就会回到那里住上一段时间,听老人们絮叨往事,看风掠过村庄,闻烈日下苦蒿的味道。我小说的场景和人物,几乎都和那片土地有关,只要一想到他们,我就特别来劲儿。

后来,父亲调到镇上做了一名中学老师,我也跟着到了镇上。做了中学教师的父亲这个时候腾出手脚准备教育我,但是为时已晚。放养时间太长,圈养几乎不可能了。我的初中生涯和课本关系不大,眼睛长年累月都在一个女孩子身上。女孩是我邻居,漂亮得惨绝人寰(后来进城开了眼界才知道,这属于误判)。不过很遗憾,由于我姿色平平,整个青春期一直被密集的青春痘笼罩,所以那个女孩对我几乎就没有正眼瞧过。我爱的人不爱我,弄得我极度自卑,就开始用大把的时间来阅读。

那阵子我们镇上有个租书的小铺子,里面有金庸全集,借回来就开始读。按理说,初中二年级文化水平阅读金庸小说已经绰绰有余了,可悲的是那些书全是盗版,而且盗得还很不要脸,有时候一整段都不知所云。于是先怒火万丈地问候了盗版者的祖宗十八代,接着就开始自己组织文字,尽量让上下文能有效地衔接。等把金先生的十五部村级盗版书读完,我的作文水平居然冠绝全班。老师在给同学读我作文的时候很兴奋地表示:肖江虹的作文有浓郁的古典气息。

上高中后,学校有个小型图书馆。读得最多的古代典籍,最喜欢《三国演义》,这本书至今都是我的最爱,读了多少遍记不住了。反正很多精彩段落都能背诵,比如隆中对,比如舌战群儒,比如骂死王朗。我甚至能说出书中每一个人的名字,包括那些一出场就给干掉的可怜虫。

不用说,阅读让我的语文成绩一骑绝尘。每次考完试,我的语文老师拿着我的试卷笑得花儿都谢了。其他科目就惨了,到高三毕业,我连一个简单的化学方程式都配不平,化学老师有次咬牙切齿地对我说:我敢肯定,你的脑髓是豆渣捏的。

严重的偏科,上好大学是不可能了,最后上了一所师范院校。我特别沮丧,父亲却高兴得又唱又跳,逢人就说:后继有人了,后继有人了。

大学毕业,我被分配到一所乡中学当了一名语文老师。开始干得特别起劲儿,调动起自己多年的阅读储备,每堂课都上得风生水起,学生们更是兴致勃勃。可一考试就惨了,那些把课上得让人想投湖自尽的老师,考试成绩好得一塌糊涂。奖金自然是没有了,还会遭人白眼,暗地里还要贬你:学生喜欢又如何?还不是花架子。慢慢地,兴致没有了,自己也热爱上了全国通行的填鸭式。学生精气神没有了,但是分数却节节攀升。这样的结果,郁闷是难免的,然后就把自己的一些思考写成文字寄给县里的一份报纸。巧的是,我们教育局局长有次正好读到我一篇文章,他对我的一些想法很赞成,当即拍板把我调到局里。

离开学校那天,我心里高喊:仰天大笑出门去,我辈岂是蓬蒿人。那得意劲儿就甭提了。在县教育局,我被安排到办公室上班。才三个月,我就开始怀念在学校当老师的日子了。每天一杯茶,一支烟,一张报纸看半天。这种日子带来的不是惬意,而是恐慌,心想,我难道就这样过一辈子?后背发凉之余,无可奈何又开始写。

2007年春节回老家,在路上遇到一支唢呐队伍,唢呐队的领头人是我的发小,他的父亲当年就是镇上有名的唢呐匠。攀谈中我问他:镇上的年轻人几乎都出门打工了,你为什么还在吹唢呐呢?他无限伤感地给我说,他父亲死的时候他答应过守住这门手艺的。

这事像颗种子,在心里慢慢生根发芽。然后花了近一年的时间,完成了《百鸟朝凤》的初稿。

稿子写完,心想不鸣则已,一鸣惊人。要给就给大刊物,要给就给名编辑。又听说《当代》有个叫周昌义的,对无名之辈特别关照,找来邮箱地址,咬牙切齿把小说发了过去,还附了一句外厉内荏的话:听说你是现在中国最牛的编辑之一,给你投稿有些心虚,心虚的不是我东西不好,心虚的是怕你不看,能不能发表我不在乎,能得到你的指点我很在乎。多年后我在北京见到了周昌义老师,我说起这件事,问他是不是这句话让他读了那篇小说,他笑笑说谁的稿子我都会认真看,你这一套早过时了。

周老师的严格,准确说应该是《当代》的严格实在是让人畏惧。《百鸟朝凤》前后改了三稿还是四稿记不住了,那时刚上道,对他提出的一些修改意见还吃不透,不得要领地改,改完了发过去,得到的是一两个短句:没改好,结尾还要再琢磨;还是结尾,多想想。

至今回想起那段经历,它对我今后的写作产生了巨大的影响。从那以后,我开始把写作的速度降下来,从一年两三个中短篇降到一年两个中篇,再到现在的一年一个中篇。《当代》的严格,让我开始对这门手艺心怀畏惧,每一次下笔都小心翼翼,如履薄冰。

《百鸟朝凤》发表在《当代》2009年第二期。作品发出来后,《新华文摘》等有影响力的选刊都给选了,还获得了《小说选刊》年度奖等诸多奖项,也引起了国内文坛很多评论家的注意;还是因为这篇小说,鲁迅文学院点名让我参加了第十五届高研班的学习;因为这篇小说在国内的影响,贵阳市委宣传部将我从修文县文联调到了贵阳市作家协会工作。

可以说,这部小说改变我命运的同时,也让我真正踏上了文学之路。

从2010年开始,就有导演联系这部小说的电影改编,先后有六七个吧!但是因为这部作品只适合做成纯粹的文艺电影,投资成了最大的问题。好多导演最后都因为这个原因放弃了。

2011年年初,刚过完正月十五,我接到了一个电话。那人在电话那头说他是吴天明,问我《百鸟朝凤》的电影版权还在自己手上没,我说在,他说那太好了,这东西他想拍。我说你不是好多年没拍电影了吗?他说那是因为没有遇到好东西。

十五刚过我就去了北京,和吴导谈改编的事情。

他开始的意思是让著名编剧芦苇给他写本子,说想听听我的意见。我说这个我还真没什么想法,你不如问问这部小说的责编,也是中国著名的编辑周昌义。他说这个人我知道,《当代》我几乎每期都读,我的电影《老井》就是从1985年的《当代》杂志发现的,作者是山西作家郑义。

然后他说这样,你去趟《当代》杂志,把老周请过来,我想当面听听他的意见。我说这个怕有点儿困难,他每天的生活规律得像个钟表,据说中午的游泳是雷打不动的。吴导说你就说我的电影大多和这本刊物有关,想当面表示一下谢意。

当天我给周老师打了一个电话,说我想去杂志社看看他。在杂志社我把吴天明的意思给周老师说了,周老师说我可以去,但完全就是为了这部小说。

到了吴天明工作室,几乎没有寒暄就切入了正题。周老师给吴导说:这个作品几乎就不需要什么改动,按着小说老老实实拍出来就是个好东西。

接下来不管吴导怎么说,周老师都坚持这个观点。其实周老师不知道,这部电影最终对原著没有颠覆性的改动,就是因为他的坚持。

当晚,吴导请周老师吃了一顿饭,饭桌上周老师说了很多话,关于文学、关于时代、关于审美,还有关于电影。这是我听他说话最多的一次,很多深刻的洞见至今都还留在我的脑子里。

2011年夏天,吴导让我去趟北京,说电影的投资找到了,可以开始弄剧本了。

见面后的第一句话,他就说:剧本还是你来弄吧!

我吓了一跳,之前都是写小说,没接触过剧本。我说我怕是不行,没弄过。

他挥挥手说:简单得很,比写小说简单多了,你先弄,弄完了我来改。

接下来的差不多一个月,我就住在吴导工作室对面的酒店里写剧本。那段回忆不是太美好,反正都快写吐了,剧本和小说差距太大了,属于两种不同的语态。此后一年多的时间里,我一篇小说没写过。写剧本的时间太长,小说的语感找不回来了。

印象最深的还是和吴导的争吵,每天都有一段时间用来聊剧本,聊到分歧处就各执一端,谁都不让步,接着就开始吵,吵的结果大多是年轻一方妥协。也有局部的胜利,比如他要在电影里加个女的,还要和男主角有情感纠葛。这个我坚决反对,瞪着眼一二三四说了一通,那头思索良久,觉得这样也不太适合,最终放弃了。

时至今日回想起来,吴导其实还是想在影片质量和市场之间找到一个契合点,他也不想投资方血本无归。但最后艺术良知还是让他放弃了对市场的考虑。当然,这部电影最终的结局,他是看不到了。

2012年,电影《百鸟朝凤》在陕西合阳县拍摄完成,吴导很兴奋地给我发来了好多高清的剧照,说演员都很卖力,基本达到了预期的效果。做完后期,他给了我一个小样,说让我看看还有什么意见,我说有意见你也不见得会改,他说那倒是。

接着好消息不断,先是获得了金鸡奖的评委会特别奖、华表奖、全国“五个一工程奖”等等。记得金鸡奖颁奖结束,他给我发来短信:没求人,没公关,能给这样一个奖,说明影片本身质量还是过硬的。

奖拿了不少,发行却成了大问题。看过片子的发行商都说这是部好电影,但铁定赔钱。吴导没有放弃,总算说服了几家院线同意排片,正当一切准备就绪,噩耗传来了。

2014年3月4日中午,吴天明因心梗离世,享年七十五岁。

一代巨匠,就此陨落。

一直反对他拍摄《百鸟朝凤》,也是演员、制片人的女儿吴妍妍,在吴导去世后,悲伤之余开始为了完成父亲的夙愿四处奔走。奔忙的结果并不尽如人意,直到遇到方励。

方励在圈内鼎鼎有名,对文艺片情有独钟,制作拍摄了很多赔钱的艺术电影,有些甚至被禁掉。吴妍妍找到他,给他看了《百鸟朝凤》的样片,方励看完流泪了,对吴妍妍说:你缺什么?吴妍妍说缺钱,我现在没有足够的钱来做这件事。方励说你缺多少钱我给你补多少,一定要把这部电影放出去,让观众都看到吴天明导演这么好的一部作品,这样我们才对得起这位艺术家。

电影至此峰回路转。

需要说明的一点是,之前大家都说好了,这部电影如果能挣钱,所有的赢利都将注入"吴天明青年电影基金会",用来扶持青年导演。

上映是解决了,可排片却少得可怜,很多场次甚至被安排到了凌晨。上映七天票房仅三百六十万。眼看着《百鸟朝凤》就要就此告别影院,方励急了,于是就有了那惊天一跪。

事后很多媒体问我如何看待方励的那一跪。我说方励不是为了钱,他从这部电影里拿不到一分钱。当然更不是炒作,以他在圈内的名声,哪里还需要去炒作。他那一跪,我理解是为了情怀而跪。

最后,《百鸟朝凤》的总票房接近九千万元,就文艺片而言,这是一个不错的成绩,但没有那些话题、争论和最终演变成的文化现象,这部电影结局又是什么呢?中国艺术电影面临的困局,当然不能总靠《百鸟朝凤》这样的个案来解决。

如今,一切都尘埃落定,草青草黄,雪停雪飞,仿佛什么都没有发生过。

今年电影上映的时候,我买了一张电影票,拿了一本刊有《百鸟朝凤》小说的《当代》杂志,在爷爷的坟前烧掉了,我希望他能看到。跪在坟前我说爷爷,当年说的事情如今变成真的了。当然,我没有提用手心煎鸡蛋给我吃这件事。

离开时,我回头看着袅袅的青烟,想起周昌义老师的那句话:每部作品都有它自己的命运,作家该干的,是把你的作品写好。

就在写下这段文字的前两天,北京一个导演给我打来电话,说《犯罪嫌疑人》就要开机拍摄了。

顺便说一句,《犯罪嫌疑人》也刊在《当代》,2011 年第五期,责任编辑还是周昌义。

《白鹿原》档案

何启治

陈忠实的长篇小说处女作《白鹿原》，首先在《当代》杂志 1992 年第六期和 1993 年第一期连载，其后它的单行本于 1993 年 6 月由人民文学出版社正式出版。《白鹿原》在 1992 年与 1993 年之交的出现，就像在中国当代文学的天空中突然升起了一颗耀眼的新星，格外引人注目。从那时到现在，近十年过去了，《白鹿原》固然是备受赞赏，备享美荣，然而这期间，既有不客气的批评，更有蛮横的压制，有那么一段时间，竟然不允许公开发表宣传、评介《白鹿原》的文字，仿佛让它可以公开出版发行，就已经是天大的恩赐似的。

在我看来，《白鹿原》不仅是人民共和国成立以来，而且也是"五四"新文化运动以来，继承了现实主义文学传统的最优秀的长篇小说之一，是当代中国最厚重、最有概括力、最有认识和审美价值，也最有魅力的优秀长篇小说之一。它荣获当代中国长篇小说的最高奖项——茅盾文学奖，是当之无愧的；相反，如果它没有获得茅盾文学奖，那就不仅仅是这一奖项的悲哀，而且也是整个中国当代文学的悲哀了。

因此，在《白鹿原》诞生临近十周年之际，让我们主要以迄今为止能多少搜集到的有关档案资料，来展示、记述《白鹿原》诞生这十年来的境遇，以吸取其中的经验教训，这是必要的，对推动我国文学创作的繁荣，也应该是大有裨益的。

一

长篇小说《白鹿原》的作者陈忠实，1942 年生于西安市东郊浦桥区的蒋村。1962 年毕业于西安市三十四中学，以后曾担任过农村中小学教师，从事过基层文化工作。1965 年开始发表文学作品。1979 年加入中国作家协会。1982 年为陕西省作协的专业作家。1966 年加入中国共产党，为中共十三大、十四大代表。曾任中共陕西省委候补委员，陕西省作家协会主席。

年轻时，陈忠实便很崇拜柳青，在文学创作特别是语言运用上也刻意模仿学习柳青，以致有"小柳青"之称。但是，到了 20 世纪 80 年代中期，在完成了《康家小院》《初夏》《蓝袍先生》等八部中篇小说、八十多篇短篇小说和五十多篇报告文学作品之后，他不但对以前的创作感到不满，而且也认识到"一个长到十岁的正常的孩子还牵着大人的手走路是不可思议的"（引自《小说评论》1993 年第三期），因而自觉地要摆脱柳青的影响，以求真正的创新并形成自己独立的艺术个性。

小说《白鹿原》的艺术构思即在这种背景下完成于 1987 年。这期间，作者又在西安平原的蓝田、长安、咸宁三个县做了较深入的人文调查，同时做了其他文学、史学和艺术上的准备，才在 1988 年 4 月动笔。这时，陈忠实已认识到："所有悲剧的发生都不是偶然的，都是这个民族从衰败走向复兴复壮过程中的必然。"而他的创作，只"不过是竭尽截止到 1987 年时的全部艺术体验和艺术能力来展示……关于这个民族生存、历史和人的这种生命体验"。（《关于〈白鹿原〉的答问》，载《小说评论》1993 年第三期）这样，《白鹿原》终于在 1989 年 1 月完成初稿，又经过反复琢磨、修改，在 1992 年 1 月完成二稿，并于同年 3 月改定。从构思到定稿历时近五年。

1973 年我从"五七干校"回到人民文学出版社，在当时的小说北组便分管西北片,即曾热情地向柳青、杜鹏程、李若冰等人和当时还相对年轻的路遥、陈忠实等陕西作家组稿;1981 年调到《当代》杂志,又分工管西北、西南,陕西当然还是工作重点。尽管这中间当援藏教师(1974—1976 年)和参加《鲁迅全集》的编辑、注释工作(1976—1980年)使我和当代创作界的联系,有过六七年的中断,但和忠实以及西安的作家们的交谊并没有中止。1984 年,我在《当代》编发过他的中篇小说《初夏》(载该年《当代》第四期头条,被评论界认定为忠实的代表作之一,获本年度《当代》文学奖中篇小说奖)。到 1992 年,我和忠实的交往、友谊已有二十年了。

1992 年早春,我高兴地收到忠实给我(时任《当代》杂志常务副主编)的来信。忠实在信里谈到他的第一部长篇小说《白鹿原》的创作情况,他说他很看重这部作品,也很看重《当代》杂志和人民文学出版社的态度,在我们表态之前,他不会把这部小说交给别的杂志社和出版社,希望我们尽快派人去看稿。我把忠实的来信交给当时主持工作的副总编辑朱盛昌等同志传阅。我们商量后决定派《当代》杂志的编辑洪清波和人文社当代文学一编室(主管长篇小说书稿)的负责人高贤均一道去看稿。这是在 1992 年 3 月底。高、洪二位在返程经过成都时开始看这部沉甸甸的长篇小说,一看就放不下,就拍案叫好,并轮换着在返回北京的火车上就看完了。等他们回到出版社,我们便按三级审稿制由《当代》杂志和当代文学一编室好几个同志流水作业地快速看完。

这样,从 1992 年 4 月至 6 月,《当代》杂志的洪清波、常振家和我先后完成了对这部五十万字的长篇小说的三级审读,实际主持工作的人文社副总编辑兼《当代》杂志副主编朱盛昌也在 8 月上旬签署了同意按我的意见在《当代》1992 年第六期和 1993 年第一期连载此稿的意见。几乎同时,人文社当代文学一编室也完成了对《白鹿原》书稿的审读程序,并于 1992 年年底正式发稿,在 1993 年 6 月正式出书。

实际上,我们当初把《白鹿原》看作很严肃的文学作品,并没有把它当作畅销书，所以初版只印了14850册，稿费也只按千字几十元付酬。到盗印本蜂起，我们才手忙脚乱地加印，到同年10月已进入第7次印刷，共印56万多册；为维护作者的权益，也才主动重订合同，按最高标准的10%版税付酬。此后，作为雅俗共赏的常销书，《白鹿原》每年都要加印，迄今印数已达977850册（含修订本、茅盾文学奖获奖书系、百年百种优秀中国图书书系和精装本）。陈忠实自己的直接调查显示，《白鹿原》的盗印本不下十种，而其印数则与正版接近。（陈忠实：《从盗书到盗名》，载2000年12月20日《中华读书报》）如此看来，说《白鹿原》的实际总印数迄今已在200万册以上，当不为过。

二

《白鹿原》在编辑部门审读过程中几乎被一致看好。当然，编辑在看稿的过程中，心里不但有作者、读者，而且还会有上级领导，有相关的政策管着。因而，他们不但看到了、充分肯定了《白鹿原》的思想认识价值和艺术魅力，而且也注意到了它存在的一些问题和可能引起责难的地方。

下面，让我们不惮其烦地摘引有关的审读意见，以一窥当时编辑部门对《白鹿原》的高度评价和有关的思考。

（一）《当代》杂志审读意见

洪清波的初审意见（1992年4月18日）：

作品最突出的优点是，所描写的生活非常扎实，因而就大大丰富了作品的内涵……当代文学创作中，如此生动、丰富、真实描写农村生活的还不多见。

其次，人物形象非常成功。白嘉轩、鹿子霖是两家的家长，他们的命运无不与许多历史重大事件相关，所以他们是那个时代中国农民的缩影。用既定的思想观点很难判断他们一生的是是非非，但是读者无法怀疑他们的真实性。

在艺术表现上,总的看来十分朴素。作品以叙述为主。一般说来叙述得比较清楚,并显示出一定的丰富性,但也有个别地方有枝蔓(和)不合理的问题。当然,作为一部长篇,这种朴素的表现方式,显得有些单调,特别是有时候该出情绪的地方,烘托不上气氛。但是这也与作者的写作风格、描写内容有关。此作是比较冷静的现实主义,很少渲染夸张。

总之,此作可读性较强,内容丰富,认识深刻,我以为是很不错的作品。

常振家的复审意见(1992年5月3日):

这是近年来一部比较扎实的作品,历史感强,人物形象鲜明而丰满。特别是作者能把人物的命运与性格的展示同整个社会的历史变迁结合起来,这就不仅加强了人物性格的深刻性和丰富性,而且使作品产生一种厚重感。

作品不足之处在于笔墨过于均匀,变化较少,"浓淡相宜"注意不够。有些性的描写似应虚一些。但总的来说,这还是一部不错的作品。

何启治的终审意见(1992年6月30日):

这是一部扎实、丰富,既有可读性又有历史深度的长篇小说,是既有认识价值也有审美价值的好作品。

1. 此作体现了比较实事求是的历史观、革命观。在政治上是反"左"的,是拥护十一届三中全会正确思想路线(实事求是)的。写国民革命、写国共又合作又斗争的历史相当冷静、准确、可信。可以说比较形象、真实地描绘了国共两党初期闹革命阶段的真实面貌,如十六章写白灵、鹿兆海以铜元的正反定入党的对象,其后又在实践中互变为另一党的党员,就很有时代特色。

2. 此作通过白、鹿两个家族、两代人的复杂纠葛反映国民革命到解放这一时期西安平原的中国农村面貌,也是准确而有深度的。我们有一个时期以简单的阶级斗争(甚至扩大化)观点来统帅一切,事实已证明这是不符合历史真实的。《白鹿原》在这一点上显示了作者的冷静和勇气,而作为文学作品,则显得既新鲜又深刻、准确,因而特别值得肯定,值得重视。

3.作品的历史观和革命观都不是概念的表述,而是通过活生生的艺术形象塑造和生动、形象的生活画面来表现的。

如老一代的白嘉轩、鹿子霖、朱先生就写得很好。朱先生作为一个有骨气的正直博学的知识分子写得很成功。白嘉轩作为一个有原则且能身体力行的倔强的族长形象也很动人。十六章写他被打断了腰仍不失威仪,夺过鹿三的牛鞭子在夕阳中扶犁耕地,就像一幅充满悲壮意味的夕照图。鹿子霖干尽了坏事,但也不是简单地(写他)干坏事,都按一定的生活逻辑落笔。凡此,显示了作者的冷峻和艺术功力。(长工鹿三的形象也值得注意)

当然,鹿兆鹏、鹿兆海兄弟和白灵、白孝文、黑娃等形象也不错。特别是小娥这个表面看似淫荡而实际上并未泯灭人性的艺术形象也是成功的,值得注意的。

这就牵涉到此稿的性描写如何处理的问题。首先,我赞成此类描写应有所节制,或把过于直露的性描写化为虚写,淡化。但是,千万不要以为性描写是可有可无的甚至一定就是丑恶的、色情的。关键是:应为情节发展所需要,应对人物性格刻画有利,还应对表现人物的文明层次有用。自然,应避免粗俗、直接。试想,如果《静静的顿河》去掉了阿克西妮亚会成个什么东西?如果《子夜》删掉了冯云卿送女儿给赵伯韬试图以美人计刺探经济情报这段情节,又怎么样?(这情节不但写活了赵伯韬的狂傲,冯云卿的卑鄙,也写出了冯女的幼稚和开放。)《白鹿原》的小娥就是个很重要的形象。她在鹿子霖挑唆下拉白孝文下水这一段性情节,就很能表现鹿子霖的卑鄙,白嘉轩的正直、严厉以及小娥和白孝文的幼稚和基本人性、为人态度等等,是不可少的情节。

此外,作品还有一些比较弱的或比较经不起推敲的部分(如

992 页写白灵发动学潮，1218 页鹿兆鹏让鹿兆海送白灵到张村，1427 页反反复复讲白孝文买鹿家门楼等等），应在编辑时或删或作适当改动处理。

陈忠实迄今最重要、最成功的小说就是这一部……赞成适当删节后采用，刊《当代》今年第六期和明年第一期。请发稿编辑把文字加工工作做细一些。（大约可删去五万字左右？）

朱盛昌（时任人文社副总编辑，实际主持《当代》杂志工作）意见（1992 年 8 月 10 日）：

按何启治同志的意见处理。

关于性描写，我不是反对一般的两性关系描写。对于能突出、能表现人物关系、人物性格和推动情节发展所需要的两性关系的描写是应当保留的。但直接性行为、性动作的详细描写不属此例，应当坚决删去，猥亵的、刺激的、低俗的性描写应当删去，不应保留……不要因小失大。

（二）当代文学一编室审读意见

刘会军的初审意见（1992 年 12 月 18 日）：

这部作品既有严肃深刻的思想内容，又有生动引人入胜的故事情节。两者完美的结合，提高了小说的品位。它对生活的冷峭、深邃的描写，对人物琢磨不定，但又入情合理的性格刻画和总是出人意料的情节发展，以及篇幅宏大而情节、人物单线发展却又完整自然的框架式的艺术结构，都显示出作品的独到之处。它既能引起作家、出版家、评论家、学术研究者的重视，也能受到一般文学爱好者的喜欢，能引起社会的强烈反响。它的经济效益在目前情况下不敢企盼过高，但希望在文学评奖中获奖，还是抱有信心的。

高贤均的复审意见（1993 年 1 月 11 日）：

同意刘会军同志的评价和估计。采用这部书稿主要侧重在它的思想和艺术价值。一部好书迟早会得到社会和读者的重视。基于这点,我们对它的经济效益也是有信心的。

何启治(1992年9月调任人文社副总编辑,分管当代文学的出书工作)的终审意见(1993年1月18日):

同意初、复审对《白鹿原》的基本评价。这是一部显示作者走向成熟的现实主义巨著。作品恢宏的规模、严谨的结构、深邃的思想、真实的力量和精细的人物刻画(白嘉轩等可视为典型),使它在当代小说之林中成为大气(磅礴)的作品,有永久艺术魅力的作品。应作重点书处理。

《白鹿原》就这样在《当代》和人文社编辑们的赞赏关注之下走向社会,走向读者。而有心人在读过上引审稿意见之后,也当更能体察《白鹿原》诞生时所处的气候、土壤和环境等条件。

三

《白鹿原》一出世,评论界欢呼,新闻界惊叹,读者争相购阅,一时"洛阳纸贵"。说明"洛阳纸贵"的一个小例子是:人文社前总编辑屠岸曾应音乐家瞿希贤的要求为他寻找《白鹿原》的下半部。原来,瞿的女儿在法国学美术,一批海外读者在《当代》1992年第六期看到《白鹿原》的上半部后,便迫不及待地寻找它的下半部。

还有人记述1993年盛夏某日,陈忠实在西安市北大街省新华书店为《白鹿原》签名售书的盛况。从清晨六时到烈日当空的中午,西安市和从咸阳、铜川、临渡、宝鸡等地赶来的读者排成了长队。甚至还有从北京到西安出差的人,也加入了等候签名售书的队伍。向陈忠实致敬的读者,不但有送红玫瑰的大小伙子,还有送上两把梳子,并说明如何使用梳子才有益大脑的理发师。此情此景,着实令人感动。(见1993年11月15日《香港作家》七版郑文华文)

在前辈评论家中,朱寨指出:"《白鹿原》给人突出的印象是:凝重。全书写得深沉而凝练,酣畅而严谨。就作品生活内容的厚重和思想力

度来说,可谓扛鼎之作,其艺术上杼轴针黹的细密又如织锦。"(见《〈白鹿原〉评论集》第40页)

张锲说:"《白鹿原》给了我多年来未曾有过的阅读快感和享受。"有"初读《静静的顿河》《战争与和平》《红楼梦》时那种感觉"。(见1993年7月16日《白鹿原》北京讨论会纪要,转引自(《〈白鹿原〉评论集》第432页)

范曾读《白鹿原》后即赋七律一首:"白鹿灵辞渭水陂,荒原陌上隳宗祠。旌旗五色枭成隼,史倒千秋智变痴。仰首青天人去后,镇身危塔蛾飞时。奇书一卷非春梦,浩叹翻为酒漏卮。"并附言:"陈忠实先生所著《白鹿原》,一代奇书也。方之欧西,虽巴尔扎克、斯坦达尔,未肯轻让。甲戌秋余于巴黎读之,感极悲生,不能自已,夜半披衣吟出七律一首,所谓天涯知己斯足证矣。"(据范曾赠《白鹿原》作者手迹)

还有海外评论者梁亮也十分激赏地指出:"由作品的深度与小说的技巧来看,《白鹿原》肯定是大陆当代最好的小说之一,比之那些获得诺贝尔文学奖的小说并不逊色。"(见《从〈白鹿原〉和〈废都〉看大陆文学》,载《交流》杂志1994年第十四期)

……此类事例,真是不胜枚举,还是就此打住吧。

然而,我们已经注意到,自《白鹿原》问世以来,就在好评如潮之外另有一种不同的声音。例如,朱伟就在他的《〈白鹿原〉:史诗的空洞》一文中说:"这部《白鹿原》使陈忠实丧失了自己。"然后慨叹:"一部使艺术家丧失了自己的作品,被捧上了那样的高位,这难道不是中国文学的悲哀吗?"张颐武则在《〈白鹿原〉:断裂的挣扎》中表示惋惜说:"《白鹿原》却仅仅是一个断裂处挣扎的文化产品。陈忠实的卓绝的努力和虔诚的创作态度并未结出理想的果实。"孟繁华也认为,《白鹿原》不过是引领着读者在已往的"隐秘岁月"里,做了一次"伪历史之旅"——即"消闲之旅"而已。(上引三文均见于《文艺争鸣》杂志1993年第六期)

四

现在,再让我们看一看《白鹿原》诞生以来在各种评奖活动中的情况。

1998 年 7 月,中央电视台《读书时间》节目组在无锡组织了一次活动,其中一个内容是由与会嘉宾举出二十年来自己最看重的一部书并略述理由,作为对新时期以来优秀出版物的肯定和回顾。当主持人李潘把话筒交给我时,我毫不犹豫地说:"作为一个文学老编辑,二十年来我最看重的一部书就是陈忠实著长篇小说《白鹿原》,理由就在于它所具有的惊人的真实感、厚重的历史感、典型的人物塑造和雅俗共赏的艺术特色。"

我想,这也可以看作我个人参加的一次优秀图书评选活动吧。但当时就有与会的朋友说,你对《白鹿原》这么敏感的话题这样表态,恐怕未必能通得过,公开播出这个节目时你的话很可能会给剪掉。我对这位好心朋友的看法能够理解,而私下里却以为,也不一定就会把我的话剪掉,如果照放,那就说明我的认识在相当层次上还有知音呢!

果然,这个节目正式播放时,我的话并没有被删掉。为此,我真是打心眼里感到高兴。

然而,《白鹿原》诞生以来,在正式的相关评奖活动中,却只在民间组织的评奖活动中得到肯定:

1993 年 6 月 10 日,《白鹿原》获陕西省作协组织的第二届"双五"最佳文学奖。

1994 年 12 月,人民文学出版社由一批资深编辑组成的评委会通过认真讨论和无记名投票,一致同意授予《白鹿原》以"炎黄杯"人民文学奖(评奖范围为 1986—1994 年人文社出版的长篇小说)。

除上述两项,在相当长一段时间内,《白鹿原》在比较具有官方色彩的评奖(例如国家图书奖)活动中,均告落选。如前所述,在"八五"

（1991—1995年）优秀长篇小说出版奖的评选活动中，它连候选的资格都被粗暴地勾销了。

那么，在文坛瞩目的第四届茅盾文学奖的评议中，《白鹿原》的境遇如何呢？

第四届茅盾文学奖的评议从1995年起动，到1997年12月19日揭晓，历时两年多，可见其中的复杂和艰难。

《白鹿原》先在二十三人专家审读小组（读书班）顺利通过，却在评委会的评议中出现不小的分歧，以致评委会负责人在评议过程中不得不打电话给陈忠实，转达了一些评委要求作者进行修订的意见。这些意见主要是："作品中儒家文化的体现者朱先生这个人物关于政治斗争'翻鳖子'的评说，以及与此有关的若干描写可能引出误解，应以适当的方式予以廓清。另外，一些与表现思想主题无关的较直露的性描写应加以删改。"（见《文艺报》1997年12月25日第一百五十二期"本报讯"）对评委会负责人转达的上述修订意见，陈忠实表示，他本来就准备对《白鹿原》作适当修订，本来就意识到这些需要修改的地方。于是，忠实又一次躲到西安市郊一个安静的地方，平心静气地对书稿进行修订：一些与情节和人物性格刻画没多大关系的、较直露的性行为的描写被删去了，如删去了田小娥第一次把黑娃拉上炕的有一些性动作过程的描写，关于国共两党"翻鳖子"的政治上可能引起误读的几个地方或者删除，或者加上了倾向性较鲜明的文字……总共不过删改两三千字的修订稿于1997年11月底寄到人民文学出版社，修订本于12月出书。

据说，在评委会对《白鹿原》的评价出现明显分歧时，老评论家陈海对它的肯定起了重要的支持作用。在他看来，"陈忠实从他70年代发表小说开始，便一直是一个接续过去现实主义传统的作家，他还很少受到其他艺术方法的影响"。而《白鹿原》则让我们看到，陈忠实"充分地理解现实斗争的复杂性，理解中国革命的长期性、复杂性和残酷性这个特点，但又同样清楚地看到中国历史发展的趋向。尽管陈忠实在自己探索中国社会关系和社会斗争的过程中,也出现了自己主观认识上的一些问题,但他整体思想倾向的正确是应该肯定的,他的这部作品,深刻地反映解放前中国的现实的真实,是主要的"。(转引自《〈白鹿原〉评论集》第119、227页)

无疑,陈海对《白鹿原》的肯定对它的获奖起了重要的作用,但陈忠实本人适当的妥协和对《白鹿原》所做的并非伤筋动骨的修订,对它的获奖当然也是重要的。

就这样,长篇小说《白鹿原》(修订本)终于榜上有名,荣获中国当代长篇小说的最高奖项——茅盾文学奖(第四届)。1998年4月20日,它的作者陈忠实终于登上了人民大会堂的第四届茅盾文学奖的颁奖台。

颁奖大会后,中央电视台在对我的采访中问我如何看待《白鹿原》的获奖。

我当即明确地表达了自己的看法:

首先,作为《白鹿原》的终审人和责任编辑之一,我要负责任地说,《白鹿原》的修订并不是如有些人所顾虑的,是"伤筋动骨"而至于"面目全非"。牡丹终究还是牡丹。修订过的《白鹿原》不过是去掉了枝叶上的一点儿瑕疵,而牡丹的华贵、价值和富丽却丝毫无损。

第二,如果我是茅盾文学奖的评委,我会痛痛快快地给《白鹿原》投上一票,而不会要求对它进行修订。因为《白鹿原》在深刻思想内涵和丰厚审美意蕴上的出类拔萃是不容否定的客观存在。至于作品的缺点,那是世界文学名著在所难免,是改不胜改的。

第三,如果《白鹿原》的作者只有做适当的妥协才能使它获得茅盾文学奖,那么,我是理解并支持作者做适当的妥协的。因为《白鹿原》获得当代中国长篇小说之最高荣誉,对繁荣长篇小说创作有利,对发展整个当代文学有利——《白鹿原》能够蹚过去的地方,其他文学作品也应该能够蹚过去。因此,我对《白鹿原》(修订本)获得第四届茅盾文学奖的殊荣表示由衷的祝贺。

有了伟大的人物,而不知爱戴、拥护、崇仰的民族,是可悲的;有了堪称"大书"的优秀作品,而不知呵护、赞赏和热爱的民族,也同样是可悲的。

幸而,想非难甚至压制《白鹿原》的毕竟是少数人。

幸而,《白鹿原》不但获得了"双五"最佳文学奖和"炎黄杯"人民文学奖,而且最终荣获第四届茅盾文学奖的殊荣,真是让人感到欣慰。

然而,《白鹿原》从1992年与1993年之交诞生,迄今已近十年,我们直到今天才能比较从容地、坦然自信地来回顾《白鹿原》诞生以来的是是非非,这中间,难道不是颇有一些值得认真总结的经验教训么!

老头儿的幸运

| 汪　朗

汪曾祺在人民文学出版社出的第一本书,是在 1985 年。当时他六十五岁,被家里人称为"老头儿"有些年头了。这倒不是人文社以前对这个老头儿看不上眼,主要是他在六十岁之前少有作品问世,1980 年后才进入第二个创作高潮(第一个是在解放前),写了不少有点儿影响的小说。有了作品,人家才有可能给你出书,是吧?

那本小说集叫《晚饭花集》,是老头儿自己起的名字,他还用毛笔写了书名。人文社对这本书挺重视,专门找人画了插图,在老头儿的作品集中,这好像是独一份。大概是因为过于重视,编排中还出了点儿小岔子,把封面上作者的名字排成了"常规",最后只好重新制作封面。这件事还藏不住,因为老头儿在给几个人的信里都提到过,这些信后来都收入了《汪曾祺全集》,还是人民文学出版社出版。除了这点儿岔子,老头儿对这本《晚饭花集》都还满意。1987 年他去美国参加聂华苓创办的国际写作计划,撑门面的主要就是这本《晚饭花集》,给作家们送了不少本,多数人不懂中文。当然也有懂的,像台湾的陈映真、陈若曦,应该还有蒋勋。蒋勋和他是同一期的,两人接触挺多。

1992 年,人文社给汪曾祺出了第二本书,是"中国当代作家选集丛书"中的一册,有小说也有散文,三十多万字,封面是浅蓝的,挺雅致。

老头儿对这本书也挺满意。他在序言中说:"承人民文学出版社的好意,要出我一本选集,我很高兴。我出过的几本书,印数都很少,书店里买不到。很多人到我这里来要。我的存书陆续送人,所剩无几,已经见了缸底了。有一本新书,可以送送人。当然,还可以有一点儿稿费。"有一点老头儿说得不对。他出的书并不是印数都很少,像《晚饭花集》标明的印数是"47000 册",相当可以了,另一本《汪曾祺短篇小说选》的印数也有两万多。只不过后来找他要书的人多起来,他存的书又不太多,就想当然地认为书的印数少了。汪曾祺对于数字向来比较糊涂,包括稿费。这本书与老头儿还有一份特殊缘分。1997 年他逝世后,人民文学出版社领导把两本蓝皮书带到了告别仪式现场,我们拿出一本放在了他的身边。如果老头儿在天有灵的话,随手翻看的应该就是这本书了。

老头儿生前,还有一本散文集准备交给人文社出版,在篇目上也做了一些挑选。这本书就是《中华散文珍藏本·汪曾祺卷》,1998 年印行时他已经不在了。

人文社的编辑干起事来有股不达目的誓不罢休的劲头儿。《晚饭花集》1985 年 8 月出的书,编辑江达飞 1983 年上半年就经常上门找老头儿扯闲天了,一来二去和家里人混得挺熟,有时老头儿还留他吃顿便饭。有这等关系,想要出什么书自然是手到擒来。《汪曾祺全集》书信卷中,收录了一篇老头儿 1984 年写给江达飞的短信,其中说:"我今年要为国庆三十五周年献礼节目做点儿工作,恐怕写不了什么东西。目前只能翻来覆去地读《汉书》。"老头儿提到的《汉书》,是人文社资料室的。当时他几次表示要写个长篇小说《汉武帝》,江达飞得知赶紧把《汉书》等书籍送到家中,做点儿铺垫,等着老头儿供货。最终,汪曾祺也没写出《汉武帝》,还划拉走人家好几本书,不带还的。这些书在家里放了三十多年,后来我们连同他书房里别的书籍一道捐给高邮的汪曾祺纪念馆了,作为老头儿和人文社交往的见证。

还有一件小事值得一提。前两年,我们整理家中杂物时,翻出了一些老头儿画的画,其中一幅画的是晚饭花,花型有点儿像小喇叭,浅浅的紫红色,上面还写着几个字:晚饭花集。看来这个老头儿对于这本书还是挺在意的。如果《晚饭花集》再版,用这幅画做封面倒是原装原配。不过人文社是用不着再出这本小书了,他们给汪曾祺出了一套大书——十二卷的《汪曾祺全集》。

这套书出得实在是费劲儿,从确定方案到 2019 年初正式面世,整整用了八年时间。当初商议出书时人文社的编辑刘伟的女儿刘子心还不到一岁,到全集出版时,孩子都上了小学三年级,暑假中能蹦蹦跳跳地跟着爸爸,到书展上给老头儿卖书去了。这八年,人文社的领导,有的进步了,有的调动了,也有的退休了。具体做事的编辑,好像没有什么升官的,退休的倒是有。没退休的,变化也挺大。像主持编辑工作的郭娟,头发就白了不少,刘伟的头发倒是看不出白没白,但是脑门更亮了。时光容易把人抛,一套《汪曾祺全集》,熬坏了不少人。

《汪曾祺全集》出得这么费劲儿,主要是人文社的上上下下干起事来太较真。我们家里人对于这套全集的想法原来很简单,最好能出一套"顺溜本",把发表的作品中明显的错字和疏漏之处改正过来,便于读者阅读就行了。没想到参与编书的各方人士,非要突出全集的学术色彩,各篇文章都要找到原刊处,还要对照手稿核校。这下可麻烦喽。汪曾祺对自己的作品一向粗粗拉拉,从来不习惯留底稿,文章发表后寄来的报刊也不怎么整理,东一篇西一篇地乱扔。解放前发表的文章更是一篇存底也没有。另外,家里人也没把他太当回事,东西发表了,大家随意看看,说点儿闲话,完事。妈妈彻底退休后,给他当起了秘书,文章寄出前会复印两份,不过这已经是很晚时候了。另外老妈的主要重点是管理老头儿的稿费,文稿档案之类还在其次。如此一来,这套《汪曾祺全集》,就得到处搜寻文章的原始出处,其工作量之大可想而知。

不过这么做确实也有好处。老头儿晚年写过一篇小说《侯银匠》,里面提到侯银匠的女儿侯菊出嫁后,管起了丈夫家一天三顿饭。原来的文字是:"陆家人口多,众口难调。老大爱吃硬饭,老二爱吃软饭,公公婆婆爱吃焖饭。个人吃菜爱咸爱淡也都不同。侯菊竟能在一口锅里煮出三样饭,一个盘子里炒出不同味道的菜。"可是,既然是一口锅里煮出的饭,就应该都是焖饭,犯不上特意强调这一点。恰好这篇小说的手稿还在,最后用放大镜辨认出老头儿写的不是"焖饭",而是"烂饭","烂"字写的是繁体的"爛",因此最初发表被编辑误以为是"焖"的繁体字"燜"了。这次全集出版时,"焖饭"改成了"烂饭",顺多了。类似的事例还有很多很多。

经过八年较真,这套《汪曾祺全集》的质量自然有了极大提升,篇幅也比当年北师大出版社的全集增加了许多,收录的小说就增加了二十八篇,其中二十五篇创作于民国时期。有许多作品老头儿自己都记不清了。比如他曾多次说过,上大学时写过一篇小说,自始至终都是两个人的对话。沈从文先生看过之后对他说:你这不是对话,是两个聪明脑壳在打架。从此他明白了,小说中的对话也要贴到人物写,不能成为作者逞才的工具。但是这篇小说的题目和内容汪曾祺都记不清了。这次编全集时,这篇小说也被人找到收录进去了,题目是《葡萄上的轻粉》,里面确实是两个聪明脑壳在打架,说的全都不是正常人说的话。若不是沈先生的教诲,这个汪曾祺的文学创作之路还不知会拐到什么地方呢。

《汪曾祺全集》的散文卷、谈艺卷,新收文章更多,合计有一百多篇;戏剧卷新增的剧作有七部;诗歌卷收录汪曾祺诗歌二百五十七首,较北师大版(八十八首)多出一百六十九首,其中四十余首从未见于汪曾祺作品集;书信卷收入老头儿写给不同人的信件二百九十三封,北师大版《汪曾祺全集》只收汪曾祺书信五十五封。这些新收入的作品,家里人提供了一些,多数都是人文社编辑、聘请的社外编辑和老头儿的粉丝从各处搜寻来的。像汪曾祺1961年底调到北京京剧团后,写的第一个戏是《王昭君》,当初只在单位油印过剧本,没发表过。"文革"后家里就再没见过这个剧本了,大概是"破四旧"时处理掉了。上次北师大出版社出老头儿的全集时,我们问过曾经演过这个戏的李世济,是否还存有这个本子，她说早就不知哪儿去了。想不到，这次编全集时，我们在旧书网上发现《王昭君》竟然还在，只是被人买走了。得知这一信息，《汪曾祺全集》书信卷主编李建新四处打探，居然找到了剧本的买主，拿到了复印件，最后收入全集中。老头儿如果在世，看到这个剧本时隔五十多年重见天日，也会高兴的。

不过，老头儿若还在世，难免受到家人的数落。因为他写东西，有时实在过于随意，给编书的人带来不少麻烦。比如剧本中的某个人物，他只写了什么时候上的场，但是等到这一场结束时，台上已经没有此人踪影了，也不知是什么时候溜下去的。人文社负责全集剧本卷的编辑杨康，只好找到我妹妹汪朝，共同商量该人何时下场最为合理，并在剧本上标注出来。类似的问题不知有多少，直到把杨康熬退休了才算完，实在让人不好意思。

人文社编辑的工作环境也太差。我第一次去社里找郭娟时，开始摸错了地方，好像是到了集体宿舍。有一家的房门没关，门口挂着一块黑乎乎的布帘，透过布帘的缝隙可以看见里面摆着一张大床，斑驳破旧的桌椅，和农民工住的地方差不多。上世纪80年代初有一部很有影响的电影《邻居》，说的是住在筒子楼里几户人家之间的故事，没想到当年筒子楼的生活场景居然还能在人文社见到，叫人不知说什么好。郭娟的办公室也好不到哪儿去，屋里黑乎乎的，到处堆的都是大信封和各种书籍刊物，桌椅也都是老货，很有些年头了。这种景象，三十多年前我初到报社工作时还能见到，如今可真是难找了。就是在这样的环境里，人文社的编辑们却能坐得稳稳的，吭哧吭哧编出一本又一本好书，着实让人佩服。老头儿的这套全集出版两年来，已经加印了六次，总印数有二万多套。看来，读者对于人文社的较真精神还是挺认可的。我们自然也跟着沾了光，多领了不少版税。

《汪曾祺全集》能够由人民文学出版社出版，实在是老头儿的幸运。

《当代》是一部斑斓的大书

| 张　炜

　　从上个世纪 80 年代至今,我在《当代》发表过一百多万字的作品,所以那里是我学习、成长和进步之地。我回忆自己的文学道路,总是要想到它、它的一些往事。如其名字一样,它有着强烈的当代性格,而这种性格,正是一切杰出的文学所必备的。从诞生的那一天起,它一直关心正在进行的生活,同时又做出深入的思索和表达,是不断用语言艺术说出心声的一份杂志。

　　我除了短篇小说,先后在这里发表了中篇小说《秋天的愤怒》,长篇小说《古船》《你在高原·家族》《能不忆蜀葵》《艾约堡秘史》等。这其中,有不止一篇作品是编辑部让我住到他们的办公楼上修改过的。我与这幢老楼、与这楼上的人,结下了深深的文学之谊。直到现在,我还能清晰地记起在楼上讨论文稿的情景。

　　这份杂志自创立以来,发表了不知多少风格迥异、在阅读界引起强烈反响的作品。它们交相辉映,构成了一部色彩斑斓的大书,如此饱满、卓异、瑰丽和丰富。我们的文坛上如果抽掉了这样一部大书,就可能立刻显得单薄起来。

　　是的,它在我们的书架上始终占有特别重要的位置。

　　我二十多岁的时候,为了写长篇小说《古船》,住在了济南南部的一座房子里,而后又搬到了郊外。编辑部的朋友曾六次坐上摇摇晃晃的慢车,来到济南,于是我们有时会彻夜谈论稿子。我三十多岁的时候,为写另一部长篇小说,住到了胶东半岛的犄角龙口市。编辑部的朋友坐上更远的车辗转抵达,于是又有了更加令人难忘的文学交流。记得有一天我们谈到了很晚,出门已是皓月东升,漫步郊外,竟然在麦田边遇到了一只可爱的大刺猬。

《当代》这部大书还在续写,新的篇章会一如既往地吸引我们,紧扣时代心弦。

通往人民文学出版社的道路

阿 乙

一

这些年,我常去协和医院随诊,往往大清早地去,半上午就看好病,然后就在东四附近转悠。东四附近有涵芬楼、中国书店、三联书店、中国美术馆、首都剧场等好去处,人民文学出版社是其中之一。但是,我每次都在路过它的时候,打消进去的想法。并不是害怕它不欢迎我,而是觉得自己这样毫无来由地就进去,实在是造次。

从地图上看,位于朝内大街 166 号的人文社,不过是亿万个坐标里的一个平凡的点,但在无数文学青年和文学从业者心里,它却是需要层层攀登的高塔的塔尖。我知道很多当代文学大师,在这里推出代表作,完成加冕,比如陈忠实、阿来;有些则把自己晚近的作品留给它,比如莫言;还有一些大师甚至在这里工作过,像冯雪峰、冯至、聂绀弩。人文社自身被很多佳作反复加持,它自己也反复加持一代又一代的作者。这种双向加强的力量,好比一对金钹,奏响了最强烈的乐章。我知道的一个神圣例子是,对中国诗人进行命名的奖项和评比很多,这些活动有的很成功,但像人民文学出版社"蓝星诗库"这样具有业内至高权威性的很少。诗库对诗人的遴选谨慎、严苛,甚至有些古怪。我不知道编委会是本着对谁负责的态度——是对上帝负责还是对历史负责——总之，只要是他们打开门请进去的诗人，都一下具有经典的光辉。这样的入选者包括张枣、海子、多多、骆一禾、于坚、西川，最新的入选者是陈东东。

路过人文社这样一个聚集着普希金、欧·亨利、茶花女、卡拉马佐夫兄弟等文学灵魂的场所，就会想起文学青年与文学从业者，那漫长而艰难的求索之路。我是这队伍里的一员。我在县城里认识县城的作者，在城市里认识城市里的作者，在首都认识全国的作者，他们很多和我一样，渴望有机会在最出名的文学杂志、最好的文学出版社推出自己的作品。人民文学出版社就在荣誉和梦想的终点处。推开人民文学出版社的大门，从此登堂入室，这足以使一个从业者，逸出他的整体，使他骄傲和自豪。而关于人民文学出版社这个殿堂，在传说里，几乎每一处都变得庄重，我听说就连这里的保安，也在一种气氛的浸染下，具有仙气。我自己偶尔会走入出版社开在门口的书店，在那里，售书的大姐自然具有一种端庄的气质，严肃而不凌人，礼貌同时不失亲切，举手投足很像戏台上的老艺术家。这些分寸，都和文青的想象是吻合的。

二

最初，我有幸进入人文社大楼，是作为青年作者受邀参加某次座谈会，或者作为投票者参加《当代》年度长篇小说论坛。从楼宇一侧的楼梯拾级而上，就能感受到那上世纪建筑特有的阴凉，走进长廊，好像是走进时间灰暗而光滑的隧道。办公室的门也都是老气的。推开门进去，就看见室内堆满书籍、纸稿，起初这样的堆放还有逻辑可循，后来一定是放弃了。有的编辑在这样的场景倒茶给客人喝，水杯上的热气飘升至天花板，也别有诗意。好像双方都回到80年代。

整体感觉，编辑们像是在借用这一栋楼，好像明天就要集体搬入另一个地方，因此先在这儿将就。这样的将就却固定了下来。每次来到这家老牌出版社,我都能感受到这两种风格——临时与永恒——的并存与融合。我在这里逐渐认识鲁南、曾少美、刘乔、翟灿、陈旻、欧阳韬、宋强、文珍、王晓、刘稚、赵萍、肖丽媛、应红、臧永清等师友。我记得还认识外国文学部一位姓黄的法语编辑,一时记不起来名字,我实在是不应该,可是对她的低调、沉稳和博学,我却葆有极深的记忆。这些出版界的优秀编辑,给我的最大印象是走路的步频比较快,时时处于做事的状态。这样的步伐让我想起活力十足的大学生和忙碌奔波的生意人。这些人没有架子。有的即使统率一个项目,统率一个部门,也不乐于只做幕后的指挥人,而是到一线去做基础的事。我知道肖丽媛为《朗读者》项目、刘稚为严歌苓作品鞍前马后地跑,这些要么亲眼看见,要么从作者那有所耳闻。最近因为直播活动的出现,像赵萍这样的大编辑,去为笛安的作品运作直播活动。我知道,是因为赵老师想过请我去直播室一起帮助推广,之前,外国文学部的陈旻也联系我去直播。直播作为一件新事物,能量有多大尚需观察,但是人文社已经用做事的态度先实践起来了。而这只是编辑为作者作品所做的努力的一小部分。过去,我的作品在人文社出版,我就感受到相关编辑和领导的重度投入。我的感触是:一个人文社的编辑,他不仅仅是把作者的一本书编辑加工,还一定会把书从孕育到销售等一摊子的事包圆了。

我的小说在国外出版已达二十个品种,这其中受惠于人文社对外合作部和鲁南最多。最初,我的小说海外版权在英国人手里,代理出一个语种,双方后来因故终止合作,在和人文社对外合作部合作后,我的作品的海外出版突飞猛进,既出现在西班牙、英国、中东这样的重要市场,也深入到芬兰、波兰、韩国、土耳其等小语种市场。中国作家的短篇集是很难在国外出版的,我的短篇集却在鲁南的努力下,在黎巴嫩和英国实现出版。我时常想,这一定不是因为我有多优秀,一定是我遇见了一个优秀的版权代理团体,遇见了优秀的版权人鲁南。有不少写得比我好,或者至少写得和我一样好的同行,向我打听,是什么使得我在国外出版那么多书,我都会告诉他们,那是因为人文社对外合作部这艘新兴的航船,在扬帆起航时,恰好捎上了我。

　　而鲁南她们之所以拥有如此大的能量,我想和扎实的工作作风分不开。我记得有次书展,是和鲁南同行,人文社对外部的女将们给我留下的印象就是去"扫摊",把可能的展位都看够,了解对方,介绍自己。她们还会策划"中意作品互译""中西作品互译"这样的出版活动,去重塑中国作家的形象,使国外出版界能摆脱成见,认识到中国当代小说的创作状态。我想,我的书,就是这样被她们用口述、邮件、电话的方式不停地介绍给海外的同行,最后获得了一定的收成。因此我感觉自己非常幸运。

　　我和人文社的这些领导、编辑、大神打交道时,从来没有感受过一次傲慢,更不会觉得人文社像是一个衙门。我想,这里应该有一种传统,这个传统使全社人都处在一种务实做事的状态中。这是很多旁观者都能感受到的。我想,这可能也是这家出版社成为文学青年、文学从业者心中圣殿的理由。

一座老房子

| 阿　来

2000 年岁末的某天早晨,北京,我从西边打车往市区的朝内大街
166 号。

刚刚走出饭店大门,便嗅到了在干冽的北京冬日难得的湿润洁净
的空气,这才意识到这个早晨正不紧不慢地下着小雪。

对我来说,这是一个好天气。车子启动了,虽然寒风割脸,扑面而
来的却有水的芬芳。车到朝内大街,司机问具体位置,我说人民文学出
版社。他说知道那是一座老房子。我说,对,是一座老房子。果然,一
座老砖房子就出现在眼前,车在雪中小心靠边停下。付了车钱走到楼
前,人却有些迷糊。我记得这条大街上就只这么一幢庄重却又有些寒
伧的老房子,眼前这一幢却与我已经去过几次的那幢有些异样。这点
儿异样是我所喜欢的。人民文学出版社那幢临街的青砖房子留给我的
只是一个大致的印象。但是,眼前这幢房子确实与我去过的那一幢有
些异样。于是,我冒雪在楼前停了下来,先发现楼前的台阶有些宽大,
更主要的是,楼房的墙上爬满了攀援植物。虽然是冬天,那些藤蔓仍然
显得柔韧,外皮上也透出些隐忍的青绿,未落尽的枯叶在风中飞舞,即
便如此,我也能想象出夏天里一派青碧幽深的景象。

直到踏上台阶,才知道认错了地方。这不是我以为的那幢楼房。

退回到大街上,发现我要去的那幢楼房就在前面不远的地方:庄严沉稳却显得有些老旧了。与眼前的这一幢相比,除了那些攀在墙上的藤蔓,洁净的墙面更多显出了青砖的本色。

后来想一想这个误会,发现其实是因为那幢楼房更符合我第一次去这家出版社前的想象。此前,因为爱好文学,读过很多出自这幢楼房里的文学精品。后来,我终于因为自己的书而走进了这幢房子。走在楼内老旧的楼梯上,听见自己脚下发出太大的声音,有些兴奋,也有些紧张,因为不想打破楼道里那幽深的宁静。而且,我要说,这幢房子因其老与旧符合了我的想象,那种零乱又让我感到了一些失望。但是,就是在这里,我那本曾经四处飘飞的《尘埃落定》,终于在这楼道里的某一间办公室找到了自己的归宿。是这里的幽深与静谧,让这粒尘埃落定下来。但这些办公室都是一模一样,我掏出手机打了一个电话,就在身边的一间屋子里,有电话声猛烈地响了起来。门打开,曾经在成都邓贤家见过一面的高贤均那张笑脸便显现在面前。接着,就在这个面街的窗户里,与这本书相关的这个出版社的人员都相继出现:脚印、周洪之洪、周洪之周、当时《当代》的主编何启治,还有拉着我到处见记者的张福海与王晓。大家一起谈天气,谈即将出版的《尘埃落定》。我在灰色布套的沙发里越陷越深,慢慢地觉得这个房间此刻便是我的房间了。

我想象很多书从这些同样谦逊朴素的书桌上走下来,进了工厂,坐了汽车与火车流布到中国四面八方的书店,然后走向爱书人的案头。其中有一些书,就这样到了遥远僻静的马尔康。马尔康的城边有一条河,是大渡河上游的一条支流,马尔康城靠着的那面山坡上有一座庙。我就在那金顶红墙之下,从书店里带回一本本书,放在桌上枕边,然后,又插进书柜。十多年时间过去,竟然是满满的几柜子了,那其中有很多就是从这幢楼里走出来的。其中有些是常常要温习的,比如《静静的顿河》,比如《红楼梦》和《聊斋志异》,比如宽广自由的惠特曼和深情曼妙的泰戈尔。现在,我自己也要在这里出一本书,并且用与那些书同样的方式流布到四面八方。

于是，这幢老楼房对我便有了一种特别的意义。我庆幸自己获得了这样一种特别的机遇。最近有媒体访问，谈到文化市场化的问题。我说，文化人用文化赚钱，但一定是正当的文化。再问正当与非正当之间的界限。我的回答就是看这个文化对于社会、对于世道人心是否有所助益。我的这个看法（也是做法）的形成，其中一个最最重要的动因，就是因为一些像人文社这样有责任感、有知识良心的机构的好的出版物的熏陶有关。今天我写书或者编杂志都会本着这样一个原则。

所以，我感谢这家出版社，不是感谢她出了我的书，并且进行了比较成功的推广与有效的传播，而是感谢她此前让我读到的那么多好书。正是因为这些漫长的积累，才会出现篇首开始出现的那种有些美丽的误会。传统意义上的中国文化人总是内敛的，注重修养与积淀的，这也使集中了很多优秀文化人的文化机构，呈现出这样的情形。人文社深厚的内在储备与简陋的外部景观其实正是这种情形的一种况喻。所以，我才希望这座楼房是青砖的颜色，所以我才愿意青砖之上有繁盛的青藤，在朝内大街166号，在喧嚣的市声中，显得清幽宁静而永远。

在《当代》，完成了一个过程

| 陈忠实

我的第一部中篇小说《初夏》，写于 1981 年 1 月，发表在 1984 年的某期《当代》杂志上，历经三年多时日。这个过程对我后来的写作是难忘的，也是一个重要的不可或缺的过程。这部中篇从初稿到定稿，大约写过四次，从最初的六万字写到八万，再到最后发表出来的十一万多字。这是我写得最艰难的一部中篇，写作过程中仅仅意识到我对较大篇幅的中篇小说缺乏经验，驾驭能力弱。后来我意识到是对作品人物心理世界把握不透，才是几经修改而仍不尽如人意的关键所在。80 年代伊始，农村改革的潮声初起。我那时候感觉到了这潮声在各个阶层引起的种种反响，企图写出那种感觉，然而仅仅停留在新潮与死水的认识层面上。我尚未意识到新的生活的潮声冲击的不仅仅是一潭死水，不仅仅是人的旧的观念和僵死的教条，而是人的心理秩序的紊乱。由旧的观念长期统治所形成的心理秩序被冲击了，旧的平衡被颠覆了，开始呈现紊乱和无序。而要达到新的平衡和新的结构秩序，便有一个精神和心灵的痛苦历程。我的投笔的目标，应是作品人物的这个心理历程的解析，才能较为准确地揭示那个时期的生活真实，即心理真实。只是我的这个艺术觉醒来得晚了一点儿，或者说在这三年四稿的反复修改中终于摸索到了这个窍，修改终于跨出了关键性的一步。这一步对

于《初夏》来说不仅仅只是一部作品的完成,重要的是对我后来的全部写作都具有意义,即进入人物的心理真实。

在这个过程中,令人感佩的是《当代》的编辑,尤其是老朋友何启治,所显示出来的巨大耐心和令人难以叙说的热诚。他和他们的工作的意义不单是为《当代》组织了一部稿子,而是促使一个作者完成了习作过程中的一次跨越,得到了属于自己的一次至为重要的艺术体验,拯救了一个苦苦探索的业余作者的艺术生命。

友谊便由此而加深了,信赖便由此而更加深刻。何启治那时候就相约,写第一部长篇小说给人民文学出版社。我那时候正在中篇小说的浓厚的写作兴趣中,长篇尚未想过。他说什么时候写他不管,一旦写了就要给人文社。此后的近十年间,每有人文社或《当代》编辑到陕西出差或组稿,老何都委托他们来看看我。《白鹿原》写成后,自然只能交给老何了。所幸的是,《白鹿原》在《当代》的发表和在人文社的出版要顺利多了。

《初夏》的反复修改和《白鹿原》的顺利出版,正好构成一个合理的过程。艺术要经历不断的体验才能找到属于自己的个性,这个过程对作家来说各个不同,然而谁也不可或缺,天才们也无法找到取代的捷径。我的第一部中篇小说《初夏》发表于《当代》。我的第一部长篇小说《白鹿原》最早通过《当代》和读者见面、交流。

《当代》在我从事写作的阶段性探索中成就了我。再说任何感谢之类的话不仅庸俗,也见外了。

往事历历总关情

| 陈桂棣

1983 年岁暮,那是个多雪的冬天。我和张锲共同创作的反映工业战线改革的报告文学《主人》,被《当代》杂志看中,因原稿太长,涉及的敏感的东西又较多,需要做某些修改。于是,我们就住进了北京朝内大街 166 号人民文学出版社后楼招待所的一间小屋。

现在回忆起来,说是招待所,我们去时,"所"已不成"所"了,好像只剩下了三间房子可供外地作家来改稿。我们住在中间的一间。房子年久失修,墙壁已不是白色,室内只有三张老式的写字桌和同样简陋的三张木板床,比较富足的,就是稿纸的供给了。并且,一到星期天,食堂便停伙,我们这些外地人就不得不四下乱窜,满大街去找饭吃。即便这样,我还是非常的愉快,因为,早在我上中学的时候,我的语文老师就告诉过我,这儿是"皇家出版社",一个人的作品要是被这儿看中,那是莫大的荣幸。现在,我们的作品不仅被看中,而且已经踏进了这座心中的"殿堂"了。

那个房间虽小,但空出的一张床后来却走马灯似的成了来往作家的小住之地。因为有了这些作家,也就有了更多的编辑来看望。因此,我在这里就先后认识了陈冲、周良沛、陈继光、雷抒雁、秦文玉、单学鹏、丁帆、孟伟哉、朱盛昌、张守义、赵水金、龙世辉、何启治、章仲锷、杨匡满、汪兆骞、常振家、邢菁子等等等等一大批耳熟能详的作家和编辑,对我以后的创作产生了不小的影响。至少,这段生活使我见了世面,自觉不自觉地在文学创作上站到了一个新的高度。后来,那篇报告文学还获得了 1984 年度《当代》文学奖,这对我就不仅是鼓舞,还增强了我写作的信心。

这以后,我的一些重要的作品几乎都是由人民文学出版社出版的,"朝内大街 166 号"也就给我留下了太多的美好回忆。

1993 年,我写了一部法制题材的报告文学《悲剧的诞生》,写的是家乡城市一个著名劳模因为莫须有的罪名被冤死狱中却得不到昭雪的故事。案子涉及市委、市人大主要负责人的以权代法,涉及两级检察院、两级法院的执法枉法,作品就围绕着这一场人治与法治的较量,正义与邪恶的斗争,真名真姓实话实说地写了上百人。这是一个十分尖锐而又过于敏感的作品,特别是,被揭露者当时还都身居要职。稿子寄出去后,我对《当代》杂志是否能采用,没有一点儿把握。但完全出乎意料的是,《当代》杂志在收到稿件的三天之内,编辑部就已经把稿子传看了一遍,并专门开了会,接着就派郭宝臣赶来安徽。当我拿到自己的原稿时,发现许多地方都有人民文学出版社副总编辑、《当代》主编朱盛昌修改的文字。那些改动的地方是用铅笔写出的,显然作者如有不同的意见,是可以用橡皮擦去的。此外,稿件中还夹了几十张纸条,纸条上字迹工整地写着具体的修改意见,那些意见是钢笔写的,并不是直接写在原稿上。他是怕把稿纸弄脏了而把意见写在一张又一张的纸条上,夹在需要修改的地方,语气也是讨论式的,或只是一种建议。

我是当过十五年编辑的作家,看到几十处铅笔改动过的字迹和夹在原稿中的那几十张字条,我被深深地感动了。这是出自"国刊"主编之手啊,如此尊重作者的劳动和创作的个性,认真而又谦逊,全然没有我在许多编辑部经常见到的主观武断、不负责任。

这部作品发表以后,曾在社会各界引起极大的关注。因为所写的事情发生在蚌埠,震动最大的当然还是安徽。一本只卖四块钱的《当代》杂志竟卖到了一百块,还出现了复印件和手抄本。被触怒的市委书记,不仅下令对《当代》杂志进行封杀,还以市委"红头文件"的形式,将我告到省委,告到中宣部。不久,省委就组织人员对作品的真实性进行了专门调查。

省委的调查,在客观上给我造成的压力是巨大的,至今不堪回首。在那段难耐的日子里,朱盛昌两次打来电话,绝口不提别的事,干干脆脆说道:"我们等着你新的作品呢!"

这种信赖和鼓励,当时感动得我竟忘记放下话筒,流下两行热泪。

我想,人民文学出版社真的无愧于"人民"二字,她不仅热诚地欢迎敢为人民代言的作品,当作者陷入困境之时,又像一座大山立在作者的身后,让他感到家的温暖和亲情。

值得一提的是,《悲剧的诞生》最后的结果是令人欣慰的:市委书记被调离。

《悲剧的诞生》产生的影响和令人鼓舞的结局,无疑更坚定了我直面现实、关注时代、勇为人民代言的决心,也促使我更自觉、更深刻地揭示当前社会复杂而深刻的矛盾。

这以后,我曾用1995年一年的时间,做了一件事,这就是,把淮河作为"一只麻雀",对我们今天面临的严重的水污染进行了一次认真的调查和解剖,为《当代》杂志写出了八万字的报告文学《淮河的警告》。为获取鲜为人知的污染实例和那些触目惊心的污染数字,查明造成污染的原因和实际危害的程度,搞清我们在治污的工作上究竟存在着哪些误区,有助于拿出令人信服的根治淮河的对策,我先后走访了四十八座城市,调查了上千人。

这部作品同样是十分敏感的,但朱盛昌再次拍了板。文章发表后在社会上引起了较大的反响,还引起了中央领导的重视。治理淮河以及治理各江河湖泊的水污染,一时成为中国的热点。后来,这部作品还获得了首届鲁迅文学奖。

近十年来,我的所有的报告文学作品,几乎都是由朱盛昌亲自审定、由杨新岚担任责编,在《当代》上发表的。《当代》杂志为培养我这样一个作者,倾注了大量心血。

1997年秋天,当我把我和爱人春桃合作的长篇报告文学《民间包公》交给《当代》时,朱盛昌的眼疾十分严重,当时已病休在家。但他仍然把长达九万字的作品认真地阅读了一遍,并提出了许多中肯的意见。事后我才知道,当时他的眼睛是不能看东西了,我们的这篇作品他是断断续续十分艰难地看完的,看了一个多星期。我接触的编辑不能算少了,但像老朱这样的敬业精神,还是第一次遇到。

《淮河的警告》和《民间包公》这两部作品都在社会上产生了较好的影响,《当代》杂志也在京为这两部作品开过研讨会。但谁会想到,这两部报告文学被人称道的题目,都是出自朱盛昌之手呢?大家都说编辑是"替别人作嫁衣裳",这两部作品画龙点睛的题目不就是最好的说明吗?

在《民间包公》的作品研讨会上,著名评论家雷达说过这样一段话:"首先,我要说《当代》杂志历来有个好传统,就是它敢于发表这些干预生活的好作品。像《民间包公》这样深层次地揭示社会问题,特别是涉及法制建设的大问题的作品,因其尖锐的程度,一般的编辑部是不大敢发的,《当代》却发了不少。他们替老百姓说话,敢于同权势抗衡,我对此深表钦佩。"

雷达同志虽然是在评论我的作品,却也说出了我极想要说的话。

七十年里的三十年

| 范小青

1990 年前后,我认识了人民文学出版社的编辑赵水金老师。第一次见面认识的情形,已经记不得了,现在推想起来,多半是赵老师来苏州组稿,才联系上的。那时候,无论是出版社还是杂志社,编辑到各地组稿是常见的事情。有的编辑老师,为了追寻一个业余作者,可以一直追到乡下,追到最偏僻最基层的地方,那都是平常之事。赵水金老师当年寻找我的过程,我没有实录,但是我可以想象。

我住在苏州一条深深的小巷里,赵老师四处打听后上门来了,就这样,一个业余的年轻的作者,和人民文学出版社的资深编辑老师建立起了长年的密切的关系。

第二年,我就把我的一个长篇小说《天砚》交给了赵老师,真是初生牛犊,完全不知道自己的水平,与人民文学出版社之间隔着多少部长篇呢。

但幸运的是,没过多久,《天砚》就在人民文学出版社出版了,对于一个埋头在小地方写作的默默无闻的年轻作者来说,能够较早就在人民文学出版社出版长篇小说,真是莫大的鼓励和鞭策。每每回想起来,真是为人民文学出版社不薄新人的气魄和眼光所感动。

在后来相当长的一段时间内,我一直和赵老师保持着联系,因为她是苏州人,我们经常会在苏州见面;我偶尔到北京,她只要听说了,不管住得有多远,都会来看看我。

后来,赵老师又编辑了我的小说集《范小青自选集》,编辑了另一个长篇小说《城市片段》……

就这样,一个普通作者和一位负责任的编辑之间,在写书和出书的同时,成了知己,成了挚友。

再后来,赵老师年纪大了,赵老师退休了。

这许多年,许多作者都会碰到相同的情况,原来联系密切的出版社或杂志社的编辑老师,退休了,或者离开岗位了,一直紧密牵连着的那根纽带就断了,再也接不上了。

但是在人民文学出版社这里,这种牵连却始终没有断,赵老师退休后不久,很快就有编辑主动来联系我了,先是杜丽约了我的散文集——中华散文珍藏版的《范小青散文》,后来在 2007 年又在人民文学出版社出版了长篇小说《赤脚医生万泉和》,紧接着,是四卷本的《范小青短篇小说精选集》以及再后来的短篇小说集《哪年夏天在海边》等等。

在后来的日子里,有一天,我接到一位女士的电话,东北口音,说,我是包兰英呀。

包兰英我肯定不会忘记。我曾经在她供职的吉林人民出版社出过一个散文集《走不远的昨天》,那是一套知青作家回忆录的丛书,包兰英跟我约稿的时候,我是答应了的,因为我很愿意写这样的书。很快她就将出版合同寄来了,我一看交稿时间很紧,感觉来不及完成,又很不好意思地将合同退了回去,可是很快她又将合同寄来了,再次动员我,我的心又动了,但是我还在犹豫,就在这个过程中,包兰英一次次地联系我,电话,信件,终于,我在合同上签了字,给她寄去了。

我在这本书的《自序》中写了这个约稿的过程,最后写道:“我不知道包兰英在吉林人民出版社工作了几年,曾经编过多少本书,我也不知道今后有没有机会见到包兰英。但是包兰英这个名字,这个人,已经深深地印在了我的脑海里。”

生活和人生,不知道什么时候,就会给你来一个惊喜。

在近二十年后,包兰英又出现在我的生活中了。所以,那一天包兰英在电话里告诉我,她调到人民文学出版社工作了,我心里顿时涌起一股暖流,涌起一股热望。

果然,包兰英说,想跟你约稿呢,人民文学出版社想出你的文集。

可惜了,我在感动之中颇为遗憾,因为文集已经有另一家出版社在筹备出版了。我有些懊恼,以为这一次肯定和人民文学出版社擦肩而过、错失良机了。没料到包兰英还有想法,她很快就说,要不,出版你的长篇系列。

真是大喜过望,但我还是有点儿担心,怯怯地说了一句,我的长篇比较多哦。

包兰英倍儿爽快,说,越多越好!

就这样,在不到一年的时间里,她极其认真负责地编辑出版了我当时的全部十九部长篇小说。

其中付出的艰辛,我并不太清楚,她从来没有跟我说过过程中的困难或是麻烦,只是在中间有一次电话联系时,她跟我说,编了我的长篇小说,有很多很多话想和我说。

后来我到北京开会,住得很远,她执意要来看我,路上走了很长时间。那天晚上,我们谈了很久很久,她离开的时候,已经很晚了,我送她出门,望着她远去的背影,虽然四周是一片夜色,我的心里,却被这样的出版社、被这样的责任编辑,照亮着了。

再后来,我又接到电话了,就是现在一直和我保持联系的刘伟,他跟我说,范老师,包兰英老师退休了,现在由我来和你对接,希望你有稿子给我们。

那一瞬间,心中真是万分的感慨,时间流逝了,世事也一直在转换,留下的是永远不会磨灭的美好印记,从认识赵水金老师开始,一直到今天,三十年过去了,我和人民文学出版社的联系始终都在,这期间接触了多位编辑老师,一代一代的良好作风的传承,一年一年持续地对一个写作者的呵护和关爱,在一个比较功利的急躁的时代,尤为珍贵和温暖,这是鼓舞我们不断努力写作的最大的动力呀。

七十年如一日,这就是人民文学出版社。

温馨甜蜜的感觉

| 季羡林

　　一想到人民文学出版社，我心头就涌起一种温馨甜蜜的感觉。世界上万事万物都是有根源的。我这种感觉的根源大概就是"文学"二字吧。有作家才能有文学。谈到作家，我对"作家是人类心灵的工程师"这一句舶来品气味很浓的话，颇不怀好感。我自己的灵魂还没有治理好，哪里有本领和闲情逸致去关心别人的灵魂呢？

　　我从来不敢承认自己是什么作家，这样崇高的名称，我担当不起。可是天公偏又作美，或者是偏不作美，让我在中学时就遇上了几位极其优秀的国文教员：教文言文写作的是王崑玉先生，教白话文写作的是董秋芳（冬芬）先生和胡也频先生，于是我就同写作结上了缘。一个十几岁的孩子就写点儿短文，搞点儿翻译。我一生治学虽多变化，总之是没有出语言、历史、宗教的大范围。可是，不管我变向何方，写散文、搞翻译则始终没变。可谓一以贯之了。

　　在清华读书时，我读的是西洋文学系。可是不知什么原因，竟同系别不同的林庚、吴组缃、李长之等三人结成了一个小集团，难道这就是物以类聚人以群分吗？当时还并没有什么"清华四剑客"的名称，这个名称是后来形成的。四个人都对文学有兴趣，也都在写点儿什么，翻译点儿什么。由于趣味相投，经常聚在一起，谈天说地，"粪土当年万户侯",而且是"语不惊人死不休",信口雌黄,说话偏激。又由于郑振铎先生之吸引力大,我们都被他吸引到他的身边,成为由他和巴金、靳以主编的《文学季刊》的编委或特约撰稿人,名字赫然印在封面上。那时,我们谁都没有出过集子。在我赴德国前,郑振铎先生曾想出版我一本散文集,可惜文章写得还不够多,编不成一本集子,就此了事。

在德国十年,天天同梵文、巴利文、吐火罗文等等拼命,没有时间,也没有情趣,写什么散文。十年之内,总共写了两篇。1946 年回国以后,在南京和上海闲住了一个暑假,在打摆子之余,天天流连于台城和莫愁湖、玄武湖之间,初回到祖国时的温馨,旖旎的湖光,在胸中激荡,诗情画意,洋溢汹涌,本来应该写出点儿好文章的。然而政治气候实在让人提不起兴致。结果,除了用假名发表了两篇类似杂文的东西以外,空辜负了金陵胜景。

回到阔别十一年的北平以后,不几年就迎来了新中国成立。当时颇兴奋了一阵。可是好景不长,政治运动就铺天盖地而来,知识分子首当其冲。一波未平,一波又起,往复回还,一搞就是几十年,到了十年浩劫,算是登峰造极。中国知识分子的脆弱性显露无遗。人家说你是黑,你就自己承认是黑。人家说你是白,你就承认自己是白,完全是心甘情愿,毫不勉强。在这样的情况下,改造思想之不暇,哪有闲情逸致来写什么劳什子文章呢?一直到改革开放,脑袋里才开始开了点儿缝儿。这三十年是继德国十年之后写东西最少的时期。

跑了半天野马,现在该轮到人民文学出版社了。同人民文学出版社打交道,当然离不开文学。文学所包含的不外文学创作和文学翻译,文学史和文艺理论当然也在其中,但所占比例不大。谈到文学创作,我的第一本散文集《天竺心影》好像是天津百花文艺出版社出版的。生平出版的第一本散文集曾带给了我极大的欢乐。至于第一本翻译德国女作家安娜·西格斯的《短篇小说集》,则是人民文学出版社出版的。人民文学出版社的门槛公认是相当高的,大有"一登龙门,身价百倍"

之势。这本书带给我的欢乐就可想而知了。

从那以后,在颇长的时间内,人民文学出版社给我出的书都是翻译作品,而且都是印度古典梵文作品,如《沙恭达罗》《优哩婆湿》《五卷书》等等。这些名著久已蜚声世界文坛,很多国家都有译本,在中国却都是初译。我以微薄的力量,给中国文学界做了点儿拾遗补阙的工作,颇感自慰。

我在这里想专门谈一谈世界名著,印度两大史诗之一的《罗摩衍那》的翻译问题。这一部书,数量大,翻译难度高。在十年浩劫以前,我无缘无故地成了一个社会活动家,而且还是国际活动家,这与我内向的性格是完全不相容的。终日忙忙叨叨,极以为苦。对这样艰巨的翻译工作,我是决不敢尝试的。幸亏来了"文化大革命",幸亏我自己跳了出来反对北大那一位倒行逆施罪行累累的"老佛爷",幸亏一跳就跳进了"牛棚",幸亏在"牛棚"里被折磨、被拷打、被戴上了五花八门离奇古怪的许多帽子。到了"文革"后期,所有的"罪犯"几乎都被"解放"了,我却是"欲摘还戴时候,最难将息",我成了一个"不可接触者",游离于人民与非人民之间,徘徊于友人与非友人之际。昔日门前车如流水马如龙,而今却是门前冷落车马无。我除了被派去看大门、守电话以外,什么事情都没有,自谓是今生已矣。但我偏又是一个闲不住的人,想找一件旷日持久而决不会有什么结果的工作,想来想去,想到了翻译《罗摩衍那》。这活儿只能偷偷摸摸地干。晚上回家,翻读全书,译成散文。白天枯守门房时,脑袋里不停地转动,把散文改成了韵文。总之是一句话,我"感谢"十年浩劫,没有这场浩劫,就决不会有《罗摩衍那》的译本。世事纷杂混乱,有如是者!最后终于是妖氛扫尽,天日重明,我摇身一变,成为一个"颇可接触者"。不知怎样一来,人民文学出版社得知了我翻译《罗摩衍那》的事,于是派刘寿康先生同我联系。出版此书是我从来没有敢梦想的事,现在简直是喜从天降,我当然一口答应。这部史诗长达二百多万字,我同刘寿康先生亲密合作,忙了一两年,终于出书,算是给中国文学界做了一件极有意义的事。

在这里,我还想讲一件有关《罗摩衍那》获奖的花絮。1993年,由新闻出版署主持召开了全国图书评奖大会。这是全国规格最高的图书评奖活动。一般的手续是:先由出版社自选,报请省市出版局审查,经过筛选,再报请新闻出版署审查,主要是检查出版质量,重点是统计错误率,以万分之一为合格,否则名落孙山。最后由新闻出版署送交由专家学者组成的各科的评审组,经过各组内的仔细审阅和讨论,然后以无记名投票方式,由小组通过,最后再由十几个小组组成的全体评委会审查,无记名投票做最后决定。手续是慎重的,评审是公正的。

我属于文学组,古今中外的文学,创作和翻译都包括在内。我们组第一次开会是借用人民文学出版社的办公室。工作人员把新闻出版署已经检查过的几百本书搬到会议室内,陈列在那里,供评委们阅读。不知是哪一个工作人员,由于一时疏忽,从书库中向外抱书时,将三册颇为破烂的平装本的《罗摩衍那》夹在书中抱了出来。全书是八册,不知为什么只留下这三册。就是这三册书无意中被柳鸣九教授发现了,他大为兴奋,说:"社科院评奖时,此书已经得过奖。"他坚持将此书纳入评选对象中。我作为组长,坚决反对,认为这不合手续,因而是不合法的。但是经过在我回避下的全组讨论,一致评为获得大奖的仅有的几种书之一。后来,在一次有副署长参加的小组会上,我又提出撤掉的建议,没有得逞。终于被搬进了全体评委大会的大礼堂中,但"赫然"摆着的仍然是那三册颇为破旧的《罗摩衍那》,在众多富丽堂皇、装帧精美的大部头书旁,寂寞、寥落,宛然像一个小瘪三。最后竟以很高的票数通过,成为十几年来中国东方文学作品翻译的全权代表。

顺便说一句,在这同一次会上,我们小组还通过了中华书局根本没有上报的钱锺书的《管锥编》。从这两件小事也可以看出来,小组的评选是公正无私的,新闻出版署的领导从来都是尊重评委们的意见的,从来没有妄加干涉过。

　　花絮讲完，我这篇文章应该打住了。我本来只想写上几百字，应付一下差使，不意下笔不能自休，竟写了三千来字。为什么会出现这种情况呢？原因并不复杂。在本文开头时我就讲到了温馨甜蜜的感觉。在这里，这种感觉竟起了作用。我希望，人民文学出版社能够蒸蒸日上，越办越红火。我也希望，这种温馨甜蜜的感觉能永久保留下去。

一流的"产房"

| 周大新

第一次看见"人民文学出版社"这一行字,是在同村的一个识字的叔叔那里。这行字印在一本名叫《红楼梦》的书的封面上。当时识字不多的我指着那行字问叔叔:封面上印这些字干啥子?叔叔说,那是在告诉你,这本书是从这个产房里接来的娃娃。

我似懂非懂地听着。

这是关于"人民文学出版社"的最早的记忆。

后来随着年龄的增大,随着所识字数的增多,随着对小说的喜欢,逐渐明白了"人民文学出版社"的作用和价值。于是,就常找来人民文学出版社出的书——主要是小说来读,一本一本又一本,不知不觉间,对小说的爱加深了。再后来,就跃跃欲试着也想动笔写小说了。

写了一些年,但从来没想到给人民文学出版社投稿。总觉得那样大的名牌出版社,不是我等小人物能进出打交道的。

直到1987年,我在鲁迅文学院读书时认识了人民文学出版社的一位编辑,才知道那里的编辑并没有什么架子,这才算有了胆量,和人民文学出版社开始了交往。这种交往的结果当然是我受惠,我不断收到出版社赠的新书,使我的精神食粮不断增添着品种。

1988年我开始写长篇小说《第二十幕》,当第一卷写出初稿时,我犹豫再三,最后决定投给人民文学出版社试试。我写信给一编室的赵水金老师,她立刻复信要我把稿子寄给她。当时住在河南南阳的我急忙跑到邮局将稿子寄出。稿子寄走后的那些天,我心怀忐忑,不知道编辑能不能认真看我的稿子。不久,信来了。信上说,编辑部对我的小说很感兴趣,但需要做些修改,赵水金老师和陶良华先生将到南阳我家和我谈谈修改意见。他们的认真和负责使我意外而感动。

那是一个早春时节,天乍暖还寒,就在他们抵达南阳的那天,下起了桃花雪。我是在纷扬的雪花中把他们接进故乡小城一家宾馆的。雪花在窗外飘舞,我们三人在室内交谈。无论是陶良华先生或是赵水金老师,都没有想把自己的意见强加于我。他们只是从艺术的要求出发,同我商量怎样处理人物更好一些,怎样润色会使语言更富美感,怎样设置情节会更妥当一点儿,怎样让笔更多地进入人物的内心世界……那是一次对艺术充满虔敬的交谈,那次交谈的确对我修改作品起了不小的作用。

我开始修改,历经一个闷热的夏天。

稿子再寄回出版社不长时间得到复信,告诉我可以出版。

我舒了一口气。

在我写第二卷的时候,我得到一个去北京的机会,我走进了朝内大街人民文学出版社那栋大楼。那楼可能有一些年岁了,墙很厚,楼梯的踏阶磨得很光,给人一种敦厚、结实、历经沧桑的感觉。编辑们的办公空间都不大,所用的桌、椅、柜也并不很讲究,这和我想象中的国家级的出版社的办公楼不太一样,一想到我读过的那么多的好书都是在这样的空间平安降生的,我感到惊奇而意外。

就是在这次对人民文学出版社的拜访中,我见到了高贤均先生,他是一个儒雅的人。他当时是一编室的主任,他微笑着给我谈了他读完我的书稿的感觉,给了我不少鼓励。我不善谈,尤其是见了生人,总有一种找不到话题的慌张,可和老高谈话,他徐缓的语速和可亲的笑容都让我很放松。我们那天谈了挺长时间的话,那天的谈话给我留下了一个深刻的印象,那就是人民文学出版社的人对文学作品和作家本人,都是十分负责的。

第二卷印出的时候,我已调来北京工作。在随后对人民文学出版社的几次拜访中,我结识了何启治老师。我早就知道他是长篇小说《古船》和《白鹿原》的责任编辑,是很有眼光的编辑家。在他的办公室里,我们有过一次交谈。他向我介绍了人民文学出版社正在编辑出版的一套有探索精神的小说的情况。他介绍到好作品时的那种欢喜神态,让我感受到他对文学确实是怀了一腔的真诚和挚爱。

文学的发展固然要靠作家,但如果没有那些钟爱文学、有独特眼光、有很高鉴赏力的编辑,也是不可想象的。人民文学出版社有一批高水平的编辑,这对我们国家的文学事业,是一件幸事。

《第二十幕》第三卷印出之后,我提出对全书做一次修改。出版社的领导和我的两位责任编辑陶良华先生和赵水金老师都给予了热情支持。书稿修改完毕,出版社很快首肯并拿去成套印制。这部小说从最初构思到成套印出,用了将近十年时间。双手捧着新书,我心中升起的第一个念头,就是感谢人民文学出版社,没有人民文学出版社的领导和编辑们的鼓励和支持,我很难在这些年里一直坚持着写下来。

这么多年的交道打下来,人民文学出版社的工作人员给我留下了三个很深的印象:其一,是敬业。他们每个人对自己的那份工作,都非常认真负责,从领导、编辑到校对人员,对出书的每个环节都能严格把关,严到一个标点符号都要琢磨。其二,是平等待人。他们从不以"皇家出版社"的工作人员自居,从不自以为高明,从不对人指手画脚,总是平等地和你讨论问题,做你的朋友。其三,有奉献精神。他们的办公条件并不好,平均办公面积也不宽敞,福利好像也不太高,可他们照样在酷暑和寒冬里四下跑着组稿,在斗室里安心地编稿、校稿,这些,没有一点儿奉献精神是很难做到的。

《第二十幕》出版以后,不管读者们的反应如何,反正在我,是了却了一件心事。很早很早,我就有一个心愿,用小说这种形式对20世纪中华民族的经历做一个记录。我在人民文学出版社的帮助下,到底把这个事做完了。由于水平所限,做得可能不是很好,但我总算尽我的心做了,而且是在我最好的年华里做的。人一生不可能做成很多事,写成和出版《第二十幕》,是我一生中想做的几件要事之一。每当想起人民文学出版社在这件事上给我的支持和帮助,我心里就涌满了感激之情。

在一些宁静的夜晚,我常常会忆起在我开始创作以后给我帮助的出版社和编辑们。逢了这时,我不由自主地会想起村里那位识字的叔叔所做的比喻,他把书比做娃娃,把出版社比做产房。我觉得这个比喻挺贴切,作家们捧着自己的书稿走进出版社时,真有点儿像孕妇们挺着大肚子走进了产房。如果这个比喻可以成立,那么我要说,人民文学出版社是一座美丽的可以让人放心的设备很好的产房。

来这里"分娩"吧,我的作家朋友们!

《野葫芦引》二三事

宗 璞

1979 年，人民文学出版社召开中、长篇小说座谈会，邀我参加。当时我正酝酿写"文化大革命"中一个癌症病人的故事。本来想写成短篇，又觉得写出来会太长，短篇容纳不下这样的内容。座谈会上，人文社要推动中、长篇的写作，大家谈了许多对中、长篇的想法，很有启发。会后我又考虑了许久，决定写一个中篇，便是后来的《三生石》。先在《十月》上发表，发表后，王笠耘同志要我在人文社出单行本，我那时虽已年过半百，却仍然"少不更事"，因已口头应允百花文艺出版社，要重然诺，竟未与人文社合作。

我从 50 年代就想写一部长篇小说，反映抗日战争时知识分子的生活。但总因各方面条件不成熟，没有落笔。那次会上韦君宜同志、李曙光同志都认为我已经进入写长篇的阶段，向我约稿，我相信自己总是要写的，但一拖又是几年，仍旧没有落笔。

1984 年人民文学出版社在烟台召开长篇小说座谈会，又邀我参加。大家讲了很好的意见。记得李曙光同志曾说，作者是出版社的衣食父母。好像还没有听哪家出版社这样说过，其实作者也很需要出版社的督促培养。

我在烟台会上没有发言，后来杨柳要我写一个书面发言。我写的是长篇小说要好看又要耐看。必须好看,才能耐看,也必须耐看,好看才有价值。我希望我能写出这样的作品,可是不知能否做到。

当时,我在外文所还有研究任务。我写了论曼斯斐尔德和波温的文章,本来想接着写一本伍尔芙评传。有人认为研究伍尔芙我比较合适,我也有兴趣。可是一部长篇小说已在我心中逐渐形成,发了芽,长了枝叶,若再不把书中人物落在纸上,他们会窒息、干枯而死。研究和创作两方面的大题目同时并进,在我来讲是不可能的。且不说两种思维方式互相打架,只就精力而言也远远不够。我必须做出选择。我决定放弃科研专心写小说。因为我不做研究,还会有别人做,研究的毕竟是别人的东西,而小说是作者灵魂的投入,是把自己搅碎了,给小说以生命。而且我要表现的不只是我自己,是一个群体、一个时代。我不一定成功,但不试一试我是不甘心的。

1985 年,我终于开始写长篇了。这部长篇分为四卷——南渡、东藏、西征、北归。总的题目想了很久都没有定下来,后来确定为《野葫芦引》,原有个题释:"葫芦里装的什么药,谁也不知道,更何况是野葫芦。"后自己觉得并不能释,故未印出。我在外文所"挂单",云游于野葫芦中。我曾考虑怎样来写这部长篇。如果用当时我正探索的内观手法,读者会看得太累,生活的巨大内容也难以表现,或表现了也难以和读者沟通。李曙光同志说,他记得在一次谈话中,我曾自问自答,我的书要怎样写,自答的结果是用现在的比较写实的手法。人文社很关心这部书。责编王小平常来了解进度,写成两章便先拿去,不止她一个人看,这本书是在人文社的热心关怀下写出来的。

1987 年底书成,君宜同志已病,李曙光同志关心地安排这部书先在《海内外文学》杂志上发表。1988 年 9 月即出书。

1988 年秋,趁西南联大校友重返昆明之便(我在昆明上的是联大附中,也被扩大为联大校友),云南省文化局介绍我到保山,保山地区为我提供了交通工具,并派人陪伴。我从大理到保山,又到腾冲等抗日旧战场走了一遭。我到了国殇公园,在松山碉堡旧址看到一个残破的小碑,纪念抗日阵亡将士,我站在秋风中,不禁泪流满面。

1989 年至 1993 年,我经历了父丧和重病。1993 年下半年开始写《野葫芦引》第二卷《东藏记》。为了给自己的记忆之井中添些活水,觉得需要回昆明一趟。我向高贤均同志说了这个意思,人文社立即提供了来往旅费。在昆明我得到云南诸友的热情帮助,又感染了昆明的旧城气氛。《东藏记》的第一、二章先在 1995 年《收获》第三期发表。

以后是漫长的等待,隔几个月便要生一次病,几乎成了规律。再加上莫名其妙的干扰,只能写写停停,停停写写。责编杨柳细心而耐心地守候着这部书。她从不催稿,但总能感到她的关心。2000 年夏终于写成了《东藏记》,杨柳和我都舒了一口气。因为目疾,书成后我不能通读全稿,免不了许多遗憾,不过我已是尽力而为了。

人文社出版了"中华散文珍藏本"系列,其中有我一卷。散文浩如烟海,选择特别需要眼光。散文什么都可以写,在各种各样的题材中,我总觉得最好能有做大题目的、较有思想的散文,使我们散文创作的境界有所提高。

在当前众多的出版社中,人文版书籍的错误较少,虽然还免不了遗憾。但他们在校对方面是很认真的。

人文社的美术方面的工作似可改进,就我看到的有限的书来说,有些书的装帧封面和书的内容不甚相称。我一直有个想法,长篇小说需要好插图。现在的书有插图的很少,有好插图的更少。这种插图需要对文学有浓厚兴趣的美术家,可能这是可遇而不可求的。

随着社会的发展,出版社会遇到不同的难题,我想他们会以发展对付发展,走得更快更好。人民文学出版社不愧为我国第一家文学出版社。她的工作人员,有见识、有才干、有为文学事业奋斗的热忱。我向他们敬礼。

《当代》，一个美好的记忆

| 孟伟哉

　　五十年前，共和国开国大典之际，我是解放军一个连队的宣传员，驻扎于陕西宝鸡、蔡家坡附近一个似乎叫"五龙坡"的村庄。这村庄的名字，同时也是陇海线上一个小车站的站名。我们连队所属的大队直属六十军军部，任务是收容我军伤病员、接受新兵、处理被俘之敌军官兵，所以叫"预备大队"。1949 年七八月间，我们接受处理了一批国民党军队的俘虏。开国大典那两天，我调 180 师宣传队。当我到军政治部接受谈话领取介绍信时，人们正兴奋地议论中央人民政府的人员组成情况，热烈兴奋。我们远在关中秦川，却仿佛身在北京，亲历开国大典之盛况，这大概是听广播看报纸加上自己想象的结果吧！——一心向北京。

　　朝鲜战争爆发后，1950 年 11 月，部队从川西北上，沿 1949 年进军四川的路线返抵宝鸡，从宝鸡乘火车东行，在河北沧县泊头一带更换武器装备，于 1951 年 3 月中下旬进入朝鲜战场。这时我是师政治部宣传科见习干事、《战士生活报》助理编辑。离得那么近，很想看一眼共和国的首都，战情火急军令如山，我们并不遗憾地从北京身旁远去。——保卫祖国，保卫北京。

　　在战场上，我们有一个理想：胜利后到北京参加凯旋阅兵式，正步走过天安门广场。这个浪漫而壮丽的愿望,鼓舞大家勇敢战斗,流血牺牲。——北京,是共和国的心脏,是战士心中的圣地。

第一次到北京是1956年3月,参加中国作家协会和共青团中央联合召开的全国青年文学创作者会议。那是因为我1953年5月在朝鲜前线负伤致残不宜归队,1954年考入南开大学中文系,发表了最初几个短篇小说,被天津作协推荐才得出席。从未想过这样进京,纯属偶然。

1958年10月,大学毕业,和妻子一同被分配到北京,她去一家新闻单位,我到中国人民大学汉语教研室(后为语言文学系)任教。从这时起成为北京正式居民,一晃四十二年矣!最近我想,五十年国事天下事,五十年家事个人事,五十年风风雨雨,五十年是是非非,五十年喜怒哀乐怨,五十年酸甜苦辣咸,怎么说?说什么?经历这五十年岁月的中国人,谁一帆风顺?谁一贯正确?谁一直清醒?谁一直糊涂?说什么?怎么说?五十年,人人都是一篇大文章,人人都有千言万语,记得清吗?说得净吗?即以我在北京四十余载计,一半时间生活在阶级斗争和以阶级斗争为纲的状态里,许多事一言难尽,只好暂且略而不赘,暂且舍远求近,说说近二十来年的一两件事,以资纪念。

人们如今视我为作家。但我的迄今总计三四百万言的作品,百分之九十以上写作发表出版于1977年以后,也就是"四人帮"覆灭、中国共产党十一届三中全会之后,若没有对"文化大革命"的否定,没有对"以阶级斗争为纲"的方针路线的纠正,没有改革开放和思想相当的解放,以我的愚笨和惶惑,根本不可能写出两部长篇小说、八九部中篇小说、近百个短篇小说和更多篇散文、诗歌、文论和评论。

国家的历史掀开了新的一页,个人的历史也有了新的一段。人在时代潮流中,个人作品的清单不必开了,这里,我想特别讲讲《当代》这份大型文学杂志的诞生。

1973年7月,在宁夏贺兰县中宣部"五七干校"度过四年,我被分配到人民文学出版社当编辑。7月12日回京,13日,大雨滂沱之中,我到人民文学出版社报到，被分在"第三组"，受诗人李季和作家葛洛领导。这个组是准备筹备恢复因"文革"停刊了的《人民文学》杂志的，由于"四人帮"不放行，此事胎死腹中。毛泽东准许《诗刊》复刊后，我到《诗刊》工作一年多，仍受主编李季副主编葛洛领导，任编辑部主任。一次，议论诗歌如何与群众结合如何发挥更大社会作用时，我建议可以搞搞朗诵会。这是我在部队时的一种体会。在战地，由于器材场地种种限制，宣传队员们常以激情朗诵方式演出，铿锵有力的朗诵，颇为振奋人心。建议得到李季首肯葛洛赞同，在他们领导下我做更多具体组织工作。比如李小玢这个报幕员的选定，就很偶然。那时，许多文艺团体瘫痪，人我们不熟，报幕找谁呢？李小雨说她可以推荐一个人，带来的就是某纺织厂员工李小玢。在东四南大街 85 号出版局二楼一间空房里，由葛洛和我当"考官"。李小玢倒是声音响亮胆子不小落落大方，彩排走台似的报了一个开场白，被我们认可，她就算考取了。其实正式演出时，她的白色高跟鞋都是现借的，鞋比脚大。李小玢后来被调入中央级某艺术团体，据说曾享有"中国第一报幕"之美称，成了名。我讲讲这个小掌故和内幕，是想说，她的命运就是这样偶然改变的。这些活动开展起来后，我们和瞿弦和、周正、金乃千、曹灿、曹伯荣、殷之光等等一批人成了朋友，这些真正的专家行家艺术家，走上了前台。

那一段多次举办的诗歌朗诵演唱会，令我深感以一个刊物的名义搞活动之方便及时和灵活。

1979 年春末，经社长严文井总编辑韦君宜党委书记周游副书记孟奚口头同意，经人民文学出版社党委集体讨论决定，并报请当时的出版局的陈翰伯、王子野诸领导批准，人民文学出版社正式着手创办《当代》杂志。创办这个杂志的建议由我提出，但最后敲定这件事，延续了一年多的时间。

1977 年 11 月，我在红山口军事学院写完《昨天的战争》第二部，结束创作假，回社报到，同时明确职责，领受任务，面见总编辑韦君宜和现代文学编辑部主任屠岸。诗歌朗诵演唱活动的效应记忆犹存，交谈中明确我仍任现代文学编辑部副主任,我建议社里办一个刊物。当时的设想是办一个兼发作品和评论的刊物,刊名或者就叫《作家与作品》《作品与评论》,目的是吸引作家,活跃编辑手段,繁荣创作,类似 50 年代创办《收获》那种意图。我提出我的建议,韦君宜未表态,事情就搁下了。

1978 年夏季的一天,在人民文学出版社门口的砖墙上,有人贴出一份油印刊物,刊名《今天》,据说是北岛等人的同仁刊物。当时,北京还出现了《四五论坛》等等。看了《今天》的内容,我更感到作为国家级出版社的人文社应当办一份刊物,而且气魄应该更大,当时脑子里蹦出"当代"二字。为此念头,我又跟韦君宜建议几次,终于,最后一次,她表态了,说:"你去跟文井谈谈,看看他的意思。"领导人角度不同,摇头点头都不容易。相比之下,提建议的人更自由些。韦君宜一直不曾摇头,但她终于松了口,这是好兆头。

我头一次跟严文井谈,他也谨慎,不摇头也不点头。我建议的条件是,只要你们社长总编辑仍保留我副主任的职权(当时我说的是"指挥权"),只给我一个助手,不要钱不要办公室,依靠现代部(当时还是较大的部,未分室)大家的力量,这刊物一定办得起来。大约第三次跟严文井谈时,他反复问:"你真有决心?你真有信心?"得到肯定回答后,他说:"那好。我同意。"他又让我再去跟韦君宜谈。

严文井赞同,韦君宜无异议,我又将他们二位的态度报告周游、孟奚。他们说,社长总编辑同意就可以做决定了。

一天,社党委开会讨论此事,鉴于我是建议人,通知我列席会议陈述理由。口头陈述后还要一份书面报告存档,我在会场当即写出,党委委员们据此形成决议:办。

党委决定后以社的名义书面报告出版局,此报告由我起草韦君宜改定以手抄稿报送。在这份报告上,似提了两个刊名,一为《当代》,一为《当代文学》。第三天,陈翰伯、王子野那里即先以电话通知韦君宜说同意,并赞成用《当代》这个刊名。韦君宜叫我到她办公室传达了这些，还说，翰伯、子野要这个刊物杂，突出一个"杂"字，要学吉林省新出的很厚的《社会科学战线》。

这时，我想，差一点儿，"当代"这刊名被别家用去。由于在人文社酝酿时间较长，吉林人民出版社在出版《新苑》之前，其编辑赵宝康曾来过北京向我约稿，我曾写信建议他们用《当代》之名，因为在人文社，严文井、韦君宜虽授予我终审权，我只是他们的下属和助手，只有建议权，不知道建议之事终究能否落实。

现在好了，一切程序完备，我便请李景峰、叶冰如协助，积极策划创刊的编辑出版事宜。

请严文井社长为创刊号写一篇文章，意即社论。严文井将他前不久在人文社于友谊宾馆举行的长篇小说创作座谈会上的讲话再加整理拿了出来。请韦君宜总编辑写发刊词，宣明宗旨。韦君宜以给出版局的报告为基础做了修改，载于刊首，未署名。刘玮正选编台湾短篇小说，提供了两篇作品，我选了白先勇的《永远的尹雪艳》。赵梓雄的话剧《未来在召唤》当时在京演出反响强烈，稿本由曲六乙推荐。等等。

热情化为行动。这些，其实都是在做发稿编辑和责任编辑的工作，并没有什么特别的荣誉和荣耀，只为在思想解放的热潮中，在领导首肯之下做成一件事而高兴。

在创刊号编定之前，我曾两度编出目录，打印出来，分送每位社领导和现代部领导屠岸、李曙光审阅提意见，倒是没有人提出异议。

创刊号编定后，经请示严文井、韦君宜，印刷七万份一销而空。第二期，仍由严文井、韦君宜拍板，印了十一万份，供不应求。第三期印了十三万，每期递增，最高时达到五十五万。后来回落，长期稳定在二三十万。

创刊号实际出版时间是 1979 年 7 月，因定为季刊，是朱盛昌建议把时间标成 6 月。此建议被采纳。

编第二期时，一个差错促使一位作家早日出名，他就是史铁生。

李景峰说，按他的计算，第二期送印厂五十二万字，这是富富有余届时可压缩的。当一校样回来,实际少了三十来面,他误算了。情急之下,我找到北京崇文区文化馆送给我的内部刊物《春雨》,还有别的区送的小报急找合适的作品补充,结果看到史铁生的一篇《之死》。看着不错,将有的段落做了推敲小修,将题目改为《法学教授及其夫人》刊出。听说这作品刊出后被北京人民广播电台播出,史铁生遂引人注目。从《春雨》上还选了一篇"益智小说"(题目和作者名均记不起了),分两期发表。

这份刊物办成功,人文社新建一个《当代》编辑室,我任主任。我提升副总编辑后仍一度兼任主任,朱盛昌任副主任,后升任主任。

这刊物出了头两期,社里让时任副总编辑的老作家秦兆阳分管,我们在内部称秦兆阳为主编,由我负责日常工作。1985年底我出任社长,和秦兆阳共同任主编,朱盛昌继续任副主编,请退居二线的严文井、韦君宜、屠岸任顾问,并正式标于扉页。何启治任编辑室主任。和经验丰富的仁厚长者秦兆阳合作主持这份刊物六七年,和先后任职参与《当代》编辑工作的同事的合作,是我觉得格外美好愉快而有价值的时光。

《当代》创刊号发行后,好像是美联社从北京发出一则电讯,把它当作中国共产党在文艺方面的新动向加以报道。文长千余字,载于大参考。它特别指出刊物发表了在台湾的作家白先勇的小说《永远的尹雪艳》,猜测有什么内幕背景。

背景嘛,就是中国的大气候;内幕嘛,就是几个普通编辑的操作,连社长严文井总编辑韦君宜都不曾干预的。

1987年去原西德,在汉学家马汉茂的阁楼上,我看到他特别订阅的几种中国文学期刊,其中就有《当代》。由严文井、韦君宜写序,杨匡满、郭宝臣合写的反映伟大的"四五运动"的长篇报告文学《命运》,在《当代》刊出后,有见识的日本人很快将它译成日文出版,可见这刊物在日本也颇受重视。很荣幸,社内当初根据杨匡满提议定下这选题时,组成一个三人小组,也就是杨匡满、郭宝臣加上我,我是他们的责任编辑，也尽了一份心力。

从 1979 年到 1999 年，《当代》出刊二十年了。二十年，尽管人事变迁，《当代》却仍是风帆一面。二十年来，《当代》发表的作品，何止成百成千，从《当代》登上文坛者，何止成十成百！《当代》本身是一角历史，编者作者研究者都心中有数。

《当代》，一个美好的记忆！

《当代》,现实主义文学的旗帜

| 孟繁华

《当代》杂志是三十多年来中国文学的重镇。从创刊那天起,《当代》就以其鲜明的关注现实和批判精神,成为当代中国现实主义文学的旗帜。三十五年过去之后,《当代》已经成为中国文坛不可或缺的存在。它日渐成熟和正大的品格和风采,在文学界和读者那里赢得了崇高的声誉。而这一切,都与《当代》对现实主义文学原则的坚持密不可分。

《当代》创刊于 1979 年 7 月(因为当时为季刊,发刊时间定为 6 月)。当时的发刊词《发刊的几句话》据说是韦君宜写的。一本雄踞京城的文学大刊,用这样漫不经心的题目做发刊词,可见其编者的雍容和自信。发刊词的全文是:

> 春光明媚,百花吐艳,在一年中最好的这个季节,我们开始创办文学杂志《当代》。
>
> 粉碎"四人帮"后的文苑,犹如严冬过后的春天,一派勃勃生机。但愿从今以后,在文艺的百花园中,永远不再重现北风凛冽的寒冬。
>
> 两年半以来,全国的文艺刊物有如雨后春笋,复刊和新创者已达百余种。我们现在创办这个刊物,如果能做到锦上添花,那就如

愿以偿了。

我们是文学书籍出版社,收到的稿件越来越多,其中够水平的好作品可谓不少。但由于印装条件差,周期长,出书慢,远不能满足读者要求。哪个作家不愿自己的辛勤劳作早日问世?哪个读者不希望多读到一些新作品?因此,为了满足广大读者的愿望,繁荣我国社会主义文学,我们想办个刊物,把一些亟应出来而不能很快出来的好作品发表,为广大的作家开辟发表作品的新园地。这就是我们想办刊物的最初一个动机。

我们的国家这么大,人口这么多,文艺刊物再增加几种也不嫌多。读者的兴趣是广泛的,应当让大家有个选择余地。也许,人们关心我们这刊物究竟有什么特点,这是需要做出交代的。我们可以这么回答:

第一,我们的刊物是大型的,每期有五十万字左右。篇幅大一点儿,好处是可以容纳中型以上的作品。

第二,是综合的,举凡文学作品的各门类——小说、诗歌、戏剧、散文、小品、评论兼收并蓄,无所不容。但是我们将着重发表长篇小说、中篇小说和一部分戏剧文学。创作要发表,翻译作品也刊登,特别是当代国外的著名作品更要努力介绍,要让我们的读者通过艺术形象了解今日之世界。搞四个现代化,科学技术要积极引进,文学艺术也一样,外国的好东西应当借鉴。

第三,我们希望多发表新作家的新作品。还在 30 年代,鲁迅就大力提倡办文艺刊物要着重培养新作家,每期都要有新作家的名字出现,这才是文艺兴旺的现象。在我国实行四个现代化的这个伟大时代,文艺上执行百花齐放,培养新作家,扶植新作家,意义更加重大。不言而喻,培养新作家,扶植新作家,一点儿也不排斥老作家,我们同样非常欢迎老作家给我们撰稿。

我们这个刊物选稿的标准从宽不从严,特别要打破条条框框,如"四人帮"的什么"三突出"那一套,我们毫不讳言就是要与之针锋相对。希望题材多样化,主题思想也多样化。凡有积极意义,艺术技巧又有一定成就,各种风格的作品我们都采纳。文艺作品第一要求思想性,这是毫无疑义的,但绝不能忽视艺术性,艺术作品总要求有艺术;标语口号式的作品,即使思想上站得住,而艺术上很差,那样的作品,我们一定不取。

文学事业是党的事业,是人民的事业。当这个刊物同读者见面之时,春雷已经响过,盛夏已经到来。我们最诚恳地希望得到广大作者和读者的支持,并热烈欢迎大家批评指导。

1979 年,能写出这样的发刊词,应该说是一大风景。不温不火的修辞,海纳百川的宽容,显示了办刊者自信的风范。但是,刊物的追求和原则尽在其中。无论一个团体还是一份杂志,总有它的灵魂人物。《当代》的灵魂人物就是自创刊一直担任了十几年主编的秦兆阳先生。1956 年 9 月号的《人民文学》,秦兆阳先生以何直为笔名发表了《现实主义——广阔的道路》的著名文章。文章强调反对教条主义的清规戒律,提倡现实主义的创作原则,促进社会主义文学的发展。它首先对现实主义做出了明确的界说,认为"文学的现实主义"是在文学艺术实践中所形成、所遵循的一种法则。它以严格地忠实于现实,艺术地真实地反映现实,并反转来影响现实为自己的任务,并认为"这是现实主义的一个基本大前提"。文章对《苏联作家协会章程》上关于社会主义现实主义的定义的不合理性也提出了修正性的看法,认为"社会主义精神"不应是艺术的真实之外的东西,如果让血肉生动的客观真实去服从硬加到作品上的抽象的主观的东西,"就很可能使得文学作品脱离客观真实,甚至成为某种政治概念的传声筒"。文章发表后在文坛引起轩然大波,并引发了中国的关于现实主义的大讨论。文章发表至今近六十年了。无论当代中国文学界对现实主义的理解、认识达到了怎样的水平,可以肯定的是,当我们书写现实主义在中国遭遇的时候,秦兆阳先生的这篇文章无论如何是难以逾越的。

因此,无论是创作还是办刊,秦兆阳先生一直坚持现实主义原则。

《当代》首发的小说《将军吟》《芙蓉镇》《古船》《秋天的愤怒》《钟鼓楼》《活动变人形》《白鹿原》《尘埃落定》《沧浪之水》《蒙面之城》《超越自我》《新星》《故土》《老井》《赤橙黄绿青蓝紫》《代价》《麦客》《大国之魂》《中国知青梦》《国画》《梅次故事》《家族》《点点记忆》《商界》《流浪金三角》《经典关系》《白豆》《蓝衣社碎片》《中国知青终结》《那儿》等优秀作品，都是遵循现实主义创作原则的名篇力作，同时也是这个时代标志性的小说之一。杂志严谨的编辑态度和开放的编辑方针，与作家结下了深厚的友谊。尤凤伟说："《当代》是中国文学诸刊的兄长。厚重、深沉或许还包括些许刻板，这都能体现出一种兄长风范。"赵德发说："《当代》的辉煌是如何取得的？是编辑们把刊物办出了特色。'直面人生，贴近现实'是他们的追求，也是广大读者的期待。文学刊物的订户到哪里争夺？关键是要到文学圈子之外去争夺。我所认识的文学圈之外的《当代》订户称，他们就是要通过《当代》了解当代。所以说，《当代》的当代，造成了当代的《当代》。然而我们要看到，《当代》的特色是靠品位来支撑的，《当代》杂志简直就是半部中国新时期文学史！可以肯定地说，在这里发表的某些作品，以后是要进入中国文学史的。"陈忠实说："我的第一部中篇小说《初夏》发表于《当代》。我的第一部长篇小说《白鹿原》最早通过《当代》和读者见面、交流。《当代》在我从事写作的阶段性探索中成就了我。"（见《当代》1999年第四期）

在杂志的努力下，获奖作品，包括获鲁迅文学奖、茅盾文学奖的作品不计其数。当然，评奖只是评价一个杂志、一个作家的一种形式。在我看来，《当代》发表的一些没有获奖的作品，同样具有重要的价值和意义。比如阎真的《沧浪之水》、莫怀戚的《经典关系》、董立勃的《白豆》、曹征路的《那儿》等，就是这个时代最优秀小说的一部分。

阎真的长篇小说《沧浪之水》，可以从许多角度进行解读，比如知识分子与传统文化的关系、特权阶层对社会生活和精神生活以及心理结构的支配性影响、在商品社会人的欲望与价值的关系、他者的影响或平民的心理恐慌等等。这足以证实了《沧浪之水》的丰富性和它所具有的极大的文学价值。但在我看来,这部小说最值得重视或谈论的,是它对市场经济条件下世道人心的透视和关注,是它对人在外力挤压下潜在欲望被调动后的恶性喷涌,是人与人在对话中的被左右与强迫认同,并因此反映出的当下社会承认的政治与尊严的危机。

小说的主人公池大为,从一个清高的旧式知识分子演变为一个现代官僚,其故事并没有超出于连式的奋斗模型,于连渴望的上流社会与池大为心向往之的权力中心,人物在心理结构上并没有本质区别。不同的是,池大为的向往并不像于连一样出于原初的谋划。池大为虽然出身低微,但淳朴的文化血缘和独善其身的自我设定,是他希望固守的"中式"的精神园林。这一情怀从本质上说不仅与现代社会格格不入,与现代知识分子对社会公共事务的参与热情相去甚远,而且这种试图保持内心幽静的士大夫式的心态,本身是否健康是值得讨论的,因为它仍然是一种对旧文化的依附关系。如果说这是池大为个人的选择,社会应该给予应有的尊重,但是,池大为坚持的困难并不仅来自他自己,而是来自他与"他者"的对话过程。

现代文化研究表明,每个人的自我界定以及生活方式,不是来自个人的愿望独立完成的,而是通过和其他人"对话"实现的。在"对话"的过程中,那些给予我们健康语言和影响的人,被称为"有意义的他者",他们的爱和关切影响并深刻地造就了我们。池大为的父亲就是一个这样的"他者"。但是,池大为毕业后的七年,仍然是一个普通科员,这时,不仅池大为的内心产生了严重的失衡和坚持的困难,更重要的是他和妻子董柳、厅长马垂章、退休科员晏之鹤以及潜在的对话者儿子池一波已经经历的漫长的对话过程。这些不同的社会、家庭关系再造了池大为。特别是经过"现代隐士"晏之鹤的人生忏悔和对他的点拨,池大为迅速地时来运转,他不仅在短时间里连升三级,而且也连续搬了两次家、换了两次房子。这时的池大为因社会、家庭评价的变化,才真正获得了自我确认和"尊严感"。这一确认是在社会、家庭"承认"的前提下产生的,其"尊严感"同样来源于这里。

于是,小说提出的问题就不仅仅限于作为符号的池大为的心路历程和生存观念的改变,事实上,它的尖锐性和严峻性,在于概括了已经被我们感知却无从体验的社会普遍存在的生活政治,也就是"承认的政治"。加拿大学者查尔斯·泰勒在他的研究中指出:一个群体或个人如果得不到他人的承认或只得到扭曲的承认,就会遭受伤害或歪曲,就会成为一种压迫形式,它能够把人囚禁在虚假的、被扭曲和被贬损的存在方式之中。而扭曲的承认不仅为对象造成可怕的创伤,并且会使受害者背负着致命的自我仇恨。拒绝"承认"的现象在任何社会里都不同程度的存在,但在池大为的环境里已经成为一种普遍的存在。被拒绝者如前期池大为,他人为他设计的那种低劣和卑贱的形象,曾被他自己内在化,在他与妻子董柳的耳熟能详的日常生活中,在与不学无术浅薄低能的丁小槐丁处长、专横跋扈的马厅长的关系中,甚至在下一代孩子的关系中,这种"卑贱"的形象进一步得到了证实。不被承认就没有尊严可言。池大为的"觉醒"就是在这种关系中因尊严的丧失被唤起的。现代生活似乎具有平等的尊严,具有可以分享社会平等关注的可能。就像泰勒举出的例证那样,每个人都可以被称为先生、小姐,而不是只有部分人被称为老爷、太太。但是这种虚假的平等从来也没有深入生活内部,更没有成为日常生活支配性的文明。尤其在我们的社会生活中,等级的划分或根据社会身份获得的尊严感,几乎是未做宣告,但又是根深蒂固深入人心的观念或未写出的条文。

现代文明的诞生也是等级社会衰败的开始。现代文明所强调和追求的是赫尔德所称的"本真性"理想,或者说我们每一个人都有一种独特的作为人的存在方式,每个人都有他或她自己的尺度。自己内心发出的召唤要求自己按照这种方式生活,而不是模仿别人的生活,如果我不这样做我的生活就会失去意义。这种生活实现了真正属于我的潜能,这种实现,也就是个人尊严的实现。但是,在池大为面对的环境中,他的"本真性"理想不啻为天方夜谭。如果他要保有自己的"士大夫"

情怀和生活方式,若干年后他就是"师爷"晏之鹤,这不仅妻子不答应,他自己最终也不会选择这条道路。如果是这样,他就不可能改变自己低劣或卑贱的形象,他就不可能获得尊严,不可能从"贱民"阶层中分离出来。于是,"承认的政治"就这样在日常生活中弥漫开来。它是特权阶级制造的,也是平民阶级渴望并强化的。在池大为的生活中,马垂章和董柳是这两个阶级的典型,然后池大为重新成为下一代人艳羡的对象或某种"尺度"。读过小说之后,我内心充满了恐慌感,在今天的社会生活中,一个人将怎样被"承认",一个人尊严的危机怎样才能得到缓解?阎真的发现是此前知识分子文学不曾涉及的。

《白豆》的人物和故事,重新激活了发生在"下野地"那段已经终结的历史。但是,作家董立勃复活白豆和她周边的人物,显然不是出于怀旧的诉求,或者说,任何历史的书写都直接或间接地与现实有关。"下野地"这个虚构的边陲故地和它发生的一切,并没有从历史的记忆中抹去,当它被重新书写之后,起码有两方面的意义值得我们注意:一是对当下时尚化写作的某种反拨;一是对人的欲望、暴力、权力的揭露与申控。因此,《白豆》是在都市白领文化覆盖文化市场,成功人士招摇过市时代的一曲边塞悲歌,是维护弱势群体尊严和正当人性要求的悲凉证词,是重新张扬人本主义的当代绝唱。

《白豆》的场景是在空旷贫瘠的"下野地",那里远离都市,没有灯红酒绿甚至没有任何消费场所;人物是农民和被干部挑了几遍剩下的年轻女人。男人粗陋女人平常,精神和物资一无所有是"下野地"人物的普遍特征。无论在任何时代,他们都是地道的边缘和弱势的人群。主人公白豆因为不出众、不漂亮,便宿命般地被安排在这个群体中。男女比例失调,不出众的白豆也有追逐者。白豆的命运就在追逐者的搏斗中一波三折。值得注意的是,白豆在个人婚恋过程中,始终是个被动者,一方面与她的经历、出身、文化背景有关,一方面与男性强势力量的控制有关。白豆有了自主要求,是在她经历了几个不同的男人之后才觉醒的。但是,白豆的婚恋和恋人胡铁的悲剧,始终处在一种权力关系之中:吴大姐虽然是个媒婆的角色,但她总是以"组织"的名义给年轻女性以胁迫和压力,她以最简单、也是最不负责任的方式处理了白豆和胡铁、杨来顺的关系之后,马营长死了老婆,他看上了白豆,就意味着白豆必须嫁给他。但当白豆遭到"匿名"的强暴之后,他就可以不再娶白豆而娶了另一个女性。

胡铁不是白豆的强暴者,但当他找到了真正的强暴者杨来顺之后,本来可以洗清冤屈还以清白,但一只眼的罗"首长"却宣布了他新的罪名。也就是说,在权力拥有者那里,是否真的犯罪并不重要,重要的是权力对"犯罪"的命名。胡铁在绝望中复仇,也象征性地自我消失了。在《白豆》里,权力/支配关系是决定人的命运的本质关系。小说揭示的这种关系,在现实社会中并没有消失或者缓解。

但是,如果把白豆、胡铁的悲剧仅仅理解为权力/支配关系是不够的。事实上,民间暴力是权力的合谋者。如果没有杨来顺图谋已久的"匿名"强奸,如果没有杨来顺欲擒故纵富于心计的阴谋,白豆和胡铁的悲剧同样不能发生,或者不至于这样惨烈。因此,在《白豆》的故事里,无论权力还是暴力,都是人性"恶"的表现形式。权力、暴力如果联结着人的欲望,它就会以支配和毁灭的形式诉诸同样的目的:为了满足个体"恶"的欲望,就会制造善和美的悲剧。

《白豆》的写作,使我们有机会重新想起了18、19世纪批判现实主义的文学传统,想起了"文学是人学"的古老命题。事实上,无论社会、时代发生怎样的变化,人性的本质是不会变化的。我们在反对本质主义判断的同时,对人性不能没有价值判断。《白豆》在延续了关怀人性这一传统的同时,也对文学的悲剧力量给予了新的肯定。我们在很长一段时间里总是感到文学缺乏力量,这与悲剧文学的缺失是有关的。作家董立勃在这一方面的努力,将会唤起文学对悲剧新的理解和认识,旧的美学原则仍然会焕发出新的活力。

莫怀戚的《经典关系》主要叙述的还是"知识阶层"群体——它的主要人物都是有高等教育背景的人。在以往的舆论或意识形态的表达中,"知识阶层"和他们坚守的领域,一直有一层神秘的面纱,他们在不同的叙述中似乎仍然是中国最后的精神和道德堡垒,他们仍然怀有和民众不同的生活信念或道德要求,他们仍然生活在心造的幻影当中。但事实上,在 20 世纪 80 年代中期,知识分子内部的变化就已经开始发生。不同的是,那时知识分子的"动摇"或变化还不是堂而皇之的,他们是怀着复杂的心情离开校园或书房的。进入 90 年代之后,曾经有过关于知识分子经商的大讨论。一些有识之士对知识分子经商给予了坚决的支持。现在看来,这场讨论本身就是知识分子问题的反映:这个惯于坐而论道的阶层总是讷于行动而敏于言辞。但对于勇敢的年轻人来说,他们没有顾忌地实现了自我解放,他们随心所欲地选择了自己喜欢的职业,同时也选择了新的价值观念。如果说,1905 年科举制度终结以前士大夫阶层死抱着从政做官不放,是那个时代的价值观念问题的话,那么,今天的知识阶层死抱着书本不放,其内在的问题并没有本质的不同。当社会提供了身份革命条件的时候,这个犹豫不决的群体总会首先选择观望,然后是指手画脚。

《经典关系》中的人物不是坐而论道的人物。他们无论是主动选择还是被动裹挟,都顺应了时代潮流,在他们新的选择中,重建了新的"经典关系"。经典关系,事实上是日常生活中最常见的关系,它是夫妻、父子、翁婿、师生、情人等血缘和非血缘关系。但人在社会生活结构中的位置发生变化之后,这些关系也就不再是传统的亲情或友情关系,每种关系里都隐含着新的内容,也隐含着利害和危机。

在作者构造的"经典关系"中,那个地质工程师的岳父东方云海处于中心的位置,但这个"中心"是虚设的。在脆弱的家庭伦理关系中,他的中心地位只是个符号而已,在实际生活中他真实的地位是相当边缘的,他难以参与其间。虽然儿女们还恪守着传统的孝道,但他已经不可能再以权威的方式左右他们的生活。他选择了自尽的方式结束自己的生命,与王国维结束自己的生命没有区别,他意识到了这个时代与他已经格格不入。茅草根、南月一以及东方兰、东方红、摩托甚至茅头,他们仿佛在故事中是叙述中心，但他们都不是中心。在故事中每个人都是以自我为中心，那个十岁的毛孩子，为和父亲争夺"姨妈"，甚至不惜开枪射杀他的父亲，使英俊父亲的眼睛只剩下了"一目半"。这个以"自我"为中心的"经典关系"一经被发现，它的戏剧性、残酷性使我们在惊讶之余也不寒而栗。

这时，我们就不得不再一次谈论已经沦为陈词滥调的"现代性"。因为除此之外我们很难做出其他解释。现代性就是复杂性，就是一切都不在我们把握控制之中的历史情境。我们试图构造的历史也同时在构造着我们。谁也不曾想到，自以为是随遇而安的茅草根会被学生兼情人"裹挟"进商海，谁也不会想到东方红会那样有城府地算计她的姐姐，当然也不会想到茅草根的欲望会是那样的无边，最后竟"栽"在自己儿子的手中。"经典关系"是复杂的，但又是简单的。说它复杂，是他们必须生活在诸种关系中，没有这些关系也就失去了利益，欲望也无从实现；说它简单，是因为每个人都是以自我为中心。他们虽然良心未泯热情洋溢生机勃勃，但在这种危机四伏的关系中，谁还有可能把握自己的命运呢？茅草根以排演《川江号子》为由逃离了"经典关系"的网络，他似乎对艺术还情有独钟，但事实上这同样是一种出走方式。唯利是图的经济"主战场"并非是他的用武之地，他只能以出走退回到他应该去的地方。

2004年第五期的《当代》杂志发表了曹征路的《那儿》，一时石破天惊。在《那儿》那里，他在鲜明地表达自己的情感立场的同时，也不经意间流露了他的矛盾和犹疑。我当时评论这部作品时说：《那儿》的"主旨不是歌颂国企改革的伟大成就，而是意在检讨改革过程中出现的严重问题。国有资产的流失、工人生活的艰窘，工人为捍卫工厂的大义凛然和对社会主义企业的热爱与担忧构成了这部作品的主旋律。当然，小说没有固守在'阶级'的观念上一味地为传统工人辩护。而是通过工会主席为拯救工厂上访告状、集资受骗、最后无法向工人交代而用气锤砸碎自己的头颅，表达了一个时代的终结。朱主席站在两个时代的夹缝中,一方面他向着过去,试图挽留已经远去的那个时代,以朴素的情感为工人群体代言并身体力行;一方面,他没有能力面对日趋复杂的当下生活和'潜规则'。传统的工人在这个时代已经力不从心无所作为。小说中那个被命名为'罗蒂'的狗,是一个重要的隐喻,它的无限忠诚并没有换来朱主席的爱怜,它的被驱赶和千里寻家的故事,感人至深,但它仍然不能逃脱自我毁灭的命运。'罗蒂'预示着朱主席的命运,可能这是当下书写这类题材最具文学性和思想深刻性的手笔"。事实上,朱主席的处境也是作家曹征路的处境:任何个人在强大的社会变革面前都显得进退维谷莫衷一是,你可以不随波逐流,但要改变它几乎是不可能的。《那儿》引领了中国文学至今仍在持续的"底层文学"的创作,是这一文学现象,使淡出公共视野已久的文学,又和读者缓慢地建立起了关系。

1999 年以来,举办《当代》文学拉力赛,坚持公开评委名单,公开评委评语,公开评委投票的原则,使之成为透明度和公信度最高的文学奖项。2004 年起,《当代》杂志增出长篇小说选刊《当代长篇小说选刊》,双月出版,成为那个时代中国唯一的长篇小说选刊。同年,《当代》杂志启动了"长篇小说年度奖"的评选工作。这一奖项因"全透明、零奖金"而受到文学界和媒体的广泛瞩目。《当代》杂志副主编周昌义介绍,这一评奖将分别设立专家奖和读者奖,专家和读者分别推选出年度最佳长篇小说。记者在《评奖章程》中看到,专家奖的评选实行的是"全透明"评选,专家奖评委是在公开场合,当着媒体、读者与作家的面投票,而且是实名投票。周昌义说:"聘请任何专家做评委我们也不敢保证他们没私心,不受干扰。但我们将创造有利于发挥他们才能、表现他们职业良心和水平的环境。实行有记名投票,现场投票现场唱票,是我们能够想出来的最有力的约束。"周昌义还强调,获奖者没有一分钱奖金:"《当代》以前曾经设 10 万元大奖,以为奖金越高,就越能引起关注。后来发现读者和作家真正关心的是奖项的口碑,关心评奖过程是否透明公正。"他还表示,不设奖金就不需要拉赞助,就有了不受金钱影响的可能。

　　《当代》杂志建构了自己健康正大、根基牢固的办刊传统,同时也造就一批名满天下的编辑队伍。传统是有力量的。相信《当代》在一个伟大传统的影响和昭示下,一定会有更美好的下一个三十五年。

《当代》发表《强国梦》

| 赵　瑜

　　最早接触的《当代》人是刘茵大姐,时间是 1987 年秋季。那时,我身在山西长治,因采访时常往返北京,即将完成报告文学《强国梦》初稿。刘大姐从炳银先生那里得知此情,嘱我写完后先交她看。我当然十分愿意,《当代》期刊名头重、容量大,哪个青年作者不乐意呢?

　　冬季,我携稿来京,等待《当代》意见,一时走不了,便与苏先生相伴住进了军博平房一个单间,两张硬板床,中间隔个桌子。他在这里为一部电视政论片撰稿。那时,北京冬天寒冷多雪。12 月 31 日夜,我俩守着小电炉火锅,喝二锅头,为京城连续出现报告文学好作品而振奋。一谈及《强国梦》,又生忧虑。此前写体育,多为冠军文学,讴歌金牌和奥运战略。而《强国梦》强调体育实质要以人为本,不应作为附庸,全民健康比几块金牌更重要。总之,作品主题与当时主流观念很不合拍,《当代》发表必有困难,发表之后必生争端。这是一个难题。

　　正说话间,有人敲门。刘茵大姐披一身雪花,还带了吃喝,竟然寻访到这里来了。

　　我和苏先生深感意外。刘大姐坐在床板上郑重相告:编辑部认真审阅了《强国梦》,认为主题新锐,切中时弊,值得重视。但发表此稿风险不小,中国体育界一向通天,又听惯了夸奖溢美之词,一谈变革与反思怕不能适应,作品中有些过激议论也需要修改。编辑部领导层秦兆阳、朱盛昌、何启治、章仲锷、常振家等五人,决定共同承担责任,将在近期发表《强国梦》。刘茵还说,怕你们等消息着急,特地赶来报个信儿,希望作者努力把稿子改好。除了感动,还有什么说的?

我抓紧改稿,中间几次到编辑部听取具体意见。记得楼道里挤满了书柜杂物,逼仄而不乱。相谈中,始知瘦弱的章仲锷先生竟是一位超级体育迷,指点问题十分内行。当时,周昌义、洪清波都很年轻,充满朝气,杨新岚还是一位说话含羞的小姑娘,他们和老编辑一道,日夜辛劳,建造了《当代》这一方文学重镇,除小说外,对推动新时期报告文学的发展、文体的成熟,作用尤其巨大。遗憾的是,我始终未能见到尊敬的秦兆阳先生。

1988 年 4 月,《强国梦》刊发于《当代》第二期,作家出版社和台湾地区迅即推出单行本。大量报刊予以连载,引发各界读者积极讨论。体育界反响格外强烈,曾有持不同意见者,直接到编辑部争吵。《中国体育报》也发表了批驳文章。《当代》编辑部为引导健康讨论,与山西作协联合在京举办了有各界人士参加的作品研讨会。刘茵大姐特地给《文艺报》写了《一曲冷峻的体育之歌》,为《强国梦》喝彩,呼吁体育界要听得进不同意见,推动体育体制改革。种种争论一直持续到 10 月份,中国奥运军团于汉城(即今韩国首都首尔)惨遭大面积失误,在新增乒乓球项目的情况下,仅获得五枚金牌。从某种意义上对《强国梦》产生佐证,舆论才有了改变。十多年后,由伍绍祖主编的《中华人民共和国体育史》特辟独立章节,将《强国梦》的发表作为 1949 年以来中国体育一件文化大事予以论述,把各种不同意见载入了史册。

在此之前,我虽然也有一些中长篇作品问世,但毕竟难以挣脱地域性束缚,没有见过多大世面,是《当代》真正把我推上了文坛,并将纪实类写作作为自己的专业稳固下来。当时,清波兄整理了一个作品讨论《纪要》发于《当代》,结尾部分指出作品几点不足,强调报告文学不能忽视文学性和文化学意味,叙述故事不宜平均使用力量,实质是说报告文学在敢于批判并揭示真相的同时,更要遵循文学规律,始有生命力。这个小结对我的写作大有益处,至今难忘。到《兵败汉城》和《马家军调查》就倍加注意了。应该说,如果《当代》没有发表《强国梦》,可能就没有后边这两部作品,更让人感慨的是,章仲锷先生后来主政《中国作家》,同样以萧立军等五位编委共同承担责任的方式,全卷编发《马家军调查》,与《强国梦》的幸运有惊人的相似。近年,杨匡满先生就此所著长篇回忆录,又是由《当代》刊发的。

三十多年过去,《强国梦》前前后后获了许多奖,而《当代》奖给我的原本《金瓶梅》线装书和荣誉作家称号,则是我最看重的珍宝。

我所认识的秦兆阳

| 柯云路

上世纪 80 年代,我的多部长篇小说是先由《当代》发表,再由人民文学出版社出版的。影响较大的有《新星》《夜与昼》《衰与荣》等。

那段时间秦兆阳先生已经从人民文学出版社的行政职务上退下来,任《当代》主编。

听编辑部朋友们讲,他这个主编绝非挂名,凡刊物发表的重要作品须经秦老亲自把关,他不仅会对稿件提出具体中肯的修改意见,有时还会披挂上阵亲自改稿。

我曾听《新星》的责编章仲锷讲过一则轶事。

发表在《当代》的纪实作品《一个冬天的童话》,作者遇罗锦是遇罗克的妹妹,遇罗克在"文革"中曾因为反抗血统论而遭受迫害,不仅累及全家并且本人最终被枪杀。遇罗克一家的惨痛经历特别折射出"文革"的荒诞和残忍。但二十多年前的中国文坛还面临着许多禁忌,发表这样一部作品,编辑部可能会有被批判甚至被封杀的风险。斟酌再三,秦老最终还是拍板发表,这在当时是需要胆略的。作品发表后确实引起了相当大的反响,而编辑们津津乐道的是,由于作者初次写作,某些文字尚显稚嫩,某些地方分寸把握也欠妥,秦老不仅扛着政治上的风险,亦亲自上阵"捉刀代笔"。章仲锷曾对我一一提示秦老的"笔迹",

确显出其在当时情况下把握作品的周到和文学功力。

我和秦老接触比较多的一次是长篇小说《衰与荣》发表之前。

由于此前《当代》已在 1984 年和 1986 年分别发表过《新星》和《夜与昼》，于是，当我完成《衰与荣》的写作时，时任《当代》副主编的朱盛昌和编辑部主任的何启治亲自到我居住的山西榆次看稿。看稿的过程很顺利，两位均表示满意，又说这样的"重量级"稿件回京后还要向秦老汇报。据我了解，当时的秦兆阳先生年事已高，且身体不好，一般稿子就由朱、何两位会同编辑部的编辑们定夺了，但重大题材或可能引发争议的作品要呈秦老亲自审阅把关，《衰与荣》就在此列。我自忖有前两部作品顺利发表为基础，且朱、何两位编辑部负责人十分支持《衰与荣》，秦老那里应当不会有大的问题。然而，就在我回京等待"意见"的几天，编辑部传来了"不幸"的消息，说秦兆阳先生已看过部分章节，对作品有很大保留，甚至提出"不发"或"缓发"。

我当然有些"没想到"。朱盛昌解释说，由于视力差，秦老已没有精力看稿子的全部了，只能先听编辑部汇报，然后借助放大镜看可能发生争议或出现问题的部分。《衰与荣》全篇六十万字，描绘了京都近百个人物、几十个家庭，特别突出了社会不同阶层之间的不平衡心理及挣扎和不同年龄段人之间的观念嬗变与冲突，在当时的社会环境下看，有些内容是"尖锐"的。

记得我当时对朱盛昌颇有些意见，觉得编辑部这样的做法并不妥当，一部六十万字的作品，只挑出其中的十来万字最有可能引起争议的"尖锐"内容拿给秦老审读，很容易"通不过"。

两天后，秦老请我去他家里面谈，一同去的还有朱盛昌和何启治。

秦老家住离故宫不远的东黄城根一个朴素的四合小院，是解放后他用自己的稿费买下的一处院子。小院有两进，秦老住在里院正房，房间四处堆满了书，空余之地除了书柜和几把椅子几乎没有别的摆设。墙上挂着几幅秦老自书的字画，透着书卷气。

那是 1987 年的 10 月，外面还很暖和，但屋里阴凉，已生起煤炉，穿着一件中式小棉袄的秦老正拿着放大镜坐在沙发上看稿。见我进来，秦老笑吟吟地站起握手让我坐在他身边，并不谈稿子，而是拉家常问起我在榆次的生活，平日怎样写作。听我说除了写作基本不参与社会上的各种活动和应酬时，秦老脸上现出真诚的羡慕，说："你们是赶上了好时候，能够在生命最好的阶段写作，而我，现在虽然有很多想法，但身体已经不行了。"

秦兆阳先生的遭遇我早听过一些，也算文艺界比较著名的"右派"了。他生于 1916 年，1957 年因发表论文《现实主义——广阔的道路》受到批判，继而被下放到广西柳州工厂劳动，直到 1979 年平反后才回到北京。1957 年被打成"右派"的秦老刚刚四十一岁，正是 1987 年我完成《衰与荣》的年龄。想到这些，不由得对老人更多了些理解和尊重。秦老显然并不愿回忆历史，很快把话题转到了现实。他说自己现在身体不行了，不仅不可能去外地旅游，就连在北京文艺界的活动也极少参加。他指着堆在四处的稿子说："有限的精力就只能看看稿子了，是工作，也是一份责任。"

秦老坦率告诉我，《衰与荣》他已断断续续看了一部分，编辑部希望能在 1987 年的最后一期发表，他还有些犹豫，想和我交换一下意见。他觉得特别需要斟酌的是书中关于上层生活和上层人物的描写，担心会惹来麻烦。秦老说："对我个人，麻烦是无所谓的，我年纪大了，无官无欲，怕的是给刊物和编辑部惹来麻烦。我们有一个好的阵地很不容易，要好好地保护，不要因为一些本可以避免的原因而被停刊。"他举了一些被点名和受到处分的刊物和报纸。然后说，我不欣赏匹夫之勇，要的是大智大勇。他又说，你还年轻，创作的时间还很长，不要计较一时的得失，要的是能够长期坚持创作并且作品能够发表，这才是最重要的。哪怕暂时受一点儿委屈包括做一点儿妥协，哪怕有些作品暂时发表不了，都要从长计议。话说到这里，他开始一一历数他的朋友们在二十多年前怎样由于一部作品一篇文章而获罪，以至于被戴帽被流放被批斗。他说，虽然现在平反了，但幸存下来的已经不多，而仍能保持创作能力的更是少之又少。

秦老那天的一个中心观点是"既要保护作家,还要保护刊物"。

秦老把"保护"二字看得很重,但他又强调,保护不是目的,重要是能够"战斗"。他以骄傲的口气一一历数《当代》这些年发表的引起强烈反响的好作品,认为这才是脚踏实地地推动历史。

这次谈话之后我还去过秦老家一两次,当面向他解释关于《衰与荣》创作的想法,包括他所疑虑的那些内容。秦老每次都很安静地听,偶尔也会提一两个问题,声音不高,表情绵善。

后来听朱盛昌说,为了更加稳妥,秦老曾将编辑部的全体召集到一起,要求他们都读一读《衰与荣》,并且各自谈谈自己的意见。当年那些年轻的编辑洪清波、周昌义等都全力支持了《衰与荣》。秦老终于郑重地做出决定,在当年的最后一期和次年的第一期《当代》全文发表《衰与荣》。

我是又一次在秦老家中听秦老亲自告诉我这个决定的,心里自然很高兴。记得秦老对我说,他少年时雄心勃勃,不到二十岁就开始了文学创作,几十年来办过报纸也办过刊物,算是有些阅历了。但一个大型文学期刊在不到五年的时间,发表同一个作家的系列作品近二百万字,为"五四"以来所仅见。这句话落在了我的记忆深处。秦老又说,我要感谢你对《当代》的支持,当然,这也是《当代》对你的支持。既然决定发表了,我是主编,出了问题我负责任。

那次谈话已过去二十多年,秦老也早已离开了我们,我常常会忆起与他的这段交往。作为一个知识分子,他不事喧嚣的正直;作为一个编辑家,他长者的宽厚和对后辈无私的扶植,已经得到了社会的公论。他走了,他的书后人还在读;他参与推出的作品,丰富了中国新时期的文学画廊。而由他主持的《当代》杂志更秉持着对现实主义的执着在数年中坚守着知识分子的人文理想。

作为一个作家,我曾和《当代》的多位编辑有过合作,我感谢他们。这是我的幸运。

怀念秦兆阳先生!

珍藏在心中的温暖

| 厚　夫

　　我是人民文学出版社的一名忠实读者与普通作者。当接到人民文学出版社七十周年社庆的约稿函后,我的心情久久不能平静。那些年的那些事,又不断地涌现在我的脑海里……

　　由于父亲是语文教师的缘故,我少年时代便养成了爱看书的好习惯。书籍给我提供了瞭望外部世界的窗口,也使我产生文学爱好。1985年,我有机会赴京学习两年。那时,同村长辈、我伯父少年时代的伙伴张三保伯伯在人民文学出版社工作。三保伯伯与我的伯父都是陕甘宁边区时期的中学生,随着革命的胜利进了城。不过,三保伯伯长期在北京工作,而我的伯父则落脚到了大上海。三保伯伯得知我是位文学青年,便告诉我说:"孩子,人民文学出版社就是书多,你要看什么书,尽管来出版社找我!"于是,1985年秋的一天,我第一次怯生生地走进心中的文学圣殿——北京朝内大街166号的人民文学出版社,在三保伯伯的办公室里第一次借书。从此,在京求学的两年间,我几乎每隔一两个月,都要到人民文学出版社借一黄书包中外文学名著,我较为扎实的文学阅读就是那个时期完成的。1987年7月,我完成学业向三保伯伯道别时,他指着办公室书柜满满当当的图书说:"孩子,这些都是出版社新出的,也是送给我的书。你若喜欢,想挑多少挑多少,带回去看!"这一次,我贪婪地挑了几十本书。我毕业回陕北时,通过铁路托运了两大木箱书,其中有很大一部分就是张三保伯伯赠送给我的。

在京求学期间,我开始在一些报纸上发表诗歌与散文。我在《当代》杂志发表小说《土地纪事》,那是1989年的事了。这篇深受史铁生《我的遥远的清平湾》创作风格影响下的"处女作",责任编辑就是刘茵老师。正因为这个原因,埋下了我在人民文学出版社出版《路遥传》的伏笔。

1990年秋,我落脚到延安大学中文系担任基础写作课教师。正如曾在西南联大中文系任过教的沈从文先生所抱怨的那样:"因照目前大学制度和传统习惯,国文系学的大部分是考证研究,重在章句训诂,基本知识的获得,连欣赏古典都谈不上,哪能说到写作……我能够做到的事,还不过是为全班学生中三两个真有写作兴趣的朋友打打气而已。"大学自有大学的逻辑,看重的是文学研究。这样,我便有了一个痛苦的人生转型,首先要当好一名学者。2006年10月,我应邀参加中国现代文学研究会大连学术年会,会议期间认识了人民文学出版社老编辑张小鼎老师。他听到我做《80年代以来"延安时期作家"全集、文集出版情况概述》的小组发言后,径直来到我的面前夸赞,真使我受宠若惊。后来,这个长篇史料文章经张小鼎老师推荐刊发在人民文学出版社的《新文学史料》上。此后,我撰写的多篇文学史料文章在《新文学史料》上发表。直到2018年11月底,我到人民文学出版社查阅资料时,才第一次见到学养深厚的主编郭娟女士。

我与刘茵老师第一次见面,是2012年12月2日。我当时受邀赴京参加"首都各界纪念路遥逝世20周年座谈会",刘茵老师也参加了此次会议,只不过她当时是以迟到的方式入场的。就在这次会上,我与刘茵老师才真正相见。记得会议开始后不久,有位气质不凡的老太太走进会场,连连抱拳致歉:"迟到了,迟到了!"工作人员把她领到与我相临的前排落座。她瞅了瞅我前面的桌牌,小声问:"你是厚夫?"我点了点头。她紧接着以不容置疑的口吻说:"我是刘茵!"这四个字刚刚落下,我的大脑中枢神经已经准确地搜索到"刘茵"所赋予的全部含义。她就是我当年处女作的责任编辑啊!在这次座谈会上,刘茵展示了路遥1980年5月1日写给她的一封信的原件,那是三千字的长信,系统地阐释了创作中篇小说《惊心动魄的一幕》的思考;我也大谈路遥的文学史意义,《文艺报》次日头版的新闻报道中引用了我的观点。会后,主办方款待与会人员。刘茵老师在主桌,坚持把我拉在她的旁边入席。当听说我正在撰写《路遥传》时,她急切地抓住我的手说:"抓紧写,写好后第一时间交给我,我让人民文学出版社出版!"她的话斩钉截铁。当我提出要复印她展示的路遥来信编入正"特邀编辑"的《路遥全集》时,她的话更是痛快:"没问题,我当年就是路遥《惊心动魄的一幕》的责任编辑,你需要什么尽管开口!"我后来也郑重履行了承诺,把"路遥致刘茵"的两封信编入担任特邀编辑的北京十月文艺出版社2013年版《路遥全集》的《早晨从中午开始》卷中。

2013年5月的一个星期天中午,我正在延川老家看望父母。突然,刘茵老师打电话来,说早晨起床刷牙时偶尔翻到《美文》杂志,翻到《我的"延川老乡"——关于北京知青的记忆》,一直看了两个多小时,已经郑重其事地给《新华文摘》的编辑打电话推荐了。她说我直到现在牙也没刷完,看到你的文章很兴奋;你们年轻人的进步,都看在眼里、记在心上……这次电话至少通了半个来小时,我的心头热乎乎的。就文学创作而言,哪个作者不想得到社会的高度认可呢?刘茵老师果真给我带来好运气。那年,我的这篇散文不仅在《新华文摘》上全文转载,而且还入选中国作协"汉语作品翻译少数民族语言工程"以及多个版本的散文排行榜中。

2014年2月初,我的《路遥传》历经十年左右的资料收集与写作,终于落笔。当时正是农历甲午年正月初五,延安迎来一场罕见的早春大雪。我给刘茵老师拜年的同时,也在第一时间汇报了书稿完成的情况。我在电话里能听出她兴奋的声音,她让我发到她电子邮箱里要进行认真审读。后来,她不光第一时间审读,还交给人民文学出版社的著名编辑脚印老师与助理编辑梁康伟。他们老中青三代编辑共同审读这部书稿,并在很短的时间里反馈信息,肯定优点,但也提出了修改意见。经过几个月的修改后,我把书稿再次交给刘茵老师与脚印老师,这才引出 2015 年元月《路遥传》正式公开出版的事情。

《路遥传》进入出版程序后,刘茵老师又把心思放在路遥作品重回人民文学出版社出版的工作上。她让我同路遥夫人与女儿联系,又自己亲自动之以情、晓之以理地做起工作来,甚至想到用"有限版权"的方式解决此事。

记得是农历乙未年春节前的两三天,我打电话给刘茵老师拜年,听到她那头的声音非常虚弱,不比往常那般铿锵有力。她解释说是感冒了,吃两天药就好了。谁竟想过了段时间,脚印老师来短信说刘茵病逝了,3 月 8 日开追悼会。我接到这条短信非常震惊,决定赶到北京为刘茵老师送行。追悼会那天,我早早起床,连倒两次地铁赶到八宝山殡仪馆,发现自己来早了。上午十时,刘茵老师的追悼会才进入程序,而我却提前守候了两个多小时。我在人民文学出版社散发的悼词与《刘茵同志生平》中看到刘茵生前扶持过的作家中有我的名字;也看到刘茵老师生前一直牵挂着路遥作品能再回人民文学出版社出版的事情。后来,脚印老师曾给我展示过刘茵老师生前用过的电话号码本,简直像密码本那样复杂。事实上,经她之手扶持过的中国报告文学作家中有胡平、赵瑜、李鸣生那样如雷贯耳的人物,也有像我这样的普通作者。

如今,《路遥传》已经连续十四次印刷,发行十万多册;荣获人民文学出版社 2015 年"双十佳图书"、中国书业 2015 年最佳传记等多项荣誉。事实上,正是因为刘茵老师的竭力推荐,脚印工作室的认真编校,这本书才产生了很好的社会反响。

人民文学出版社,我心中的文学圣殿。我与人民文学出版社在青年时结缘,于中年时开花,几十年里,既是见证,也是陪伴。她带给我的温暖,我将永远珍藏在心间!

先睹为快

| 洪清波

1992年3月，我和高贤均去成都作家邓贤处组稿。邓贤那几年在人文社和《当代》杂志连续出版发表了《大国之魂》《中国知青梦》，正红遍全国。对他当时即将完成的新作，我们也充满期待。临行前，时任《当代》杂志的副主编何启治告知我们，中途在西安停一下，取回陕西作家陈忠实刚刚杀青的长篇小说。

当时，关于陈忠实，我只有些耳闻。听前辈说，80年代，他曾获过《当代》主办的全国中篇小说奖。那时获奖没什么奖金，但足以改变作家的命运。陈忠实从此就踏上专业作家和作协领导的坦途。对陈忠实刚刚完成的作品，我也是有期待的。首先这是他的第一部长篇；其次，这部作品虽未面世，江湖上就有了相关的传说。

记得1990年，我和同事周昌义去西安陕西作协组稿。当时周昌义连续发表陕西几位青年作家的作品，反应很好。为了趁热打铁，进一步扩大他们在文坛的影响力，我们专程前往拜访。结果令人失望，到了作协，竟然一个人都没找到。记得作协领导尴尬地说，年轻人都到海南淘金去了。

当时的背景是，坊间传闻海南继深圳之后，要成立经济特区。消息传出后，有几十万青年知识精英横渡琼州海峡。去海南成了年轻人的时尚,没想到特立独行的文学人也没能幸免。现在看来,那几年就正是文学由盛到衰的历史拐点。

其实,在我们一踏进位于西安建国路的陕西作协大院时就感受到了这种气氛。作协大院豪华气派,显然是王府豪门的故居。而眼下,大院里所有房间的门窗紧闭,除了收发室的大爷,空无一人,只有一些纸片随风飘荡。当时的情景酷似主人全家逃难去了,留下老用人看守老宅。

作协领导看出我们的失望,安慰似的说,陈忠实正在家乡灞桥写他的长篇,已经有两年多了,应该是你们想要的。现在想来,当时我们的感受一定如同听了时下流行的话术套路:一个坏消息,一个好消息。至于二者能否对冲,我已经记不清了,但老陈的长篇工程,印象却无比深刻。

所以,当何启治让我们去西安取老陈的书稿时,我多少有些悬念终于要揭晓了的兴奋。记得火车到西安时,是上午八九点钟。未曾谋面的陈忠实一下认出了我们,想必是我们特征突出。高贤均轻车熟路地与老陈寒暄着,我在一旁观看着这个熟悉的陌生人。

他的面相,以城里人的标准,该有六七十了,脸上岁月的痕迹彰显。但他的身手矫健,拎着我们的行李还能健步如飞谈笑风生。当得知他其实与我们差不多是同龄人时,我才真的震撼了。这也许就是写《白鹿原》和看《白鹿原》的差距。

后来看了老陈关于这段回忆的文章得知,不单是我们在观察他,他也在观察我们,只是老陈的表达更给力,叫做,一个迷人,另一个更迷人。我理解老陈之所以用如此稍显香艳的表述,是他对我们第一印象不错,认为我们是值得信任的可托之人,可见他当时对自己那部呕心沥血的作品即将被裁决时的复杂情感。

老陈安排我们下榻作协招待所之后,先问了我们的行程安排,得知我们来去共三天时,好像松了口气。他给了我们几本他的旧作,说长篇还要修改和复印,走之前一定给我们。老陈照例问我们有什么要求,小高说就是想先睹为快。老陈抱歉地笑笑，说不急，这两天让作协同志陪你们转转。我去忙稿件的复印，就不陪你们了。

应该说，接下来的三天，是我们出差史上最无聊的三天。虽说有老陈安排的作协同志循例陪着吃饭逛景点，但失去了进一步了解老陈和他的作品的机会，一切就都味同嚼蜡。后来高贤均索性推辞了一切活动安排，说是要研读老陈既往的作品。记得老陈的作品集真不少，现在还有印象的是《四妹子》和《蓝袍先生》。读了一天作品，我俩面面相觑，但都明白对方的意思了。当然，我们担心的并不是这些作品，而是那部至今神秘兮兮的长篇。接下来，等待就变得更漫长。

关于这几天的等待，我和高贤均也分析过，为什么老陈通知我们来取稿，可又保密又要等三天。直到老陈的"枕头工程"大获全胜之后，我们还认为当初，他可能是不清楚自己的美丑，不好见公婆呢！后来，看了老陈亲密文友的回忆文章，才知道，老陈写《白鹿原》的五年多，关于书的一切对任何人都只字不提。书稿也不让任何人碰。老陈自己的解释就是，蒸馍不能透气，透了气就蒸不熟了。最近我又看到老陈关于那段往事的回忆，编辑来西安取稿，恰逢母亲住院，分身乏术，未尽地主之谊，连何启治曾经盛赞过的葫芦鸡都没请他们吃。原来如此，只可惜，得知这一切原委时，高贤均已经去世十多年了。好在他理解老陈，理解好事多磨。

终于到了要走的时候了，老陈风尘仆仆赶来，说去他家吃晚饭算是饯行。老陈家就在作协宿舍，离招待所很近。那天请我们吃了什么，一点儿印象都没了。没印象就说明老陈为接待我们，付出了巨大的努力。为了写《白鹿原》，老陈家的经济濒临破产。用老陈的话就是，那阵子他不怕请客，就怕客人吃不下家里的饭。

我对老陈家的宴请没有印象，可是对他家的印象太深刻了。一个副厅级的作协副主席，家里的状况可以诠释一句成语：家徒四壁。我吃饭时只记得房间墙角里散乱堆了些空啤酒瓶，这是我看到老陈家唯一能与现代社会接轨的标志物。当时全国人民都不富裕，但像老陈家这种情况的还是令人唏嘘。

终于到了分手的时刻。在作协送站的车前,老陈将厚厚一摞稿件交给我,却又不松手,表情看上去分明有些重要的交代,可到底没说什么。后来,老陈在回忆文章中说,当时他想说我可是要把生命交给你们了。或许是担心交浅言深,怕吓着我们;或许是看我一副去心似箭的样子,不具备表达历史嘱托所需的氛围。总之,后来老陈只是在稿件上拍了几下,就完成了他酝酿良久的交接仪式。现在想来那种情景太像是多情总被无情恼了,为此我至今对老陈心存歉意。

说老实话,登上开往成都的火车,我们无比轻松。三天的清修留在车窗的后面,想得到的繁华就在前方等着我们,但十几个小时的车程还是让人百无聊赖。我就是在这种心态下开始阅读《白鹿原》的。结果,是地球人都可以预料得到的。后来,我拿了看过的稿子找到高贤均,迎着他疑惑的神情,向他保证这是货真价实的先睹为快。

果然,到了下火车的时候,高贤均就变得不那么淡定了,只要有时间就跟我开聊读后感。我都担心这样会让不明就里的四川作家朋友感到我们的移情别恋了。确实,以往看邓贤初稿的标配是,白天看稿谈稿,晚上一票作家朋友,在来了就不想离开的城市里声色犬马。而这次,白天看稿谈稿依旧,晚上高贤均要求邓贤不要有任何安排,说是回宾馆看《白鹿原》。作家裘山山后来写过这段反常,那是在《白鹿原》成功之后。我们的四川作家朋友们,一起经历了这一见证奇迹的历史时刻。

回到北京,高贤均和我分别走出书和出刊的三审程序,依旧是一路盛赞。特别是我的复审,时任《当代》杂志副主任的常振家,阅稿后评价甚高,甚至有失于一贯的稳重冷静,要知道那可是《当代》老主编秦兆阳激赏他特有的工作气质。终审何启治副主编的评价自不必说。据陈忠实回忆,他写中短篇小说小有成就之后,就进入了创作的瓶颈期,是老何建议他写长篇实现突破,并顺便约了稿。老陈为此请老何吃了葫芦鸡,以为君子协定。

高贤均那边也一路顺风,人文社决定出版《白鹿原》。后来听高贤均说,老陈在接到用稿信之后,取消了一万只鸡苗的订单。原来如此,当初老陈的讳莫如深是因为面临着如此的生死抉择。后来看老陈的回忆文章,不似高贤均版本那么八卦,而是更文学的表达,一屁股坐在沙发上大吼三声。老陈是华阴老腔的票友,所以如此表达心情更可信。

《当代》于1992年底和1993年初,分两期刊发了《白鹿原》,反响久违的热烈。出书却不那么顺利。高贤均说新华书店首次征订才九百多本,为此他诟病了传统的发行体制。好在不久"陕军东征"的旗号被文坛打出,凭着双璧《废都》和《白鹿原》的引领,陕西作家的五本小说创出了当时纯文学的销售高峰。我由衷替老陈高兴,至少他的财政困难终于彻底解决了。

刊发《白鹿原》不久,老陈约我写篇书评,说写好他负责联系发表。当时文论界对《白鹿原》盛赞有加,但权威人士也有不同意见。既然是权威,所以影响也蛮大的。老何甚至要我们所有审稿编辑做好最坏的准备。我想如果我简单写篇颂歌,人微言轻对老陈也无益。我考虑再三还是针对当时文论界二元对立的评判现象,找个新的视角评价《白鹿原》的价值。于是我写了《第三种真实》。

我的目的是赞《白鹿原》又不否定其他层次真实的作品。这篇评论发表在《当代作家评论》上。关于我的观点,我没同老陈正面交流过。后来,常振家从西安《白鹿原》讨论会上带回老陈的反馈,他说"小洪那篇评论写得有点儿意思"。我听后当时没太当回事,这点儿意思要当真不就没意思了嘛。直到2001年的一天,我才感到老陈不是随口应付。

记得那天下午,编辑部来了一个真称得上是美女的韩国人。她找到我,说自己是研究《白鹿原》的留学生。她去西安见到陈忠实询问《白鹿原》研究的问题。后来老陈告诉她可找《当代》洪清波。该女生之所以对《白鹿原》有兴趣,是因为韩国当年有本写民族历史的小说,历史观与《白鹿原》相似。由于小说写于军人政府时期,所以成为禁书,最近才解禁。我与女生探讨,在社会动荡期,作家如有远见,不受当时意识形态所囿,才能写出具有生命力的文学。这件事不大,只是间接证明老陈认可了我对《白鹿原》的看法。

《白鹿原》问世后,我与老陈交往很少,只是不断从各种渠道得到他的信息。2005年,我突然收到来自人艺的一封信。信封里有两张票和一张便笺,说遵陈忠实老师所托,送上《白鹿原》话剧首演票两张。看戏时我见到了被簇拥着的老陈,我们相互点头致意。后来,《白鹿原》又被改成舞剧、电影,老陈一律支持鼓励,哪怕改编遭到舆情非议。我知道,老陈超自信,有原著在常销,还担心什么呢!

与老陈打交道二十年,我们几乎没有面对面地交谈过,直到2013年的某天,突然接到出版社的通知,晚上参加宴请陈忠实的宴会。人文社刚刚与陈忠实签了新的版权合同,要宴请他,老陈提出让我也出席。餐桌上见了面,我们分别说对方没什么变化。说实在的,我真没恭维老陈,我一直认为他透支了苍老,就没见他年轻过。

不知为什么,一见老陈,有关《白鹿原》的脑细胞就被激活。我跟他聊了《白鹿原》的最新心得。老陈在《作品题记》上交代,小说是关于一个民族的秘史。这大致不错。但今天的社会背景下,我更觉得《白鹿原》生动地展示了在中国实行了两千多年的封建宗法制度,是如何在最后的四十年(1910—1949)里解体的。老陈同意我这样的概括。我说其实中国南方明中期这种解体就开始了。陕西关中由于地理文化上的封闭性,成为最后解体的地区之一,就像大熊猫是古代动物的活化石一样,关中便是旧制度的活化石。老陈看上去很开心。我明白,他开心不是认可我的言论,而是《白鹿原》成为我们谈话永恒的主题,颇有些"开谈不说《白鹿原》,纵读诗书也枉然"的意思。

当时我并不清楚,这次就是我和老陈最后的晚餐了!2016年4月29日,陈忠实病逝了。接下来,史上最隆重的追思追悼活动就开始了。人文社派出了阵容庞大的吊唁团队前往西安主会场。我没能去现场送老陈最后一程。我知道,老陈与我从来都是神交的关系。好在,老陈是枕着第一版《白鹿原》走的,现场还有作家红柯高举着当年的那本《当代》杂志。

老陈,将来再见时,我们还可以聊聊《白鹿原》。

疫情时期的《故宫六百年》

| 祝 勇

一

2020年是紫禁城肇建六百周年,故宫博物院成立九十五周年。中国人讲六十年一个甲子,紫禁城刚好度过了十个甲子。在我们的生命里,能与这座历史之城的六百年相遇,实在是一种幸运。但谁也不曾想到,期盼已久的故宫六百年,竟然在一场全球大疫情中度过,而我更不曾想到,我的《故宫六百年》一书,竟在全球"抗疫"的大背景下,战战兢兢地出版。

自2014年年底开始动笔,经过近五年的艰苦写作,到2019年夏天,《故宫六百年》终于写完,交给人民文学出版社当代文学编辑室的赵萍和薛子俊。我和人民文学出版社的合作,至少可以追溯到二十年前,2000年,我主编的两卷本《重读大师》由人民文学出版社出版。2017年2月,臧永清先生出任人民文学出版社社长,即将上任时,我们在国展中心附近的一家咖啡馆里,商定了将我所有关于故宫的作品全部交给人民文学出版社出版,包括已出版过的作品,更包括正在写作中的作品,其中就有《故宫六百年》。这一年的秋天,我在人民文学出版社签订了"祝勇故宫系列"的出版协议。签字那一天,我手持装着协议的人文社大信封,当代文学编辑室主任赵萍专门给我拍了一张照片留作纪念,说这张照片也会成为"历史",今日回看这张照片,心里总有说不出的温暖与感激。第二年5月,"祝勇故宫系列"的第一本书《故宫的古物之美》出版,当年发行量超过十万册,被中国出版集团评为年度"中版好书",并入围"中国好书"年度榜。

《故宫六百年》交稿后,《当代》杂志在2019年第六期一次性刊发了二十五万字的全稿。幸运的是,这一期,刚好是《当代》杂志创刊四十周年纪念特刊,除了《故宫六百年》和葛亮等作家的三个中短篇,其余皆是蒋子龙、张炜、徐贵祥、潘凯雄等新时期著名作家、评论家的纪念文章。《故宫六百年》发表在这一期杂志上,既是对故宫六百年的深情回望,也是对《当代》杂志创刊四十周年的一次纪念。我没想到,我的一部书稿,将我们民族的悠久历史,与经历了四十年改革开放的当下,建立起"神奇"的链接。

2019年12月27日,人民文学出版社在中国出版集团举行"文学记录中国——纪念《当代》创刊40周年朗诵会",铁凝、王蒙、刘心武、贾平凹、张炜、陆天明、刘醒龙等作家都出席了这次朗诵会。朗诵会上,也为《当代》文学拉力赛举行了颁奖仪式。人民文学出版社应红总编辑为我颁了"年度长篇总冠军"奖。授奖词说:《故宫六百年》"有系统有条理地讲述了故宫的方方面面,似水流年,小处生动,大处磅礴,充满了一个文人与学人对于历史的温情与敬意。"这些都是溢美之词,但"温情与敬意"五个字,我却慨然笑纳。对于故宫(紫禁城)所经历的六百年,我的书里有解剖与批判,也不乏温情与敬意,因为所有解剖与批判,都源于我们内心的温情,都不能遮蔽我们对自身的文化传统的深深敬意。

二

2020年元旦,我与欧阳江河、叶兆言、苏童、毛尖、杨炼、西川等作家、诗人相聚在南京,参加了一场跨年朗诵会。春节之后不久,我的新书《故宫六百年》就要出版了。对于即将到来的一年,我的心中充满期待。但谁也没有想到,新冠疫情的突然袭击,打破了所有的计划。

这一年春节,我是在藏区丹巴度过的。大年三十,有关武汉发生疫情的消息就在网络上"疯传"。我们一家在节后回到成都,大街上空无一人。那时的中国家庭都和我们家庭一样,分隔在各自的住宅里,严防死守,闭门不出。新型冠状病毒性肺炎很快成为整个世界的热点,防范新冠病毒也成为我们生活的中心。

呼之欲出的《故宫六百年》单行本突然间变得遥不可及,想起元旦前后我与人民文学出版社臧永清社长、应红总编辑,还有张炜、赵丽宏、高洪雷等作家一起吃饭时,对于《故宫六百年》一书的规划与畅想,竟然恍如隔世。

一切都似乎停顿了,时间突然"多"了出来,我滞留在成都无法回京,就和远在厦门过节的责任编辑薛子俊商定,利用这段时间完善书稿。以往出版《故宫的古物之美》这些书,我和子俊、美编崔欣晔一起去人文社后楼调整内文的图文设计。疫情改变了我们的工作方式,我们各自在家,通过邮件、快递来修改调整内文的版式。从大年初一开始,整个正月里,我都在看子俊通过电子邮箱发来的《故宫六百年》校样,把我的意见列成清单,发给子俊,子俊确认后,再发到社里,社里改好后,再发回来,如此循环不已。那段时间,我和子俊之间不知彼此发送过多少邮件。《故宫六百年》的出版,就这样在来来回回的网络传递中默然运行,每一次发送,都使书稿更加完美,我们的心情,也越来越激动。我们都在等待疫情终结的一天,但等待,并不是守株待兔。

从丹巴到成都,我对书稿的文字不断进行增订,我好像在足球比赛中进入了超长补时阶段,在最后的时段里依然存在着进球的机会。我十分珍惜对校样进行修改、增订的这段日子,最终出版的单行本,比在《当代》杂志上发表的文本增加了近十万字,这使《故宫六百年》终于以一种我比较满意的样貌出版;子俊则与故宫博物院的摄影师任超、张林等联系,反复挑选更好的图片,补进校样中。

3月31日,我回到北京。4月13日,我还在居家隔离,子俊就发来好消息:《故宫六百年》明天下厂,我的心里立刻涌起无限期待。刚好严力强先生给我发微信,我忍不住告诉他,"五一"前后《故宫六百年》就出版了,出版后把书给他寄上。他回:"祝兄保重,这个年景里,大概除了在故宫里写书,再无令人艳羡的事情了。"

所幸,没过多久,疫情得到有效控制,《故宫六百年》的出版,没有耽搁太长的时间——至少,没有推迟到故宫的六百零一年。4月24日,《故宫六百年》手装样书送到出版社。以前每次拿到印厂送来手装样书,我都想第一时间看见,就和子俊约定在地铁平安里站交接,因为那里是我家和出版社的中间点,这已成为我和子俊之间的默契。只有这一次,只能通过快递,子俊深知我的心情,所以选用了闪送。拿到书的一刻,我一口气翻了好几遍,然后用微信给子俊回了四个字:爱不释手。

三

早在2019年4月,文轩books九方购物中心店为我举办了一个作品展,名叫"纸上的故宫",陈列的图书,除了我写的所有关于故宫的书籍,还有故宫博物院出版的书籍、图册和文创,为此,他们对店堂做了精心的空间设计。恕我孤陋,如此为一个写作者的作品做空间设计,我还是第一次见到。我至今记得,那一年"世界读书日"前后,在文轩books九方店的中央大台阶播放纪录片、与读者见面时的热络场面,所以当他们提出《故宫六百年》的首发式一定要在文轩books举行,我就一口答应下来。文轩books在招商花园有一家漂亮而巨大的新店,刚好要在2020年5月投入运营,那也是《故宫六百年》问世的日子,他们于是把《故宫六百年》的首发设定在那里,策划了一整套的活动。

但疫情改变了一切,全国几乎所有实体书店都被迫关门。《故宫六百年》的发行形势,突然变得严峻起来。5 月 25 日晚,人民文学出版社与快手合作,为我举办了一次《故宫六百年》云首发。这本书的首发式,就这样从实体店转移到了手机端。这是我有生以来第一次体验云首发,好在出版社有许多年轻人,宋强、关淑格、子俊等对此经验十足,加上人文社邀请了我的老朋友、作家安意如前来捧场,连线了《新还珠格格》令妃扮演者刘晓晔和江苏卫视主持人苑逸伦等,那一晚的在线直播,累积观看人数突破一千八百万人,有近十三万人同时在线观看。当然,如此高的在线人数,很大程度上是仰赖人文社的影响力和嘉宾们的人气。

2020 年年底,子俊转发我一篇《北京日报》(2020 年 12 月 31 日)上刊发的文章《2020 年中国出版业云上"重塑"》,文章说:"作家祝勇一定没有想到,今年他创下图书行业直播带货参与人数的最高纪录。"在当初坐到人民文学出版社直播台前时,我心情忐忑,无论如何不会想到会有这样的结果。我至今无法确定,这一"纪录"究竟是好消息还是坏消息。说它是坏消息,是因为一场"突如其来的疫情",让书店面临巨大困境;说它是好消息,是因为纵然如此,还有那么多的读者,对阅读依旧保持着强大的热情。

一如《北京日报》文章所说,2020 年,中国出版业云上得到了"重塑",甚至是得到了重生。这一年,云首发已经成为出版界的常态。更多的作家与读者,习惯了通过网络直播进行交流。早在 4 月,李敬泽、梁鸿、李修文等作家就以直播的方式参加了"实体书店守望计划",自"世界读书日"开始,他们轮番前往喜欢的本地书店,在书店内做直播,分享自己的作品、私房书单,并带网友"云逛店",帮书店"带货"。中国文物学会会长、故宫博物院第六任院长单霁翔先生也在多家网络平台直播分享自己的读书故事,并介绍自己的新书《我是故宫"看门人"》。

直播"带货"是出版者在疫情冲击下的应变招数,纯属不得已而为之,却爆发出巨大的能量。往大里说,疫情挑战着人类生存,也促使着人类成长。应对疫情,不只依靠身体里的免疫力,更依靠社会生活中的应变力。人们把奋战在抗疫第一线的医护人员称为"逆行者",从某种意义上说,这些在疫情冲击下传播文化薪火的人,也是精神世界里的"逆行者"。

6月,我与徐则臣、崔曼莉等作家参加北京市委宣传部"北京书店之夜"直播活动,又在故宫以主讲人的身份参加"云赏北京中轴之美"故宫站的直播,可能是长达三个月的闭馆激发了观众的热情,当天在线人群总数达到两亿五千万(据《光明日报》2020年6月14日报道)。8月,我为阎崇年先生《大故宫六百年风云史》一书的"云首发"做嘉宾,樊登先生在他的快手直播间里推介我的《故宫六百年》。11月5日,《故宫六百年》读者分享会在京东直播,当时我在成都,子俊专门跑到成都,竟然把直播间设在直播主持人、四川人民广播电台主播王宏业的家里。面对直播镜头,我感受到的是看不见的观众、读者们对文化的孜孜以求。

人民文学出版社在重新塑造出版传奇的同时,捎带着把我塑造成一个"直播达人"。人文社不仅出版了我的作品,而且使我与世界交谈的方式变得更加丰富和立体。人文社在成长,我随着人文社的成长而成长。2021年是人民文学出版社建社七十周年,在这一年,"祝勇故宫系列"的第十本书——厚达六百页的《故宫的书法风流》也将在5月出版。三年前,这个系列的第一本书《故宫的古物之美》就是在5月出版的。我愿把5月的鲜花,送给人民文学出版社。

时代一直在变,不能改变的,是我对写作的诚恳和敬意。《故宫六百年》出版后,杨澜发了一条微博,说:"认识祝勇20余年,无论潮流如何变换,他总是保持着儒雅的气质和敏锐的眼光。他的心很安静,文笔却很张扬。不知怎么,我觉得正与故宫的气质合拍。"我不如她所表扬的那样儒雅,但我渴望像她所说的那样安静。当直播结束,所有的热闹都从眼前消失,我回到书房,会安静地写下每一个字。那才是我最衷情快意的时刻;那时我会意识到,我心里的世界,其实从来未曾改变。

写本好书送给你

| 徐贵祥

    1999 年一个晴朗的秋日，我骑着一辆破旧的自行车，驮着我的第一部长篇小说退稿，在白石桥至平安里之间的大街小巷里沮丧穿行。这已经是第二次遭到退稿了。我的创作史也可以说就是一部退稿史，从童年到中年，从短篇小说到中篇小说，退稿似乎就是我写作的影子，我走多快它跟多快。按说，像我这样一个老油条，对退稿应该有充分的思想准备，但是这一次却不行，我觉得打击特别大，原因至少有三个：一是我认为这是我最有想法的作品。我 1991 年从解放军艺术学院毕业之后，到解放军出版社当编辑，几乎天天跟战史、军史乃至兵法战术打交道，还编辑和帮助若干战将整理过回忆录，自认为在战争文化这个炉膛里已经炼得正经，对于战争、战争人物、战争情感的深入理解，比起别的作家有得天独厚的优势，这部作品几乎是我能够达到的最高境界，然而却被迎头泼了一瓢凉水，岂不灰心？第二，这部作品也是我的第一部长篇，从构思到初稿完成，酷暑寒冬，几度春秋，夜不能寐，食不甘味，充满了希望，充满了期待，期望值越高，失望度就越大。最后一点，也是最重要的一点，这部作品凝聚了我对小说的诸多理解，从酝酿、设计、写作，再到反复修改，可以说使尽了浑身解数，较之同时期创作的另一部作品《仰角》，下的功夫应在后者三倍以上，可结果却是连出版水平都

达不到,我不能不对自己的文学功底产生怀疑,同时也对小说判断标准产生了困惑。

抱着这堆退稿,我回到家,一气之下把它扔到书柜的角落里,很长时间都不愿意碰它,我已经没有勇气当然更没有信心再把它投出去。那段时间我很不自信,这是没有办法的事情,自信是建立在成功的基础之上的。我也不打算修改了,我把我的精力转移到《仰角》上,我想,也许是那种历史战争的东西我还陌生,驾驭不了,而《仰角》属于当代军事题材,我的生活积累和感受相对要丰富一些,写起来也要轻松自如一些。至于《历史的天空》,暂且束之高阁,以后再说吧。

转机出现在秋末的一个上午。

那天,我作为解放军出版社的编辑,到总参游泳馆招待所去看望来京出差的成都军区作家裘山山,本意是向她约稿,碰巧遇到了《当代》杂志的洪清波,三言两语玩笑声中就算认识了。我当时没有提稿子的事情,我确实拿不准这部屡遭退稿的作品能不能拿到人民文学出版社这样的文学大厂去制作。但是似乎又有些不甘心,过了两天,我先把稿子送到裘山山那里,裘山山看了之后,很有把握地对我说,我看很好,我把它推荐给洪清波,以后你就直接跟他联系。

希望之光终于冉冉升起。

我在焦灼的等待中大约又过了半个月,一直没有消息。这中间,我给裘山山打电话大诉其苦,裘山山安慰我说,洪清波这个人看稿子很挑剔,处理稿子很慎重,他没有回话,也许不是坏事。

后来我还是忍不住拨通了洪清波的电话,我诚惶诚恐不知道该怎么寒暄,洪清波却是开门见山,第一句话是,稿子我看了。说完这句话,他不说了,等待我的反应。我迫不及待地问,怎么样?洪清波好像笑了一下,慢吞吞地说,不怎么样。

你能想象出来我当时的心情吗?这一次就不仅仅是失望了,这一次是绝望,当时如果稿子在我手里,我可能会放把火把它烧了。我故作镇定强打起精神,苦笑说,那就算了。

洪清波说,不过,我有些拿不准,又把它交给图书编辑脚印看了。你再等几天,看看他们是什么态度。

我说好。我心想,既然洪清波这样的资深编辑没有看好,那就说明稿子真的欠水准,别人会不会高看一眼,可能性很小。

大约过了一个星期,脚印给我打来电话说,稿子我看了,高贤均副总编辑也看了,认为很好。高副总编辑要亲自跟你谈谈。

那天我骑着自行车,脚下生风,奔驰在朝内大街,深秋的寒风透过敞开的夹克在我胸前鼓荡,我的心却热乎乎的。在高贤均的办公室,我和脚印、洪清波三个人当听众,高贤均激情澎湃,神采飞扬,一会儿站起来,一会儿坐下去,双手挥舞着讲了一个多小时。洪清波最担心的作品中诸如国共关系、正面人物的负面性格、我军内部斗争等等敏感问题,到了高贤均那里,几乎都提出了巧妙的处理办法。高贤均说,目前是稍微敏感了一点儿,要在似与不似之间做足功夫,只要把握尺度,恰到好处,这部作品就是一部创新的军事文学力作。梁大牙这个人物为当代军事文学增加了一个全新的形象。高贤均对这部作品的前景做了两条预测:参加茅盾文学奖有很强的竞争力,获得"五个一工程奖"问题不大。高贤均说完,洪清波和脚印又就具体细节的修改提了一些建设性的意见,我当时觉得都不是太难解决的问题。

我是哼着小调离开人民文学出版社的。北京的天是明朗的天,绝处逢生好喜欢。回到单位,我并没有马上动手修改,我在琢磨高贤均的话,我渐渐明白了我这部稿子为什么会接二连三地遭到退稿。我也在重新掂量这部作品的价值。洪清波最初说出了"不怎么样",但是他又没有退稿,而是让脚印再看,这说明他拿不准。一部作品,能让一个阅稿无数的老编辑左右为难,这本身就说明这不是一般的稿子。而且在这期间又有好消息,解放军文艺出版社确定出版《仰角》,他们提了几条修改意见,责任编辑刘静在电话里说,你可以改,也可以不改。我斩钉截铁地回答,不改。这时候我的心思都在《历史的天空》上,哪里管什么《仰角》啊!

初稿本来是手写的,改改抄抄太费事,吃了不少苦头。后来,我用了一个晚上,向我的同事、当时的解放军出版社办公室主任薛舜尧学会了电脑开机、关机和简单的输入、编辑,以后就一发不可收拾。我办公室里的那台 286 老电脑几乎夜以继日地运转。很快,我就把修改稿送到了人民文学出版社,这次不用高贤均看了,脚印和洪清波看。就是这次,我获得了洪清波的高度信任,以后,他屡次评价我是最会领会编辑意图、最会落实修改意见的人,一句话说到底,我的修改,让他的担忧烟消云散。

1999 年岁末,在贵州黄果树召开的全军长篇小说创作笔会上,我同时校对《仰角》和《历史的天空》两部清样,那种感觉真是很幸福,我总算可以出版长篇了,而且出手就是两部。

然而,没有想到的是,《历史的天空》出版不久,高贤均就患肺癌住院了。初次见面时的高贤均红光满面,是那样的朝气蓬勃,那样的思维敏捷,谁想到他会得这种病呢?那段时间,我经常去看他,他一天天消瘦,却仍然谈笑风生。因为化疗和放疗的折磨,连吃饭吞咽都困难了,他还关心《历史的天空》在读者中的反应。我们都忌讳提他的病,他自己却不,他掰着指头算他生命的倒计时,盘算着还要做哪些事情,如数家珍。我试探着提出请他到街上吃顿饭,他欣然同意。那是一个中午,我记得参加那次聚会的有洪清波、脚印、何启治等人,席间,他频频举起饮料瓶跟我们碰杯,笑声朗朗,听不出一丝忧伤。

据脚印说,在评选第三届人民文学奖的时候,高贤均抱病登台,就《历史的天空》讲了九十分钟,足可见他对这部作品的厚爱。作为一个业余作者,我感谢高贤均慧眼识珠;作为一个曾经的编辑,我钦佩高贤均的敬业精神。

2002 年,我在胶东半岛基层部队代职,8 月的一天,突然接到脚印电话,她哽咽着通知我,高贤均去世了。我半天不语。当天晚上,我在渤海湾一块礁石上坐了很长时间,眺望漆黑的夜空和磷火点点的苍茫大海,我的泪水无声无息地流淌。他临终之前,我不在他的身边,因此在我的心目中，他一直都是情绪饱满、思维敏捷的样子，他在被确诊罹患恶疾之后，即使明知大限将至，也从无悲凉，仍然豁达。我记得我在出京之前最后一次到北京肿瘤医院看他，他从外面散步回来，头上戴着红色的毛线帽，上身穿着黑红相间羽绒服，下身一条牛仔裤，步履轻捷，好像还伴着什么节奏一跳一跳的。那时候，他的病已是晚期的晚期了。如果说这个世界上真有能够坦然面对死亡的人，我见过的，目前只有高贤均。

高贤均对《历史的天空》前景的预测，无一没有实现，这部作品先后获得第十届中国人民解放军文艺奖、第八届"五个一工程奖"、第六届茅盾文学奖等多种奖项。

2005 年 7 月，我从茅盾故居乌镇领奖回来，约同脚印和洪清波驱车到京郊凤凰岭看望安葬在这里的我的良师益友高贤均，在弯腰鞠躬的一刹那，我的泪水又止不住地往下流。贤均老师，你的预测证实了，你在生命最后阶段的努力没有白费，可是你却不能同我们一起分享这成功的喜悦了。

下山的路上，脚印说，别哭了，往后，写出好作品，再交给人民文学出版社出版，这就是对高贤均最好的回报。

我抬头看天，说了一声，好。

我的第一本书

浩 然

我与人民文学出版社打交道的时间久远，超过了四十年。从我的第一本短篇小说集出版开始，几乎每个阶段的代表性作品，除个别者以外，都是通过他们的手，才得以出版发行，跟读者见面的。这中间有喜幸欢欣的交流，也有意见不一的磕磕碰碰；要说的话，写一部长篇也难以写尽。

那时候，我正在《俄文友好报》当编辑，一面编稿子，一面做文学梦，梦想有一天能成为作家。对我那种迷醉痴情，周围有的同志看不起，有的领导不支持，左看右看不顺眼。"反右派"斗争正在进行，想给我戴个帽子，又因为身上光滑，抓不着辫子。于是就趁"运动"搞到最后，整顿组织之机，像对待没用垃圾那样，把我清扫出北京的新闻队伍，作为"编余"人员，把我派往山西省的《太原日报》当工业记者。从此我跟我的生活基地——京郊和冀东农村彻底告别，到人地两生的地方去搞我从来没接触过的工业报道，实际上把我连根拔掉了！

那天，吃罢"欢送"宴会的晚上回到家，我心里十分难过，回想起自从爱好上文学，吃尽了苦头。如果我不迷恋文学而老老实实当区干部，我会成为领导满意的干部，会被重用，被提拔，前途光明。如果我不迷恋文学而老老实实当记者，我会得心应手，工作顺利，生活舒适，不至于遭受如此之多的刁难和冷眼,更不会落下这样一个下场……

我一边苦苦地胡思乱想,一边无目的地乱翻堆积在桌子上的书籍和报刊。翻着翻着,翻到一本新近买来的、由人民文学出版社出版的书,书名是《愿望》,作者姓名忘记了,它的内容介绍吸引了我:一位小学教师写的稿子,被编辑选中出版了。

我看到这儿,心里猛然一动,一个没有名气的作者稿件都被人民文学出版社选中,那么,我可不可以撞撞运气呢? 就算不能被选中,也可以在他们那儿挂上号,以后写出好的作品再找他们,总算有一条路可走呀!

主意打定,就铺上纸,写了一封自我介绍的信,随后把已经发表过的小说从刊物上撕下来,连同个别没能发表被退回来的,一共十一个短篇,统统装进一个信封里,又照着《愿望》上的版权页,抄写了出版社的地址。

第二天,我按地址好不容易才找到在东四头条的人民文学出版社。

不巧,当时编辑们正开会,我跟管收发的看门老人打听,他回答我说:"那个会可能得一天,你把东西放在我这儿,由我交给他们吧。"

我再三叮咛,一定要把信稿交给管小说稿件的编辑。

老人家很和善、很亲切地对我说:"我知道稿件是贵重物,决不会给你弄丢。等会儿那边一散会,我就会亲自送到办公室编辑的手上,你就放心吧!"

第二天趁着调动工作之机,我带着老婆和孩子回蓟县老家探望岳父岳母。住了二十天左右回到北京,一封短笺等着我。短笺是第一编辑室寄来的,上边写着:"……你的短篇小说集稿《喜鹊登枝》,我们经研究,决定采用……"随后,又接到出版社负责人、理论家巴人同志的电话:他决定自己担当我那书的责任编辑。

这件喜讯传到《俄文友好报》领导那儿,他们立即决定不把我"编余",继续留在《俄文友好报》工作。

我留下了,留在生我养我的冀东大地,留在适宜我成长壮大的首都北京,从此改变和决定了我终生的命运轨迹。

人民文学出版社也留在我的心里。我和他们一起闯过了几十年的风风雨雨,一块儿品尝了人生的酸甜苦辣。可是,我总是记着那位给我转递《喜鹊登枝》稿件的管收发的看门人,记着他那和善、亲切的笑脸。

1959年我出版第二本书短篇小说集《苹果要熟了》的时候,第二次迈进人民文学出版社的门槛。出版社已暂时搬迁到东总布胡同22号。我问责任编辑方殷同志:"那位管收发文件的看门人现在怎么样?"

方殷同志告诉我:"已经退休,回农村的老家了。"接着,他又告诉我:"你送来稿子那天,一散会我就溜回家,可把老头急坏了。他用报纸把你的信和稿子包得严严实实,放在枕头下守了一夜,直到第二天亲手交给我。"

我不知道那位老收发的姓名,至今也不清楚。只记住他那张和善、亲切的笑脸。四十多年间我接触过的上百名人民文学出版社的工作人员,都是和善、亲切的。所以我牢牢地记着第一本书的出版过程,也记着他们的和善与亲切。

一定给，必须是最好的！

| 黄传会

今年是人民文学出版社成立七十周年华诞，可喜可贺！

七十年，七十岁，如果是一个人，已经进入古稀之年。但对于一家出版社，我以为人文社朝气蓬勃，正韶华。

我与人文社结缘于二十九年前。

1990年，团中央成立了中国青少年发展基金会，实施旨在救助贫困地区失学儿童的希望工程。当时，全国贫困地区每年有五六百万的孩子因为家庭贫穷，而失学、辍学，这是关系到国家民族命运的重大救助工程。巧的是，实施这一工程的秘书长是我的温州老乡徐永光。他说："写写我们希望工程吧，贫困地区还有那么多的孩子上不起学，你们作家应该为这些苦孩子呼吁呼吁！"当时我的第一个反应是："不可能吧？"

春节刚过，我走进了离北京不过一二百公里的太行山区。在那些低矮的土房里，那么多的孩子，因为交不起每学期一二十元的学杂费而被阻隔在校门之外。他们那一声声"我要读书"的哀求，震撼了我的心，一种责任感与使命感在心中升腾。接着，我开始了一次艰难的采访，从太行山到大别山，又从大西南到大西北，足迹抵达七个省（区）的二十多个贫困县。1992年写出了长篇报告文学《希望工程纪实》。

我将作品第一时间交给了人文社资深编辑刘茵老师。刘茵老师一直关注着报告文学这个文体的发展，也非常关心我的创作。很快，刘茵老师给我来了电话："传会，作品我看过了，分量很重。贫困地区儿童的教育问题，关系到国家的未来，你抓住了一个重大的现实问题，这个题材最适合用报告文学来反映。我已经将作品推荐给了《当代》杂志朱盛昌主编。"几天后，朱盛昌主编约我去社里面谈。朱主编显得十分兴奋，对作品表示充分的肯定，说《当代》特别需要这种现实主义题材的作品。我问"作品里写到了贫困、落后和愚昧，不碍事吧"，朱主编说"我们应该直面现实，文学不应回避矛盾"。

1992年《当代》第四期刊发了《希望工程纪实》。作品引起了一定的社会反响。冰心老人在《人民日报》发表评介文章《请大家都来读〈希望工程纪实〉》。许多读者在读完作品后，纷纷向希望工程捐赠善款、奉献爱心。我在作品中写了广西平果县汤那屯五个失学女孩的悲凉故事，后来，这个小山村收到了二十六万元爱心善款。这在上个世纪90年代是一笔巨款。村里用这笔钱盖了一座希望小学，修了一段公路，架了几公里的输电线，山村面貌得到改变。

人文社还为《希望工程纪实》召开了研讨会。研讨会是在社里一间破旧的小会议室里开的，人走在地板上会发出"咯吱、咯吱"的响声。那天嘉宾多，逼仄的小会议室有些挤。研讨会请来了冯牧先生、屠岸先生等。大家对贫困地区儿童的教育现状表示担忧，希望政府对贫困地区教育加大支持力度。同时，也对我的创作给予极大的激励。那时候开研讨会，既没红包，也不留饭。会议结束时，冯牧先生把我悄悄拉到一旁，从口袋里掏出四百元钱，对我说："传会，听说四百元能让贫困地区一个孩子上完六年小学，或许能够改变他（她）的命运，这点儿钱你代我转交给中国青基会，算是我的一点儿心意吧。"接过冯先生的善款，我心头不由得一热。

后来，人文社又为我出版了长篇报告文学《中国山村教师》和《我的课桌在哪里——农民工子女教育调查》。记得我在创作《我的课桌在哪里》时,时任社长刘玉山非常重视,几次约我交谈,谈主题立意,谈结构,谈细节。为了保证作品的质量,社里还请时任中宣部文艺处长梁鸿鹰对作品进行了审读。这两部贴近生活、反映现实的作品,均受到读者欢迎。特别是《我的课桌在哪里——农民工子女教育调查》出版后,反响热烈,在之后很短时间内就加印了十次,发行七万册。

2010 年中央一号文件第一次明确使用"新生代农民工"这个名称——这些 80 后、90 后农民工,已经占到一亿五千万农民工总数的60%,并以每年一千万人的速度快速递增。新生代农民工问题是中国整个社会结构变化的重大问题。

对于这个题材,我又跃跃欲试了。我将自己的想法告诉刘茵老师和脚印编辑,她们都说这个题材值得写,让赶紧写。

还是采取笨办法,到农民工中去。我深入几个大城市,做了大量的采访,结识了各行各业的青年农民工。倾听他们讲述自己的打工史,倾听他们倾诉心中的酸甜苦辣,倾听他们描绘自己或远大或不远大的愿景。越是接近他们,越是了解他们;越是了解他们,越是让人感到忧心忡忡。我强烈感受到:新生代农民工为我国的经济建设做出了巨大的贡献,但他们在城市生活、工作得十分艰难;城市已经离不开新生代农民工了,但城市并不情愿接纳新生代农民工。这些都是亟待解决,却非常棘手的问题。

2014 年,人文社出版了我的报告文学《中国新生代农民工》。

社领导提出为这部书举行个首发式,再开个研讨会。研讨会在哪开呢?一部写农民工的作品,在某个宾馆或是某座大厦里开,似乎总有些不大协调。我建议写农民工的书,研讨会就在农民工中开。社领导欣然同意。

我和脚印编辑到了西四环城乡结合部,找了一所我采访过的打工子弟学校,校长听说我们准备借用一间教室开个研讨会,马上说:"我们这里条件太简陋了,不行,不行!"脚印说:"行,行! 我们就看上这里啦!"校长为我们提供了一间教室作为会场。会标就用粉笔写在教室里的黑板上。会议桌也是用几张高低不平的课桌，临时拼起来的。

出席研讨会的有中国作协陈建功副主席、人文社潘凯雄社长，还有几位著名的评论家。我还特意请来了书中写到的几位青年农民工。因为农民工只有晚上有时间，研讨会便定在晚上开。

陈建功走进低矮、昏暗的小教室，感慨地说："我找了好长时间才找到这里，差点儿迷了路。这些年参加了无数个作品研讨会，从来没在这样的地方开过。不过，研讨一部关于打工青年的作品，在这样的场所倒是非常适合的。"

主持人刚刚宣布开会，不知道谁坐的小椅子散了架，人一下子倒在了地上，成了会议的一个"前奏曲"。

几位评论家也是满脸的严肃，都说一走进教室里就感到气氛不一样，都说在这样的环境里讨论文学，文学似乎离生活也近了。大家对作品给予充分的肯定，都认为报告文学必须与时代同频共振，必须与人民大众息息相关，必须接地气。

特别是那几位农民工显得格外激动，拿着书爱不释手，赶紧翻阅写自己的那一章那一节。一位快递小哥说："真没想到，我也成为书中的人物了，这回也出了名了。"一位在饭店当服务员的打工妹说："作家怎么这么厉害，跟我聊了半天，就把我给写出来了，还挺像我的。"

一年后，《中国新生代农民工》荣获第六届"鲁迅文学奖"。我在获奖感言里谈到：我获奖作品的名字是《中国新生代农民工》，其实，我自己也是为文学打工的。我为文学打工，文学让我的生活变得丰富多彩，文学给了我精神家园。文学同时赠我一支笔，让我留住了时间和空间，让我记录下这个时代，让我记录下这个时代我所感兴趣的人物。

让我感到欣慰的是，《中国新生代农民工》发表后，政府对于农民工政策做了重大调整，农民工的境况也有了比较大的改观。

一名作家一生出不了多少作品，算起来，我有四部作品是由人文社出版的，这的确值得庆幸。

一名作家遇到一家好出版社，如同一名学生上了一所好学校。

正在写这篇小稿时,人文社编辑的电话又来了:"黄老师,最近在忙什么呢? 有稿子一定给我们啊!"我赶紧回答:"一定给,必须是最好的!"

我心中的人文社

| 雪　漠

1

近年来，随着作品越来越多，我与出版社打交道的次数也越来越多，大大小小的出版社，我接触了不少，于是发现，作者与某个出版社合作，就像人和人之间的交往一样，是需要缘分的。当然，因为缘分有深有浅，所以，即便与很多人、很多出版社有缘，也会因为缘分的深浅，在交往、合作的层面与程度上有所不同。但不管合作深浅、交往深浅，我都一样珍惜。

无疑，我与人民文学出版社（以下简称人文社）的缘分是极深的，而且，我们的缘分开始得很早——上世纪80年代，我还在甘肃凉州一个偏僻乡村里教书的时候，就已经是人文社的忠实读者了。那时节，每逢周末，我都必然会骑车进城，买些书和杂志，其中就包括人文社创办的《当代》杂志。那时，我从没想过，自己的作品以后会在人文社出版，而且还出版了多部。我想，很多作者与人文社之间，都有一些类似的故事吧，所以常听人说，"我是看着人文社的书长大的"，或者说，"人文社陪伴了我的成长"。这么多年过去了，我早已不是当初那个只有一腔热情的文学少年，但我对文学的热情没有变，我的梦想也没有变，在这个意义上,我仍是当年的那个少年。而人文社,在这几十年里,也始终没有丢掉初心,始终在为读者寻找和介绍好的作家和作品,也为一些默默无闻的好作者们提供着平台和机会。所以,每当想起它的时候,我的心里总有一种饱满的情感,也总是希望自己那些重要的文学作品能在人文社出版。

想想看,最初的自己也真是有意思,那么穷,吃饭都成问题,却能坚持每周都去买书、买杂志,从来不觉得自己是在浪费钱,也不觉得自己在做白日梦,只是一门心思地相信,只要好好读书、好好学习,就一定能实现自己的作家梦。有时我也会问自己,这到底是为什么呢?多年来,我一直把原因归结于我的自信,后来才慢慢发现,这也是因为一些平台(包括人文社等)愿意为有文学梦想的人搭建舞台,让他们能展示自己的作品。换句话说,正是出版人那种富有理想主义色彩的坚持,给了文学青年们很大的勇气和希望——当然,还有很好的学习平台——让其中一些有韧性、不服输的人能一直坚持下去。我最早知道中国的很多当代作家,比如王蒙、陈忠实、贾平凹等,都是因为《当代》杂志。在那段没钱买太多好书的日子里,《当代》杂志为我提供了大量的文学滋养,也为我提升文学品位提供了很大的帮助。正是在那段时间里,我完成了文学方面的筑基。

意想不到的是,2004 年我的长篇小说《猎原》出版后,登上了《当代·长篇小说选刊》当年第四期的"专家推荐排行榜"第一名。所以,缘分有时真的很奇妙。早在很多年前,买《当代》杂志,看《当代》杂志,就已经成了我的生命习惯。不过,真正与人文社结缘,还是源于 2014 年我的长篇小说《野狐岭》的出版。

作家们都知道,人文社从 1951 年成立至今,一直很重视长篇小说的创作和出版。在当代文学架构中,人文社有着极为重要的地位,人文社出版的作品,在一定程度上代表了中国当代文学的发展水平,非常了不起。而如今,人文社迎来了它的七十周岁生日,在这个可喜可贺的时刻,作为一名普通作家,我很替人文社感到高兴,也为自己的《野狐岭》

《凉州词》《一个人的西部》等作品能在人文社出版,感到非常欣慰和荣幸,同时也感激不尽。

我在人文社出版的第一本书,就是长篇小说《野狐岭》。在我的文学生涯中,这是一次重要的转折,它象征着我从一个"不合时宜"的作家,变成了一个"会讲故事的高手"——这是批评家们对我的评价,北京大学的陈晓明教授还说,"雪漠的叙述越来越成熟大气了"。

我一直知道自己在中国文坛上是个异类,《野狐岭》的责任编辑陈彦瑾也是这么说的。2011 年,她在《中华英才》杂志上发表过写我的文章,在文中将我评价为文坛的"异数",因为我总是"不合时宜",也就是"一直不能跟时代合拍"。她还说:"1988 年路遥的《平凡的世界》出来时,雪漠刚在《飞天》杂志发表第一篇小说《长烟落日处》,获甘肃省优秀作品奖。获奖后,雪漠就想为西部贫瘠大漠里的父老乡亲好好地写一部大书,于是开始了'大漠三部曲'的创作,没想到,这一念想,耗去了他二十年的生命。《大漠祭》出来时,已经是 2000 年了,而第三部《白虎关》写完时,已经是 2008 年了。上世纪 80 年代一度引领文坛和影视歌曲创作的西部风和乡土风,到了 21 世纪,早已是被都市化和商品化大潮冲刷而去的明日黄花了。而《西夏咒》的创作,雪漠拾起的是上世纪 80 年代末的先锋叙事,于是有评论家指出,《西夏咒》是'中国的《百年孤独》',是'东方化的先锋力作';直到《西夏的苍狼》,雪漠才第一次正面写都市,而《无死的金刚心》,雪漠又回到了《西夏咒》式的'梦魇般的混沌'叙事。——要知道,先锋叙事在上世纪 90 年代初即已没落,随着市场化进程的突飞猛进,如今文坛盛行的已是欲望混合着猎奇的商品化写作。雪漠在这样的环境下仍坚持先锋式的纯文学创作,尤其是在全民唯经济论、唯世俗享乐的时代,将目光投向被大多数人遗忘的西部贫瘠土地上的农民,书写他们'牲口般活着的'存在,探讨他们从泥泞中倔强升华的'灵魂',甚至探讨整个人类对世俗欲望和历史罪恶的'灵魂超越'——这一追求,无疑是与时代潮流格格不入的。"

对于这一观点,我在长篇小说《无死的金刚心》的代后记中有过回应,我说:"是的,我承认,我的写作,确实有点'不合时宜',因为我从来不在乎'时宜'——'时宜'便是这世界的好恶和流行规则。这世上,已有了那么多符合规则的作家,也不缺我一个。我写的,并不是好些人眼中的小说,我只写我'应该'写的那种。它也许'不合时宜',但却是从我心中流淌出的质朴和真诚。这世上的一切,从本质上看,都是一种游戏。不同的群体建立不同的游戏规则,再由不同的人去遵循它。小说的创作也一样。"

但是,我总不能老是沉浸在"不合时宜"中吧,所以,几年前,在陈彦瑾编辑的"点拨"之下,我也开始试着写好看的故事了。《野狐岭》便被陈彦瑾称作是"一部挑战阅读智力的好看小说",在编辑手记中她说,《野狐岭》的"探秘"缘起,它的《罗生门》式的结构,它的陀思妥耶夫斯基式的"多声部"叙事,它的草蛇灰线的故事脉络,它的悬疑和推理元素,都向人们证明:雪漠也会讲故事了。

这部小说的出版,一改评论家们对我作品的感受——《西夏咒》出版时,评论家们一度失语,很多人都说读不进去,北京大学的陈晓明教授却真正读懂了《西夏咒》,他说"雪漠是一位被严重低估的作家"。是与不是,我不评论,但我肯定是投入了生命去写作的。所以,我一直很感谢陈晓明教授对我的认可和支持——我的文学恩师雷达先生读了《野狐岭》之后说:"雪漠回来了。如果说,雪漠的重心一度向文化偏移,离原来意义上的文学有些远了,那么从这本《野狐岭》走出来了一个崭新的雪漠。不是一般的重归大漠,重归西部,而是从形式到灵魂都有内在超越的回归。"

在很多人看来,写完《白虎关》之后,雪漠确实一度远离大漠,进入了一个他们不熟悉更不了解的领域,但《野狐岭》中的雪漠重归大漠了,他再一次变成了那个歌唱人心的"大漠歌手"。对于这个说法,我是喜欢的,因为它代表了我心中两种非常美好的存在,其中,"大漠"代表了西部文化的辽阔和壮美,"歌手"代表了灵魂的倾诉和流淌。

一直以来,比起"知名作家",我都更想做个"大漠歌手",自由地用灵魂吟唱渗透在西部文化中的大美之歌——它不仅仅是属于家乡的歌,更是属于人类灵魂的歌,亘古以来,无数人都在吟唱这首歌,但有些人的吟唱被发现了,有些人的吟唱却没有被发现。我,也许是比较幸运的那一个,也是比较积极入世、更加勤恳的那一个,所以,我跟一些出版社和好编辑结缘了,我的吟唱也因此被人们发现了。对他们来说,这是一种不一样的声音,而我却明明知道,亘古以来,这个声音一直萦绕在人们心中,但人们始终没有发现它的存在。我的吟唱,更像是点亮了一盏灯,让更多的人发现,自己的灵魂世界里原来有一首很美的曲子,自己却因为沉迷于生活的喧嚣,而忽略了它。

《野狐岭》之后,人文社又陆续出版了我的长篇散文《一个人的西部》、小说集《深夜的蚕豆声》、文化游记《匈奴的子孙》《山神的箭堆》《带你去远方》和长篇小说《凉州词》,接下来,他们还将出版我的十万行史诗《娑萨朗》。人文社能出版这部百万字的诗歌作品,让我很感动。我相信,人文社的朋友们能读懂我在作品背后的坚持,我更相信,对中国文学,他们也有一份跟我相似的理想。因此,我们之间才会有如此深厚的缘分,始终有一种说不清的情愫,在冥冥中牵引我走向它,或者说,牵引它找到我——一如2010年作家村开幕仪式时,陈彦瑾编辑带着她对《西夏咒》的浓厚兴趣,在樟木头遇到了我。想不到,这一结缘,竟然就是十年。

过往的生命中,人来人往,人散人聚,人文社却始终跟我相伴。最近我常说,结缘对我来说是一种冒险,但是,与人文社的结缘,绝对是一种令我惊喜的冒险,它为我打开了一个新的世界,让我的文学生涯出现了一个非常重要的转折,也让我的文学创作更上一层楼,不管在人格上还是艺术上,它都让我有了一种新的升华和超越。所以,结下一种好的缘分,对人的一生是非常重要的。

2

更令我感动的，是人文社对我的支持。

《野狐岭》出版后，人文社在北京、上海、甘肃成功举办了三场高规格的大型研讨会，很多非常重要的学者和评论家都应邀参与，而《野狐岭》也获得了与会专家学者们的广泛好评，有上百位专家学者对《野狐岭》进行了评说，其中包括雷达、陈思和、李敬泽和陈晓明等老师，《人民日报》《光明日报》《文艺报》《文汇报》《北京晚报》和中新网、新浪、搜狐、腾讯、网易等近百家媒体进行了相关报道。当时的评论文章，由陈晓明教授主编，张凡、陈彦瑾副主编，集结成六十多万字的评论集《揭秘〈野狐岭〉——西部文学的自觉与自信》，由中国大百科全书出版社出版。

在人文社的推动下，《野狐岭》首印一万册一个月内卖光，加印的两万册也很快售罄，并多次登上当当网新书热卖榜，被当当网评为"五星图书"，还登上《光明日报》的"光明书榜"和百道网的"中国好书榜"。因其热销，《野狐岭》的出版被评为"2014年甘肃文学的十大新闻"之一。同年，《野狐岭》入围第九届茅盾文学奖参评书目；2016年10月，入选大学本科教材《大学语文》阅读推荐书目；2018年2月，荣获甘肃省委省政府第八届敦煌文艺奖一等奖。

其他作品同样如此，《一个人的西部》也登上了百道网的"中国好书榜"和《光明日报》的"光明书榜"；小说集《深夜的蚕豆声》入选人文社2016年度"十大好书"，并获得2016年上海书展中国出版集团销售冠军；文化游记《匈奴的子孙》入选2017年中国作家协会重点作品扶持项目，在2017年上海书展获得中国出版集团销售冠军；长篇小说《凉州词》入选2019年中国作家协会重点作品扶持项目，并在预售期内就登上了当当网小说新书排行榜第二名。

这些成绩，固然与广大读者对我的认可和支持有关，但更要归功于人文社的大力支持,如果没有人文社的大力支持,读者们根本就发现不了我,更谈不上认可和支持我了。所以,对于人文社的领导和编辑,我一直心存感恩。此外我也知道,这几十年来,他们以自己的热情、真诚和眼力,成就了许多跟我一样毫无背景的作家。他们对文学的热爱、他们所付出的努力,以及他们那种无功利的奉献之心,在我看来,是中国文学出版界最美的风景。

八年前,因为一些因缘,我的长篇小说《无死的金刚心》由中央编译出版社出版,没有在人文社出版,但当时的人文社社长、著名评论家潘凯雄先生却仍然写了一篇文章《信仰只存在于寻找信仰者的心中——读雪漠的〈无死的金刚心〉》,发表在《文艺报》(2011 年 12 月 28 日)上。在我看来,这是他对《无死的金刚心》的另一种支持,让我非常感动。

潘凯雄先生在文中说道:"说我们现在正处在一个信仰缺失的年代好像有点儿言重,也不太符合事实,但说我们现在不少人在精神层面缺乏坚定的信仰,不少人太物质太实用太现实恐怕也不为过,在这样的大背景下,强调一下信仰追求的执着(特别是在精神层面的执着追求)还是十分有意义的。一方面,我从来不相信'人定胜天'之类的精神神话,现在我们的生存现实也一再地证明了人胜不了天,在天人之间,谁也吃不了谁,还得和谐相处,单是这'和谐'二字,我们就付出了几十年的惨痛代价甚至今天还在继续付出;另一方面,我也主张人还是要有些基本的精神追求,比如善良、平等、博爱、宽厚、仁慈等等。这其实也是一种信仰,而且对这种信仰的追求需要执着、需要坚定、需要清醒,而不是善变与动摇,那样的话,种种'貌似信仰'就会乘虚而入。从这个意义上说,雪漠的《无死的金刚心》自有其积极的意义与价值,撇开具体的内容不论,单就'信仰只存在于寻找信仰的人的心中'这一点而言,我认同并赞赏雪漠。"这段话也让我非常感动,因为潘凯雄先生读懂了我的心,也读懂了我的某种期待。所以,我一直将这篇不长的评论视为本书的第一评。我相信,潘凯雄先生就是一个有信仰的人,他信仰的是真正的文学精神、真正的人文精神。

人文社社长管士光先生也让我非常感动。2014年8月20日,《野狐岭》参加上海书展,在上海作协会议大厅召开研讨会,那天正好是管社长的生日,但他还是专程从北京赶来参加,并在发言中以高度认可的方式支持了我。我的自传体散文《一个人的西部》出版时也是这样,我至今仍记得一个细节:2015年9月20日下午,《一个人的西部》在北京王府井书店举办读者见面会,当天管士光社长刚从英国回来,还没休息,就特意到现场来支持我——不了解情况的朋友可能不知道,作者面对的是一两个活动,而出版社面对的却是无数的作者、无数的活动,作为出版社的社长,不可能参加所有的活动,否则时间上肯定不允许,身体上也会吃不消,但管社长刚下飞机就赶来参加我的新书活动,对我来说,这本身就是一种认可和支持。

2015年5月我在美国纽约考察期间,在纽约书展上见到了责任编辑陈彦瑾,我的小说《野狐岭》也醒目地摆放在人文社展位的展架上。我深深知道,这一切离不开管社长的支持,我能明白他的良苦用心。也正是在那次书展上,我认识了一些记者和汉学家,通过陈彦瑾,我结识了著名汉学家葛浩文先生,后来,他翻译了我的《大漠祭》《猎原》《白虎关》《野狐岭》,正在翻译即将由人文社出版的史诗《娑萨朗》。可以说,纽约书展是我的作品走向海外的重要缘起。

所以,直到今天,想起管士光社长的这些细节,我都怀着深深的感激。当然,我知道管社长对我的认可和支持不只是针对我本人,也是针对我的这种创作方式,在他看来,也许我的创作方式代表了中国文学的另一种可能。所以,我在感到非常荣幸、非常温暖的同时,也觉得非常欣慰。一个出版社能有一个慧眼识珠、心怀使命的社长,绝对是一件幸事。

另外,管士光社长的胸怀也非常博大,2017年1月,中国大百科全书出版社成立了"雪漠图书中心",而管士光先生作为人文社社长,不但出席了那次成立仪式,还发表了精彩的讲话。我记得他当时说,在精品品牌的运作过程中,有两个因素很重要,一是足够的内涵,二是影响力,这两方面因素,雪漠作品都是具备的,所以雪漠作品具备了成为品牌的前提和基础。他还说,在他看来,雪漠是不多见的作家,雪漠的作品有两大重要支柱,一是西部大地,二是中国传统文化,因为这两大支柱,无论在小说创作还是文化研究方面,雪漠都取得了丰硕的成果,而这两者的结合,也构成了雪漠作品的厚重与范围的广泛,因此,"雪漠图书中心"的成立是合理且必要的。

人们经常说到社会竞争的激烈,但我总是看到同行之间为了同一个梦想和使命而互相支持,其中的种种细节,总会让我觉得温暖和感动。我觉得,中国出版界有这样一群心怀梦想、胸怀博大的出版人,既是一种幸运,也是一种希望,而中国文学,也必然会因为他们的努力,呈现出更加欣欣向荣的景象和局面。

值得一提的是,我和中国大百科全书出版社的结缘,也跟人文社编辑陈彦瑾有关。这也是我对陈彦瑾非常感恩和欣赏的原因之一。最早的多年里,虽然我的文化作品不能在人文社出版,但陈彦瑾一直作为特邀编辑在支持着我。而且,在很多场合里,她都会像我的文学恩师雷达先生那样不失时机地推荐我、介绍我的作品,极力为我创造一些善缘,即使有时会因此受些委屈,她也不改初心,一如既往地支持我,研究我的作品。其中的点点滴滴,我一直放在心里。虽然我的生命中出现过很多其他的编辑,但陈彦瑾是我不会忘怀的编辑之一,就像人文社绝对是我不能忘怀的出版社之一。能与他们结缘,一直让我感到非常庆幸。

3

这几年,人文社社长臧永清先生也给了我很大的支持。2019年,我完成了第八部长篇小说《凉州词》,把它交给人文社。臧社长多次关心这部小说的出版,还亲自过问了小说的封面设计。在他的指点下,《凉州词》的封面很好地体现了"西北大漠"与"中华武魂"两个元素,大气浑朴又不失时尚雅致,赢得了读者的交口称赞。2020 年 1 月 9 日,《凉州词》在北京图书订货会上举行发布会,人文社特意安排了"红沙发"对谈活动。这是北京图书订货会的一大品牌节目,影响力非常大。为了这次活动,社里向主办方捐赠了一批图书,还邀请了北京大学中文系主任陈晓明教授,人文社党委书记张贤明先生亲自参加对谈,这些细节都让我非常感恩。

张贤明书记曾在 2016 年参加我的小说集《深夜的蚕豆声》的新书发布会,他认为我对西部风土人物的描写有沈从文小说的神韵,这一评价令我印象深刻。在"红沙发"对谈活动中,他对《凉州词》的评价也说出了我的心里话。他说,写长篇小说难的不是编故事,而是写活日常生活状态,《凉州词》把清末民初西部民间武人的生活状态写活了。而且,《凉州词》不仅好看,也很有史料价值,人们如果想要了解西部武林的前世今生,看《凉州词》就会一目了然。从书中那些生动的武林人物身上,我们能感受到源远流长的中华武魂,也能感受到普通中国人身上那种刚健进取的精神和一腔浩然正气。在他看来,我写出呼唤武魂的《凉州词》是一个作家的担当,出版和推广《凉州词》这样的优秀原创文学精品,则是一个出版人的担当。

张书记敏锐地读出了我寄予这部小说的期待。我之所以写《凉州词》,就是因为心中的一种担当。娱乐文化的流行,让中国文化中那种阳刚的东西渐渐消失。我深深地明白,一个民族如果失去刚猛强健的精神,就会失去傲然站立在世界舞台上的力量,更会失去主宰自身命运的力量。相信很多人心中都有跟我相似的担当,大家都在用自己的方式履行着这份担当和使命。

《凉州词》的"红沙发"对谈活动得到了媒体的广泛报道。人文社还计划安排多场研讨会和签售会,来大力推广这部作品,遗憾的是被突如其来的疫情中断了。在与臧永清社长的相处中,我发现他是一位非常优秀的出版人,从他身上,我看到了一个成功的出版人所必须具备的三种素质:第一,政治家的智慧;第二,企业家的敏锐;第三,文学家的梦想。如果只有前两种素质而没有第三种素质，他就会是一个纯粹的生意人，而人文社也会失去那种浓浓的人文情怀和理想主义色彩；如果只有第三种素质而没有前两种素质，人文社就很难打开局面，走得更远。也许，这同样是历任人文社社长所具备的共同特点，因此人文社才能历经七十年的风雨，一直走到今天，并且依旧辉煌。

当然，除了优秀的领导之外，人文社的成功也源于他们有国内一流的编辑，其敬业程度和专业程度，屡屡让知情者赞叹。陈彦瑾自不需说，她前段时间出版了一部写我的文学评传，叫《雪漠密码》，书中记录了她十年来对我作品的研究心得。此书一经出版，就引起了读者们的热烈反响，不但销量很好，也感动了很多人。当然，其中也包括我。每次翻开那本书，读到其中的一些字句，我就会想起这些年来的一些片段，心里觉得很温暖的同时，我也会感恩自己的生命中出现了她——她为我打开了一个世界，而且因为有她把关，我在出版一些图书的时候，总会很有安全感。她的文学眼光、专业水准、职业素养和人文精神都是一流的，综合素质非常高。更重要的是，她是一个真正有理想的编辑，她的心中有一种纯文学的追求，正是因为这种追求，她才会被《西夏咒》所震撼，然后不远千里来找我，并且在这么多年里，一直认可并推动着我的创作。她确实真正读懂了我，也在一定程度上影响了我。

此外，人文社里还有很多让我难忘的人，像王秋玲、宋强，还有我不认识的那些负责发行和宣传的朋友，他们的热情、敬业和优秀，总是让我感动和佩服。

总之，我很感谢人文社，既感谢人文社的各位老师和领导们对我的支持与厚爱，也感恩这份缘分背后那种风雨同路、共赴梦想的温馨。我唯一能做到的，就是写出更好的作品，也许，这才是回报支持和厚爱我的所有人最好的方式。这份念想，正是我这么多年来的写作动力之一。

在此，祝愿人文社越来越好，事业广大，传承久远！

岁月如歌

| 章仲锷

我是 1982 年自《十月》调至《当代》杂志的，1988 年离开。六年的时光，有许多美好的回忆，记得当时正处于文学期刊兴旺发展的年代，《当代》印数达到五十余万，编辑部也人才济济，在老主编秦兆阳、孟伟哉的领导下，除了现仍负责《当代》工作的何启治和仍在职的诸同仁以及刚离职不久的朱盛昌外，还有龙世辉、冯夏熊、杨匡满、贺嘉等人，后来都是独当一面的干将。我在《当代》时正处于精力充沛的最佳年龄段，每年发稿都上百万字，阅稿则超过千万字。从普通编辑到编辑部副主任，后来又当了副主编，曾编发过一些有影响的作品，也结识和发现了不少作家和文学新人，为《当代》这个国内文学界负有盛名的大型文学双月刊的建设和发展，聊尽绵薄之力，这是我引以自慰和感到骄傲的。

兹当《当代》创刊二十周年之际，写出几则往事，作为我编辑生涯回忆的开篇，也就教于我写到的朋友和同仁们。

一　初识王朔

王朔的第一部中篇小说《空中小姐》发表在《当代》，大约是 1984

年。最早看他初稿的是当时的编辑部主任龙世辉（可惜我的这位湖南老乡、编辑家已经去世），后来老龙离开《当代》，我接手又让他几经修改，前后改了四遍，由九万字精炼到四万字，发表后反应不错，很快就被改编为同名电视剧。作品带有很浓的自叙色彩，写的是一名海军战士与空姐的爱情故事，很纯情，富于理想和英雄主义色彩，有一定的感染力。故事就是以王朔自己的初恋为背景，当然，实际生活中那位空姐并未殉难，他们友好地分手了。紧接着《当代》当年又发了他的第二部中篇小说《浮出海面》，仍带有自叙成分，写的是一名待业青年（还是残疾）同舞蹈学院的一个学生的爱情纠葛，实际上很大部分取材于他同他妻子，一位舞蹈演员之间的故事。在这篇小说中已流露出作者某种玩世不恭的情绪。例如男主人公名叫石岜，这是我让他后改的，原来的名字是王岜（实是王八的谐音）。此小说改编为电影名叫《轮回》，那是后话了。在《当代》连发两部中篇后，他一发不可收，陆续写了《一半是海水，一半是火焰》《橡皮人》《顽主》《我是你爸爸》等，他的解构主义，他对崇高、理性的拒绝，对传统和现存行为规范的蔑视，对伪道学和"革命"辞藻的调侃嘲笑，以及对城市底层青年越轨行为的描述，对他们流行语言的熟稔和运用，都使其作品驳杂绚烂，别具一格，受到青年读者的欢迎，却也令某些人大为侧目。王朔完成了"由纯情走向邪恶"（我在一篇评论中的用语）的过程，肯定者认为他是新京味小说的代表，创造性地把一些市井俚语引入小说创作；贬他的认为他是"痞子文学"的始作俑者，不屑一顾。

我印象中的王朔，始终是个中学生式的小青年，天生一副娃娃脸，见了我拘谨又腼腆，端端正正坐在椅子上聆听我谈稿子。后来他成了"大腕"，仍对我十分尊敬。看他的作品，切莫以为他就是出身于大杂院的"胡同串子"，其实他是军队大院里的孩子，父亲是军队院校的教授，像电影《阳光灿烂的日子》所描述的那样。他曾在舰艇上当过卫生兵，退役后在医药公司做销售员，据他说经常要带着药品下乡推销，住在大车店的土炕上招一身虱子，后来辞职申请了个摆书摊的执照也没真正干过。"码字"生涯是他生存手段的一种尝试,先在《解放军文艺》上发过短篇小说,没啥反响,在《当代》发出《空中小姐》,才使他产生信心。当时他没工作,妻子也刚当演员,《浮出海面》发表后可以拿到一千多元的稿费,这对他来说是笔大收入。是我出馊主意让他和妻子共同署名的,这样平均不至超过八百元,就免缴个人所得税了。《当代》对王朔也着意培植,第一次刊物评优秀作品奖,给他颁发了"新人奖",请他去怀柔水库度假。那次我目睹了他作为海军战士的泳姿。他身体颀长结实,以自由式横渡水库两个来回还很轻松(我游一趟便气喘吁吁了),难怪他受到女追星族的青睐。《当代》还请他去海南岛参加笔会,就是那次会上他结识了王海鸰,后来他们合作写了电视连续剧《爱你没商量》。

有一年王朔的作品影视改编率极高,一年有四五部,被称作"王朔年"。及至他参与策划《渴望》,分工撰写《编辑部的故事》,可谓达到了巅峰。待到拍摄《爱你没商量》《海马歌舞厅》,则已成强弩之末,所以又改而参与策划拍摄革命题材的影片《红樱桃》,再获成功。王朔极其聪明,很善于包装炒作,以他"文革"时读中学的那点儿文化,全凭勤奋,成为一名独具风格的作家,走出自己的路,着实不易。他有时口出狂言,也许是出于不成熟,不知天高地厚,但也有可能是在"作秀",故出惊人之语,以资招徕,引人注目,像什么"一不小心就玩出部《红楼梦》"之类,我有这样的怀疑。对于"痞子文学"的提法,我以为是不对的。"痞子"是指他写了痞子,还是说作者就是痞子?若是前者,谁写了痞子谁就成为痞子,那么,施耐庵就会成为强盗作家,曾朴(小说《孽海花》的作者)则是娼妓作家了。若是后者,如无事实依据,那则是人身攻击了。我始终认为,王朔的作品应属于纯文学的范畴,因为他描摹人情,状写世态,塑造人物,揭示人性的优美与泯灭,除了他的"单立人侦探系列",并不单纯追求情节,而他写人物对话,特别是当今城市青年的时尚口语,惟妙惟肖,堪称一绝。有些词语,例如他的一些作品的篇名《过把瘾就死》《爱你没商量》《玩的就是心跳》等,已成为一种流行语和口头禅,这是别的作家所做不到的,对王朔及其作品,不管你是否喜欢,都得承认,在新时期有这样一段相当火爆的"王朔现象"。在文学走向多元化的今天,我们对待不同风格流派和各种各样的探索实践,应该采取宽容、平和、开放的态度才是。

王朔为人仗义、忠厚,这点我深有体会。我已见惯了一些"一阔脸就变"的名人和作家,而王朔大红大紫时也待我如故。我组织的活动哪怕很小型的座谈和讲课之类,他也招之即来,从不端架子。我到作家出版社后,相继出版了他的长篇小说《玩的就是心跳》和《王朔谐趣小说集》等。80年代末,我获咎被免去副总编辑的职务,为"痞子文学"张目,也是其中一条"罪状"。当时我真有点儿"冠盖满京华,斯人独憔悴"的感觉,而王朔和另外一位作者专程跑到我家,陪我玩了一天,使我至今不忘他们的情谊。

二 "晋军"崛起

"晋军"是指山西省新时期以知青为主的一批作家,它不同于原先的"山药蛋派",是当时在国内文坛可与"湘军"南北辉映的一支实力派队伍。而"晋军"的名号能有影响地打出来,实自《当代》始,我则是具体运作者。大约1985年左右,我首次去太原,那是因为找焦祖尧谈对他的中篇小说《跋涉者》的修改,从而开始接触山西一批年轻作家的。我先去原平县找到成一,他是河北籍的知青;后又去榆次找郑义和柯云路及其夫人罗雪柯,他们都是北京知青;李锐也是北京的,我去之前就已结识,他的夫人蒋韵是山西籍的知青,也是"晋军"的巾帼将军。后来我在《当代》组发了一个山西作家中篇小说专辑,包括:郑义的《老井》、李锐的《红房子》、成一的《云中河》和雪柯的《女人的力量》。其中《老井》和《女人的力量》都被改编为电影,特别是《老井》还拿了国际奖。在这专辑前的"编者按语"中我写了"晋军崛起,引人注目"一段话,从此前和以后的"晋军"创作实绩看,我的估价是有根据的,因而得到了文坛的认同。

这批人中,当时最突出的是郑义和柯云路。郑义在晋中师专读书时便以短篇小说《枫》名噪一时,但后来分配到榆次工作,处境并不好。我初次到他家时,真可谓家徒四壁,连书架都是用砖头码起来的。他写的《远村》被几家刊物先后退稿,有些沮丧。我读后大加肯定,决定把稿子拿回北京发表。《远村》写的是山区"拉帮套"这种扭曲的婚俗,这同当今小说和影视时髦的婚外恋题材完全是两码事,系出于经济原因的悲惨选择。当时正值"清污",我担心它会被当成精神污染遭"枪毙"的,为了实现自己的承诺,送审单上反复论述推荐,写了几千字,简直像篇论文,幸好主编孟伟哉给予支持,但发表时仍没敢放在头条位置(尽管按思想和艺术性以及我的意愿都应如此),还排了小号字。由此可见,当个编辑时时要顾及"气候",适应"环境",常常心悸于头上的悬剑。《远村》发表后反响强烈,接着又获得全国中篇小说奖,此后《当代》又连续发了郑义的《老井》和《冰河》,后者由于写的是真事假人,故冠以"报告小说"的名称(为此还引起争论),后改编为电影《冰河死亡线》。作者也成了山西省作协的专业作家了。

郑义性格的偏执和强悍,我也曾亲见过。他住在人民文学出版社内的招待所改稿时,由于爱情上的波折,竟激动地用电工刀剁下自己的一截小手指。这才使我相信了关于他的一些传说:插队时在东北林区背着木匠箱游荡了三年,写下了知青与异国女郎热恋故事的手抄本;在"文革"时,他曾把像章别在自己胸前的肉里。至于1989年以后他的演变和消失,则是另回事了。

柯云路本名鲍国路,柯云路是从他自己和妻子、儿子的名字中各取一字组成的。他的短篇小说《三千万》获全国首届短篇小说奖,但真正出名是由于长篇小说《新星》,最初是发在《当代》的增刊上,影响并不大。等到被山西电视台改编为电视连续剧,才一炮走红。由于它是较早反映改革开放题材的,一时万人空巷,大家都在议论李向南(该剧的主人公)。《新星》的初稿是我在榆次市住了约一周读后决定刊用的。

柯云路最初是把它作为"京都三部曲"的第一部,原名《古陵》(系作者杜撰的县名,故事的发生地),我嫌名字不响亮,古老的陵墓寓意也太灰暗了,建议改为《新星》。作者欣然接受,并且改变了计划,把《新星》作为前奏,另起炉灶,写"京都三部曲"——《夜与昼》《衰与荣》《灭与生》。

作者雄心勃勃,想把三部曲写成全面概括反映城乡改革大趋势的史诗性作品,但注定是不可能实现的。因为中国改革的进程是摸着石头过河,80年代中期正处于莫衷一是的实验阶段,谁也无法超前写出改革的走向和结果,因而柯云路写了《衰与荣》后便无法继续了。尽管如此,这两部小说当时还是备受关注的,评介和转载的不少,平心而论,柯云路政治上很敏锐,长于思辨,往往能得风气之先。但他过分自信甚至自恋,对自己作品的估价往往言过其实。《新星》等三部作品,写得有气势,现实性强,塑造了一些令人难忘的形象,作为早期全景式反映改革的作品,有其一定的价值。但艺术上比较粗糙,叙述多,描写少;对话多,生动的细节刻画少;特别是议论过繁,而生活气息不足,给人一种思维大于形象的感觉。

我同柯云路夫妇的合作比较默契,他们对我的案头工作表示满意。柯云路曾在上海一家杂志写过一篇《章仲锷论》,文内写道,别人更多地是给当红的作家写"论",给编辑写论的他是第一个。是否如此,我不知道,但我受之有愧,只有表示感谢。后来我离开《当代》到作家出版社,又主持一个专发长篇小说的刊物《文学四季》(遗憾的是只存在一年,出了六期便在1989年底压缩刊物时寿终正寝了),其时,柯云路的兴趣已转换到搞"人体科学",写了《大气功师》。他曾对我讲述过该作的大体内容,但我对气功和特异功能之类不以为然,而且也不认为《大气功师》是文学作品(虽然它后来成为畅销书,但购书的其实是气功爱好者)。结果,它发表在《当代》,分三期连载。柯云路不光搞气功,还涉及"情商"学、成功学、商业领域的打假防骗术(他写了一本名为《超级圈套》的准小说)等,似乎他很熟谙市场经济对文化出版的影响,每每能站在潮头,出的书销行都很火爆,这不能不令人倾慕和佩服。衷心地祝愿他在重归文学之路上再创佳绩。

我与"晋军"的关系至今未断,每去山西,他们都待若上宾,山西人的厚道让我感动。我到《中国作家》后又陆续发了一些"晋军"的作品,如山西籍知青出身的赵瑜(我在《当代》编最后一期时签发了他的《强国梦》)、张石山、燕志国等。1997年还搞了一期"山西作家小说专辑",除了新一茬的年轻作家外,像打头的钟道新仍是北京籍的知青。他出身于清华附中(这个著名的红卫兵发源地中学,出了一批知青作家,如张承志、郑义、史铁生、甘铁生、陶正等,这在当代文学史上应是个值得研究的"谜"),是最年轻的一届,现在已是"晋军"的中坚了。另外,还有一批我所佩服的搞理论的如李国涛、韩石山、谢泳、阎晶明等,前两位也写小说,李用笔名高岸,韩则是散文高手,训诂考证,辩诘分析,令人心折。遗憾的是我只发过阎晶明的一篇短文。

三 争来《钟鼓楼》

刘心武与我在《十月》编辑部是同事,但他当编辑的时间不长,成绩也难说骄人,只记得他编发过叶君健的长篇小说。我以为干这行不是他的强项,即使后来他一变成为"国刊"(《人民文学》)的主编。记得我曾同他一起出差去上海组稿,大约是在1979年初。我们一起走访作家,一道去城隍庙吃小吃,他像个老上海告诉我上海人如何精明,全国唯有上海有半两的粮票,用来买蟹黄馅的小笼蒸包可以买几只云云。记得那次我们从黄宗英那儿拿到了报告文学《星》(其实是篇纪实散文,写上官云珠被迫自杀的真相),当时读罢就深受感动,后来果然获得第一届全国报告文学奖。

我们住在静安宾馆,自然无话不谈。我得知他并非北京人,祖籍四川,自称是李自成麾下大将刘宗敏的后裔,刘的原配夫人在闯王失败后,率领刘姓族人逃避清军诛戮而远避四川僻乡,又生存繁衍起来。当地人皆知这个家族的首领是大脚刘老太婆。爷爷是当年清华大学国学院的名教授,父亲也是某军事院校的教授,而且我同他还是北京师范学院的前后同学(他原在师专,后并入师院,我因系调干生,入学较他为晚)。在学校参加院京剧团的活动,因扮相和唱做不佳,只能跑跑龙套。虽然我嘲笑他一番,但也感到他爱好广泛,涉猎博杂,这点倒与我谈得投机。从我同他的接触,再印证他人,觉得一些作家都是家学渊源。其文学基因并非无根由的。当时我也写小说,我同心武一起熬夜执笔,同时各自写个短篇,实在含有竞赛的意思。他写的就是那篇颇有影响的《醒来吧弟弟》,而我写的尽管后来也发表了,却自愧弗如。人贵有自知之明,从此我改弦易辙,不再写小说。当然,这也同我编辑小说有关,对别人的小说审读越来越挑剔,也越来越眼高手低了。这可能是编辑们的通病。

刘心武写小说不打草稿,但腹稿却深思熟虑,并且列出详细的提纲。写得不算快,但因是一遍完成,所以效率并不低。他对小说的构思有所谓"胚芽"说,即通篇小说有个核心的细节,生发开去;而故事的展开则像剥笋一般,由表及里,层层深入。当然,"戏法人人会变,各有巧妙不同"。以上系刘氏小说技巧如是说。我们还对"擦边球说"有所共识。这个比喻很形象,轰动的小说都是"擦边球"。球打出界外犯规,打在台子中间很一般,没啥效应,擦边则是得分的好球,但特意打个擦边球却很难,不是过头就是不及。刘心武的《班主任》和《爱情的位置》,都是当时漂亮的擦边球。说他长于思考,能敏感地抓住热点,适应当时群众的情绪和舆论趋向允许的幅度,对反"左"和思想解放运动以及呼唤人性,冲决爱情的禁锢,起到了促进作用,开"伤痕小说"和"问题小说"之先河,是不过分的。

后来刘心武成为专业作家,仍称我为"老搭档",这是由于我曾先后编发过他创作前期的三部重要作品。一是中篇小说《如意》,写个清室的格格与一老工人的迟暮爱情,可说是写黄昏恋题材的超前作品;另一部是《立体交叉桥》,写的是拆迁引发的故事,实际上是写人际之间也需建立相通的立交桥;再就是长篇小说《钟鼓楼》,后来获得第二届茅盾文学奖。对于这三次合作,双方都比较满意,而且有些微妙之处。发《立体交叉桥》时,作者本来已把稿子交《当代》,对方的责编和终审都提出了修改意见,作者迟迟没动手改。恰在这时我去心武家,他不在,我从他母亲手上拿到稿子,坐那儿一口气读完便拿去《十月》发表了。《钟鼓楼》作者本是给《十月》的,为此,《十月》在青岛开笔会时邀了心武夫妇去小住。但《十月》失策之处在于只答应分两次跨年度发表,而心武一心是欲参与应届茅盾文学奖的竞争的,跨年度就失去了参赛资格,其时,我已调至《当代》,毫不犹豫地满足了他的条件,便把稿子拿了过来。这很像现在的球员转会,一旦改换门庭,便各为其主了。

对《钟鼓楼》的编辑,我还是下了番功夫的。小说是写当代京城一四合院里普通居民的日常生态景观,为了加强其历史沧桑感,我建议作者添写了上万字的一节"楔子",叙述北京钟鼓楼周围的历史沿革和文化底蕴,成为全书的有机组成部分;同时增加了少量北京俚语的注释,并请具有民俗写实画风的著名漫画家丁聪为之配插图,都起到了锦上添花的作用,故而作者满意我这个"老搭档"。后来作品获茅盾文学奖,责编也给予奖励(记得是二百元,因为同时我还是另一部获奖长篇《沉重的翅膀》的刊发责编)。

一鳞一焰总相知

| 葛　亮

　　人民文学出版社,值七十华诞。每个爱文学的人,都会由衷地祝贺。《论语·为政》指"七十而从心所欲,不逾矩"。作为一个有着悠久历史的国家级出版社,这意味着法度谨严又生生不息的开放姿态。

　　说起笔者与人文社的缘分,大约会从两个层面说起,一是作为读者,一是作为作者。

　　若说是一己的阅读经验,会从旧俄的小说说起。这来自我学俄文出身的父亲的引导。因为个人的审美,他很重视所谓文字的精谨,首先选择给我读的是屠格涅夫的小说。而读的第一本,是陆蠡翻译、丽尼校订的《罗亭》(Рудин),也是因为这本书,我对俄国文学的最初印象并非是厚重与格局感,而是一个青年内心深处的张弛。陆蠡的译文素洁平朴,其中的节制,很见功夫。这本书是1957年的版本,卷首附有斯特普尼亚克的长序。父亲还藏有一本屠氏的《处女地》,出版是在1978年2月,那是我出生的年份。据父亲说,那一年他买了许多书,为的是在母亲孕期读给她听。二书同源,都是来自人民文学出版社。据说早在1937年,当时尚年轻的巴金、丽尼和陆蠡曾在杭州西湖畔三结义,因由便是这套屠格涅夫选集。三人分工翻译出版了六部长篇。最意犹未尽的大约是丽尼,及至其身后,遗物里尚有一套俄文版《屠格涅夫全集》,

可见其宏愿未竟。人民文学出版社于 80 年代初期出版了张守义封设的屠格涅夫单行本,至 90 年代初,在原基础上整理重新出版了柳成荫封设的选集,百川归海。

我曾写过一篇文章,《此情可待成追译》,回顾少时所读译作,其中大半作品,竟都是来自人文社。可见人文社在国外文学的译介和出版方面,不遗余力。

由此,人文社对于当代大部分读者,都有开蒙的意义。古典文学的领域,更是如此。笔者晚近所撰写的"匠传"系列小说,其中一篇《书匠》,主人公简为香港资深的古籍修复师。她回忆少时阅读与藏书经历,有这样一段自白:

> 老板娘对我说,有个客人,把一套书放在店里寄售,少了一册,卖得便宜。我一看,是 1974 年内地出版的《脂砚斋重评石头记》。宣纸朱墨套色,原尺寸影印。我恰巧在《明报月刊》上读到了这套书的广告。说来也是个缘由。……北京出版了这套"庚辰本"《石头记》,全世界限量两千套。价定得很高,是用来赚外汇的。香港分得五百套售卖,当时作价港币两千五。我翻开来,就看到这套线装书,跟足原书钉装,就连眉批原本红色都保留了。

从此,这套《石头记》,成为主人公迁延一生情感的引线,而补齐最后一册,也是其毕生凤愿。此段掌故,有其原型,这套引至半个世纪陆港共情的珍本,出版方正是人民文学出版社。

再说我以作者的身份,回溯我与人民文学出版社结缘之始,大概要先说到家中的一位长辈,是我的祖父。先祖讳康俞,是一位艺术史学者,曾任教于南京中央大学。他一生中最重要的著作《据几曾看》,1940 年代完成于四川江津。工楷自书,辅以绘事,阐发画理,品评东汉至晚清历代重要的书画典藏。而此书出版,在祖父见背之后,却有赖其生前两位挚友,一位是收藏家王世襄先生,一位是三联书店出版人范用先生。因其中经手著录藏品，1949 年后，多转移至台北故宫博物院。二位长辈为其奔走两岸，玉成此书出版，让我体会到那个时代的暖意。父亲谈起范先生与祖父数十年的情谊，从不以"编辑"二字论之，而称为"出版家"，在我心目中，那是对出版人无上的称誉。或许作者与编辑间最理想的相处，已经超乎了专业合作，而见乎于人情。而这人情中，自有其传承。记得相当长的一段时间里，我与祖父辈的朋友们通信，还会用竖格的直笺。这个习惯的形成之初，是因范爷爷。在文字中，他总是如此认真地对待故交的孙辈，有些忘年相知之意。去与来之间，便有了某种期待。年节时，他的信里，会夹他孙子一帧小画，出其不意的暖心。后来，范爷爷随一众老辈陆续凋零，对我的触动可想而知。也在这触动之下，我写下了《北鸢》，作为对祖父与他知交们的追念。

在选择出版方时，我承认自己的审慎。其一，祖父和外祖那个时代的故事，必要交托懂它的人。其二，隐隐然，我是如此羡慕祖父，他和范爷爷之间，那种漫长的来自作者与编辑的默契与情谊。

最终与人文社的结缘，见乎于一种偶然中的必然。旧年夏夜，在朋友的介绍下，我与人文社当代文学编辑室主任赵萍老师见面。见面地点是在一个徽菜馆里。赵老师温婉周到，彼此寒暄。她说，北鸢，我很喜欢这个书名。我笑问，为什么呢。她很认真地说，因为我的老家是山东潍坊，是中国的鸢都。

菜在我到之前，已经点好了。上来时，我蓦然会心。《北鸢》中两位重要人物，毛克俞和卢文笙，其原型分别是我的祖父与外祖，有师生之谊。因祖父故里为皖南安庆，在小说中，我便写有一段二人久别重逢的场景，正在克俞于母校杭州国立艺术院附近开的徽菜馆"苏舍"。而我面前所点菜肴，一鳞一焰，似处处皆在呼应小说中所写。点菜的人，必先将小说情节反复研读，烂熟于心。再者，这初见之席，必有其出于作品之外的心意和创意。在这一刻，我内心充盈而温暖，想，就是这里了。

此后与人文社的合作，是愉快的。其中最为我所感触，便是一种默契与尊重。关于文案,关于装帧,都凝聚了人文社各部门同事的心血。当我甄选元代乃贤的字体作为书名,同事们如我般有感同身受尘埃落定的安慰。我们反复讨论书封的靛蓝的色度,付印开机那天,我犹记得,责编赵萍给我电话,难掩欣喜,说,葛亮,印出来的颜色,比我们预想得还好看啊。远在香港的我,不禁也为之感染动容。无心插柳的欣喜,书封上那一抹深沉的蓝紫,是此后无数个休戚与共时刻的开端。成书后的一场直播活动,叫做"民国有鸢落北天",那是一次怀旧之旅,在文史专家的陪同下,我与人文社团队,循着外祖父幼时的成长轨迹,一一探寻了天津的历史遗迹,如耀华中学、意大利租界、督办衙门原址。那一刹,我觉得《北鸢》中文字,如大梦醒觉,复活于这个时代。应和于时代跫音,一如当年祖父与三联书店,此刻我亦与人文社,啐啄同时。《北鸢》书封上,那一句"再谦卑的骨头里,都流淌着江河",说的是书中人,也是书外人。

2016年"南北书"在人文社出版,已经五年过去,回顾历历,继往开来。

在赵萍老师的办公室里,有一张墨绿色的沙发。她感慨地说,那是几代的前辈编辑留下来的。来往的友朋,都会坐一坐,为纪念,也为传承。朝阳门内大街166号,这座经历了七十年历史的老旧楼房里,有许多这样的时间化石,你摸一摸,坐一坐,感受着它经年而来的温度,此刻,你的温度,也便渗入于它。相交相融,氤氲一体。

《当代》的大门

| 蒋子龙

1979 年的夏天,《当代》横空出世,凭这个刊名我想当然地觉得这是写现实题材的福音。"当代"这两个大字真是绝了,仿佛是一道大门,进入历史或走出历史,都要经过此门;深入现实、走进创作的妙境或苦域,也须过此门。当时我虽然写过一些短篇小说,也有一点儿虚名,完全是凭着被现实生活激起来的一股蛮劲儿,还有被声势浩大的批判给帮忙做了广告。其实对文学创作还没有真正入门,于是对着《当代》这道堂皇厚重的大门,心里曾闪过一念,不知将来有没有机会,或者叫幸运,闯一闯这道大门?(至于文学创作有没有大门,作家是越写越生好,还是越写越熟好?那是后来思索的问题。当时认定文学是有门的。)

来年开春,中国作家协会办文学讲习所,通知我去报到。我当时在车间里负责抓生产,正是"拨乱反正,百废待兴",生产压力很大,自知请半年的假可能会很难,但心里发痒,不试一下不甘心。刚上任的党委书记资格很老,敢说敢断,也有文化情结,看了"通知"二话不说拿起笔就在上面签了"同意"。当时我还多了句嘴:"车间生产怎么办?"书记反问:"你想不想去?"我赶紧称谢,拿起他的签字就离开了,立刻回车间交代工作,第二天就买票进京。

文学讲习所请了几位老作家担任导师,其中有《当代》的主编秦兆阳先生,一派安顺平和的大家气象。导师们除去给全所的学员讲大课,每人还要带两三个学生,不定期地到导师家里给开小灶。说来真巧,秦先生挑选了广东的陈国凯和我,一南一北两个写工业题材的工厂业余作者。那天先生讲完大课跟我和陈国凯约好,三天后带着一篇小说到先生家里去上第一堂"研究生课"。我手里没有存稿,急忙调动脑子里的存货,赶写了一个短篇《狼酒》。

三天后的下午两点钟,我俩准时赶到先生的家,沙滩南边的一个小院子,书房是里外两间,都堆满了书,写字台在里间,先生先看我们的作业,让我们在外间随便翻他的书。都是好书,拿起哪一本也舍不得放下,过了大概一个多小时先生喊我们进去,陈国凯交的什么作业,先生如何批改的我记不清了,轮到我时心里很紧张,秦先生有一种凝定和收摄的力量,幸好眼睛没有盯着我,而是看着眼前的《狼酒》稿子,手里拿着铅笔,一边说一边在稿子上标记出要改的地方:语言的节奏,文字的响亮,还有细节的坚实,都保持着你的风格,但结构混乱,没有好好构思……这一段放到前边来,这一段应该往后挪……先生把我的小说大卸八块,重新做了排序。

那一课令我终生难忘,写小说要格外重视结构布局,起伏跌宕不只是为了制造悬念,是让小说在变化中见资质。回到文讲所立即按先生说的把稿子前后段落调整了一遍,虽然这篇小说先天不足,但自己看着至少顺畅多了。此后每隔两周我和国凯就到秦先生家去一次,先生每一课都提前做了准备,是根据我们两人的具体情况设定的内容,或先问我们一些问题,根据我们的回答开始讲解,或从一部经典小说谈起……先后讲过小说的气韵和锋芒、人物的设计和文字的稳重……半年期满后又延长了两个月,我们要毕业了,最后一堂课结束的时候先生给我出了"毕业论文"的题目:为《当代》写一部中篇小说。

一回到工厂,就觉得跟在文讲所是两个世界,生产任务总是压得喘不过气来，加上我脱产八个月，心里过意不去，就想好好卖把子力气。全身心融入车间的生产节奏，根本顾不上想自己的小说，但也不敢从心里真正放下导师布置的作业，掐算着日子再不动笔不行了，就开始写《赤橙黄绿青蓝紫》。我给自己订了计划，上班的时间不要说写小说，连想想都不可能，我们厂的公休日是星期二，等到周一从晚上开始，一直干到周三的早晨上班，我的写作习惯是动笔后不喜欢间断，口袋里永远有个破本子和一支笔，不知什么时候脑子里突然冒出几句话，随即就记下来。每天上下班骑车要两个多小时，是我打腹稿的黄金时间，骑在车上脚蹬子一转，我的小说也活了。那时候加班加点是家常便饭，常常一两个月没有公休日，憋得难受时晚上就写几个小时。

写到三万多字的时候，有天晚上一个朋友来串门，他是一家文学刊物的小说组长，听说我正在写小说，自然要看一看，我也想试试他对我的小说的感觉，他看了几页就强行将我的稿子装进他的书包，说不打搅我，带回去仔细看。我有点儿着急，赶紧申明这是给《当代》写的，是秦先生交代的任务，无论如何你们不能用。一周后他把稿子送回来了，还没头没脑地扔出一句话：送审没过关。我说这又不是给你们的稿子，你送给谁审呀？他说如果主编相中了我们可以先发，不会影响给《当代》，结果主编不仅没有看中，还让我提醒你，这部小说有种不健康的甚至是反政治的倾向……我心里咯噔一下，自己原本对这部小说挺有信心，自认为里面还是有点儿新东西，比如小说的男主人公是个抗上的玩世不恭的青年，有些坏招怪点子很让领导难堪，但在青年人中他却是个有本事有影响力的角色……在当时的文学界还没有这样一个人物形象，怎么就"不健康"甚至还"反政治"呢？

但我还是将写作停下来了，一直等到离答应的交稿时间近了，我也没有想出该怎么解决"不健康"和"反政治"的问题，就只好按照自己的想法先写完了再说。到了该交稿的日子，我干了一个通宿，小说还是未能刹住尾。早晨七点多钟，老婆上班路远已经走了，按惯例我负责送两个孩子，一个去学校，一个去幼儿园，一下楼就看见《当代》的编辑贺嘉正在楼前转悠,他是奉秦兆阳先生之命,乘坐从北京到天津的头班火车来取稿。我只好让儿子先把他妹妹送到幼儿园后再去上学,我陪贺先生回屋。

那时我住工厂分配的一个"独厨",即一间卧室外加一个自己使用的厨房,两户共一个单元。贺先生跟着我胡乱吃了点儿早饭,我告诉他小说还差个尾巴,估计再有三五千字就差不多了。我拿出已经写好的六万多字,请他在卧室里的小桌上审阅,我将切菜板搭在厨房的水池子上写结尾。直干到傍晚,我写完了,他也看完了。其实我在外边写着,一直留心他在屋里的动静,除去我们两人简单地吃午饭,他一天几乎没怎么动屁股,我心里对自己的小说就多少有点儿底了,说明他看进去了。最后他提了几处小意见,我当即就处理了,他说大主意还要等秦老看过稿子之后再定。

没过多久,我接到秦兆阳先生用密密麻麻的小字写来的七页长信,肯定了小说,并通知我小说拟发在新年第一期的《当代》上。我既感动,又深受鼓舞,天下的编辑与编辑、主编与主编,差别何其之大!之后不多久我写了一篇小文,叫《水泥柱里的钢筋》,表达对编辑的尊重,他们就如同水泥里面的钢筋。正巧花城出版社要出我的小说集,征得秦先生同意,便以他的长信为序。后来这部小说获全国优秀中篇小说奖,其实这个奖是《当代》送给我的。

这时,我似乎知道《当代》的大门多高多重了。一个写作者若想走上文坛,甚或是文坛的制高点,就须通过一道道像《当代》这样的大门。大概是在文讲所读了一些书,听了八个月的课,特别是被秦兆阳先生耳提面命领进了《当代》的大门,觉得心里似乎有些底气了,想写的东西很多,一年多以后我的第一部长篇小说《蛇神》脱稿,也是在《当代》发表的。那时还在"清除精神污染",我对哪些东西是"污染"不甚了了,这似乎是个心照不宣,又极度敏感的概念,十分宽泛,只要有人觉得像是"污染",宁错杀一千,也不漏掉一个。

我曾担心《蛇神》也会被删除一部分。当时我有种很奇怪的心理,越是被删掉的部分，越觉得是自己写得最好的东西。《当代》出来后我急忙从头至尾浏览一遍，竟没有删节，全文刊出。不久天津人民艺术剧院将《蛇神》改编成多幕话剧，主演兼院长跟我说，这样的小说如果不是发在北京的大刊物上，他们不一定敢改编。公演后果然有人告状，但还是演了相当长的一段时间。

大编辑编大刊物，到底气度不一样，为人慎重和雅，个个都是谦谦君子，但刊物却保持着鲜明的个性和锋芒。《当代》不愧是现实主义的福地，也是我的福地。学手艺有句话："师傅领进门，修行在个人。"有"师傅领进门"非常重要，可少走许多弯路，进不了门全凭自己摸索，或许永远达不到凭自己的条件能够达到的境界。

后来我对一个美国孤儿的故事发生了兴趣，想写个中篇。这个孤儿跟我很熟，我为写小说被人对号入座惹的麻烦太多了，以防后患我动笔前征求他的意见。他一听不仅不反对，反而两眼放光、来了精神，说你怎么写都没有关系，必须答应我一条，我和我的父母的名字、职业一定要真实，我给你提供资料。这大出我意料，口出无凭，也怕他以后反悔，让他当场给我写了个字据，算是自愿把故事卖给了我，我出价五百元，请他在利顺德吃了顿西餐。小说快写好的时候他找到我，想看看稿子，我不同意，我特别不喜欢在小说未完成前让人看稿子，再说有协议在先，你白纸黑字写的，随便我怎么写都可以。假若你看完后提一堆意见，我能接受的可以改，我不能接受的怎么办？他没有坚持，并表示对《寻父大流水》的小说题目很满意，说突出主题，不看稿子也行，但发表必须找个中央的大刊物。我说中央的文学大刊物就是两个，能发中、长篇的只有《当代》，是人民文学出版社办的，在西方就叫"皇家出版社"。他说行，太好了！

小说发表后他买了一兜子那一期的《当代》，大概有三五十本，提着去香港了。他在香港起诉了英美烟草公司，讨要战争赔款。他的父亲曾是英美烟草公司驻中国高级代表，1941年秋天回国述职，随即太平洋战争爆发，就再也没有回到中国。被丢在大陆的他以及他的母亲，其境遇可想而知,战乱期间自不必言,即便是新中国成立后,在历次政治运动中他们母子也无法说清楚自己不是美国特务……他带着一大兜子《当代》上法庭,不知是发给陪审团,还是散发给媒介制造舆论,引起同情?早知如此,我当初就该实打实地写报告文学,而不是小说。最后不知《当代》起了作用没有,反正他的官司打赢了,拿着数目不菲的赔款和美国政府发给他的公民护照,高高兴兴地回美国了。

《当代》凝练了当代,当代就是现实,而现实中包含着历史与未来。我此生有幸进了《当代》的大门,也顺便带着我小说家族中的全部人物,进入当代文学大家庭。

感谢《当代》。感念秦兆阳先生。

两个老编辑

| 韩石山

《围城》里说，老科学家可以有两种解释，一是年老的科学家，一是老旧科学的家。仿此，我若算个文学家，该是上了年纪的文学家，还是老旧文学的家？想想，只能算是个老旧文学的家。

这就要说句大话了。过去那些征战连年的将军，称颂起来，多用的一个词儿是，无役不与。我的年纪，不能算多大，但要说起新时期文学的历史，也可称得上是无役不与了。且在新时期文学尚未起步的时候，就已然步入文坛了，若参与重要的文学活动，就算是步入文坛的话。

说到这儿，就不能不提到人民文学出版社的两个老编辑，一个是王笠耘先生，一个是谢明清先生。

1970年8月，在山西大学历史系混了五年，毕业了。不是留过级，是学制就五年。分配嘛，一个出身不好，运动中又住过"学习班"的学生，理所当然地去了他该去的地方，吕梁山里的汾西县。工作嘛，教书。先去了一个村子，过了一年又去了另一个村子。不用远眺，就能看到自己的前程，年轻教员熬成中年教员，中年教员再熬成老教员，退了休，肩塌背驼，回到老家，了此残生。

得挣扎，万一有希望呢？

而挣扎，唯一的本事，就是写作。

那时，几乎所有的文学刊物，都还未复刊。只有一些群众性的小刊物，还在办着。1972 年夏天，看到一本《革命文艺》，山西省文化馆办的，上面有"革命故事"，哈，这不是小说吗，便写了一篇投去，居然发表了。信心大增，同时意识到，靠这样小打小闹，是没人理会的。要想出名，得来大的。这道理，跟做强盗有几分相似，天天偷鸡摸狗，谁认你是个角儿，要干就得干一票大的。那时，样板戏还没有叫响，新的电影，更是少而又少，拍出的只有一部《青松岭》。我想，何不写上个电影文学剧本，拍出来了，那才叫一举成名天下知，还会再待在吕梁山里吗？

于是在那个叫上团柏的村子，窑洞里，煤油灯下，写了个电影文学剧本，叫《山里的秋天》。托一位曾在一起教过书，后来调到县教育局当了打字员的同事，刻蜡版，做成油印本。分寄给北京电影制片厂、上海电影制片厂，还寄了一本给当时的国务院文化组。这时已是 1973 年的夏天。

奇迹发生了。同年 10 月间，北京电影制片厂的马德波同志来信，说这个本子有相当基础，他近日要去内蒙古组稿，拟返回时，从大同南下，前往汾西县看望我，商量剧本修改事宜。又过了不久，来信了，说是他因单位有事，直接回了北京。不过，他说了一个情况，说是北影将在 11 月份，办个电影文学剧本学习班，拟请我去北京，一面学习，一面修改剧本。

这样，我便来到北京，参加了这个学习班。时间一个半月，11 月一个月，12 月半个月。三十几个人，来自全国好几个省份。来人最多的是安徽，他们的一个剧本，已经成熟，另有一个剧本，也见好。江西也来了两个。剩下的多是东一个，西一个，山西就我一个。这些人里，后来还有点儿名气的，有成了中国作家协会副主席的张锲，有成了江西省文联主席的杨佩瑾，还有一个叫肖马的，也是安徽来的，后来说是写过《芳华》的严歌苓的父亲。同时也知道，跟我联系的马德波，是北影文学部的主任，来北影前，在文化部电影局工作，是陈荒煤的秘书。

最后的结果是，我的电影剧本没有通过，为安抚我吧，学习班结束后,马德波还派了个年轻同事陪同,安排我去平谷县采访,算是深入生活,扩大视野。

我呢,回到汾西县,调到后山的一个乡镇中学,一不做二不休,以电影剧本为框架,改写成一部三十万字的长篇小说,名叫《磨盘庄》,托人打印成册。随后请假来到北京,到了北影找马德波,希望托他的关系,介绍给人民文学出版社的编辑看看。在北影招待所住了两天,马德波来了,说出版社的人,他也不熟悉,也是人托人,跟人民文学出版社当代编辑室的一个叫王笠耘的编辑说好了,明天直接去社里找此人好了。

第二天来到朝阳门内大街166号,进了楼,记得是二层南边的一个大办公室,见了王笠耘先生。王当时的年纪,已经不小了,在我看来,当在五十岁的样子,王先生收下书稿,也还热情,只是说,他们收到的稿件甚多,要轮上得一个时期,不可能很快看过。叫我回去等候消息。

这个办公室有两个窗户,一东一西,东面的窗户正对着门,窗前两个办公桌东西相对,王先生又是西向坐,在我的感觉上,该是个负责的。他说的看,极有可能是安排下面的一个编辑看。我原来的打算是,等上三五天,他们粗略看过,若认为可用,我回去再细细打磨。王先生这样说了,我也不能再说什么,当即告退。其时唐山大地震刚过,北京城里,时有小震,不便多待,又匆匆回了山西。

回去以后,等了再等,一直没有消息。我的是打印稿,就是不用,人家也不会退的。也就死了心,一心一意写起短篇小说,居然多有斩获,两三年时间,除了山西几家刊物,《北京文艺》(那时还不叫《北京文学》)等外地刊物上,也多有发表。

粉碎"四人帮"后,县上办起高考复习班,教育局觉得我是个能教复习班的,于是将我从下面调回来,代了理科复习班的语文兼班主任。两年过后,1980年春天,该是3月下旬,忽然接到中国作家协会的通知,说是他们要办一个文学讲习会,经甄选,确定我参加,学习期限为半年,从4月1日起,到10月31日止。

我当时正代复习班,去不去,还有些犹豫,经一个朋友劝说,决定如期前往。去了,不是什么正经地方,租的朝阳区委党校的房子。学员共三十二人,好些是当时有名的青年作家,比如与我同一宿舍的,就有河北来的贾大山。一个宿舍四个人,我俩在门口两边,我东他西,门开了正对着他。

当时还不知道,这个学习会,就是后来的文学讲习所第五期,也即鲁迅文学院第一期。改为文学讲习所,并与上世纪 50 年代丁玲办的中央文学讲习所赓续起来,是我们来到之后,经"闹腾"才改的。改为鲁迅文学院,则是讲习所办了三四期之后的事。

住下才知道,学员的选拔,并不是通过各省作家协会推荐,也不是中国作家协会创联部推荐,是先成立了这么个机构,由调到这个机构的人,自己选拔的。他们的选拔方式,则是通过北京各重要文学单位的推举。

熟了,也就敢乱翻了,有次去资料室(一个房间,一个年轻人办公),翻看了架子上的书,见旁边有几个簿子,拿起来翻看,竟是《中国作家协会文学讲习会学员花名册》。还叫文学讲习会,显然是开办之前,确定下名单之后制作的。一翻就翻到我的一项。姓名、年龄、单位,最后一格是推荐单位,列有三个,分别是:《北京文艺》编辑部、《人民文学》编辑部、人民文学出版社。

这三家推荐我,应当说各有来由。《北京文艺》推荐,是我这两三年,接连在那儿发了好几个短篇小说,有的还是头条。《人民文学》,我投过稿,但没有发表过,他们的人常去山西,不会不知道我。而人民文学出版社推荐,一时竟有些莫名其妙。我的《磨盘庄》是给了他们,给了也就给了,没有任何回音,跟扔到野山坡上一样。因此上,我认为,起了主要作用的,定然是《北京文艺》。其主编李清泉先生,对我的小说很是欣赏,还有小说组长赵金九先生,信上曾说,希望每年给他们写上三个短篇。没错,肯定是这样,李清泉说了好话、重话,定下了,后两家的推荐才会附上。

学习期限半年,到了 10 月初,就有点儿"乱营"了。定下导师,名头大的,多往导师那儿跑。跟名社名刊关系好的,多跑几趟烧烧香,混个脸儿熟。我跟贾大山、乔典运三个,讲习会视为农民作家,分配导师时,谁也不提要求,心想,爱谁谁吧。最后给我们三人分的是大名鼎鼎的王愿坚先生,所里实在找不出对称的理由,就说王先生可是写短篇的高手啊。那些当了导师的作家,都很珍重这批学员,有的还请分配到名下的学员吃饭。我们三个,左等右等,也不见王大师召见,只说是大师忙,正在写《四渡赤水》的本子。后来是快散伙了,有一天才传话,说王大师召见。我们三个,才去了一个名叫小雅宝胡同的地方,拜见了王大师,一番教诲,自然是受益无穷。

话再扭回来,傻等的日子里,我不知贾大山、乔典运是何心态,自家的心态自家知晓,我的心情,可说是糟透了。学了半年,一无所获,同学们一个个风光了再风光,而我呢,连个导师也找不下,找了一下连理都不理,是不是想起杜牧的诗句,"绝艺如君天下少,闲人似我世间无",不敢胡攀附,但那份灰心丧气,今天都还记个清楚。

然而,就在这个时候,一个好消息传来,说人民文学出版社的谢明清先生,叫我去社里找他,要跟我谈谈。

传这话的,是所里分管我们的张玉秋老师(相当于班主任)。导师一直定不下,定下了又不接见,张老师也为我们着急,如今人民文学出版社有编辑要约见,张老师似乎也颇为欣慰,说罢还微微一笑,表示嘉许。张老师说话的时候,贾大山就在床沿坐着,张老师一走,贾大山对着我,诡异地一笑,撇撇嘴说:

"你小子行啊!"

意思很明显,我们俩,连上乔典运是仨,都是涸辙之鲋,无人理睬,而你却悄悄密密,攀附上这么个大门户。

这种事,不可辩白,辩白只会越抹越黑。我也就没吱声,当天下午,准时去了人民文学出版社。

还是多年前去过的那个二楼,那个办公室,东边窗下,该是王笠耘的办公桌,没人。西边窗户下,靠里,西墙边,坐着一个人。扭头一看,见我来了,不用问,我知道他是谢明清,他知道我是韩石山。

他的桌边有椅子,坐下我们谈了起来。他说,他知道我来北京参加讲习会的学习,早就说叫我过来谈谈,忙,一直没空,听说我们快结业了,再不谈就没机会了。

问了我的创作的情况,说他当年看过我的长篇小说,觉得我的文字还是有些功力的。既然写农村,不必抓什么重大题材,该以农民的日常生活为重心,写出真正的农村的现实。若写好了,给他看看。

他不是个多么善于言辞的人,说话很诚恳,这就够了。

前后也就二十分钟,没话说了,起身告辞,谢先生送到门口,握手而别。

学习班结业,我回到山西,山西省作家协会待我不薄,通过组织手续,将我从学校调出,安排在汾西县城关公社任职,算是深入生活。1984 年秋天,调回作家协会,成为专业作家。

也就在这年 11 月吧,中国作家协会组织一个访问团,参观苏南的社队企业。省作家协会的领导,让我去了,同去的还有时任作协副书记的焦祖尧同志。

这个访问团,规格不低,团长是人民文学出版社的社长韦君宜老太太,副团长是河北文联主席徐光耀先生。团员十人,作家中有湖北来的刘富道,是我讲习会的同学。其余人,再没认识的了,可我心里清楚,还有一个人,我是认识的,就是也是团员之一的王笠耘先生。

到了南京,省委书记接见后,一行人乘一辆中巴车奔苏南而去。去了的地方,记得有常熟、苏州、无锡等地。团体外出,同一辆车上,头一次坐成什么样子,以后差不多老是这个格局。车门在中间,我年轻,进去自动靠后点儿,而我前面,恰是王笠耘先生。

我这个人"嘴贱",爱说话,没几句,就跟王先生熟络了。得知他是西南联大毕业,更是敬佩不已。我始终没提送稿子认识他的事,对他却有一种特殊的亲切,感情上视之为老朋友。他呢,大概车上寂寞,也没个好交谈的人,跟我也就有一搭没有一搭地说些什么。

一连几天,看了许多地方,吃了许多江南的美味。记得在无锡,午餐很丰盛,下午好几个人拉肚子,其中有王先生,追究起来,说恐怕是太湖小银鱼惹的祸。刘富道也这么看,我悄悄对他说,肯定不是,我们桌上的银鱼,我吃了差不多半盘子都没事,怎么会呢。

苏南回来不久,收到王笠耘先生寄来一本书,名叫《小说创作十戒》。人敬我一分,我敬人十分,人民文学出版社的大编辑,给你寄来书,虽没说给他写个什么,可谁也知道,收到朋友的书,写篇评论是最好的报答。而写这样的文章,对我来说不是个事儿,于是便写了篇评论,在《太原日报》评论版刊出,且将报纸寄去。

那两年,原版的《红楼梦》最是火热。我早就知道,人民文学出版社在"文革"前,出过一套原版的《金瓶梅词话》。我上大学时规定,中文系二年级以上,才可以在阅览室借出来看,当晚必须还回。

不知从哪里得到消息,说人民文学出版社存有早先出版的《金瓶梅词话》,三百元一套,相当级别的人,开了介绍信才能买下。这个价钱,是我承受不起的,当时我的月薪,也就九十元的样子。买这么一套书,花三个月的工资,太不合算了。正好有个老家的企业家,来我家,我说了这个情况,他说,若能给他也买一套,我这套的钱,他出了。

怎么办呢,我想起了去苏南,一路同行的人民文学出版社的社长韦君宜老太太。心想,以前不认识,不好说这个话,现在认识了,是买又不是讨,她老人家该给这个面子吧。于是便给她写了一封信,说明情况,过了几天,来了电话,说可以,你来吧。

为买到两套《金瓶梅词话》,去一趟北京是值得的。去了,见了韦老太太,她是大官,不办这等琐事的,当即打电话给一个人,说有这么个事,你给这个小伙子办一下吧。谁呢,简直让我惊呆了,竟是谢明清先生!

谢当时的职务是什么,我没有问,是他告诉我的,说他已调往新闻出版署任职,这儿的事还兼着。交了钱,书还在库里,一时拿不上,他问我住在哪儿,什么时候走,我说了明天的车次。他说了个时间,让我届时在饭店门口等着,他会用他的车送我上站,同时将两套书带来交我带回。

去北京站的路上,我很想跟谢明清说几句话,说说我为什么没按他的吩咐,写一部农村世俗生活的小说。简单点儿说,像后来陈忠实写的《白鹿原》那样的小说,我是不敢写的。我家成分是富农,舅家是地主,可说坏成分占全了,我要是写那样的小说,就有反攻倒算的嫌疑。再说,我小时候随父母在山东德州生活过几年,上中学后就住校,直到大学毕业,对农村生活也没有多少情感。那些年,我所以拼了命地写作,还写的是农村题材,是山西文学界认这个。我的一切,都有功利的打算,就是自己逃出吕梁山,把老婆孩子从农村捞出来。现在这两个目的都达到了,我不会再写什么农村题材了。

是有这个意思,但我没有说出口。只有心里默默地念叨,老谢,感谢你当年对我的鼓励,是我没出息,让你失望了。

第二天一早,谢明清先生坐着由司机开的车,这是他在新闻出版署的待遇,来到酒店,将两套书给了我,送我到了北京站。他下了车,握手而别。

记不得这次去北京,还是过了一两年去北京,我去看望了王笠耘先生。那时,他像是刚退休,住处做了调整,换成个大点儿的房子,地方却很远,在北京的东北角,人民文学出版社一个库房的旁边。那时说的大房子,实际不怎么大,也就小三间吧。我去看他,老先生很是高兴。说到库房,我又有些不自信了,因为我对他家的布置,没有一点儿印象,而对这个库房印象却很深。莫不是有这样一个可能,就是第二天谢明清接上我,去了这个库房,拿上韦老太太的批条,取了两套书,然后再送我去车站?谢先生知道我与王老有交情,指着旁边一个宿舍楼说,王先生就住在这儿。房子似乎刚交工,前面还有一堆建筑垃圾,门前是深深的通道,似乎房子陷在地下许多。极有可能是这样的。

年岁久了,一时确实理不清,且全留着。下面一件事,则是确实的。

又过了几年,收到王先生的长篇小说,名字怪怪的,叫《她爬上河岸》。同时附有信，只说让我看看，没说别的，我也没往别处想。现在想来，若他提出点儿什么，或是含糊地说上句，想听听我的看法，我是会写篇评论文章的。还是那句话，对我来说，这不算个事儿。

写罢此文，在网上查了一下，王先生 1927 年生人，2008 年已过世。谢先生 1939 年生人，当健在。

它是一座文学殿堂

| 谢　冕

朝内大街 166 号

在过去，老北京有两个地方我是经常去的，一个是王府井，一个就是朝内大街。

去王府井是为购物，那是当年北京最奢华的购物天堂，百货大楼，东安市场，还有八面槽那边五芳斋什么的，在那里可以买到别处买不到的物品，都是让人流连的场所。从北大这边的中关村去王府井，现在看来觉得很远，当年我们并不觉得远。乘 32 路公共汽车到动物园，换乘 3 路无轨，百货大楼门前就有站。那时人少路宽，没有什么私家车，觉得通畅而便捷。

至于朝内大街，它离北大远，一个在西，一个在东，而且路有点儿绕，不若王府井方便。朝内大街不是商业中心，没有什么大商店，为什么是我常去的地方？其实就是奔着 166 号去的。朝内大街 166 号是很普通也很朴素的一座楼。但它在我的心目中却不普通，因为它是人民文学出版社的社址。在北大上学的时候，作为读者，我常去那里淘书，当年物流不通畅，有些书外界买不到，只能跑出版社。我有时急着得到某本书，就不辞辛苦地去出版社找。有时自己跑不了，就托人。记得

《周扬文集》就是托人在那里补齐的,《近代文论选》缺了一卷,也是在朝内大街 166 号找到的。

我拥有 50 年代人文版的《漳河水》《玉门诗抄》《天山牧歌》等诗集,这些书,我珍藏至今,是我从事诗歌研究的优良版本。记得解放初期以"中国人民文艺丛书"名义出版的解放区经典文本,如《王贵与李香香》《圈套》《佃户林》等,当时是以华北新华书店的名义出的,我也尽量购买,遗憾的是买不全。除了诗歌,早期的文学经典都有人文版的,赵树理的作品,丁玲的作品,也都成了我的收藏。后来人文版的书出多了,我的采购和收藏面也随之扩大。中国的四大名著、《鲁迅全集》我用的都是人文社出的版本。西方的名著,《莎士比亚全集》早先的版本和后来的版本我都有,《约翰-克利斯朵夫》的精装本则是我书房的最爱。

用人民文学出版社的书有安全感,它的严肃、认真的编辑作风让人放心。人文社给读者和作者的印象是庄严、敬业、坚守,不论外界刮什么风,它从来不随波逐流。作为一家企业,它更像是北京传统的百年老店,注重自己的声誉。这在外界的人看来不免有点儿矜持,但它知道自己的位置,珍惜自己的传统,它对书、对版本、对作者都很"挑剔"。几十年来,人文社只出好书,不出坏书,出畅销书它并不拒绝,但前提是必须是好书。这一点,业界几乎没有异议。

以上所说,是我作为读者的感受,是停留于外在的观察的,这种感受近似于电脑的"硬件"。后来我有幸成了它的作者,这种感受是更加深入了,这是在与它的从业人员的交往中获得的,我从与我合作共事的编辑人员身上看到这家出版社的品质与精神。由此我知道为什么人文社会拥有这么雄大的作者群,为什么这些有成就的作者乐于把最好的作品交给它——因为它拥有高效优质的"软件",它磁石般地、充满魅力地吸引着一批又一批的作者。人文社稳定的而且不断扩大的作者队伍令所有的出版家艳羡,这也是事实。

说起来十分惭愧,迄今为止,数十年间,我个人只在人文社出过一本小册子。这首先是我自己不努力，写得少，而主要原因是由于我缺乏勇气，人民文学出版社出的都是高端的，当时需要仰望。在向人文社投稿这件事上，我有点儿小心翼翼，由于尊重，更由于敬畏，我深恐我的作品坏了它的名声——在我的心目中它不仅是庄严的，而且是有点儿"高不可攀"的。除了这一次个人小册子的出版（而仅有的这一次，如果没有出版社编辑的鼓励，我还是不敢），其他几次与它的业务交往，都是事关集体的或选编的项目。尽管如此，我还是从这些合作中感到了这家出版社不可抗拒的魅力。

三个时期，三本（套）书，三位编辑

第一个时期，是上个世纪 50 年代，具体说就是 1958 年的"大跃进"时期。那时我还是北大中文系的学生，那一年"大跃进"，上面号召学术也"放卫星"，也要敢想敢干。我们年轻而且无知，无知者无畏，我们开始（当然是得到上面支持的）批判被称为是"反动学术权威"的所有老师，"拔白旗，插红旗"，开始集体编写《中国文学史》。因为是"大跃进"，要"赶英超美"，利用一个暑假编出了总字数七十万字的"红皮文学史"。

人民文学出版社接纳了我们，答应我们国庆节前出书献礼。记得指导我们的责编中有黄肃秋先生。黄先生是一位老专家，论辈分应该是我们的老师辈，他当然清楚我们当年的鲁莽，更清楚我们当年的无知和匮缺。他以宽容和豁达的姿态接受了我们，和我们"并肩作战"。这种"并肩作战"很特别，其实是，我们把北大所有的老师"打倒了"，黄先生充当了缺乏知识的一代人的唯一的老师。记得当时，史料上的，论点上的，甚至阅读上的所有疑点，都是黄先生一一为我们解惑。我至今十分怀念黄肃秋先生，怀念我们"没有"老师年代的这位实际的师长。

第二个时期，到了告别"文革"动乱的新时期，人文社再一次接纳了我。这是中国现代历史的大转型的时期，这时的我已经是北大的老师了。人民文学出版社和我们都是劫后归来，百废待兴。新时代焕发着勃勃生机，久经动乱，大家也都跃跃欲试。大概是 1978 年吧，我在一个偶然的聚会中遇到谢永旺，他那时已在人文社任职。我怯生生地告诉他我想写一本关于诗的普及读物，询问是否有可能出版。（这里需要对我的用语略加解释，为什么是"怯生生地"？因为人文社的高品位使我觉得有点儿"僭越"，我没有信心。）

谢永旺的回答令我吃惊，他热情而爽快地答应了，记得他当时说，这就是向你约稿了——尽管当时我连书的影子也没有。这就是后来出版的《北京书简》，我的第一本关于诗的"专著"，也是我个人在人文社出的唯一一本书。事情定下来了，因为是书简体，我开始一篇一篇地写。谢永旺极有耐心，他一篇一篇地处理。1979 年底，全部文稿交清。就这样，我终于被破格地列名于它的作者的行列——尽管从那时到现在，我都认为我是不合格的一位作者。

一本名副其实的小册子，七个半印张，二百三十二页的窄窄的小开本，带给我的是学术研究和写作的信心。几乎就是从此时开始，我走上了比较正规的学术道路。我在这本书的后记中写下这样一句话："我毕竟留下了从冬天的冰雪中走来的重新起步的足迹。"回顾我的学术生涯，我要感谢谢永旺的领路，无论怎么说，对于我这都意味着一个新的起点。

第三个时期，就是近年，我主持北大新诗研究所，其中一个大项目是《中国新诗总系》。这个项目，人文社一直在三年的计划中连续申报，而在我这边直到新诗所成立后才正式起步。出版社一如既往热情地接受了我们。承担此项工作的责编是杨柳，北大中文系 1977 级的学生，现在已是资深编辑了。总系计十卷，涉及近百年中国新诗的创作、理论和评论以及重要的史料，近千万字的浩瀚卷帙。总系除总主编外，十个分卷各有一名主编。杨柳一人面对的就是这样文献和人员都要十分庞杂的局面。

新诗总系的工作进展十分艰难，关于进度，关于版式，关于风格，特别是联系各卷主编的工作,因为都是专家和前辈(个别例外),她需要的不仅是细心和耐心,而且是谦恭和审慎。近千万的文字,早期的和后期的文字变动(简繁体和使用习惯),年号更迭(民国的和公元的),她一字不漏地日夜披阅,遇到问题,通过电子邮件、电话和手机短信、信件,逐一解决。至少三年的时间里,她全力以赴,她成了我的最辛苦也最得力的助手。杨柳的工作得到了所有主编由衷的赞誉,这些专家以不容置疑的坚定,同声称赞她的谦虚、谨慎、好学以及一丝不苟的认真。与她共事的专家一致认为这是最好的编辑,她的身上完整地体现了人民文学出版社的传统精神。

文学界的良师益友

三个时期,三本(套)书,三位编辑,奠定并加深了我与人文社将近一个甲子的友谊。三位编辑中,黄肃秋先生是我的前辈;谢永旺是我的朋友,是同辈;杨柳则是我的学生,属于晚辈。跨度长达数十年的三代编辑,却是惊人地共同体现着这家出版社的传统精神。这种精神似是一种遗传,更似是一种血缘,在不同辈分、不同经历、不同学养的人员中承继着和绵延着。我从他们身上看到了这家出版社的优良传统,相信许多作者和读者也会从它的从业人员身上看到这种悠久的精神传承。朝内大街 166 号于是成了我们感到亲切的地方,使得像我这样平时懒于串门的人也不惮于途远劳累乐于往那里跑。

时间久了,我书房积存的人文社出的书愈来愈多,也由于此,我对人文社的了解也愈来愈深。举个例子,创刊于 1978 年的《新文学史料》,坚持至今已有三十五年,这份刊物保存了新文学发展中许多珍贵的文献资料,它成为专业研究者得力的工具书。我作为它的读者,一直非常喜爱这份刊物。许多刊物因为空间小我都放弃了,唯有《新文学史料》我是一期不缺地保存了。像这样专业性很强的刊物,应该说读者面不会宽,销路也不会大,甚至还会赔本。但人文社坚持下来了,由此可见它非凡的定力。最近一件事实，是它斥巨资出版积蕴深厚的刘福春的《中国新诗编年史》。这家出版社有它恒定的价值观，只要对于文学发展有用，即使艰难多多，也要坚持。

一家出版社的人气旺，不在于它的办公室有多豪华，而在于它始终一贯的坚持。朝内大街166号是一座非常平凡的楼房，也可以说是貌不惊人，但它却赢得了海内外普遍的尊敬。这是因为，它注重的是"软件"，这与它的领导者的魄力和智慧有关，更与它的编辑和工作人员的职业素质以及敬业精神有关。听说朝内大街166号那座朴素的大楼要拆掉重盖新楼了，人们不免有点儿恋恋。但我相信，不管新旧，它始终都代表着中国出版界的高质量、高素养，它始终都是我们心中庄严而崇高的文学殿堂。

中国当代的涅克拉索夫[1]

| 路　遥

　　雨雪天由于情绪格外好，工作进展似乎也很顺利。有许多突发的奇妙，有许多的"料想不到"，某些新东西的产生连自己也要大吃一惊。大的思路清楚以后，写作过程中只要有好的心绪，临场发挥就有超水平的表现，正如体育运动员们常有的那种情况。

　　面前完成的稿纸已经有了一些规模。这无疑是一种精神刺激，它说明苦难的劳动产生了某种成果。好比辛劳一年的庄稼人把第一摞谷穗垛在了土场边上，通常这时候，农人们有必要蹲在这谷穗前抽一袋旱烟，安详地看几眼这金黄的收成。有时候，我也会面对这摞稿纸静静地抽一支香烟。这会鼓舞人更具激情地将自己浸泡在劳动的汗水之中。

　　在纷飞的雨雪中，暖气哗哗地来了。真想大声地欢呼。这是我最向往的一种工作环境。房间里干燥温暖，窗外是雨雪组成的望不断的风景线。

　　每天的工作像预先安排好那样"准时"完成，有时候甚至奇妙到和计划中的页数都是一致的。

　　墙上那张工作日期表被一天天划掉。

---

[1] 本文节选自《早晨从中午开始》，标题为编辑所加。

情绪在猛烈地高涨，出现了一些令自己满意的章节。某些未来篇章中含混不清的地方在此间不断被打通。情节、细节、人物，呼啸着向笔下聚拢。笔赶不上手，手赶不上心。自认为最精彩的地方字写得连自己都难辨认。眼睛顾不上阅读窗外的风光，只盯着双水村、石圪节、原西城；只盯着熙熙攘攘的人物和他们的喜怒哀乐；窗外的风光只在感觉中保持着它另外的美好，分不清身处陈家山还是双水村。

这时候，有人给我打来一个长途电话，说秦兆阳先生和他的老伴来西安了。

这消息使我停下了笔。

几乎在一刹那间，我就决定赶回西安去陪伴老秦几天。当然，在当时的状态中，即使家里的老人有什么事，我也会犹豫是否要丢下工作回去料理。但是，我内心中对老秦的感情却是独特而不可替代的。

坦率地说，在中国当代老一辈作家中，我最敬爱的是两位，一位是已故的柳青，一位是健在的秦兆阳。我曾在一篇文章中称他们为我的文学"教父"。

柳青生前我接触过多次，《创业史》第二部在《延河》发表时，我还做过他的责任编辑。每次见他，他都海阔天空给我讲许多独到的见解。我细心地研究过他的著作、他的言论和他本人的一举一动。他帮助我提升了一个作家所必备的精神素质。而秦兆阳等于直接甚至是手把手地教导和帮助我走入文学的队列。

记得1978年，我二十八岁，写了我的中篇处女作《惊心动魄的一幕》。两年间接连投了当时几乎所有的大型刊物，都被一一客气地退回。最后我将稿子寄给最后两家大刊物中的一家——是寄给一个朋友的。结果，稿子仍然没有通过，原因是老原因：和当时流行的观点和潮流不合。

朋友写信问我怎么办，我写信让他转交最后一家大型杂志《当代》，并告诉他，如果《当代》也不刊用，稿子就不必再寄回，他随手一烧了事。

根本没有想到,不久,我就直接收到《当代》主编秦兆阳的一封长信,对我的稿子作了热情肯定,并指出不足;同时他和我商量(在地位悬殊的人之间,这是一个罕见的字眼),如果我不愿意改,原文就发表了;如果我愿意改动,可来北京。怎么不改呢!我怀着无比激动的心情赶到了北京。热心的责任编辑刘茵大姐带我在北池子他那简陋的临时住所见到了他。

秦兆阳面容清瘦,眼睛里满含着蕴藉与智慧。他是典型的中国知识分子,但没有某种中国知识分子所通常容易染上的官气,也没有那种迂腐气。不知为什么,见到他,我第一个想到的是伟大的涅克拉索夫。

秦兆阳是中国当代的涅克拉索夫。他的修养和学识使他有可能居高临下地选拔人才和人物,并用平等的心灵和晚辈交流思想感情。只有心灵巨大的人才有忘年交朋友。直率地说,晚辈尊敬长辈,一种是面子上的尊敬,一种是心灵的尊敬,秦兆阳得到的尊敬出自我们内心。

结果,他指导我修改发表了这篇小说,并在他力争下获得了全国第一届优秀中篇小说奖。

这整个地改变了我的生活道路。

现在他来西安,我必须回去。

赶快联系回西安的车。

令人焦急的是,连绵的阴雨使矿区通往外界的路都中断了。

众人帮忙,好不容易坐上一辆有履带的拖拉机,准备通过另一条简易路出山。结果在一座山上因路滑被拒七个小时不能越过,只好返回。

没有比这更痛苦的了。我立在窗前,看着外面纷纷扬扬的雨雪,在心中乞求老秦的原谅。

因此原因,以后去过几次北京,都鼓不起勇气去看望这位我尊敬的老人。但我永远记着:如果没有他,我也许不会在文学的路上走到今天。在很大的程度上,《人生》和《平凡的世界》这两部作品正是我给柳青和秦兆阳两位导师交出的一份答卷。

决定我一生的两年

| 王锡荣

　　如果要问我,在我一生中,最重要的经历是什么,那么我会毫不犹豫地回答说:"在人民文学出版社的两年!"因为,这两年改变了、决定了我的一生。如果我告诉你这段故事,你就会说我这话是绝无半点儿虚饰的:我参加了1981年版《鲁迅全集》的注释、编辑和出版工作。

　　那是1980年,我二十七岁。1月15日,我奉人民文学出版社之召,在严寒中从上海来到北京,住进了人民文学出版社的南楼三楼的鲁迅著作编辑室,与包子衍同志共居一室。

　　说实在的,我参加这项工作实在是偶然。那是在1976年10月,我因为患肝炎病了几个月后身体初步好转,准备上班,恰巧这时复旦大学开始搞鲁迅著作注释,那时候,时兴"工农兵三结合"方法,我所在的上海第五钢铁厂是以"工人理论队伍"出名的,于是复旦到我厂来选人去参加注释,领导上为了给我减轻工作,虽然我不是"理论队伍"成员,也将就叫我去。好在我曾经给复旦写过一点儿注释鲁迅的文字,他们也就接受了我。

　　当时,在全国各地有二三十所学校和部分专门机构承担这项工作,分工合作。上海的复旦大学中文系承担了《鲁迅日记(1927—1936)》和《中国小说史略》的注释。我参加的《日记》注释小组。从1977年开始,我们用两年时间,从阅读《鲁迅日记》开始,做卡片,查资料,调访,考证,撰写条目,统稿。到1979年底,基本完成初稿。我到北京,是作为《鲁迅日记》(分为第十四、十五两卷)责任编辑包子衍的助手被借调去的。我到社里时,已经到的借调人员除包子衍外,还有上海华东师大的郭豫适、辽宁师院的徐斯年。

不久,湖南文艺出版社的朱正,东北师大的蒋锡金,延边大学的陈琼芝,厦门大学的应锦襄,上海鲁迅纪念馆的虞积华,华东师大的王自立、陈子善,复旦的胡奇光……也陆续来到了,他们都是作为《全集》定稿组前来参加定稿的。再加上北京的陈漱渝等,以及社里的林辰、王仰晨、李文兵、陈早春、张伯海、王永昌、赵琼、殷维汉、胡玉萍、降云等。1980年的春天,人民文学出版社的南楼异乎寻常地热闹起来了。白天人来人往,夜晚灯火通明,白天紧张切磋,夜晚手不停挥。我们书桌旁边就是床,困极时倒头就睡,醒来跳起就工作——没日没夜,大家都处于高度兴奋和紧张中。

说也奇怪,我在这个来自"五湖四海"的大家庭中,竟然一点儿也不觉得拘束。算起来,我大约是这个项目中年龄最小的,才二十七岁,是"小字辈";而年龄最大的是六十八岁的林辰先生。但在这里,大家似乎忘记了年龄,忘记了查阅资料的困难,忘记了绞尽脑汁的头痛,也忘记了校对的头昏眼花。发现了一条什么新资料,大家一起兴奋,解决了一个什么难题,大家一起庆贺。有什么问题,大家一起犯愁,有什么困难,大家互相帮助。有什么不同观点,大家坦诚争论,无所顾忌,不存芥蒂。所以,工作效率非常高,互相感情也非常好。我作为小字辈,本来在很多问题上是没有资格发言的,但我那时初出茅庐,"无知无畏",竟也敢胆大妄言,参与争论,所幸老师们都并不计较,相反总是为了鼓励我,而尽量采取我的一得之见,使我从中获益匪浅,并且直到多年以后,才渐渐感觉到并惊讶于那时自己的孟浪和前辈们的宽宥。

随着阵容的日渐强盛,工作也越来越紧张。我们的房间里,老包的烟抽得越来越厉害,有时还有蒋锡金、徐斯年两位烟民的强势加盟,使房间里整天——甚至到下半夜,都烟雾弥漫,令人有身在战场之感。我从不抽烟,可是被动吸的,着实不少。老包是个铁杆烟民,"鲁编室"的几次"戒烟运动"都被他从中"策反"而功败垂成。或许正是在这长期的"熏陶"下,种下了疾病的祸根,仅仅过了十年,老包就被肺癌夺去了生命,年仅五十六岁! 常常令人扼腕痛惜。

在另一方面,书斋生活的清苦,也是难忘的。我不会忘记:每当夜半时分,老包总是拿出一个茶叶罐,倒出几颗花生,分给我一半,算是宵夜,和着茶吃了,我就歇息了,而老包还要工作两三个小时。有时,徐斯年老师也端着半茶缸炒麦粉过来边吃边聊。有段时间,正在社里改唐弢先生主编的《中国现代文学史》的严家炎先生,也会过来翻报纸到半夜。甚至博学儒雅的林辰先生也会反背着双手,站得笔直地跟我们久久神聊。

我也不会忘记:除了我们这些"客卿",每天早上第一个来上班的总是编辑室主任王仰晨。他身体虚弱,登上三楼中途要歇好几次。但当其他人来时,他已经端坐在办公桌前埋头工作了。而张伯海、陈早春、李文兵、王永昌等个个饱学,而又孜孜不倦;还有精明强干、人称"管家"的赵琼,幽默耿介、自称"校书郎"的殷维汉……

到这年年底,大部分书稿发完,大部分借调人员也就陆续走了,只剩下少数人——我和包子衍因为负责第十四、十五卷,留到了最后。1981年的春节,我是在编辑室过的。这也是我生平第一次独自过年。连老包也回上海过年了。当黄昏来临的时候,我独坐窗前,感到了寂寞。林默涵同志在节前来看望我们,知道我不回家过年,就特地叫人送来了中南海怀仁堂的演出票,让我见识了一回怀仁堂,使我兴奋之至。记得那次演出的是话剧《血,总是热的》。

1981年的上半年,我除了做《日记》的扫尾工作外,还参加了第十六卷《索引》的编辑工作。直到6月,我和王仰晨、李文兵、包子衍赶到上海为《全集》作最后的校对,才将《全集》的编辑事宜最后完成。为此我还第一次有了坐飞机的经历。1981年下半年我主要参与筹备纪念鲁迅诞生一百周年纪念活动;包括鲁迅著作版本展览,我除了参加筹备展览,还负责编辑展览目录及其印刷。

1981年11月,我完成了在人民文学出版社的所有工作,要回上海了,整整一个星期,同仁们纷纷为我饯行。那时,经济既很紧张,食物也并不丰富,大家并非为了吃,而是一种依依不舍之情。11月20日,我登上了南归的列车,挥别我度过一生最重要两年的北京,我日夜栖息的人民文学出版社的南楼,和我朝夕相处的同仁们……

此后,我几乎每年都要到北京来一次,甚至几次,开始几年每次都住在社里,后来社里不能住了,才住到东中街去。

在人民文学出版社的两年,是我一生中最辉煌的时期,能够参加《鲁迅全集》的注释、编辑和出版工作,这是何等的幸运啊! 这两年,是我增长知识最快的时期,也是我个人成长、成熟最快的时期。没有这两年的锻炼,就不会有今天的我——虽然我今天也算不上什么人物,然而在我的人生经历中却是一个大事件。

早春和我

| 朱　正

早春小我三岁,不料竟先我而去了。

我们第一次相见,是1979年。那时我的"右派"问题解决了,调到湖南人民出版社工作,受命组建鲁迅研究编辑室。大约是6月,我随同副社长李冰封外出组织稿件。在北京,我们拜访了人民文学出版社的鲁迅著作编辑室,见到了许多新朋友,其中就有早春。我说了我们组稿的意图:除了单行本的书稿以外,还计划编辑一种《鲁迅研究文丛》,发表字数不够出一本书的论文。早春就给了我一篇他写的《杜荃是谁》,论证了1928年那篇署名"杜荃"骂鲁迅的《文艺战线上的封建余孽》是郭沫若写的。

这篇文章的来历是这样的:早春是正在进行的新版《鲁迅全集》第四卷的责任编辑,第四卷包括鲁迅的《三闲集》《二心集》和《南腔北调集》三个集子。他在注释《三闲集·序言》里"我当初还不过是'有闲即是有钱','封建余孽'或'没落者',后来竟被判为主张杀青年的棒喝主义者了"这几句的时候设了一注:

　　"封建余孽"和棒喝主义者,见《创造月刊》第二卷第一期(一九二八年八月)杜荃(郭沫若)的《文艺战线上的封建余孽》:"他是资本主义以前的一个封建余孽。资本主义对于社会主义是反革命,封建余孽对于社会主义是二重的反革命。鲁迅是二重性的反革命的人物。以前说鲁迅是新旧过渡期的游移分子,说他是人道主义者,这是完全错了。他是一位不得志的 Fascist(法西斯蒂)!"按法西斯蒂,当时有人译为棒喝主义。

这里他就注明了杜荃就是郭沫若了。这件事在文学界本来早就有不少人知道的,冯雪峰告诉过他,鲁迅自己也是知道的。1956 年出版十卷本的《鲁迅全集》的时候,为贤者讳,未予注明。早春以为在新版《鲁迅全集》里应该注出,可是定稿小组一定不同意注出。没有办法早春只好写一个报告,详细说明他考证杜荃就是郭沫若的理由,向胡乔木和周扬请示。胡乔木和周扬被他这个论据充足逻辑严谨的报告说服了,同意注明。我去组稿的时候,他就把这个原来约五千字的请示报告扩充为一篇万言长文给了我。我觉得这是一篇很有分量的考证文章,就编入《鲁迅研究文丛》(署名史索)了。这篇文章是一共出了四辑的《鲁迅研究文丛》里最有分量的一篇。

我在发稿的时候,觉得还可以增补一个例证。那就是《两地书》的最后一封信,即 1929 年 6 月 1 日晨五时写的,鲁迅在将它修改整理出版时做了许多增删,其中加写了原信没有的这样几句:"在上海,创造社中人一面宣传我怎样有钱,喝酒,一面又用《东京通信》诬栽我有杀戮青年的主张,这简直是要谋害我的生命,住不得了。"这里说的《东京通信》就是杜荃的《文艺战线上的封建余孽》。鲁迅是要在即将出版的《两地书》里作一点儿回答。早春同意了我的意见,就把这个材料补到文章里去了。

1980 年,我被借调到人民文学出版社鲁迅著作编辑室,担任《鲁迅全集》第六卷的责任编辑,和早春共事了一年。在鲁编室的同事中,我同他还是湖南老乡,要更接近一些。

我在第六卷的工作进行中,也有过一次"危机"。那就是《且介亭杂文末编》里的《答徐懋庸并关于抗日统一战线问题》这篇的注①,在发稿时有过一些曲折。

这篇鲁迅公开指摘左翼文艺运动领导人周扬等人的文章,一直是周扬的一大心病。"反右派"斗争中,冯雪峰在高压之下,违心地按照周扬的意图为这篇文章的注①即题注拟稿,经过林默涵修改定稿,印在1958 年出版的十卷本《鲁迅全集》上。这一条题注是这样写的:

> 冯雪峰执笔拟稿的,他在这篇文章中对于当时领导"左联"工作的一些党员作家采取了宗派主义的态度,做了一些不符合事实的指责。由于当时环境关系,鲁迅在定稿时不可能对那些事实进行调查和对证。

就这样否定了这篇文章,却也注意开脱了鲁迅的责任。至于来信,这只是徐懋庸个人的错误行动,周扬、夏衍事前并不知道,当然也是并无责任的。徐懋庸、冯雪峰在不久前的"反右派"斗争中刚刚被划为"右派"分子,正好由他们来承当责任。"文化大革命"开始后不久,《红旗》杂志(1966 年第九期)刊出了阮铭、阮若瑛的一篇文章,题目是《周扬颠倒历史的一支暗箭》,副题是"评《鲁迅全集》第六卷的一条注释"。要将争论的责任归之于周扬他们。

这样的注释当然完全没有必要保留在新版《鲁迅全集》中了。可是,就在注稿送审的时候,胡乔木的修订稿在倾向上有点儿向 1958 年版的旧注回归,个别提法甚至超过了旧注。如旧注说写信是徐的个人行动,而这回的修订稿则说是他个人的意见了。更加使我感到为难的是,他在修订稿提出参看《新文学史料》所载茅盾作《需要澄清一些事实》和《文学评论》所载夏衍作《一些早该忘却而未能忘却的事》这两篇文章,这就根本不合注释的体例,怎么可以叫未来的读者去参看过去期刊上的文章呢。我于是以参加编注工作的全体人员名义给胡乔木写报告,请他收回成命。我把这份报告拿给早春看了,他删去了一些刺激性的字句,改得和缓一些。结果胡乔木接受了我们的意见。后来印成的《鲁迅全集》这条注释中就没有那些令我们感到为难的内容了。对于这一次曲折,2015 年出版的《胡乔木传》有记载:

> 对这个修订稿,鲁迅编辑室成员不能接受,并写报告向胡乔木陈述不同意见。报告建议:或者仍用你改过的第二稿,或者取消这条注释。不接受修订稿的态度非常坚决。

> 胡乔木接读报告以后,立即回信,说:这条注释不能取消。同意采用第二稿。鲁迅著作编辑室的同志看到乔木同志这个答复,都很高兴。(当代中国出版社、人民出版社版,下册,第502页)

我做完《鲁迅全集》的工作以后,就着手修订我1956年出版的那一本《鲁迅传略》了。这原是一本完全没有写好的书,人云亦云,绝无自己的见解。在我被借调去参加《鲁迅全集》的编注工作的时候,看到了许多过去没有看到过的资料,更觉得这书的单薄和错误。我得把它好好修订一下。使我感到十分荣幸的是,早春自告奋勇做了这个修订本的责任编辑。他写了一封信给我,讨论书稿,公正地谈到书稿的成绩和缺点。例如书稿中关于鲁迅1926年到厦门去这件事,早春的信中说:

> 你没有轻便地沿用这一通常的说法,而是深入地分析了北洋军阀每个派系力量的消长情况,断然在第八章中做出了一段漂亮的"翻案"文章,指出鲁迅这次南下的一个主要动因,是他与许广平的爱情关系。这样因深究历史发展具体过程而不得不推翻成说的情况,在稿中还出现过不少,只是平铺的叙述掩盖了因破而立的锋芒,难为一般读者发现。

又如信中说:

> 如第十章说及鲁迅于1932年北上探亲的北平环境是:"华北军政负责人(所谓'北平军分会代理委员长')是一年前'九一八'事变中丢掉了东北地盘的张学良,他当时的政治态度相对地说还算比较开明。鲁迅感到,那时北平的政治环境要比上海好些……他很想回北平去用一两年功,把多年想编的《中国文学史》编出来……"这说得很是轻巧,可是熟知鲁迅研究史的人,都知道你是

在与一些权威的"第一手资料"的提供者唱对台戏,因为他们在回忆录中把当时北平的环境描写得十分险恶。你基于对这一环境的分析,重新写了鲁迅在此时此地的一段传记,而让前人的看似花环套顶的有关描述显得黯淡无光。

关于书稿的缺点。信中说:

> 比起你对资料占有、甄别、取舍、驱遣的功夫来,对鲁迅思想及鲁迅作品思想研究的功力却要逊色一些,也许是你素擅前者,用心太专,而对后者却难以兼顾,因而有关的论述就显得较为平淡,缺乏耀眼的光芒。稿中有关鲁迅思想的论述,只是沿用了前人的一些说法,而近几年新的研究成果都还没有来得及总结,如鲁迅前期的"进化论"思想、鲁迅思想的演进过程、鲁迅对"国民性"问题的探讨等就是这样。而且有关思想论述在全稿中所占比重也太轻。对于鲁迅代表作的思想内容的论述要多一些,而且分析得条理分明,层次井然。但容我直说,这一成果的出现,恐怕主要是借助于你的文字功夫,并非来自研究心得。当然有时也不乏真知灼见,如对《药》中夏三爷形象的分析,就能道出前人之所未道,如说反动统治者如何"促使人们尽量堕落""鼓励告密""鼓励叛卖"等的发挥,是颇为警策的。然而像这样的例子不可多见,而且夏三爷在《药》中所处的地位到底是次要的,对他的过多分析反而只是说明了笔者的一种感兴发挥,最多也只反映出笔者潜在的艺术分析能力,难以表明它即是已经具备了的学术水平。问题还不仅仅在此,而在于缺乏对鲁迅作品做出综合的分析,缺乏站在鲁迅思想史、创作史以及中国现代文学史的高度上来论述。

早春自己大约也很看重这封信,把它编辑入自己的论文集《绠短集》和散文集《蔓草缀珠》,年轻的编辑同行不妨找来看看,看早春是怎样做责任编辑的。

我是1949年长沙解放的时候考进李锐先生当社长的《新湖南报》

工作的。我借调到人民文学出版社工作的时候,单身住在出版社招待所,因为这老关系常常去看望李锐先生(我叫他老社长)。1982 年的某一天,我去看望他,他告诉我,陈云要他到中共中央组织部去组建青年干部局。大约还问到我认识的人里有没有合适的人。细节我已经记不起来了。可以确定的是他先问我,不然我不会冒昧地提出早春的。我向李锐先生谈了我所知道的早春的情况:武汉大学中文系研究生毕业,在出版社和冯雪峰的关系很好,担任过党支部书记。这以后我陪早春去过李家,他们两人面谈过。为了写这篇文章,我请李锐的女儿南央查阅了她父亲的日记,在 1982 年 6 月 20 日(星期日)里记有:

> 朱正、陈早春下午来,留晚餐。陈谈自己情况很具体,难以离开出版社,经济关系太大,要减少 20 多元。

后来早春还对我说:他还是喜欢出版这个行业,不想改行。他就没有调到中组部去了。

在早春做人民文学出版社社长兼总编辑的时候,我还找他帮过一次忙。我有一本香港信达出版社出版的王凡西(署名惠泉)翻译的托洛茨基的《文学与革命》,就拿给他,建议他翻印。过了很久,他把外文部的答复告诉我:王凡西的译本是据英文译本转译的,而且只译了原书的第一部,没有译第二部,不完全。要出就出一个直接从俄文原本译出的完整译本。1992 年人民文学出版社出版了据苏联红色处女地出版社 1923 年第一版译出的译本。早春送了我一本。

2016 年 12 月《冯雪峰全集》出版座谈会在北京现代文学馆举行,我在会上见到了早春,却没有料到这竟是和他最后的相见。稼轩诗云"白发多时故人少",虽说这是一个定理,不过到了忽然减少一个故人的时候,想起许多往事,还是不能不感到悲哀。

资料与研究:《新文学史料》的双重价值

刘　勇

今天我满怀感激和崇敬的心情参加《新文学史料》创刊四十周年的纪念和研讨会。感激是因为我四十年前来到北师大学习,正好赶上《新文学史料》的创刊,四十年来这份刊物伴随着我的学习和研究生涯,是滋养和哺育了我的重要刊物,是我深深感激的刊物。崇敬是因为《新文学史料》在四十年的辛勤耕耘中,为我们现代文学研究的不断深入、为现代文学学科的不断发展,作出了巨大、卓越而不可替代的贡献,这是每一个现代文学学人都感怀铭记的,为此我谨代表中国现代文学研究会全体同仁向此次会议表示衷心的祝贺! 对《新文学史料》走过四十年的风雨路程表示由衷的赞叹! 向《新文学史料》四十年来为现代文学研究所作出的重大贡献表示崇高的敬意!

改革开放四十年,是中国社会巨大变革的四十年,也是学术研究深刻变动和重要发展的四十年。回顾四十年的历程,许多学者都感受到一个基本现象:改革开放之初,学术研究呈现出鸿篇大论蔚为壮观的气象,但时至今天,不能说这些鸿篇巨论都是过眼烟云,但真正沉淀下来、仍然还在为我们今天的研究所用的,主要是上世纪80年代前后几乎举全学术界之力共同建构起来的现当代文学的资料研究系统,这些基础性的史料建设,是我们这一代人从本科到硕士到博士学习的必读材料,今天依然如此,今后还将如此。而在这些资料建设的系统工程中,有一块独树一帜的阵地,这就是《新文学史料》。这本杂志,贯穿了改革开放四十年,伴随着几乎所有现代文学学人的研究工作,是始终如一、扎扎实实、纯纯粹粹建设新文学史料的刊物,是我们充满感情而离不开手的刊物!

从现代文学研究的角度来看,《新文学史料》至少有以下三个重大贡献:

第一,《新文学史料》四十年来致力于史料的发掘与留存,奠定了现代文学学科的重要基石。我们常常说中国现代文学已经逐渐走向历史化,但实际上"历史化"并不是一个简单的自然的过程,它需要研究者具有高度自觉的史料意识。现当代文学研究及学科的发展一直比较持重稳健,大家名家辈出、研究成果累累,很大程度上得益于史料建设的扎实和完备。《新文学史料》在这中间起到的作用,是独一无二的。四十年来《新文学史料》见证了现当代文学发展的许多重要时刻,及时记录、留存了很多宝贵的资料,堪称历史现场的"活化石",特别是从创刊初期的"回忆录"栏目上,茅盾、冰心、叶圣陶、丁玲、沈从文、胡风、阳翰笙、徐懋庸、冯雪峰……这些中国现代文学史上的大家都刊发过回忆文章,这是一笔极其珍贵、不可复制的财富。另外,《新文学史料》的"历史现场""研究资料"等栏目还收录了一大批现代文学社团、流派、刊物的重要资料,如赵铭彝的《左翼戏剧家联盟是怎样组成的》《回忆左翼戏剧家联盟》、杨纤如的《北方左翼作家联盟杂忆》、刘锦满的《历史的忆念——解放区几个诗歌组织和刊物的回顾》、陈明的《西北战地服务团第一年纪实》、冯乃超的《鲁迅与创造社》、郭绍虞的《关于文学研究会的成立》、任钧的《关于太阳社》、高君箴口述、郑尔康执笔的《郑振铎与〈小说月报〉的变迁》、施蛰存的《〈现代〉杂忆》、萧乾的《鱼饵·论坛·阵地——记〈大公报·文艺〉》、李健吾的《关于〈文艺复兴〉》、冯至的《回忆〈沉钟〉——影印〈沉钟〉半月刊序言》等。还有一些现代文学史上重要文学事件的记录材料,如阿英的《第一次文代会日记》、沈蔚德的《回忆〈蜕变〉的首次演出——兼论关于〈蜕变〉的评价问题》等等,这些一手材料都是非常珍贵的,为后来我们研究相关问题提供了重要的依据和参考。四十年来《新文学史料》在作家回忆录、社团资料、口述史料、佚文钩沉、作家小传等方面建构起来了一个厚重的资料库,这些弥足珍贵的资料,是我们后来几代学者走上学术之路重要的资源,是现当代文学研究和学科持续发展的必不可少的基石。

第二,《新文学史料》四十年来不断对史料的订正与辨析,为现代文学的研究提供了许多新的论据和新的视角。随着史料的深入辨析和新史料的不断发掘,我们越来越发现以前很多的定论其实是有问题的。《新文学史料》从创刊以来就设有"考证""补正""来信摘登"等栏目,及时地对史料进行订正和辨析,比如在 1980 年第一期《新文学史料》上,北师大蔡清富老师以"蔡青"的笔名发表了《"稳固"和"失掉"——就左联理论纲领的两个词语访问冯乃超同志》,提出左联理论纲领中有一个关键词语,不同的刊物有不同的记载。1930 年《拓荒者》第三期上记载的是:"我们的艺术是反封建阶级的,反资产阶级的,又反对'稳固社会地位'的小资产阶级的倾向。"同年 4 月《萌芽》月刊第四期刊登的是:"我们的艺术是反封建阶级的,反资产阶级的,又反对'失掉社会地位'的小资产阶级的倾向。"一个是"稳固社会地位",一个是"失掉社会地位",一词之差,意思相距千里。蔡老师为此特意去访问了左联理论纲领起草者冯乃超先生,反复考证,最终确定了应该是"失掉社会地位"。蔡清富老师在北师大主要致力于新文学史料的发掘和研究,作出了突出的贡献,是最初在《新文学史料》上发表文章的作者之一,也是引领我走上现代文学研究道路的导师之一,今天讲到这段话,也是表达对已经去世近二十年的蔡清富先生的缅怀之情。但是蔡先生等人这样的努力,却往往不容易被学界重视,直到现在,一些文学史甚至是左翼文学专著里面仍然用的是"稳固社会地位"。这样的例子还有很多,比如曹禺《雷雨》首次演出的地点,多少年来文学史、戏剧史都说是在日本东京。绍兴学者刘家思千辛万苦考证出,《雷雨》首次演出的地点不是日本东京,而是中国浙江省上虞县的春晖中学。这篇文章是我编发在《中国现代文学研究丛刊》上的,后来在现代文学馆召开的史料研讨会上,我做大会发言再次呼吁这个事情。结果是,发表了文章怎么样?大声呼吁又怎么样?新出的各种文学史、各类文章,《雷雨》首次演出的地点还是日本东京!挖掘考证出的新的史料不能入史、不能被学术研究所采用,那史料发掘的价值和意义何在呢?面对创刊了四十年的《新文学史料》,我们不能不严肃地思考这个问题!

第三,《新文学史料》四十年来专注于史料的阐释与研究,寻求一种研究方法的突破,也同时为现代文学的研究格局带来了新的突破。"以史带论""论从史出",这是最为基本的研究方法,也是学界的共识。但是真正做到"以史带论",是很有难度的。我记得当年在北师大读本科的时候听过唐弢先生的一次讲座,他主要讲鲁迅关于"二丑艺术"的问题,从头到尾,唐弢先生几乎没有什么观点,只是一条一条地分析材料,材料分析完了,讲座也结束了。这次讲座给我一个深刻的启示,就是"史料"既要支撑观点,而"史料"本身也就是观点!史料运用得好,本身就蕴含着思想观点。这一点实际上也是《新文学史料》最大的特点,办刊四十年,只刊史料不发宏论,这既是一种坚持,也是一种态度。对于史料研究,学界常常有一些微词,有一种看法认为,某些史料的发掘是很琐细的,并不足以改变文学史的基本面貌。还有一种看法认为,失去了观点统摄的史料,就是一堆死材料。客观地讲,这些看法不是完全没有道理。但这绝不意味着史料工作本身就不重要,相反,如果史料出了问题,那么理论和观点也一定会有问题,整个学科的发展可能都会受到非常严重的影响。这是历史特别是近些年来的历史不断证明了的。《新文学史料》用四十年的坚持为史料正名:史料不是附庸于观点的材料,更不是修修补补的边角料,它本身就有独立的价值。另外,《新文学史料》杂志也一直不断在调整和发展,最初以"回忆录""历史现场"为主,逐渐增加了"史家拍案""口述历史""作家专辑"等栏目,可以看出《新文学史料》在努力寻求一种史料与研究、史料与方法的结合和突破,陈漱渝先生的《存真求实去伪辟谬——试谈回忆录的鉴别》、孙玉石先生的《新诗现代化理论遮蔽的严肃思考——读袁可嘉诗论史料札记》等文章都是对这些方面的重要尝试。

四十年的风风雨雨,从最开始的牛汉先生到现在的郭娟女士,《新文学史料》的发展凝聚了几代人的辛勤耕耘和苦苦坚持,我们期盼着它继续伴随着我们一路走下去,祝愿它越办越好!

友情与学术

| 刘福春

　　我第一次走进北京朝阳门内大街 166 号的人民文学出版社是1980年初,至今已过四十年。四十年来,我的身份从一个读者,又增添了编者和作者,收获了学术成果,更收获了与几代编辑师友的友情。可以讲,是人民文学出版社伴随着我走上了学术之路,而与其合作的每一次收获都是我成长路上的重要标志,其中多少温暖的往事已结晶为珍贵的回忆。

　　我开始阅读人民文学出版社出版的读物,应该是在1972年高中毕业的前后。我出生在东北的一个小县城,家里除了父亲的几本政治读物再没有其他的书,之前曾读过两三本掉了封皮的小说,是从同学手里借来的,书名早已忘了。高中毕业时喜欢上了文学,特别是诗歌。也许真的有一种缘分,我这时的阅读大都与人民文学出版社有关。我买到的第一本诗集是贺敬之的《放歌集》。这本诗集出版,准确地说是再版的消息,是我的语文老师告诉我的,当时县里唯一的一家新华书店没有诗集可买,正好有邻居去长春,就托他去找,还真买到了一本。诗集拿到手就特别珍惜,于是在外面加上了一个硬皮,没想到这样的"保护"完全破坏了书的封面,后来在旧书店遇到又买了一本。我抄的第一本诗集是李瑛的《红柳集》,虽然出版社标明为作家出版社,实际上也是人民文学出版社出版的,当然这是以后才知道的。那年月能读到和买到的诗集实在是少之又少,我的语文老师偷偷地借给了我这本诗集,我用一本一直舍不得用的塑料皮笔记本全部抄了下来。这是我当时读到的最好的诗集了,由此喜欢上了李瑛的诗。不久又买到了李瑛的诗集《红花满山》《北疆红似火》,也是人民文学出版社出版的,这些现在已经不会有几个文学青年阅读的诗集,在那个特殊的年代却温暖了一个小县城里文学爱好者的梦,也成为我新诗收藏的最早的藏品。我订阅的第一本诗刊是 1976 年 1 月 1 日复刊的《诗刊》,复刊的《诗刊》编辑者是诗刊社,出版社也是人民文学出版社,地址就是北京朝阳门内大街166 号。

我更多地阅读人民文学出版社出版的读物是到大学读书之后。1977 年初,我作为最后一批工农兵学员进入吉林大学中文系,在学校图书馆开始大量地阅读"文革"前出版的诗集,其中很多是人民文学出版社出版的,如臧克家的《臧克家诗选》、艾青的《宝石的红星》、郭小川的《月下集》等。这是我之前无法读到的,我边读边抄,把自己认为好的诗句抄了几个笔记本。1980 年 2 月,我从吉林大学毕业进入中国社会科学院文学研究所工作。来到北京,读书的天地就更宽了,文学研究所图书室的藏书非常丰富,我也开始了新诗书刊的收藏。那时北京的旧书店还不少,跑旧书店是我的日常生活,如有旧书市那就是节日了。书市开始的第一天必定是早早赶去,之后还要去两三次。那时旧书不算贵,诗集更是便宜,每次从书市出来都能带回一捆诗集。所买到的诗集中,人民文学出版社出版的要占多数,我当时的标准,只要是人民文学出版社出版的都应该买,事实证明这是对的。到了上世纪 90 年代,十几年的积累,此前人民文学出版社出版的诗集不能说是全部收集到了,所缺也不是很多。有些诗集我还收有不同的版本,像《艾青诗选》,我有 1955 年、1979 年、1984 年三个版本,《臧克家诗选》有作家出版社1954 年和人民文学出版社 1956 年、1978 年、1986 年四个版本。也许是因为抄过《红柳集》,这本诗集买到的就更多,有平装本和精装本,每种还有不同印次本。也有买重的,只要见到书品好而价钱又便宜的总是觉得不买太可惜。除了新诗书刊,《新文学史料》也是我喜爱的刊物,收藏得也最全,从创刊至今一期不缺,读得也最认真,获益也最大。这些收藏和阅读成就了我的学术,我完成了《中国新诗书刊总目》和《中国新诗编年史》。这次为写本文,我大致统计了一下,《中国新诗编年史》记录的人民文学出版社出版的新诗书刊有三百余种,所引用的文献中《新文学史料》刊载的应该最多,其中1918—1949年部分引用就有三十次。

说到《新文学史料》,可说的就更多了。我1980年4月9日第一次去人民文学出版社,就是为唐弢先生购买《新文学史料》。这之后,因为专业的关系,与编辑部联系多了起来,而且越来越密切。交往最多的是《新文学史料》老主编牛汉先生,初次见面应该是1981年4月,在文学研究所主办的中国现代文学思潮流派问题学术交流会上,地点是铁道部招待所。1982年5月我们曾因开会去过海南岛。进入1990年代,联系就更频繁了,经常见面或通电话。我们在北京,到外地,去韩国,很多诗歌活动常常是一块儿参加,有时还一同骑着自行车去。最初的称呼是"同志",后来称"先生"或"老师",再后来变成了"老爷子"。我们是越走越近,越来越亲。牛汉先生最后一次离京外出是2009年6月,我陪着一起去了我的家乡看草原。2011年12月6日,牛汉先生与日本诗人谷川俊太郎获得第三届中坤国际诗歌奖,我有幸撰写并在颁奖典礼上宣读了牛汉先生的授奖辞。每年,牛汉先生的生日聚会让人难忘,特别是2012年12月15日在"打开窗户——新诗探索四十年"大型系列活动的开幕式上举行的牛汉先生九十华诞祝寿仪式,九十支红蜡烛,超大的生日蛋糕,少年儿童献花,谢冕先生祝辞,紧接着全体参会诗人上台合影,汇聚了对牛汉先生的美好祝福,也将那次活动推向了高潮。2006年开始,我用两年多的时间主编了《牛汉诗文集》。全书共五卷,所收为当时所能收集到的牛汉先生的全部作品,包括已发表的作品和未刊手稿等。各卷所收诗文均以写作日期为序编排,并用题注注明作品最初发表的报刊和编入集子及改动等情况。这也是与《新文学史料》编辑部的一次合作,责任编辑是郭娟、刘伟、杨康和刘炜。此次合作让我深刻地感受到了他们的负责和认真,这是一流出版社敬业精神的体现,也是出版质量的保证。《牛汉诗文集》2010年10月出版,11月29日在清华大学举行了《牛汉诗文集》出版座谈会,牛汉先生和郑敏、屠岸、灰娃、邵燕祥、洪子诚等诗人、学者及出版社的领导管士光及责任编辑们出席了会议,对牛汉先生的创作和《牛汉诗文集》的出版给予了很高的评价。2013年12月《牛汉诗文集》获得第三届中国出版政府图书奖。

我的《中国新诗编年史》一书也是与《新文学史料》编辑部合作出版的,责任编辑仍然是郭娟、杨康、刘伟,再加新入职的李玉俐。我在该书《后记》中曾说:"《中国新诗编年史》能够问世,而且是由人民文学出版社出版,这是做梦也没有想到的。"这话一点儿也不假。我进入中国社会科学院文学研究所后一直从事新诗文献的收集、整理和新诗史研究工作,三十多年,我阅读了文学研究所图书馆所藏的1949年前的全部和1949年后的大部分新诗书刊与其他文学期刊,访查了全国五十多家图书馆收藏的早期新诗文献,与诗作者通信近万封,并收集了大量诗集、诗刊、诗报、诗论集、书信等新诗文献。随着新诗文献的掌握增多和对历史了解的深入,渐渐有了撰写新诗编年史的冲动。2002年我到韩国釜山东亚大学任招聘教授,教学之余开始集中精力撰写编年史,到2004年底基本完成了1977年前的编年史写作。2005年4月李怡主编的《现代中国文化与文学》创刊,以《中国新诗档案》为题从1949年起连续刊出编年史;2009年8月,骆寒超先生主编的《星河》由人民文学出版社出版,又以《中国新诗编年史》为题从1918年起连续刊出。至于出书想都没敢想,我没有出版经费也不愿意去申请。2010年2月8日,我陪骆寒超教授去人民文学出版社拜访时任出版社总编辑的管士光先生,让我万分惊喜的是,读过我发在《星河》上那些文字的管先生提出希望出版《中国新诗编年史》,并具体落实由郭娟来负责。这对于我无疑是天上掉下来的一个大馅饼,于是我全力投入工作,2012 年 8 月 6 日将书稿全部交出。《新文学史料》编辑部的朋友更是全力以赴,我在《后记》中写道:"这第二次合作让我对他们的认真负责有了进一步的体认。像我这部撰写时间长,结束又有些匆匆的著作,由于有了他们的严格把关减少了很多失误。"

《中国新诗编年史》全书二百六十五万字,用编年体的形式详细地记录了 1918 年 1 月至 2000 年 12 月发生的有关新诗创作、出版、活动等史事,用大量第一手资料展现了上个世纪新诗创作的成就和问题。此书 2013 年 3 月出版,精装两卷,印制非常考究,我几十年所做出的学术努力有了充分的展示,并得到了学界的认可。6 月 6 日人民文学出版社召开《中国新诗编年史》新书发布会暨研讨会,社长管士光先生主持,谢冕、吴开晋、白庚胜、陆建德、吴思敬、刘纳、李怡、唐晓渡、孙民乐、张柠、祝晓风、邓凯、吴子林等专家和朋友出席,郑敏、牛汉、屠岸、邵燕祥、孙玉石等先生分别写了贺词、贺信,赞誉了出版社的学术品行,也给予了我极大的鼓励。我出席过不少的新书发布会和研讨会,但参加自己著作的发布和研讨还是第一次。7 月 8 日上海图书馆又主办了《中国新诗编年史》出版首发暨座谈会,我与郭娟去参加。除了研讨会,《人民日报》《光明日报》《文汇报》《文学评论》《诗刊》等多家报刊也发表了报道和评论,谢冕先生在《为百年新诗修史》一文中评价说:"《中国新诗编年史》的出版是中国学界,特别是中国新诗研究界的一件大事。这部学术巨著的出版,不仅标志着中国新诗史料工作的新高度,而且标志着新诗百年历史研究的新高度。刘福春对我们的启示不仅是在学术的层面,而且是在人生和事业的层面,做一件自己喜欢的事,以毕生之力勇往直前、坚持始终。他是真正的聚沙成塔,集腋成裘,他以一人之力,造百年之功。可以说,《中国新诗编年史》的出版不仅是一件大事,也是一个奇迹。"

2018 年也是我学术路上特别的一年。自文学研究所退休的我被聘到四川大学文学与新闻学院,我将收藏的十几吨新诗书刊等文献搬运到成都,四川大学建立了刘福春中国新诗文献馆并成立了四川大学中国诗歌研究院。这一年《新文学史料》开始陆续发表我的《寻诗之旅》系列文章,至今已刊出七篇。了解我的朋友都知道,我作文不勤,写得也很慢。我之所以开始这些系列文章的写作并坚持了下来,背后与郭娟的督促和鼓励有很大的关系。我1980年代初开始与诗人通信联系,积累了大量的书信,郭娟常常劝我能进行一番整理,在刊物上发表。郭娟作为《新文学史料》主编的职业自觉让我敬重,作为校友和多年的朋友的好意也使我不能无动于衷,正好整理搬运文献时把这些书信找出,翻阅一页页有些已经变黄甚至发脆的书简,更叫我不能不动笔了。于是我写出了第一篇,郭娟收到后立即编发,并决定连续刊载,我的笔也就停不下了。也是这一年,我有幸担任了《新文学史料》编委,2019年3月20日还参加了《新文学史料》创刊四十周年纪念会。

时间过得真快,转眼几十年过去。四十年前因为工作需要我走进了朝阳门内大街166号,由学术发展为友情,而作为一名读者则已快五十年了。我相信四十年所结下的情谊定会步步加深,作为读者,这一身份更会继续保持下去,做一名永远忠实的读者。

阅读冯雪峰

许觉民

我曾在一篇纪念冯雪峰的短文中写过他的一些性格上的特点,他"秉性豪爽,处事果断,具傲骨,易怒,人不敢近。众人在谈笑间,他一到,便肃然无声"。可是从他先前《湖畔》诗中流溢着的对女性的那种空旷的柔情相比,几乎不能相信是同一个人,可见"文如其人"之说是不尽然的。不过我又相信,人的性格有两重性,"静如处子,动若脱兔"便是,我也常见到雪峰那种长者常有的温良的一面。

我虽在上海解放前认识雪峰,但没有作过深谈,要作深谈也不可能,他是位"左联"的老作家,我这个一知半解的青年很难去找他作什么深谈。1951年春,人民文学出版社成立,到夏天时他来了。人文社最初由沙可夫负责,沙可夫的兼职多,以后由胡乔木提名请雪峰来当社长。雪峰来时,将上海成立的"鲁迅著作编刊社"一起搬了来,人员还有杨霁云、孙用、林辰、王士菁等人。雪峰当时给我的印象是一位很和蔼的长者,交办一件事总要问一句"你看行不行",是商量口吻而不是一味的指令,其实领导人愈是这样也愈令人敬服。他给我的印象是极好的。

人民文学出版社归文化部直接领导。文化部部长是茅盾,但主要管事的是副部长周扬。当时,由周扬每两周召开一次由各单位负责人参与的工作汇报会,一面汇报,一面经交换意见后解决问题。人文社去参加这会的,自然应是冯雪峰,但雪峰与周扬在 30 年代的上海时就不和,他不想去。会上因为有不少行政事务要谈,每次会议雪峰就叫我去参加,我当时是人文社经理部主任,他认为是合适的。我第一次到会后,发现各单位到会的都是第一把手,如田汉、欧阳予倩、王冶秋、袁牧之、马彦祥、光未然、蔡岩虹等,我总觉得我参加这会不合适,我对雪峰说了,他笑着说,又不吃掉了你,为什么不能参加?每次会后,我就将有关事项和周扬的讲话带回来向雪峰汇报了,雪峰有什么意见和对出版社有什么设想,也由我在会上转陈,我便当了一个"中转站"的角色。人民文学出版社的方针任务和重要决定,雪峰并不向周扬请示,而是与胡乔木相商而定的。例如关于出版方针,雪峰认为应不同于地方的出版社,应以提高为主,实行"提高指导下的普及"。乔木也很同意。于是提出了要出版中外文学名著,不仅要有延安以来的工农兵优秀文艺,还要整理出版"五四"以来的新文学;不仅要有现代的文学,还要着手古代文学遗产的整理;不仅要有苏联文学,还要有欧美等国家的古典名著和现代名著的系统介绍。这个出版方针,在 50 年代新中国初期时提出是很新鲜的,是文学出版工作的中外古今全面发展的开端。我也照此在文化部的会上向周扬作了汇报,他表示首肯,同时还提出应为此作出一个详细的规划来。

有一次会上,文化部主管人事的领导说,中央指示要精简机构,他宣布人员的进用开始冻结。周扬要求各单位照此执行。我知道雪峰正在为实现规划而大事罗致人才,倘冻结人员必将使规划搁置起来。于是便走出会场打电话告诉雪峰,他说马上到文化部来。他到了会场,讲了一大段话,声调激昂,力争出版社必须进人,他认为当时出版社内够格的编辑只有刘辽逸一人,怎么弄得下去?那位主管人事的说,进人是以后的事,此刻必须冻结。相持不下时,周扬说话了,他说人民文学出版社的进人问题,照雪峰同志的意见办。雪峰听了,静了下来,因为事情已解决,就转身回去了。

此时我得一印象，在这样的场合，雪峰的焦躁、激动、易怒的性情就会随时爆发出来，他说话的那种使人可怕的神态，会上的人一个个眼瞪瞪地看着他，似乎觉得有些异样。我得的另一印象是，周扬的平静，他采取了退让的办法。本来这件事是容易引起争论的，为了使矛盾不致激化，依顺了雪峰。在周扬当时所处的位置上，这一态度不失为明智的。而且自此后我发现，人文社的工作，周扬从不过问。人文社设在文化部大院内，与文化部近在咫尺，周扬也从未过来看看。以后冯雪峰主编《文艺报》，并任作家协会党组书记，周扬是中宣部副部长，是主管文艺的，在那一段时间内，他对作协和《文艺报》的工作很少过问。周扬那回避的做法，原想是避开可能出现的矛盾，但是隔阂却无法得到消解。

那时有一个中国作家代表团访问苏联，团长是冯雪峰，成员都是来自老解放区的作家，如康濯、田间、陈企霞、萧殷等等。他们回来后，我听陈企霞说，雪峰很果断、很有魄力，也很厉害。我问他何以有此印象，他说，代表团除团长外，还有一个党支部，支部有支委，有些问题支委的意见与团长不尽相同，不同时便有些争执，雪峰起先是冷静的，以后就很严厉，说代表团由团长负责，支委要保证团长履行职责，严厉地批评了他们，他们的印象雪峰是很厉害。

雪峰从苏联回来时，国内正值开展"三反"运动，我在出版社负责经理部，自然要经手钱财，也当然会受到运动的冲击。冲击无非是要查账目，幸而经过核查后，证明我没有贪污的问题。于是有人在官僚主义问题上找我的茬，我因为患有肺结核未痊，经常买母鸡炖汤喝。有一位老区来的女同志，认为喝鸡汤不但是一种奢侈，而且是一种资产阶级的习气，竟为此揪住不放。在一次会议上，我检查到官僚主义，就说经常喝鸡汤的事，今后要注意改正。雪峰在会上听到了，就马上发话，说这和官僚主义有什么关系？你有病，吃鸡是可以的，不管这些，你以后只管吃就是了。我听了觉得当时很尴尬，但又觉得雪峰是最通情达理的。

不过也有给我难堪的事。当时出版了一本《鲁迅小说集》，书的封面印鲁迅的肖像，印得有点儿模糊，雪峰看到了大怒，把我叫去，发了一顿脾气，书已印成，我只能领受他的批评。这一次，他怒气未息，说要撤我的职，另换别人。我听到了倒并不惊慌，我管的事最杂，出版、财务、人事、行政……整天昏头昏脑，最好不干。我等着撤，可是过一阵没有声息。

雪峰此时兼着《文艺报》和作协的工作，还要写文章，例如一本《回忆鲁迅》的书，就是在那时期挤时间写的。看来他有点儿忙不过来，这时候他调来了楼适夷和聂绀弩，聂绀弩主持中国古典文学编辑部的工作，雪峰委托楼适夷来主持出版社全面的工作。楼适夷做了一阵感到有些吃力，也可能有些不感兴趣，便向雪峰建议调刚从印尼回国的王任叔（巴人）到出版社来共同领导。雪峰起先不肯，后来同意可以调来，但仍由楼适夷来负责主要工作。1954年王任叔调来人文社，楼适夷向雪峰力辞负主要责任之职，要王任叔来负全责。雪峰起初也不肯，经楼适夷再三请求，也同意了。

这期间，发生了《文艺报》的所谓"压制批评俞平伯的《红楼梦研究》"，即压制新生力量的问题。以后知道，事情经过并不如那时所说的，雪峰因受批评而离开了《文艺报》是委屈的。可在那时弄得十分紧张，他检讨完后有一个时期静坐在家里思考问题。我偶尔在文艺界听到一点儿风闻，说高层对雪峰早有意见，认为他在《文艺报》上发表自己的文章很多，而不注意提拔新生力量云。以后又听到说他的文艺思想不大对头，具体的并未说到。不过我倒听到过雪峰有一次说过，他认为把文艺分为政治标准第一、艺术标准第二是说不通的，文艺首先是艺术品，就应该以艺术质量来衡量一部作品，好的政治内容必须通过高度的艺术表现力才能显现出来，否则只剩下干巴巴的政治口号，算不得是艺术。我认为雪峰的意见是对的，但在那个时期，这类话只能有所领会而决不可外传。我听到雪峰谈文艺就这么一点儿，我不知道不对头在哪里？

到1957年"反右"运动不久，雪峰便被划为"右派分子"。起因是什么？我在运动过了很久才问他，他也不肯说。一个说法是卷进了丁玲、陈企霞的"反党集团"。这一"集团"1955年就定案，以后说弄错了，要平反，丁玲本人一直有意见。不料到"反右"运动开始，这事又重被提起，作协经常开会批判丁、陈，丁玲被批得很烦恼，见到冯雪峰就诉说。据说冯雪峰听后对她说，你不会装病不去开会吗？这话被人知道了，加上雪峰还有某些流露出不满情绪的言论，被说成是丁、陈反党集团的重要分子，于是在作协被批斗了相当长的时间。

我听说在作协批判他的，许多问题都是30年代的陈账，那就是雪峰由陕北受中央之命到上海，接上上海党组织与中央失去联系的组织关系。他到上海后没有去找周扬和夏衍等人，却只是找了鲁迅并从鲁迅那边认识了胡风。关于这段史实的是非，到以后似乎未见到一个完善的定论，这里且暂置不说。至于1957年那次批判雪峰的会上，都是严厉地指责和批判了雪峰的。我以后问过雪峰，他对一位本来很亲近的朋友在会上声色俱厉之状和用词之尖刻，听后觉得十分的寒心和反感。

批判雪峰的会，都在作协举行，他的组织关系一直在人文社，而人文社却一次也没有开过批判他的会，到组织处理时，则回到了人文社。1958年某日，人文社支部开会，由支部书记宣读了一份关于冯雪峰定为"右派分子"予以开除党籍的决定草案，用举手表决。我从座位对面看到了雪峰，他铁青着脸，表决时他也举了手，使用他作为党员的最后一次权利。我看到有几个人怆然涕下，我低垂着头，我又偷看了一下雪峰的脸，他的脸愈发铁青了。

自这天起，他被开除了，他陷入了一种凄苦和孤独的状态中，很少说话，与先前那种豪爽、傲视、易怒的性格相比，几乎判若二人。

此后他在编辑室做一点儿工作，社里分给他编选郁达夫选集这件事，他十分认真，对郁达夫的作品又十分熟悉，他编的那本选集，编辑室的人都极为称赞。

这时候，成立了作家出版社，归作协领导，楼适夷调到该社负责。

到1959年末，因"反右倾"运动的结果，王任叔因写了些内容有所谓阴暗面的杂文，又写了《论人情》的文章而被批判，定为"反党分子"，撤销了他的职务。此时的人文社已无领导人，"蜀中无大将，廖化作先锋"，文化部命我权且负责一时。

1960年，雪峰摘去了"右派"帽子，他的精神面貌略见清爽了些。他开始想到要写小说，我知道这是他以前早有了的宿愿，他曾想把亲身在长征途中的题材写成小说，构想蓄之于胸已久，书名叫做《卢代之死》。这事我听他说过，至于内容、故事和人物，我都不知道。这一回，他去找作协党组书记邵荃麟，详述了他的愿望，他说有两个写作计划，一个是写长征，另一个写太平天国。荃麟同他本是极好的朋友，写小说这件事，他自然是支持雪峰的，不过他又考虑到雪峰当时的一种特殊的处境，沉吟了半晌，对雪峰说，我看，你还是先写太平天国罢，你现在写长征，恐还不大相宜。雪峰回来后对我说这件事，说毕，喟然长叹一声，说我连写长征都不能写了！当时面容痛苦的情状不忍卒看。我就劝他说，既如此，不妨就先写太平天国，写长征放到以后再说。他微微地点了头，实际上也只能这样做。

我因为在出版社权且负责，此事就可以做主，先决定雪峰从编辑室脱身，改为专事写作。接着雪峰就提出写太平天国的小说，先得到有关的地方去看看，计划是先到广西贵县金田村，洪秀全等起义之地，然后北上沿途观察，经湖南、江西、安徽而至南京，看看太平军经过的山川地形，在写作中可以有所描述，与情节相联结，这些景象的感知是写小说所不可少的。他的此行，颇费些时日，本想再找一人陪伴他同行，还可以协助他做些记录的工作。他坚持不要，认为反而不便。我也觉得他如今的处境，写作计划已经荃麟批准，算是不容易的了，倘再事铺张，带个人手去，有的人会有看法，于他反而不好，况且他当时身体也很好。等一切准备就绪后，我还送他上了火车。我觉得，此刻使他情绪上稳定下来最重要。

他走了好几个省，回来以后就忙着写提纲，准备着手创作。为了让他安静地写,我很少去看他。隔了一阵遇见他,说已写出了一些,但感到有些疲劳,心情也极为不佳,暂且停一下。我劝他休息以后再说。以后他断断续续地又写了不少,但是究竟完成了多少呢,我一直不清楚。我看得出,那时几乎他的情绪一直不好,写作的进度很慢,我可以想象到,一个人处于一种被压抑的状态,除非写自己,否则写作就是一种精神负担,甚至是痛苦,既无法写得快,甚至也很难写得好。不过我没有劝他不要再写,因为他此时处在最痛苦的孤寂中,除了硬着头皮写作外,他还有什么寄托呢?

那几年,运动仍是不断,"大跃进""反右倾""反修""四清"……文化领域内更是层出不穷,批巴人,批"文学即人学论",批"反题材决定论",批昆曲《李慧娘》,批电影《北国江南》,批京剧《谢瑶环》,批"中间人物论"……这些,雪峰都注意到了,他已无心写小说了,他的心情越来越坏,许多事似乎给他一种不祥的预感:他的小说即使写成了,遇到的命运是完全可以想到的。

他放下了笔,他彻底地沉默了,他仿佛在等待着什么。

等待他的是一场大风暴,"史无前例"的日子来了!

他很沉着,他知道立刻有一场劫难在等着他,他同人文社其他被指定的十几个人一起被拘进了所谓"集训班"。拘入集训班的人员包括文化部暨所属单位、全国文联暨各协会、中国作协等文化机关的领导人和其他"有问题"的人物。集训的要求就是经过学习交代自己的"罪行"和揭发别人的"罪行"。

雪峰虽是著名人物,但当时他没有领导职务,只是作为"摘帽右派"的一员纳入了"黑帮"行列,有幸的是他用不着列入大会批斗的名单。大会批斗的都是文艺界的头面人物,如田汉、邵荃麟、林默涵、夏衍、张庚、王冶秋等等。每次批斗大会后,我又看到了雪峰那张铁青的脸,有一次他对我说:"总有一次要轮到我的。"

可是没有轮到。倒是有一件与雪峰有关的事应该记述的。当时新出版的一期《红旗》杂志上,刊载了一篇揭发周扬的文章,内中谈到30

年代"国防文学"和"民族革命战争的大众文学"的两个口号之争。在人文社出版的《鲁迅全集》中有一条有关两个口号的注释,注释对此作了客观的介绍与解说,这条注释成了一项天大的罪行,因为它和林彪、江青炮制的《部队文艺工作座谈会纪要》中说的"国防文学的口号是资产阶级的口号"的说法大相径庭。将此事作为周扬的一条罪名写成文章,并将那条注释的原稿也制版印在上面,文章说这是周扬亲笔所写的注释文。但是文章的作者弄错了,那是冯雪峰的笔迹,那条注释是雪峰所写而不是周扬写的。我们在"集训班"看到这文章后,就大为诧异,于是议论了起来,因为对雪峰的笔迹我们都是很熟悉的。我们的议论被管理我们的部队的人员知道了,便说报告"集训班"的领导。那位领导便把人文社几个人统统叫去,问你们议论是什么意思,我们回答那原稿的笔迹是冯雪峰的,这条注释就是雪峰写的。领导就把雪峰叫过去,问他是否是你写的,雪峰立即回答,是我写的。领导听后勃然大怒,大声说你们要干什么,要我相信你们还是相信《红旗》杂志?我们因处被审查地位,不能再与他争论,在他吆喝声之下,都悄然地退了出来。

大家都为雪峰勇于承担的刚正态度所感动,但另一方面担心会不会由此引发起一个批判雪峰的大会,幸而等不了几天,"集训班"的人员都陆续被原单位来人弄了回去开始批斗,人文社的人也被一起弄了回去。

到回去后,批判对象以"走资派"为主,几年以内,雪峰似乎被批斗的次数很少。我因为是"走资派",经常挨斗。自 1966 年秋起一直到 1969 年秋下"干校"时止,雪峰和我们一批人在"牛棚"里共住,虽天天见到,但监视甚严,我无法同他说话。

1969 年秋,我们都下放到了湖北咸宁的文化部"干校",在"干校",几个人挤一间简易房内,我恰好与雪峰等人在一个屋子,虽朝夕相处,但劳动时间长,还要学习、开会,相互间说话的机会甚少。他被分配为挑大粪、施肥种菜的农活,每次见到他艰难地挑着粪或水,在崎岖不平的丘陵道上吃力地行走时,我一面看,一面鼻子不时一阵阵地发酸。

在"干校"时,从批斗"走资派"逐渐转向狠抓"五一六"分子了。我们这些人已批斗了将近四年,现在丢在一边,感觉上似乎被管制得松动了一些,这样,我和雪峰就可以说上几句话而不被注意。我劝他挑了重担走路千万注意,能不能少挑些。他苦笑着说,这些事难道能难倒我吗?他向我打听,为什么这次"文革"弄得这么长的时间没个完。我无法回答他。他嘟哝一句,说照这样是弄不下去的。看他说话的样子有些焦躁,心里似乎有股窝火,最后恨恨地说了一句,照这样,大家都会完蛋的!

批斗"五一六"分子的办法不大用大会,用七八个斗一个的"麻雀战",时间常在夜里开始,一斗就是半夜,有时弄个通宵,被斗得疲劳不堪,就胡乱承认,这就有了结果,叫做"黎明出成果"。"麻雀战"总是在居室内进行的,这样,我们这些人苦了,被赶出来,因为我们是不能参加这类"战斗"的,只好站到室外去,在黑夜的天空下踯躅,碰到下雨,就站在屋檐下躲一躲,至少得有三四个钟点不能回去。遇到这种场合,我就随着雪峰一起出来,或一起在屋檐下躲雨。两个人,常在凄风苦雨中聊上几个钟头。他最关心的话题是这运动到底什么时候完。他说自己已垂垂老了,还能活几年呢,他又现出了十分焦躁的样子。听他的意思,好像有不少事要等着他做而现在又无法做。我知道,他有很多事要做的,这许多年来,他的能力并没有真正地发挥出来。

到1973年,"干校"的人陆续回到北京,雪峰仍留在出版社。另有一批人被扫地出门,有的另行分配,有的自找工作,我也在其中,只得自己另外找到了一份工作。虽然如此,我还是不时到雪峰家里去看他,偶尔他也到我家里来。当时的话题,他最关注的是能不能重新入党,好像是一切事情都必须先从重新入党后才能开始。他问我这时候提出来好不好,会不会找来麻烦。我认为还不到时机,暂先不提为好,且等一段时间再说。我劝他回来后似可将小说继续写下去。他说,断了好多年,一时还捡不起写作的思路来。

我大约个把月到他家里去一次,除了随便谈谈外,他对时局十分悲观,觉得已看不出什么希望。谈到激动时,他总是大骂江青,说她是最可恶的女人,是个女流氓,专门害人。又常常骂姚文元,说此人算个什么东西,是一根专打人的棍子。雪峰与姚文元的父亲姚蓬子素来熟识,雪峰在重庆时,在蓬子家见到过还是孩子的姚文元,印象也极坏。他骂他们时声浪很大,房门是开着的,隔壁的邻居可能会听见,再传出去就会有麻烦的。他对我瞪了一眼说,怕什么?我说还是小声说好。

以后的几次,他又谈到重新入党的事,问我可不可以这时候送一份申请书上去?我说恐怕没有用。他问为什么,我说,你虽然已摘了帽子,摘了帽子的人也不少,但至少还没有听说有谁写申请书要求入党的。总之,还没有一个先例,有了先例,就可援例而行了。他严正地对我说,头一个提出来就是先例,我现在先提出来,不就有了先例吗?我听后未说什么,总觉得这件事很难办到。到下一次去看他时,他说前几天胡愈之来看他,谈起了重新入党的事,胡愈之劝他不要提,认为提出了反会惹起麻烦,总之现在不是时候。经胡愈之这么一说,雪峰便死了心,他相信胡愈之对事情的判断力。

1974年中,我知道他身体不好,说话的发音有点儿嘶哑,交谈时有些话听不清楚。我劝他到医院去看看,他说已看过了,还要做进一步检查。有一次我去,他告诉我,周扬已从秦城监狱放出来了,上星期来看过他。我听了很奇怪,他们二人自30年代以来因不和而一直未有交往,怎么这时候倒交往起来了。雪峰说,周扬关了八年,这次说了许多话,一是说"文革"中难以忍受的遭遇,他作为一个筹码在"文革"初期就被抛了出来。狱中生活的几年,他翻来覆去地思前想后,觉得自己做错了不少事,几次运动中伤害了不少人,深感到"左"的危害。至于对雪峰,也觉得自己有不少不是之处,向他作了自我批评。雪峰告诉我的,自然不只这些,因为他发音很低,我没有完全听清,但大意是清楚的。他认为周扬来看他是诚意的,他的自我解剖也是真诚的。雪峰是位久经风霜的人,不会轻易相信别人的言行,而这一回周扬在这个时候来看他,在"四人帮"还盘踞高位的时候冒着风险来看他,而且坦率地陈说了已往之不是,确是经过了这场"文革",给予了他猛然而得的憬悟、得以清算既往的一个思想契机,对"左"的危害深恶痛绝。雪峰认为这些都是出自肺腑之言,他认为是完全可信的。

我听了也感到心头的欣喜,他们之间四十年的隔阂,平时从不交谈,却各自在患难的时刻触动了悔悟的心灵,在苦难的磨练中蓦然回首,觉昨非而今是,是那种可怕的形势迫使他们走近了。人际之间的隔阂往往是这样,一件事说得唇干舌焦也无济于事,一旦为巨大的现实所撞击,幡然而悟,不消说什么,便足以冰释前嫌了。可惜的是,雪峰逾一年后便因病而逝,否则,我相信他们二人会成为至交的。

雪峰之有嘶哑音,其实已有了病,不久便查出患了肺癌,这是绝症,除了动手术切除外,别无他法。以后他住进了医院,手术后效果良好。我到医院里去看他,他靠在床上笑着说,切除掉不就好了?我听他说后,心情也很高兴。他还说病痊后还得把小说写出来,我听了尤为高兴。

手术后的几个月,他日益消瘦,说话发音更见嘶哑。我见他时,形容憔悴,显得十分疲惫的样子。我只是安慰他静心养,先不要去想别的,身体会好起来的。他低声地说着最近时常念着已逝去的故人,念着荃麟,念着巴人;也还念着仍活着的友人的状况,他知道巴金在受苦,很想念他。他还想起聂绀弩的下落,聂在"文革"中骂过几个人,其中骂了江青,被告发者上告,定为"现行反革命",那时拘押在山西临汾大牢,同不少战犯关在一起。雪峰知道后,一语不发,我知道他的内心是十分痛苦的。

他在疾病和心灵痛苦的煎熬下已经丝毫无力了,身体愈来愈虚弱,延至1976年1月31日瞑目长逝。他那几十年过来的岁月,他的性情从豪迈、果断而逐渐变为焦躁和易怒,继而在迫害下表现为忧郁和痛楚,他终于在那种精神折磨中离世而走了,他行色匆匆,再也看不见"四人帮"的倒台,看不见活着的和死去的友人们冤案的平反,也看不到自己的冤案的平反,他还丢下了许多想做而没有来得及做的事,他怀着无比的痛苦走向另一个世界去了。

走着一条通向太阳的路

| 孙玉石

　　人生是一条漫长的河。在她艰难而美丽的奔流过程中,多少生命的饥渴,多少说不完的故事,会长久地留在她奔流不息的生命里。有些时段,有些地方,她与他们之间的关联,虽然是若隐若现,似有似无,但却总有一种难以割舍的情缘在。于一生中,都将永不忘记。

　　人民文学出版社,就是我生命长河中的这样一块精神绿地。

　　我在鞍山一中读书的时候,参加了几个喜爱文学作品的同学组织的"文学小组",一位语文老师,指导我们读书、写作、办墙报,"发表"自己的作品。我如饥似渴地读着一些中外经典名著,其中许多是由人民文学出版社出版的。

　　当时,我最喜爱的一本书,是厚厚四大册的罗曼·罗兰的小说《约翰-克利斯朵夫》。我太爱这部小说了,几乎把书中的人物,当成自己的生命偶像。我偷偷在一个小笔记本上,工工整整地抄了满满一本子的作者和主人公的"语录",作为自己精神的珍藏。它伴随了我很长的生命时光。小说里主人公的"个人奋斗"悲剧历程,带给我的,是无穷的魅力。它给了我人生最高追求的强大力量,为了实现个人生命价值所需要的与命运拼搏的动力源泉。这本小说,和当时流行的《钢铁是怎样炼成的》《卓娅和舒拉的故事》《普通一兵》等书一起,融进了我生命的鲜红的年轮。

上大学后,和人民文学出版社发生文字之缘,是从 1958 年开始的。我们还是大学三年级的学生,连学术论文都不知道怎么写,就糊里糊涂地响应党的"号召",不知天高地厚地起来批判学术领域里的"反动权威",要"拔白旗,插红旗",自己动手来编写《中国文学史》。经过一个暑假多的"奋战",几十人参加撰稿的红皮《中国文学史》诞生了,给我们出书的,就是人民文学出版社。很快同学们自己就发现了这书的过分"左"的弊病。又动手修改成四大本的黄皮《中国文学史》,作为国庆十周年的献礼,也由人民文学出版社重新出版。以后,人文社还内部印刷了《中国现代文学史》征求意见本,厚厚的一册,五十多万字,我也是参加编写的撰稿者之一。王瑶先生也参加了,他写的稿子,有的被改得面目全非,记得他当时还生气地说:"我不承认这是我写的!"以后,我成了现代文学的研究生,游国恩先生主编《中国文学史》的时候,因为我参加过唐代诗歌部分的编写,还和几位古典文学研究生一起,被调去"客串"了一年多。人民文学出版社,最早把我写的"学术"稿子,从文字变成了铅字,让我懂得了治文学史学术的路数、艰难和严肃。我成了这个阔大园地中一株生错了时候的小小的"野草"。

这时,我已经买了一些我最喜欢的书,有人文社出版的,也有别的出版社出版的。李白、杜甫的诗集,《红楼梦》《水浒传》《陆游诗选》《普希金诗选》《艾青诗选》《洛尔伽诗抄》《聂鲁达诗选》《希克梅特诗选》《巴金文集》《茅盾文集》等等。一次,苏联十月革命节的纪念日,我在书店买到了何其芳的《预言》,上海新文艺出版社出版的,薄薄的本子,淡绿色的套封硬皮封面,我如获至宝,一口气读完了,还在扉页写下:"伟大的四十周年……五七年,十一月七日,于北京。"这本小书,让我知道了什么是诗。诗人牛汉责编的那本年轻烈士陈辉的《十月的歌》,把我的精神人格与读诗的爱好,带进了一个新的境界。聂鲁达的《伐木者,醒来吧!》,成为我们 57 年以前班上诗歌爱好者内心解放的呼声。《绞刑架下的报告》里尤利斯·伏契克最后一句话:"人们,我爱你们,你们可要警惕啊!"像刀一样刻进了我们的记忆。三年经济困难时期,在参加编写《中国文学史》期间,我用一起编书的吴文治先生的购书票,买了一套1961年版的《鲁迅全集》,它几乎陪伴了我二十多年,帮助我完成了关于国民性研究的研究生论文,也伴我在文化沙漠一样的饥渴中度过了十年灾难的岁月。我读大学和做研究生的时候,生活还是挺清寒或紧张的,但我买了,也读了许多人文社这块园地出版的文学书籍,我开始感到自己精神渐渐由贫乏走向富有。

真正走进这块精神绿地,已经是一个新的时期开始了。为了1981年出版的《鲁迅全集》中《坟》的定稿,大约80年代初,我被临时抽调到人民文学出版社。那是一座灰白陈旧的楼房。我在后院鲁编室附近的筒子楼里,住了两个多月。每周乘公共汽车进城,到南小街下车,走几步路,就到了那里,周末才回家一次。

我们在一间朝南的狭窄的屋子里,每天准时开始讨论稿子。参加的是我的前辈和同行,有著名的散文家秦牧、鲁迅研究的老前辈林辰、编辑室的负责人王仰晨,还有鲁编室的张伯海、李文兵,我参加过北大《坟》注释组的定稿,所以被请来凑数。

对于我,这是一次难得的学习机会。我很早就读过秦牧的散文,喜欢他的开阔博识和潇洒文笔,没有想到,他那么个大作家,却非常朴素,平易近人,每天和我们在一起,反复讨论每一条枯燥琐碎的注解,是那么认真,字斟句酌,一丝不苟。我注意到,一到休息,或大家聊天的时候,他除了有事出去一会儿之外,回来,就坐在那里,翻字典,翻《辞海》《辞源》,翻《百科全书》,无声而专注,若有所思,好像在寻找什么,又好像什么也不寻找。几乎是天天如此。我在无意中似乎窥见了一个终生在"艺海拾贝"的作家精神的一角:即使在最零碎的时光里,他也不虚度自己的生命,而是在知识的海洋里徜徉,捡拾一切闪光的珠贝……林辰是一个温厚的长者。他对于鲁迅著作中的古典文学引述,对于新文坛的掌故,对于重庆和抗战时期文学的情形,简直是如数家珍。他对待我,总像父亲对一个孩子那样亲切、温暖、善良。可对于历史人物的臧否,却是爱憎分明,一身正气。怎么想的就怎么说。一次,谈起社会上对张爱玲的评价,他毫不客气地说,在重庆和大后方的作家,在上海孤岛的许多作家,为了民族,他们在干什么?张爱玲在干什么?离开了当时的历史,离开了一个人对民族大义的节操,把她的文学说得太高了,这哪里是什么科学的态度?!那次谈话,他情绪很激动,浓重的地方口音,质朴无华的语言,给我留下了深深的印象。大家在讨论中,非常认真,有时为了一个条目,讨论一个半天,有时干脆停下来,动手去查书,核对材料。

因为要回学校上课,《坟》的定稿讨论一结束,我就匆匆离开人文社那间小屋,告别了那座狭窄的堆满了各种书籍纸张的走廊,那个只能在走道的小桌子上接电话的编辑室。但是,几十天里,我都有一个感觉,在那看似很简陋而贫困的地方,却在源源不断地生产着无数丰富人们精神世界的最优秀的产品。

在人文社那间小屋里,我结识了很多的朋友。借调来专心致志于注释《鲁迅日记》的包子衍,是他代近代史所长李新约我写《中华民国史人物传》的《徐志摩传》,先两年就认识的。他就住在二楼最头上的一间屋子里,工作与卧室在一起,房间几乎全在书的包围中。因为晚上的"常住客"很少,我们也就来往较多。他的苦难经历和勤苦治学,在我们这辈人中,并不多见。我们谈得很多。后来回上海,我去拜访他家,他还领我看了就在附近的许广平被宪兵抓去关住的地方。注释《鲁迅书信》的马蹄疾,满面清癯,骨瘦如柴,做学问却坚硬无比,掷地有声。他来时见面说话不多,却别有一分风采。他常令我想起《孤独者》中的魏连殳。因为注释鲁迅,许多注释者也结下了一番情缘。湖南人民出版社出了一本书,叫《鲁迅研究百题》,请参加注释的学者,都写一两篇短文,将新发现的材料和过程,写下来,作为了解《全集》的一个补充。一次,厦门大学的应锦襄教授来编辑部,正好遇上开会,她拿出带着的这本书,请大家一一在扉页上签名,留做纪念。我翻开一看,那里已经有横七竖八密密麻麻的名字了。至今想起来,她的这份珍藏,可能是新版《鲁迅全集》难得的一个工作纪念,也是这块绿地上一串精神跋涉者历史脚步的存留了。

从北京大学,乘332路汽车,换111路电车,再换乘101路汽车,到朝内小街,这条路往返,可能是北京城内外我跑得最多的路了。为了编辑出版《象征派诗选》的选诗和那篇艰难的序言,与责任编辑关克伦,字斟句酌,反复讨论。为了协助出版胡适《尝试集》,进行几个版本的校正,为了朱湘的《草莽集》的原版重印,我跑了不知几个来回。1990年,我生病在朝阳医院住院的时候,责编王培元,那么认真地为我的书稿《中国现代诗歌艺术》提出了许多修改意见,我读了那封长长的审稿信,眼里禁不住含着湿润的泪水。我是一个有史料癖的人,人文社出的《新文学史料》因此成了我最喜爱的一份刊物。我到出版社,总要到那里看看,坐坐,和那里的人聊一会儿天。在那份杂志里面,除去一些少量的杜撰和粉饰,我更多地读到了中国几十年历史真实的脉搏和音容。那里有鲜血,有生命,有苦难,有抗争,有忏悔,有美丽,有丑恶,有沉重的脚步的记录,有无数真诚的声音,有历史足迹宝贵的发现。我在那里发表的几篇文字,也都是我用生命和心血煎熬出来的,远胜过我自鸣得意的一些鸿篇大论。我常常跟别人说这样一个事实:许多文学研究杂志、学报,我都可以丢掉,唯有《新文学史料》,至今是一本也不能丢的!

去年,我与几位友人曾造访过人民文学出版社。依然是那座灰白陈旧的楼房,依然是拥挤的院子和办公室。这座五十年代初盖成的楼房,在过去的年月里,算是一个不错的建筑了。但在今天,一个国家最大的文学出版社,和周围的高大建筑比较起来,和其他出版社及传媒机构比较起来,已经显得非常的寒酸。

有时我路过这里,望着这座灰白色的楼房,常常投以敬慕沉思的眼光。

因为,我深深知道,就是在这块园地里,整整半个世纪的历程,都在演绎着同一个故事:多少年轻的人和年老的人,用自己的辛勤的心血,日夜浇灌着中国现代文学事业的花繁叶茂。奉献于这块园地上的几代人,以自己的物质的清贫和人格的坚守,不断地铸造着我们这个民族的精神属于今天的和明天的辉煌。这块绿地,以不断创造的优秀产品向人们声声诉说,一个具有光辉历史与自由灵魂的民族,不应该是物质上的富翁,精神上的乞丐。

这块绿地所在的地方,有个好听的名字:"朝阳门内"。这个名字总是让我想起,那里的人们,走着一条通向太阳的路……

在"中鲁"周围

孙 郁

我到鲁迅博物馆工作后,才知道鲁迅研究界有"东鲁""西鲁""中鲁"之分。"东鲁"指社会科学院文学研究所的鲁迅研究室,"西鲁"为鲁迅博物馆,"中鲁"则是人民文学出版社《鲁迅全集》编辑室。鲁迅博物馆那时候常常有些小型的会议,参会者一部分是受鲁迅影响的作家,一部分是研究人员。这些人中,"中鲁"的几位老人给我留下很深的印象。80年代末,人文社里的老作家、学者很多,楼适夷、林辰、牛汉、绿原、屠岸等都有不错的文章,他们的文字,对于我们这些青年都很有吸引力,有着一般教授所没有的生气在。参与"中鲁"工作的朱正、陈子善、包子衍等,也与鲁迅博物馆关系甚好。我那时候也常常把他们看成"中鲁"的成员。

"中鲁"的历史可以上溯到新中国成立初。人民文学出版社创建初期,出版鲁迅作品就是主要任务之一。1950年10月,冯雪峰就草拟了《鲁迅著作编校和注释的工作方针和计划草案》,一个月后,孙用、王士菁、杨霁云、林辰就已经开始了编辑、注释工作。按照冯雪峰的思路,他们的工作步骤如下:

(1)普通单行本的编校工作,在一九五一年六月前完成。(2)注释单行本的编校和注释,在一九五一年内完成一部分,到一九五二年内全部完成。（3）最完整的全集本的编校工作，一九五二年内完成。（4）注释选集本，一九五二年内完成。（《冯雪峰全集》第六卷，第412页）

应当说，著作的编校还是很顺利的。到了1956年，大规模出版鲁迅作品集已经有了很好的基础。1958年，十卷本的《鲁迅全集》问世，但鲁迅的译文集和古籍整理部分，没有进入全集中去。此后随着形势的变化，更完备的《鲁迅全集》未能进入编辑正轨，《鲁迅译文全集》的编辑出现了许多困难，以致出版时留下一些遗憾。"文革"中，许多工作都中断了，一切都受到了时风的影响。韦君宜在回忆冯雪峰的文章中说，1974年，因了周海婴写信给毛泽东，重启鲁迅著作的编印摆在日程上来。冯雪峰在极为艰难的情况下，坚持对于鲁迅文本的研究，他对于鲁迅著作的出版，可谓倾注了大半生心血。"中鲁"的许多编辑面对复杂的形势，心中自有定力。像杨霁云先生就向来认真，一丝不苟。他后来几乎不写文章，据了解他的人说，因为与鲁迅有过接触，对于左翼文化的理解，是极为特别的。他与孙用等人在那个岁月里的沉默，无言地道出那个时代暗淡的一页。

1976年，我在大连郊外插队的时候，作为知青也参加了对于鲁迅佚文的注释工作，开始系统阅读鲁迅的作品。因为基础薄弱，对于鲁迅文本解之不深。那一年韦君宜到大连出差，对于以运动方式研究鲁迅不以为然。在她看来，出版《鲁迅全集》，是专门家的事情，普及性是学校老师的工作，人文社要做的工作与传统的治学关系密切。对于大量的古籍文献和译文，以及杂文里的古语，没有相当的学识，不能梳理出其间的本意。人文社众多编辑考虑的编校的精良和注释的准确，其实是大量的学术对话。我们看孙用那本《鲁迅全集正误表》，对于鲁迅与域外文学的复杂关系，做了细致的勾勒。而一些编校的细节，都非专家不能为之。聂绀弩、朱正等人的尺牍，涉及鲁迅研究的话题，都有很深的学究气，这也显示了这工作的难度。在"文革"那样的语境里谈论专业思想，其实是不会被接受的。

　　相比"中鲁","西鲁"出现的时间要迟一些年。1956 年,鲁迅博物馆成立,1976 年,李何林先生创建的鲁迅研究室,不久合并于鲁迅博物馆,队伍扩大了。"东鲁"成立的时间最晚,是周扬建议组建的,在对于 30 年代左翼文化的看法上,与"西鲁"有很大的区别。"西鲁"在思想倾向上与"中鲁"比较接近,看重史料,从文本出发讨论问题。李何林组建研究室时聘请了八大顾问,"中鲁"的杨霁云、孙用、林辰都在名单中。李何林的指导思想里,就有配合《鲁迅全集》新版的意思。他说:

　　　　研究室的任务是:(1)编辑鲁迅书信手稿,由文物出版社影印出版;(2)协助人民文学出版社鲁迅著作编辑室组织领导的新版《鲁迅全集》注释的定稿工作……(《李何林全集》第一卷,329 页)

　　不过,新版的全集应当以何面目出现在世人面前,"中鲁"受制于外部一些因素,自己并不能都做主。1976 年 5 月,国家出版局在山东召开"鲁迅著作注释工作座谈会",推动了相关工作的开展。人们在 1958 年版本的注释和 1978 年《征求意见本》的基础上开展了新的工作(《李何林全集》第一卷,第 117 页)。由于知识结构的不同,以及意识形态的差异,如何客观准确地注释鲁迅文本,众人看法不一。1981 年新版《鲁迅全集》问世,韦君宜对此颇为兴奋,但李何林看见删去了征求意见稿里的题解,有些遗憾,以为对于普及鲁迅思想不利(《李何林全集》第一卷,第 117 页)。这些属于学术上的讨论,实属自然。不过在一些争论性的事件里,"西鲁"的观念是获得聂绀弩、杨霁云、孙用、林辰等人的支持的。在对于"两个口号之争"态度上,"中鲁"与"西鲁"的意见基本一致,没有早期"东鲁"的意识形态色调。1979 年,"西鲁"与"东鲁"围绕"两个口号"问题出现冲突,《新文学史料》拒绝单独刊发夏衍关于冯雪峰的一篇长文,以为要刊发的话,也应同时有李何林反驳的文章在。聂绀弩在致友人信中透露了一些信息:

　　　　鲁迅研究室李何林派与文研所沙荒派(指沙汀、陈荒煤——引者注)一直对立,鲁研室拥某种不利于文研所的材料,《新文学史料》牛汉也不同意沙荒,也拥某些材料,奚如写的就在牛手。沙荒等人起初想拥周公再起,活动了一阵后,见形势不甚理想,似有倦意。(《聂绀弩全集》第九卷,第185页)

"中鲁"有一个很好的学术传统,冯雪峰、聂绀弩、孙用、杨霁云、林辰、王仰晨等,都是深得鲁迅遗风的人。我在博物馆偶尔听到王得后、姚锡佩谈及冯雪峰、聂绀弩、杨霁云时的语态,都可以知道他们的精神交叉之多。我记得陈漱渝、王世家有时提到林辰,敬佩至极,以为他的考据文字,有朴学之风。不妨说,鲁迅博物馆的人,除了深受李何林、王瑶、唐弢的影响外,"中鲁"的一些前辈,都可说是治学的引路人。

"中鲁"延续了鲁迅晚年的某些风气,其中多人都与鲁迅相识。鲁迅博物馆的姚锡佩与聂绀弩有过一些交往,1981年,她在编辑《鲁迅诞辰百年纪念集》时,收到了聂绀弩的信,那内容看得出对鲁迅感情之深:

> 锡佩同志:
>
> 我想写一两首有关鲁迅故居,未就。
>
> 今奉上《题〈药〉兼悼秋瑾》(七绝)一首,放在《题歇庵》三首之后,《赠鲁迅》之前。诗曰:
>
> 轩亭口畔夕阳斜,
>
> 颈血能教百病差。(此句意胜,似未经人道过)
>
> 全泄古今天地秘,
>
> 瑜儿坟上一圈花。
>
> 末句表人类有希望,意似晦,且不管它,鲁迅原意实亦如此。
>
> 祝好,烦您再三乃至七八,真歉!
>
> (《聂绀弩全集》第九卷,第196页)

姚锡佩《风定落花》一书专门谈及聂绀弩的为人与为文,很有久经沧海的悲慨,作者写晚年的聂绀弩,勾勒出其坦率、无伪的性情。聂绀弩年轻时期受过鲁迅的批评,他后来都能真诚地解剖自己的缺点,对于鲁迅充满了感激。姚锡佩写道：

> 尽管由于鲁迅和冯雪峰在公开信中批评了绀弩，使他后来在《鲁迅全集》的注释中，在一些研究"两个口号之争"的文章中，成了 1930 年代宗派主义的代表人物，绀弩不免有点儿委屈，但他始终认为雪峰在建立文艺界抗日战争统一战线方面功不可没。所以，当他和笔者谈到当年"两个口号之争"的旧案时，毫无怨言地说："那时，大家都年轻，都想证明自己是对的。鲁迅批评了我，我还想写文章反驳；但胡风告诉我，鲁迅希望我们不要再写了，我也就接受了这个意见。为了平息论争，团结抗日，个人委屈又何足道哉？"（《风定落花》，第 253 页）

上述的文字看出人文社老一代人与鲁迅特殊的关系，也看出鲁迅后来对于那一代人的深刻的影响力。与鲁迅有过交往的还有楼适夷，他晚年对于鲁迅的阐释，都有意味深长的地方。1989 年 5 月，纪念"五四"运动七十周年的会议在博物馆举行，那天人文社多位先生也在会场。楼适夷讲起话来慷慨激昂，强调现在最需要的是鲁迅精神。他稀疏而又长的头发随着表情和肢体摆动着，颇有古风。我过去读过他翻译的芥川龙之介的作品，还有一些散文，都很喜欢。后来读他与黄源的通信集，才知道对于鲁迅，他别有心解。楼先生偶尔给"西鲁"的《鲁迅研究动态》写点儿东西。他的堂弟楼子春在香港，也研究鲁迅，有一点儿托派倾向。王世家和他们沟通得很好，一些私下的讨论，都很有意思。他生前和"中鲁"的前辈有许多通信，可惜还没有整理出来。叶淑穗、王得后、李允经、陈漱渝、姚锡佩等许多博物馆的研究者与人文社的交往，有的甚至牵扯到时代的神经。这些话题的重要，当代的鲁迅研究者们还没有注意到。

和楼适夷这样有激情的人比，林辰是一个寡言的人，他讲话声音不大，是贵州的方言，但句句有力。先生对于鲁迅的理解，也是有特别的视角的。林辰差不多是"中鲁"里国学修养最好的人，他在版本的新注、补注、订正方面的心得，如今看来有不小的学术价值。因了工作原因，我与林辰先生有过一些接触，多次去过他在东中街的宿舍。林先生是藏书家，对于民国的文献十分熟悉。他的古文功底好，鲁迅辑校古籍的整理，因为他的编辑，保证了质量。我自己关于鲁迅与国故的研究，是从他的研究著述里获得诸多启发的。比如他对于《会稽郡故书杂集》的分析，对于《古小说钩沉》的梳理，以及对《中国小说史略》的发微，都非一般人能够企及。先生善于考据，从一些线索里发现了过去文本收错的文章，也订正了一些误传。他批评郭沫若论述鲁迅时的疏忽，言之成理，行文博雅，看出对于历史顿悟之深。林辰不仅关注古代文学与历史的文献，对于鲁迅同代人的著述也十分留意。他去世前，答应将自己的藏书捐献给鲁迅博物馆，我后来整理他的遗物，发现了诸多珍贵的版本，除了鲁迅早期著作版本，还有章太炎、胡适、刘半农、苏曼殊、柳亚子、林纾、夏曾佑、刘师培、谢六逸、赵景深、郑振铎、郁达夫、许寿裳、许广平、周作人、唐张、范文澜、施蛰存、孙用、冯雪峰、沈从文、丁玲等人的资料。读他的藏书，一是可以看出先生知识谱系，二是感到注释鲁迅的著作花费的力气之大。"鲁迅学"是建立在广博的学识中的，但非耐得寂寞，不能有成绩的。1985年，他自己就曾说：

> 我原来从事教育工作，在大中学任教多年，但在解放后不久，即转入出版界，参加鲁迅著作的注释工作，而且从《鲁迅全集》十卷本到十六卷本，持续了将近三十年的时间。"《尔雅》注虫鱼，定非磊落人"，从来就有不少人对于注释工作不屑一顾，而我却在这一工作中消磨了如许岁月！今已垂垂老矣，我难忘那一段生活和与我共过事的朋友们。（《林辰文集》第二卷，第323页）

鲁迅博物馆的工作人员与林辰的感情很深，大家其实已经把他看成自己的队伍里的一员。1992年，博物馆召开了"林辰从事学术活动五十周年座谈会"，众多学者到会，陈漱渝作了热情的发言，表达了众人的敬意。这是一次难忘的雅聚，林辰也是颇为高兴的。他去世时，正赶上北京出现"非典",送别的人寥寥无几。鲁迅研究室的王世家、张杰与其家人亲自送先生于八宝山,帮助料理后事,想起来都是感人的往事。而那本《林辰纪念集》,也是鲁迅博物馆资助出版的。

与林辰先生一起的同事,也各有自己的专长。有的虽然不在鲁迅编辑室,但对于鲁迅与"五四"文化的研究亦非同寻常。比如曾在人文社工作过的舒芜,对于文章学、《红楼梦》、周作人的研究,是被学界公认的。1997年,我写的《鲁迅与周作人》出版,他看后写了一封长长的信,指出其中的一些问题,让我很是感动。与舒芜交往的日子虽然不多,但他的治学方法对我们青年人很有启示。我写过一篇《寂寞心境好读书》谈过对于他的印象,被他作为序言收入《我思,谁在?》一书。此文问世后引起我的一位老师的不满,觉得不该写舒芜这类人,认为他身上是有污点的。但我觉得对于一个人的看法,不能过于简单,至少,读舒芜的文章,要比看那些正襟危坐的"正确的废话"要好得多。他晚年对于周氏兄弟的研究,总有别人不及的地方。

我主持鲁迅博物馆工作的时候,对于"中鲁"周围的老人有了进一步的认识,这个重要的资源,对于学术研究都是难得的。许多重要活动,都邀请过人文社的专家出席。有一年馆里召开"纪念阿垅百年诞辰"的会议,牛汉、绿原等前辈都来了。牛汉憨厚、正直,没有丝毫伪态。他回忆胡风与阿垅,语带感情,耿介之气飘动。绿原先生温和而有趣,他的声调不高,像个老教授,谈吐多博雅的调子。那次会议不久,我收到《绿原文集》,这已经成了我后来教书的参考书籍。他是有世界眼光的人,集诗人、翻译家、批评家于一身。译介的《浮士德》和里尔克的诗,都有不俗的韵致。那些关于阿垅、路翎的评论文字,有奇思漫卷,审美的感觉与时风也是不同的。这几位老人与林辰、王士菁一样,是很有涵养的。

人文社是有"五四"遗风的地方。尊鲁迅,已经成为传统。所出版的胡风、阿垅、路翎、韦君宜、穆旦等人的作品,都有个性的。许多编辑的思想,都深受鲁迅的影响。老友王培元,也是鲁迅的研究者,他编辑了许多鲁迅研究者的文章,像王富仁、王乾坤重要的学术著作,都有他的心血。而且选题往往与时风很远,注重思想性与学术性。我们虽然很熟,但在原则问题上,他是坚持己见,不去附和别人的。2013年,我的《周作人和他的苦雨斋》经由他之手出版,问世不久后,他就在报纸上写文章,批评我的书中的观点,以为对于周作人的态度有些温吞。这在出版界大概是一个奇事,自己批评自己编辑的图书,看得出为人、为文的不同之处。王培元是愤世嫉俗的人,不会俯就时风。这种精神一方面来自鲁迅,另一方面未尝不染有人文社的固有的色调,让人想起冯雪峰、聂绀弩的某些风度。他退休前,出版了《鲁迅手稿丛编》,似乎完成了一大心愿。一生坚守在鲁迅的世界里,其乐在己,无论外面有什么风向流转,都未能改变其固有的颜色。

"中鲁"对于鲁迅作品的推广、普及,其功德之大,无论怎么夸赞都不算过。不同时期的《鲁迅全集》,都克服了重重困难,编辑付出的心血之多,这些都非外人能知。那本《鲁迅大辞典》,也是国内许多学者通力合作的结晶。现在国内的许多鲁迅的书籍,多依据"中鲁"的版本,连注释也是从《鲁迅全集》中克隆过来的。进入新时期后,人文社加快了新版全集的编校进度,我多次出席过相关的座谈会,聆听到诸多学者的意见和建议,遂感到编撰全集乃是一个百科全书般的工作。虽然自己没有加入过注释的队伍,但从人文社的编辑与学者们的交流过程可以看到,每一卷书的校勘、注释都来之不易。没有学识与认真的精神,是难以完成相关的任务的。

2005年,人文社推出了最新版的《鲁迅全集》,记得新闻发布会在人民大会堂里举行。作为鲁迅博物馆的代表,我在会议上有个简短的发言。看到新版的全集,想起几代人默默的劳作,眼前晃动着无数熟悉和不熟悉的人影。历史风潮卷走了尘土,留下的却是无法撼动的精品。从"西鲁"看"中鲁",隐约感到学术史的脉息,鲁迅研究的成果如何进入文本的解析里,都刻在其间。"中鲁"是一个开阔的天地,吸纳了无数学子劳作于此,也保留了知识分子的气象,和文化的血脉。它是一本大书,一旦打开,文学史里的动人之景,都会一一浮现出来。

这是不错的,人文社之于我,是一个特殊的存在。三十余年来,我与几代编辑都有不浅的交情。近年还与《新文学史料》有过合作,真的与有荣焉。人文社邀请我主编的《新文化运动史料丛编》,恰好在"五四"运动百年的那一年出版,也算是向无数前辈们的致敬的工作。朝内大街166号,在我看来已经有了文物的价值。楼不高,院落也小,但走在那里,像进入历史的长卷,有着一种纵深的感觉。除了鲁迅著作,古今中外许多作家作品都在这里走向世间,可谓人类文明的聚光地。我的藏书,许多来自人文社,无论是现代文学版本还是古代文学版本,对我的教益都非一两句话可以说清。我至今还记得在那里得到的《诗经》《红楼梦》《白鹿原》《活动变人形》《应物兄》《北鸢》《晚熟的人》时的快慰。这些书的品相之好,是世人公认的。如今,北京许多地方都起了高楼,但它依然像半个多世纪前一样,静静地立在那个地方。时光一页页翻过,人换了一批又一批,而冯雪峰那代人的精神却保留了下来。天下诸事皆变,唯静者独难。这就对了,以不变应万变,喧闹里的默想,昏暗里的微明,才有世间的本色。

一路同行

｜严　平

又是一年枫叶红时，我的微信里跳出刘伟的来信，他邀我为人民文学出版社七十周年庆写篇文章。

面对这样一个邀请，我感到既荣幸也有几分惶惑。七十年，七十个春夏秋冬的更迭交替！人民文学出版社风雨兼程一路走来，由最初的雏形成长壮大，成为出版界的排头兵，出版了多少享誉世界的大家著作，扶持了多少青年才俊，历练了多少优秀的编辑……在如此庞大的历史阵容中，我其实只是一个普通的作者，我应该写吗？我又写些什么呢？

我想起了一些和出版社有关的人和事。

1978年春天，劫后余生的左翼老作家陈荒煤回到北京，很快就开始了和人民文学出版社的接触。1980年2月，人文社出版了《荒煤短篇小说选》，收入作者20世纪30年代所创作的短篇小说二十多篇。这是他自30年代出版三部小说集后出版的唯一一部集子，作品通过对30年代一些小人物的刻画描绘出那个时代一幅幅惨淡的人生图画，给人们留下很深的印象。我记得荒煤老在拿到小说选时的感慨，他是从创作小说开始走上文坛的，一生中最痴迷的也是小说创作，却因为革命工作的需要长期担任领导职务，成了他自己所说的"杂家"，自延安时代起就从小说创作改为更能反映时代风貌的报告文学、散文,后来索性写起了评论。荒煤老出版了多部集子,但从内心说最钟爱的还是小说选,这些作品不仅是那个时代的结晶,也是他一生不能改变的梦想。虽然自己不再从事小说创作,荒煤老却无时无刻不热切关注着小说创作的发展。他回到北京之时,正是全国文学新人破土而出,文学起死回生的时候,大批新作品的涌现,使小说创作成了突破坚冰呼吁改革的先行者。面对这一文学新气象的出现,人文社积极组织召开中长篇小说创作座谈会,荒煤老满怀热情参与并讲话,他还为人文社出版的《短篇小说选(1977—1978.9)》撰写序言《篇短意深,气象一新》。在序言中他说:"应该感谢人民文学出版社对我的信任和委托,经过出版社小说组同志们的努力、帮助,又经过我们反复协商,终于共同选定了这一本1977—1978的优秀短篇小说选集。""自从《班主任》等一批作品发表后,引起了广大人民群众的热烈欢迎,也引起了文艺界的广泛注意和反响,都认为在短篇小说创作方面是一个新气象,新突破。""我以十分喜悦、激动的心情,反复阅读了这些作品。……常常激动得泪眼模糊,久久不眠。……我已经是六十六岁的老兵了,我个人还能写什么呢?唯一的希望,是希望看到大批新兵入伍,扩大战线,使创作繁荣,百花齐放!唯一的愿望,是在晚年还能略尽微薄的力量,促进新时期的创作繁荣,百花齐放!"

两年后,人文社又出版了《荒煤散文选》。散文选分两个部分,一部分是30、40年代创作的散文,一部分是"文革"后怀念类的文章。这部集子是时任副总编辑李曙光先生和编辑季涤尘先生促成的,严文井先生为选集作序说"荒煤这些散文,对同时代的人,会使他们感到亲切;对青年人,则会使他们感到新鲜。老年人的这个亲切感来自他们五十年来的共同阅历,青年人的这个新鲜感来自他们对过去的新发现。这些散文虽然仅仅触及了近代历史的一些侧面,也足以使人相信,中国只能这样走过来,别无他途。散文里所写的都是事实。未来的有志、有识之士在探寻道路、重新评价历史的时候,大概也不能忽视这些存在过的事实。历史可以过去,而事实永远不会泯灭。记载事实的散文将长期引起人们的兴趣。"他还评价荒煤散文的艺术特色"是质朴。他的欢唱,惋惜,或悲歌,无不发自内心,真诚而少文饰。这与时行的某些以堆砌词藻为能的水汪汪的文章大不相同,我担心他会感到寂寞……"荒煤老说,当李曙光打电话动员他出版散文集时,他还有些犹豫,怀疑这些文章的存在价值,但正是从这个时候起,他开启了晚年散文创作的黄金时代。他写丽尼、写何其芳、写崔嵬、写齐燕铭等挚友,回忆童年和青年时代……散文创作一发不可收拾,连续出版了多部散文集。焕发了创作热情的荒煤老不仅自己辛勤笔耕,还时时关注着文学界散文的新成就,参与人文社的年度散文集编选工作,在 1988 年他给季涤尘的信中还可以看到这些内容,他真诚地建议:"选集中注意短小精悍,很好,但也不宜强调过分。真有少数好的散文,确有真情、内容,也可选一点。另外,还须要注意风格、形式的多样化。"

　　1995 年,荒煤老的评论集《点燃灵魂的一簇圣火》由人文社出版,虽然在他的一生中出版过多部评论集,但这部似乎意义不同,这是他和冯牧老主编的"文学评论家丛书"中的一部,丛书由两位老评论家领衔,集洁泯、朱寨、王春元、江晓天、唐达成、顾骧等十六位评论家之重阵。在两位老人共同撰写的总序中他们说:"收在这套丛书里的,是活跃在新时期文坛上一些中、老年文学评论工作者的论文结集。他们为新时期文学事业的发展和繁荣付出了自己一份心血与努力,如今得以丛书的形式出版,这在当前商品大潮冲击下,出版严肃书籍相当困难的今天,实属不易。为此,我们感到分外的欣慰。"那个时期,充斥在文化领域愈发浓厚的商业气息的确是老人们所不能接受的,出版纯理论性的书,不但出版社不赚钱,不让作者倒贴就很不错了,即便是名人也面临着同样的尴尬,能出版这么一大套丛书两位老人的欣慰是发自内心的,这欣慰中自然也包含着对人文社的一份感谢。就在这套丛书出版的两个月后,冯牧老去世了,一年多后荒煤老也离开了这个世界。

　　在我熟悉的人中,许觉民(洁泯)是和人文社渊源最深的一位。他是人文社元老,曾经担任过副社长、副总编辑。后来他离开了人文社,在社科院文学所工作期间特别是他离休后我去看望他的时候,时而断断续续地听到他说起人文社的种种。记忆这个东西实在是很奇特,有些东西,好像已经流水般地过去,但其实留下的痕迹却永远难以磨灭。老许记得建社初期的情景,在文化部领导下人员的调集、招募和工作的启动,那一切,回忆起来很平实却也生机勃勃,他自己更是投入了全部的热情和心血,几乎每一天都是在紧张和忙碌中度过,心里只有工作没有其他。老许记得冯雪峰的到任,印象中是一位很和蔼的长者,同时又"秉性豪爽,处事果断,具傲骨,易怒,人不敢近"。在冯雪峰的主持下出版社充实了人员,制定了出版方针,狠抓了出书质量,使出版社在起步时就占据制高点……而老许也目睹了冯雪峰从一位很有魄力很厉害的领导,到被开除党籍、陷于凄苦孤独的境地。老许记得出版社的那些老人:巴人如何紧抓出版方针,兼及中外古今扩大范围组稿,数年间中外文学名著相继出版,推动出版社走入黄金时代;楼适夷的博学和书生气;绀弩的认真严谨;文井的真诚豁达……正是这一代人以科学进步的态度奠定了人文社的基础和传统。记忆有灿烂的瞬间,也有沉重的时刻,老许同样不能忘记,他在"十年动乱"中遭受的痛苦和折磨。有一次,我听他对荒煤老说起那些可怕的细节,他说得哭笑不得,说得眼睛里盈出了泪水,那时候我才知道,在我们眼里一向那么和善乐观平易近人的老许,内心其实藏着很多委屈和痛苦,也有着很硬的骨头和一股倔劲儿。他说自己不怕受苦,只是害怕这苦受得不值得啊!这发自内心的铿锵话语凝聚了他对历史的思考和对未来的无限期待。老许每逢回忆起别人的事都说得历历在目如数家珍,却很少听到他谈论自己在人文社的功劳,实际上大家都清楚,他在人文社多年勤勤恳恳,担当重任,做出了很大贡献。和在文学所一样,虽然相当一个时期他担任的是副职,但工作的责任心和实际担当却没有丝毫懈怠。"文革"过后,老许没有回人文社,但我总觉得他心里是装着那个老地方的,作为一位青年时代就涉足出版界的老出版人,一位经历了人文社创建初期种种艰难的元老,他不可能忘记那个地方,忘记那些老伙伴和老同事们。一次,我去他位于皂君庙社科院宿舍的家中探望,他正伏案写作,见我来了,放下笔接待我,说正在写 50 年代的一些人和事情,一定要把这些人和事写下来,他说得十分感慨和坚决。后来我果然看到他发表的多篇回忆雪峰等人的感人文章,人文社成立四十周年之际,他还发表了纪念文章《四十年话旧说新》,详细地回顾历史,总结经验,建言献策,字里行间透露出他对人文社的感情,对出版社的未来和年轻人寄予的厚望。我一直觉得老许对人文社的感情是复杂的,因为他经历的太多,他与出版社一起走过坎坷不平的道路承受住风雨的考验,苦过,累过,哭过,笑过,那所有的一切的确不是旁人可以轻易评说的。老许没有回人文社,却把他的出版经验和理论水平用到了领导《文学评论》和文学所的工作上,把一本杂志办出了活力办出了水平,并带领着文学所人不断突破禁区在研究领域取得新的成绩,这对于文学所来说不能不说是一件幸事。

上个世纪末的某一天,我陪着文学所老研究员现代文学学科带头人樊骏老师来到人文社。我们穿过前楼,走进后院那栋低矮破旧的小楼,沿着灰暗的走廊和楼梯上行,从那些敞开着的门口可以看到屋里摆着的陈旧的办公桌和堆积起来的杂志书籍,连走廊的角落里都堆着一捆捆的书。我们都不由得停止讲话驻足张望,好像想起一些曾经和这里有关的人和事,同时也惊讶怎么经过了这么长时间,这栋摇摇欲坠的旧楼还没有被拆掉,又有些欣慰地觉得总有些东西是岁月无法磨损掉的……那天,我们是去拜访《新文学史料》编辑部主任张敏的,在她那间同样堆满了杂志和书的窄小房间里,大家谈得非常高兴。樊骏老师对文学研究的史料工作一向非常重视,对《新文学史料》也特别关注。1989 年《新文学史料》曾连续三期连载他的《这是一项宏大的系统工程——关于中国现代文学史料工作的总体考察》,该文是他对现代文学史料学建设的突出贡献。他特别强调"现代文学的史料工作与古代文学相比,最大的差别就在于除了'死'材料,还面对着后者所没有也不可能有的大量'活'材料;它与当代文学的史料工作相比,最大的差别又在于这些'活'材料正在迅速消亡中。尽快将这些材料记录、保存下来,也就成为现代文学史料工作一项独特而且紧迫的任务。"樊骏老师对《新文学史料》多年来坚持不懈地在史料工作上的辛勤努力和顽强坚守给予很高的赞许。那段时间,他还撰写了怀念王瑶先生、田仲济先生的文章,先后在《新文学史料》上发表。好像也就是从那个时候起,我开始给《新文学史料》投稿了,后来我还结识了郭娟、刘伟……看到这部 1978 年由出版社老一辈名家创刊,由茅盾先生题写刊名,深受很多读者喜爱的老杂志,多年来如何坚守着学术的初衷,努力保持着学术品质,而编辑部的同仁们,如何想尽办法组稿,一丝不苟地做好案头工作,在商业大潮中默默为学术付出,面对这一切,我同样也感受到一种欣慰和敬佩之情。

没有想到的是,跨入新世纪,我自己也有了在人文社出书的机会。2006 年,我在完成《燃烧的是灵魂——陈荒煤传》的写作后,开始在《读书》《书城》上发表记述抗日战争中北平学生移动剧团历史轨迹的文章,之后在《收获》的专栏《遗失的青春记忆》使这一写作更加系统起来。一天,我接到刘伟的电话,说希望能够出版这本书,我感到十分惊喜。和刘伟的交谈非常顺畅,重要的是一个 80 后的年轻人对历史的理解和热情让我更加坚定了写作的信心。2009 年 4 月《1938——青春与战争同在》顺利出版,不仅收入我创作的关于移动剧团的系列文章,还把我整理出来的移动剧团团体日记收入书中。这是对历史的回溯,是对那一代人无私奉献的献礼,对我来说是一个新的起步,而对刘伟来说,是他踏入人文社编辑的第一本书,我们两人都在其中付出了劳动收获了快乐也建立了友谊。2012 年,我在《收获》开设专栏《潮起潮落》,记述改革开放初期,文艺界的几位"文坛掌门人"是如何从历史的泥潭中挣脱出来担纲起破冰的重任。这是我亲眼看到的,无论是他们自己灵魂的痛苦洗礼还是为了年轻一代的奋不顾身都让人难忘。把这些人的真实情景写出来是我的心愿,但这次的写作远比此前的写作更沉重,过程也更艰难。我有时压抑困惑，有时清醒平静，有时一团迷糊，最终还是在《收获》主编也是我的好朋友李小林的帮助支持下完成了。这时候，刘伟放下案头的许多工作，不辞辛苦加班加点地阅读编辑了这些稿件，对很多地方提出了宝贵意见。《潮起潮落——新中国文坛沉思录》很快出版并受到读者欢迎，一年中连印三版。它引起的反响是我没有想到的。我收到不少读者的反馈，而很多人感叹因为某种原因该书能够出版是一件不容易的事情。同样因为这些原因，书中还有许多未尽之处，但我觉得自己尽力了。在那之后，我又追踪着历史的足迹，重回对战争中老一辈人的写作，对国民政府军事委员会第三厅麾下的十几个演剧队进行了历史回溯和描述。《青草绿了又枯了——寻找战火中的父辈》是《1938——青春与战争同在》的姐妹篇，这一次几乎无须任何沟通，刘伟又接手了。我们一起拟定了书名，一起讨论相关问题，一起定稿，虽然仍然因为出版的某种原因，最终被删掉许多让我感到心疼的段落，但我知道刘伟作为责任编辑已尽了最大的努力。刘伟是个好编辑，他热情敏感，具有很强的策划能力和沟通能力。虽然我们是有着截然不同经历的两代人，这么多年来彼此也有很多变化，可在价值追求和基本审美取向上我们竟然都没有变，这对于一个作者来说，应该说是一件很值得庆幸的事情吧！

不知不觉，我似乎也和人文社结下了缘分。有时候我想，或许出版社就是这样一个特殊的地方，它不仅出书，又好像是一条纽带，把作者、编辑、读者，把社会和许许多多的人连接起来，而那些发生过的故事，大概说也说不完。记得我在拿到散发着新鲜油墨味道的《青草绿了又枯了》时，只有一年级的侄孙女好奇地摸着封面说，我的姑奶奶是写书的？！孩子的眼眸中闪着纯洁的光泽。我笑着对她说："你将来也干这个好不好？"……其实我知道，她将来走不走这条路并不重要，重要的是喜欢读书就好。书是人生路上最好的伴侣。我相信，未来一定有更多的人在写作的路上、在读书的路上一路同行，与出版界的同仁们与那些辛勤耕耘着的既普通又优秀的编辑们肩并肩地走下去。

几番风雨几度春秋,历史的车轮滚滚向前,人文社已经走过了七十个年头,建社初期的元老们已经不在,但他们的事业却在一代代人的手中延续着,我想,此刻,假如我所熟识的那几位老先生还在,他们一定会发自内心地祝福:人文社,生日快乐!

就让我来代表他们说吧,尽管我也不知道我是否有这个资格。

鲁迅与孙用

| 杜草甫

1929 年初,杭州邮局一个年轻的"洋文检信生",将他从世界语译出的六首诗,寄给鲁迅先生,请求教正。鲁迅马上给这个素不相识的年轻人写了回信,说准备"从中择取四首,于《奔流》发表"。这四首诗,就是在《奔流》第一卷第九期上登出的《莱芒托夫诗四首》,这年轻的译者就是现在的老翻译家孙用。

孙用,原名卜成中,是杭州一个刻字工人的儿子。1919 年中学毕业后,为了谋生,就考入邮局。他在做检信生时,自学了英语和世界语,并成了鲁迅著译的忠实读者。他在浙江邮局工作了二十三年,又在中学教过几年书,一直在业余从事文学翻译,后来就以译书为业。1950 年起,参加《鲁迅全集》的编辑工作。现在是北京鲁迅博物馆鲁迅研究室的顾问。在从事鲁迅研究的学术界中,他是一位受人尊敬的老专家。

《莱芒托夫诗四首》是孙用的初译,能够在鲁迅编辑的《奔流》上发表,对他这个年轻的邮局小职员来说,真是莫大的鼓励。接着他译的匈牙利赫尔柴拾的《马拉敦之战》和保加利亚伐佐夫的《过岭记》,又受到鲁迅的赞美"我以为是很好的",在《奔流》上相继登出。孙用在深受激励之余,又把他从世界语译出的裴多菲长诗《勇敢的约翰》给鲁迅寄去。

鲁迅收到译稿仅仅两天，当即回信说"译文极好，可以诵读"，并决定"张罗出版"，还想印成一本图文并茂的"好书"。但"书坊势利"，鲁迅在张罗出版的过程中，听人"大打官话"，四处碰壁，"恰如得到一种奇珍"般的译稿，竟弄得"满身晦气"，伴着他"枯坐"，跟着他"流离"，历时"足有一年半"，才找到一家小书店接受印行。因为是小店，本钱不足，鲁迅又不得不为它垫付制版费用和译者稿费。至于为译稿"校字"，看校样，选插图，设计版式，写校后记，更是辛劳备至。总之，鲁迅为《勇敢的约翰》一书的出版，倾注了难以估量的心血。最后，致信译者说："裴多菲的一种名作，总算也给绍介到中国了。"

在鲁迅无私的奖掖和激励下，孙用五十年来一直遵循着鲁迅为文学翻译指引的方向，孜孜不倦地译介东欧和北欧弱小民族的文学，以及别的"异邦"的"雄声"。他已经出版的主要译文集，除《勇敢的约翰》外，有《过岭记》《春天的歌》《可爱的祖国》《保加利亚短篇集》《美丽之歌》《裴多菲诗四十首》《裴多菲诗选》《好姑妈和小鹿》《尤若夫诗选》《多尔第》《塔杜须先生》《密茨凯维支诗选》《上尉的女儿》等等。他的辛勤劳动，开阔了读者的眼界，使人们知道世界上的文学家并不止英国"漂亮的曼殊斐儿之类"；同时，还为中外文化交往增添了新的佳话：1958年，孙用应邀访问了伟大诗人裴多菲的祖国——匈牙利，并接受了一枚劳动勋章。

孙用另一方面的劳绩和贡献，是在鲁迅研究的领域。他是第一个校勘鲁迅著译的人，在1950年就出版了《鲁迅全集正误表》和《鲁迅全集校读记》两书。现在一本新的更为详明的《鲁迅全集校读记》又将问世。解放以后，先由鲁迅著作编刊社、后由人民文学出版社鲁迅著作编辑室编印的各种版本的鲁迅著译，大都经过他的校勘，渗有他辛劳的汗水。

为了便于广泛而深入地研究鲁迅，孙用曾在旧书店里购到许多鲁迅提到过的书，将它们分类包好，堆放在他的书房里，每一包上都用红笔写了两个大字："鲁提"。这些"鲁提"曾为不少鲁迅研究者提供过方便。像当年鲁迅悉心帮助他那样,他对一切向自己求教的中青年鲁迅研究者,也是"有求必应",竭尽心力地予以帮助的。他常年默默地工作着,做着"人梯",从不以此自炫。——鲁迅的崇高精神,不仅为他的工作指引了方向,也深深地影响着他的为人。

白云无事常来往

| 杨子耘

如果说，丰子恺先生在民国时期出版的书籍开明书店版占了相当大的份额，那么新中国成立以后，无论是品种上抑或作品的重要程度上，人民文学出版社都算得上主要合作者。从译作方面说，有屠格涅夫的《猎人笔记》，柯罗连科的《我的同时代人的故事》，夏目漱石的《旅宿》，石川啄木的《石川啄木小说集》，还有紫式部的《源氏物语》。散文方面有《缘缘堂随笔》《丰子恺散文》。最近更有画集《白云无事常来往》和《世间如侬有几人》、《缘缘堂随笔》（足本）相继问世。十卷本的《丰子恺集》也即将由人民文学出版社推出。这里就聊聊丰先生在人文社出版的一些作品。

学习俄语，重操旧业做译者

查看丰先生的职业，要么是做教师，要么是自由职业者。从 1943年他在重庆辞去国立艺术专科学校教职以后，家庭收入就靠版税与卖画所得的润笔。1949 年 4 月丰子恺从香港转道广州飞回上海迎接解放后，他发现像以前那样靠卖画和版税过日子是不行了。这样，只能寄希望于增加稿费收入。在当时的政治环境下，原来熟悉的英语、日语翻译不再吃得开,唯有"老大哥"的俄语正欣欣向荣。丰子恺在1952年1月16日写给他的好友、著名编辑常君实的信中说:"年来由于埋头学习俄文,新收入毫无。同时旧书许多停刊,版税收入大减。因此生活颇有青黄不接之状。但得度过半年,俄文学成,即无虑矣。"

丰先生学习俄语也颇为离奇,他买来一本日文版的《俄语一月通》,这本书共三十课,每天学一课,一个月完成。而丰子恺借助于在日本游学时学过一点儿俄语,读这本书往往是一天学几课。学完这本《俄语一月通》后,他就开始阅读俄国文学著作原文。一开始读高尔基短篇小说的中俄对照本,接下来读托尔斯泰的《战争与和平》和屠格涅夫《猎人笔记》原版,在阅读的同时提高外语水平。通读一遍以后,丰子恺便花了不到一年的时间译出了《猎人笔记》,交给他的朋友、文化生活出版社经理吴朗西出版。1955年文化生活出版社并入上海新文艺出版社,丰子恺就把《猎人笔记》交给人文社出版。虽然丰子恺从学习俄语到翻译《猎人笔记》,都是在短期内高速完成的,但屠格涅夫《猎人笔记》那带有诗意与散文气息的文字,似乎很适合充满诗意的丰子恺来表述,所以译来也颇为得心应手。读者的认可也是一个最好的证明:从1955年11月人文社版《猎人笔记》出版至今,已经六十五年过去了,一共印制了多少版,多少本,现在都已无法统计。

在丰译《猎人笔记》的众多版本中,丰子恺及其家人最最感激的要算1972年的网格版了,因为那是在"文革"期间,距"四人帮"垮台还有整整四年,距丰子恺得到正式平反还有七年。那时候,作为"四人帮"老巢的上海,仍是风雨交加,丰子恺也还在接受审查,这种时候一本书的出版,对于作者确实是极大的精神上的鼓励。1972年12月13日丰子恺在得知《猎人笔记》重版时,写信给《光明日报》记者黎丁说:"《猎人笔记》已在北京再版。'毒草'似乎已消毒了。"在写给他的小儿子丰新枚的信中,丰先生也兴奋地写道:"我译的《猎人笔记》已在北京重版了。"我们相信,当时人民文学出版社定下这个选题,一定是顶着重重压力的。

白头风流译《红楼》

1961 年丰子恺随上海政协参观团访问江西各地,回沪途中填了首《浣溪沙》:

> 饮酒看书四十秋,功名富贵不须求,粗茶淡饭岁悠悠。
>
> 彩笔昔曾描浊世,白头今又译《红楼》,时人将谓老风流。

这里所说的"白头今又译《红楼》",指的就是翻译《源氏物语》。这是日本平安时代女作家紫式部创作的一部长篇小说,也是世上最早的长篇小说。"物语"是日本的一种文学体裁,类似于"传奇""故事"。成书年代大致在公元 1001 年至 1008 年间,相当于我国北宋时期。《源氏物语》描写了主人公源氏的生活经历和爱情故事,全书五十四回,近百万字。涉及人物四百多位,写了四位天皇的更迭及他们在位时日本平安朝的全盛景象。

1962 年丰子恺写了一篇《我译〈源氏物语〉》,谈他"白头今又译《红楼》"的缘起:"记得我青年时代,在东京的图书馆里看到古本《源氏物语》。展开来一看,全是古文,不易理解。后来我买了一部与谢野晶子的现代语译本,读了一遍觉得很像中国的《红楼梦》,人物众多,情节离奇,描写细致,含义丰富,令人不忍释手。读后我便发心学习日本古文。记得我曾经把第一回《桐壶》读得烂熟。……当时我曾经希望把它译成中国文。"

人民文学出版社是在 1961 年向丰子恺约稿翻译《源氏物语》的,也是一个机缘巧合,圆了丰子恺"把它译成中国文"的梦。出版社原本是约请钱稻孙先生来翻译《源氏物语》的,因钱先生年事已高,再加上他的夫人身体不好,翻译进度很慢,人民文学出版社就把翻译这本书的任务交给了丰子恺。丰先生撰文说:"《源氏物语》是世界文学的珍宝,是日本人民的骄傲! 在英国、德国、法国,早已有了译本,早已脍炙人口,而在相亲相近的中国,一向没有译本。直到解放后的今日,方才从事翻译,而这翻译工作正好落在我肩膀上。这在我是一种莫大的光荣!"

《源氏物语》原著是古日语,有多个现代语译本。丰先生翻译时以古文本为基础,再参照各种现代日语译本。为选择用哪种文字风格来翻译,他也考虑了很久,最后决定采用参照《红楼梦》风格的现代章回本白话文风格。这一点得到了叶圣陶先生的赞同:"《源氏物语》译笔极好,如此作品用如此文章翻译最为适宜。惜我目衰,未能全观,殊以为憾。"中国海洋大学教授、翻译家林少华也认为丰译《源氏物语》"鬼斧神工,曲尽其妙,倭文汉译,无出其右"。

白云无事常来往

丰子恺有一幅漫画叫《白云无事常来往》,画题取自清朝巨超的《山居》一诗。全诗如下:

> 帘卷西风雨乍晴,闲凭小阁听流莺。
> 白云无事常来往,莫怪山僧不送迎。

2020年6月,人民文学出版社出了一本丰子恺的画集,就以《白云无事常来往》命名。这本书的出版,开启了丰子恺作品在人文社出版的新一轮"常来往"。

说到这一轮的"常来往",还要从丰子恺诞辰一百二十周年在浙江美术馆举行的一次画展说起。这次画展的接待事务由杭州民营书店晓风书屋负责,而晓风书屋的掌门人姜爱军与朱钰芳,是丰家十多年的老朋友。那一天,丰家后人为参观画展在晓风书屋遇见李辉和应红两位老师,当他们问起丰子恺图书出版事务时,姜爱军随口说了句:"浙江文艺出版社80年代末期出版的《丰子恺文集》,到现在还没有重版过。"于是当场商量当场拍板,由人民文学出版社出版十一卷本《丰子恺文集》。这不禁让人想起读库张立宪的一贯主张:一个好编辑,要用三分之一的时间编稿,三分之一的时间逛书店,还有三分之一的时间去交友。应红老师也就是在"逛书店"和"交朋友"时,定下了这些选题。

人民文学出版社的效率相当高,这样一套书,包括了大量插图,在不到两年时间里已经排版校对就绪。与此同时,画集《白云无事常来往》和《世间如侬有几人》,散文集《缘缘堂随笔》(足本)也相继问世。我们相信,在不久的将来,一批选题上乘装帧质量优秀的丰子恺图书,也将由人民文学出版社陆续推出。

一篇澹定隐秀风骨卓然的古文

| 应锦襄

林辰先生的名字不大出现在我的生活中,我离开他很久很远了。但在我心中,这是铭记最深的名字之一。第一次听说这名字,还在50年代初。王瑶先生让我看林辰先生的《鲁迅事迹考》,虽是薄薄的一本,却是攻研鲁迅的必读书。它使我很惊讶:原来也有以这种朴学功夫治现代文学的。80年代初,参加《鲁迅全集》的注释工作时,知道林辰先生和周振甫先生要做我们这组的指导顾问,我感到十分欣喜。

不知为什么,"林辰"这名字,常使我想象其人的潇洒俊爽。第一天上班,林辰先生来了,他没有马上进来,只是满面笑容地站在我们工作室门口。我不禁暗自惭愧。林辰先生绝不能说是潇洒俊爽的。个儿不高,方方的脸,架在方方的肩上,方方的眼镜片后一脸温厚的笑容,他就像一截年轮久远的树桩——使人无法撼动地站在你的面前,而那种凝重沉潜,真正是一个饱学之士的气度。

林辰先生治现代文学,特别是鲁学,功力之深,自不待言,就是其他各方面,先生之博闻强记也非一般学者可比。和这两位前辈在一起工作,使人有在学问大海中涵泳的快乐,他们对典籍之娴熟程度,恐怕后来学人都难以达到了。和他们坐在一起,你会感觉到那间我们的组长郭豫适兄"寝于斯",而小组也"工作于斯"的小室就流溢着馥郁书香。

一天,偶然想起形容唐人小说的两句话"小小情事,凄婉欲绝",竟不知道出于何书,请教林辰先生,先生马上答道,是洪迈的《容斋随笔》。又有一次,说起史震林其人,我说,只知道他的《西青散记》,不知他有没有其他传世之作,林辰先生也不假思索地说,还有一本《华阳散稿》。这是一本很生僻的书,先生却出口就是。这样的大叩大应,小叩小应,几乎天天都有。但林辰先生又是谦虚而不苟的。对这些我们随意提出的小问题,他也要说,再去查查吧。事实上,只要是明确回答,就没有错的。

至于我们注稿中含糊不切之处,他是一定要求弄准确的。《汉文学史纲要》中鲁迅辨"三经""三纬",以"风、雅、颂"为"三经","赋、比、兴"为"三纬"。这与朱熹之说正相反。但鲁迅这本著作原是提纲,并没有对这一观点作更详尽的阐述。而这一提法我只见于日本《岩波字典》,却也未能指出来历。当时请教一些专家,也无法探求鲁迅之说的出处。讨论这条注释时,或以为鲁迅记错,或以为作鲁迅的创见,或建议在注中并列两说。但林辰先生以为我们是注鲁迅的作品,两者并列不能解决鲁迅著作中的问题,更不能强以臆测为知,主张不加注。去年修订,也为这一疑问花了些时间去查阅古籍,但仍无收获。在《汉语大词典》这本解说词字的权威著作中,它在释"三经""三纬"时,倒是列入了鲁迅的说法,承认为一家言,与朱熹之说并存,但仍没有说明鲁迅观点的来历。想起当时先生们的意见,我这次也还是不注。

此生之幸,总是得遇许多文章道德卓然之士。而林辰先生,则和他相处的日子何其之短!和先生共同工作,只有十个月,分别后,也只去见他三四次(林辰先生还专门相邀一饭),但他却是我印象最深,并为我深深敬仰的前辈之一。常常想起他来,最是感受他的那种人所难及的澹定之气。

林辰先生治现代文学,早在40年代,就常在报刊见到他的深具实力的研究论著。为学方法,正如我提到的,与一般人立足不同。新中国成立之初开创现代文学史这一学科的王瑶先生原是十分重视文学全面形势的,搜集材料力求齐全。但这种治学方法,在 50 年代竟未得传承。那时学者都以苏联文学史的写作方法为圭臬,以作家作品为主,以点带面而兼及文学语境。只见树木,不见森林。又因政治上的取舍,对史学性材料无法求真。报刊上连篇累牍,大抵都属史论。文学史著作,都是史料不全,立论偏颇。不但文学的时代形势模糊,就是作家作品,也不能实事求是地进入全面分析。林辰先生则独以考订史料为重,不但力求准确翔实,还都有卓见,不为时势所左右,因此也就不大看见林辰先生的文章了,但凡出一篇,则必是学术价值含金量很高的著作。林辰先生"古调虽自爱,今人多不弹",硕学之士,竟不能为世所重,也就只能让那些张扬阿世之士去占领学术名场了。解放以来,先生从事编辑工作,金针度人,为人作嫁,一直默默在为学术奉献。而对名声地位,绝对淡然,不以为意。但他的身份价值则是圈内人所共仰的。

说到学识方面的话题,先生总是诲人不倦。但知人论世,他又是谦虚厚道,对那些学力不深、洞察不足的人,从没有任何轻视或嘲讪。总是带着宽容的笑容说,他可能没见到这一点吧。

衡量一个人的学术,先生与人为善,不多臧否。但对于道德方面的衡量,先生却是泾渭分明的。那时有一位知名学者,冒充先贤,作了两首诗,自谓获得真迹,并以此居奇。事后又不得不承认是伪作,引发一次不小的风波。林辰先生对这事就作过义正词严的评论。清华学兄周祖譔原为其人旧交。那年正好出差来京,知道这事,很气愤,说:"这哪里是做学问的人的行为! 这样的人怎么能做朋友!"当我告诉林先生祖譔兄的愤愤然时,林辰先生对譔兄的"尚友"原则十分嘉许。专攻唐宋文学的祖譔兄一向服膺先生,知道先生对他此言的评价,很高兴也很重视,后来这位旧交请他吃饭,他想起林辰先生曾给他的嘉许,就拒绝了邀请。可见林辰先生在我们后辈中的影响。

和先生别后,竟很少问讯,也少去北京,只是常通过降云,知道先生的消息。最后一次去见他,他已退休。走入他的书房,洁净的大书桌上没别的东西,放着一部很大的书,好像是部线装书。大概因为等我们,书没有打开,林辰先生正坐在桌前,像以前那样满面笑容。我问先生是否常在看书,他说,眼睛不好,也不能多看了。我就问日常做何消遣,先生就笑笑说,好像也还是看书吧。这话听来似乎很矛盾,但我感到其中的包容与恬淡,正像他那间整洁而简单的屋子一样,充满书籍,了无其他,清素寂静。先生于中一定别有他自己的天地。

先生谈锋很健,知无不言,且情绪总是一派怡然。但他很少谈及自己,最多就是听他谦逊地说,他是"贵州乡野之人,小时候上私塾,也没有什么书可读"。他如此腹笥充盈,却从未说过他是如何积累的。上个世纪的中国知识人,即使说一生平顺,也必然经历了那艰难时世,遭遇了那无法避离的魔劫灾难。而对这种人生经历,各人都有自己的人生态度。像杨绛先生那样淡泊自然、置之一笑的固然境界不俗,但更有老先生刻骨铭心、誓不回头地一定要求得真理,像巴金老人这样令人尊敬;也有些老先生不避伤痛,时时提起这段历史儆示当代,怀有严肃的历史责任感如何满子先生。但同历此境的林辰先生却从没有谈过他自己的荣辱遭际。不但从不说他生活中的不愉快,甚至也没有听他说起任何的人生得意。林辰先生对此,既非对过去有所隐讳,也并非宽容得"一切不必再提",他实在是对现实十分洞察,透彻理解,早已以他那澹定之气化解了一切尘世沧桑。他这种"不言",别有一种深沉的苍凉,也使林辰先生的风度特有境界,常使我萦回不已。

林辰先生不是诗,他是一篇澹定隐秀风骨卓然的古文。

我认识的人文社编辑

| 陈平原

我不是人民文学出版社的重要作者，但我与人民文学出版社渊源很深。这很大程度得益于我认识很多该社的编辑，老中青都有。

1985年初夏，我与北大中文系青年教师夏晓虹结婚，人民文学出版社资深编辑、曾任诗歌散文组组长的刘岚山（1919—2004）于是成了我的岳父。认识不久，夏君赠我诗集《乡村与城市》（刘岚山著，人民文学出版社，1983），故第一次家访时，我便与岳父相谈甚欢。那时我们在校都住集体宿舍，每周末回家，晓虹帮助母亲做家务，我则负责与岳父聊天、聊文学创作，聊国际政治，也聊人生经验。此外还有一个常谈常新的话题，那就是人民文学出版社的前世今生。可以这么说，我对人文社的历史及现状（还有诸多人事纠葛）的了解，一点儿不比该社年轻编辑差。

因我学的是中国现代文学，岳父推荐我拜访早年同事及邻居舒芜先生，以及同住东中街的鲁迅研究专家林辰先生，偶尔也邀我介入他与老同事（如来访的龙世辉先生）的谈话，让我大长见识。多年后，我参加北京政协活动，与弥松颐先生频繁交流，也是因为岳父的缘故。但有一点，与这几位前辈的交往，只是增进了我对人文社的理解及认同感，与我在该社出书没有任何关系。

　　我与人文社的另一重因缘,来自夏晓虹在该社当编辑的四位同学,即龚玉、宋红、王小平和杨柳。我本科及硕士就读于广州的中山大学,到北京后孤立无援,于是被北大中文系七七级文学专业热情收编——夏晓虹的同学聚会,我常以观察员身份出席。可即便彼此很熟,龚、宋二位从未向我约稿。王小平80年代后期约编林语堂文集,被我转化成"漫说文化丛书",本可愉快合作,没想她华丽转身,跑美国念书去了。作为宗璞"野葫芦引"长篇系列的责任编辑,杨柳与我不无联系,但也只是邀我敲边鼓,帮助宣传《北归记》等。

　　真正促使我与人文社建立良好合作关系的,其实是社长兼总编辑陈早春(1935—2018)。陈先生1964年研究生毕业于武汉大学中文系,学的也是中国现代文学,后历任人民文学出版社编辑、编辑部主任、副总编辑、社长兼总编辑等。1988年8月11日至17日,中国现代文学馆、人民文学出版社和牡丹江师院中文系三家在黑龙江省的镜泊湖畔,联合召开了"中国文学史(古、现、当代)研究学术讨论会",来自全国各地的近四十名学者对中国文学史研究的现状进行了反思和展望。会议期间,陈先生以人文社名义召开了征求意见座谈会。当年人民文学出版社在作者心目中地位极高,虽然社长礼贤下士,大家还是不好意思开口。那时还不流行给领导乱戴高帽,以为既然是征求意见,那就应该以批评为主。大概自以为知根知底,加上年少气盛,我率先打破沉默,批评人文社过分重视编纂老一代作家文集,而忽略了文坛及学界的新生力量。身处急遽转型时代,人文社须调整出版策略,不能老是论资排辈。面对年轻人如此挑战,温润儒雅的陈早春先生不以为忤,还连连点头,弄得我都不好意思了①。

　　其实,人文社对我是相当关照的,此前早已约稿,两个月后,也就是1988年9月,我与黄子平、钱理群合撰的《二十世纪中国文学三人谈》便由人民文学出版社推出。该书属刚创立的"现代文学述林丛书",未

---

① 参见李庆西《开会记》,《书城》2009年第十期;陈平原《遥望八十年代》,《文艺争鸣》2018年第十二期。

列责编,但我记得很清楚,是王培元在操作。他本来就是学现代文学的,1984年底到人民文学出版社工作,后任中国现代文学与文化编辑室主任,著有《抗战时期的延安鲁艺》(广西师范大学出版社,1999)、《在朝内大街166号与前辈魂灵相遇》(人民文学出版社,2007)等。

据说陈早春先生回京后,曾专门召集会议,转述我的批评,并积极布置向年轻一辈作家及学者约稿。这才有我1992年3月在人民文学出版社刊行的《千古文人侠客梦——武侠小说类型研究》。此书出版很顺利,以至我都忘记是如何与责编打交道的。翻开版权页,责编是杨国良,实在记不起来,借助百度,方才晓得此君1987年至1992年任人民文学出版社编辑,1992年参与筹备创办《中国证券报》去了。

我2004年在人民文学出版社刊行的《当代中国人文观察》,责任编辑是人大博士、后转任中国社会科学院文学研究所研究员的李建军,这我记得,但似乎编辑过程很简单。因为,此书属于南京大学中国现代文学研究中心组织的"鸡鸣丛书",共十册,丁帆主持,董健撰写总序。此乃教育部人文社科重点研究基地的规定动作,而我是这个基地最初的外聘专家,故应邀加盟。

从策划、组稿到成书,过程较为复杂的是十卷本"漫说文化丛书"。此丛书编选及刊行于特殊的历史时刻,故多有曲折。虽然当初被评为最佳选题,但因不够畅销,人文社无意继续经营,于是有了日后另外三个版本,即2005年复旦大学出版社版,2018年北京时代华文书局版,以及2020年香港城市大学出版社版。2018年10月,趁新版刊行,钱理群、黄子平和我三位编者相约燕园,举行了"漫说文化三十年座谈会"。其中,我谈及此丛书的出版机缘:"之所以做这个事情,原来人民文学出版社的编辑、后来成为作家的王小平,她让我编林语堂文集,我谢绝了,因为投入那么多时间,似乎不太值得。我对编专题文集有兴趣,出版社表示支持,真正做的时候,负总责的是副总编辑李昕,他后来当香港三联书店的总编辑,又成为北京三联书店的总编辑。李昕对这套书很有贡献,所以首先要感谢。老钱刚才说外部环境很不利,可人家人民文学出版社还是顶住了。你想,1990年出版前五本,1992年出版后五本,都给做成了,很不容易的。我觉得还是应该感谢人民文学出版社的胆识,包括像李昕这样的编辑。"①

此外,我还应邀为中国出版集团组织的"中国文库"编《王瑶文论选》(人民文学出版社,2009),那书的责任编辑是毕业于北大中文系的散文家杜丽。杜丽的妹妹杜玲玲恰好是我指导的第一个硕士生。去年的某一天,玲玲来电话,说人文社在处理杂物,杜丽发现一只老旧的四脚木凳,右边题"文学",左边写"食堂",背后贴着白纸条,上书"刘岚山"三字,问是否留下来。晓虹赶紧说要,到手一看,正是父亲熟悉的笔迹,估计是"文革"期间经常集中开会,每人固定一只凳子,那时留下的印记。

如今,这只饱经沧桑的凳子就大模大样地安放在我家客厅,虽与周边环境不太协调,却见证了我和人民文学出版社的深厚交情。

---

① 参见《三人谈——落花时节读华章》,《二十世纪中国文学三人谈·漫说文化》【增订本】第278页,北京大学出版社,2019。

编辑家牛汉琐记

| 陈早春

9月29日上午十点许,我正在社区医院输液,刘小沁从手机上发来一则短信。短信是一首悼牛汉的诗,旧体诗,只四句,不知其详,我以为她是在开玩笑。我老拨她的电话,想问个明白。终于她回电了,说老牛已于今日早晨七点半去世;在家中,无疾而终。得到这一确信后,我思绪万千,回想起与他近五十年的接触,在同一办公室里,同一"干校",同一编辑室里,先后同编一刊物……过去我们接触很多,只是2006年后他有了新家,走访不方便,电话也难通。后来得知他已搬回了原住地,我本拟与雪峰的家属去拜访他,约了两次时间,先是他身体不适,继是我的身体也不争气。因这半年多来,我连做了两次手术,常常得去光顾医院。我是应该去拜访他的,一是多年不见了,一是他作为"雪峰全集"的编委,我作为这一工作的主持者,不少编务上的事要向他通报,疑难处则要向他请教。可是他终究悄没声地走了,诗歌界陨落了一颗明星,出版界倒下了一棵大树!

牛汉,我还在学生时代,就读过他的诗,后来又知道他是"胡风反革命集团"的一分子,为他惋惜。当我来到人民文学出版社见到他时,他那伟岸得像一棵参天大树的身影,随和而洒脱的待人接物的风范,怎么也难以与其"分子"的身份联系起来。当时我在现代文学编辑部的小说南组,他也常来我们的办公室接稿或送稿。听说他的编制在编译所,由于当时这里的来稿特多,特请了编译所的牛汉和绿原来协助处理一般来稿。由于他俩已打入另册,不能对外,也没有当责编的资格。我是刚来的新手,也只有资格处理一般来稿。所以我与牛汉、绿原的工作性质一样,在处理一般来稿时,稍有看头的我们三人都轮换着、交叉着看。当时出版社提出要肩负培养工农兵作家的任务,稍有星星点点的苗头,就要慎重对待。所以我们三人也时不时要开审稿会。在这样的审稿会上,一般有组长坐镇。稍稍懂点儿人情世故的人,在那个年代,都得看领导的脸色。我是初生之犊不畏虎,也不懂人情世故,实话直说,没想到历经人生坎坷的牛汉,也是这样,直率得像个孩子。这时我就暗暗地引他为同调,佩服他的见识和勇气。我与他俩共事四五个月,编辑部第一副主任王致远经过反复的考察,为了加强考察,还要我阅读那几年出版的长篇小说,并要求写出书评。后来他在编辑部会议上宣布:新来的陈××审稿这一关已顺利通过了,但他的书评写得太学院派了,要改变文风。(牛汉悄悄地向我耳语:"学院派有什么不好!")于是他就让我独自去南方几省出差约稿,回来后又要我接手两部书稿的责任编辑。这样,我与牛汉、绿原在工作上的接触就少了。这短短几个月的接触,牛汉给我留下的印象却很深。首先是他的身影,他进出办公室门时,总觉得门框太小,他走在走廊里,总显得走廊太窄。他从不自卑自贱,来办公室时,常与衣冠楚楚的方殷、好吹牛自娱自乐的龙世辉开开玩笑,与大家闺秀般的向云休大姐也要搭讪几句,与许觉民的夫人张木兰,总是递递眼神。他不自认为是"分子",人家也没把他当"分子"。

1965年冬,单位的大部分人分两拨派往河南农村"四清"。我去了安阳,牛汉去了林县。当时的知识分子,总是身不由己,在急湍的河里漂流,难得安身立命。我仅因为是个"三门"(即从家门到校门到机关门)干部,不像牛汉那样有"帽子"和"辫子",在单位上班时,也得每礼拜六去前门一书店站柜台卖书,又去顺义大白楼生产队与农民"三同"了几礼拜,说是"思想改造"。而牛汉却好像总在漂流,很少上过岸,即便在单位里,也几乎是总务科编外的临时工,干些正式工不屑干的脏活累活。这样,他"出彩"的机会比较多,谁都认识他。

"四清"还未完,"5·16"通知下达了,我们都回到原单位搞"文化大革命"。这革命的主要对象是"走资本主义道路的当权派",和各色各样的"牛鬼蛇神"。牛汉属于"牛鬼蛇神",在"横扫"之列。由于出版社的"牛鬼蛇神"太多,他不是主要靶子。只见他天天在劳动改造,打扫庭院,擦窗户玻璃。他擦拭过的窗户玻璃又净又亮,称得上是绝活。原来他在刷洗干净后,还要将报纸揉皱再擦一遍。这不知是他从哪里学来的或是他首创发明的,反正我干这活儿是以他为师的。人家让他没尊严,但他活得很有尊严。

"文化大革命"初期,名义上是反"走资派",横扫"牛鬼蛇神",实际上以"反""扫"为名,各色造反派在争革命的旗帜,争龙庭的交椅。各派打得不可开交,有的甚至动用了枪炮。人民文学出版社到底是知识分子成堆的地方,稍稍文明些,但公报私仇、打人抓人的现象也时有发生。有鉴于此,刘少奇向各单位派了工作组。人文社的工作组来自北京的航空大院,组员大都是师团级干部。虽然这工作组后来被称为刘少奇反动路线的产物,但比起后来号称革命路线的工宣队和军宣队来,要文明得多,规矩得多,离革命传统要近得多。在这工作组的领导下,也许是用的"清理阶级队伍"的名义,将许多怀疑对象查实解放出来。当时牛汉除了"胡风分子"的老账外,还被戴上"国民党特务"的帽子。为了弄清这个问题,单位几次派人去公安部查档案核实。前几次派出的都是革命性强的干部,都未核实清楚,遂把这一难题交给了我。我独自一人去了公安部找相关档案。牛汉的档案一大摞,如果要逐页看,三五天不见得能看完。也许是凑巧,我一下子就翻到了他在西北大学的材料。他是西北大学"真理卫队"的队长,听中共地下党指挥。这些材料充分反映了牛汉作为热血青年参加并领导学运的光荣历史,没有丝毫劣迹。倒是有一份揭发当时学运头头,包括学生会主席卢永福是国民党特务的检举材料(卢永福也在出版社,被另一派革命组织打成"狗特务",正在四处藏匿),但在这份检举材料后面附有一份甄别材料,原揭发材料纯属子虚乌有。我将这份检举和甄别材料逐字逐句抄了下来,并加盖了公安部的公章,逞送给工作组。此事我跟牛汉说过,牛汉拍拍我的肩膀,表示感谢。我只是抄写了这点儿东西,怎用得着称谢?也许是在那个年代,谣诼、乱枪也伤人致命,让他免了横祸。

上世纪70年代初,人民文学出版社逐渐恢复业务,被彻底砸烂的东西,虽经修补,总显得千疮百孔,不复原样。严文井、韦君宜已回来主持工作,但仍有军代表在掌控,工作难度很大。首先是职工队员,其时各部门掺了很多"沙子","请神容易送神难",韦君宜排除各种阻力,好不容易把他们送到了该去的地方。另外班底有三十多位工农兵大学生,他们素质不错,但学的东西实在太少,难以胜任工作,于是她就为他们办起了学习班,学中外古今文学。牛汉当时还未落实政策,头上仍戴有"帽子",脑后留有"辫子"。韦君宜慧眼识珠,安排他去这个学习班教现当代文学,并实际上成为这个学习班教务的总负责人。牛汉职责在身,敢作敢当,一次一个副主任级的干部硬是不让他属下的几个工农兵学员去上课。牛汉便怒目金刚式地打上门来,与这个副主任理论,弄得这个副主任理屈词穷,乖乖地听了牛汉的,一股怨气只好憋在肚里,将脸都憋歪了。牛汉是条硬汉子,为工作他能逢山开路,遇水搭桥,敢于排除一切障碍。

1984年,我已接任他担任现代文学编辑室主任,而他已离休,但仍被回聘担任《新文学史料》主编。该刊在行政上属于现代文学编辑室,编辑有分工,也有合作。一次,我感冒发烧近四十度,在家休息,忽然接到编辑室秘书赵琼的电话,说我属下的编辑×××,利用工作之便,盗用了《新文学史料》的重要档案材料,将之撰写文章在别的刊物上抢先发表了。牛汉为此气愤极了,扬言要来办公室揍×××。我了解牛汉,也了解犯案的×××,担心他们会真的打起来。于是我就抱病骑自行车去编辑室开会。本想让×××有个自我交代,消消牛汉的气,也避免类似监守自盗的事件再次发生。这会没能开下去,×××不但不认错,反而跟我没完没了地吵了起来,而且对我一直忌恨在心。这次老牛没来,大家虚惊了一场。但事后老牛给我来电话:此后不许×××染指《新文学史料》的档案材料。

老牛有怒目金刚的一面,也有平易随和的一面。我与他相处几十年,从未红过一次脸。当他尚未落实政策还在做普通编辑之时,有一位他的顶头上司总是犯职业病,喜欢见文字就改,用自己的语言习惯去改,老牛与作者联系的书信,也往往被改得面目全非。我觉得这样改毫无必要,就给这领导提意见,请他不要乱改。可老牛总是尊重领导的意见,每每将改过的东西重新誊正寄发。为此,我毫不客气给这领导提意见,后来乱改的现象就少了,老牛不知道是怎么回事,只说领导太忙,来不及改了。

1979 年,当"胡风反革命集团"的冤假错案还未全面正式平反时,牛汉已恢复党籍。不久,他就担任了现代文学编辑室的主任,1981 年当十六卷本《鲁迅全集》出版完后,原鲁迅著作编辑室撤销了,与现代文学编辑室合并。我作为鲁迅著作组的组长和副主任与他共事多年。他是掌舵的能手,在他的主持下,现代文学编辑室有了新中国成立后的第二个黄金时期,出版的图书种类多,为中国现代文学史做了不少拨乱反正的工作,许多非左翼作家的作品,开始挤进了文学出版的视野,恢复了中国现代文学史的原本面貌。特别值得一提,引起读者和文史家强烈反应的"中国现代文学流派丛书""中国现代文学名著原作重印丛书"(后来我与张福海将之更名为"新文学碑林",统一了装帧),还有多种丛书,重要作家的全集文集也都先后启动,如《郭沫若全集(文学编)》《茅盾全集》《老舍全集》《叶圣陶文集》等。他在用人方面,够得上是能指挥三军的帅才,从不求全责备,只用其所长,不少见棱见角、特立独行,在原编辑部让头头感到棘手的人,他都招来了,来者不拒。没想到,这些刺猬们在他的领导下,彼此相偎相依,没有出过乱子。

他对下属好,但时有犯上之举。1983年社内领导班子进行了补充调整,一位刚来社不久的年轻同志被提为副总编辑,主管现代文学编辑室。牛汉本来具有终审权,但经他终审的稿子还得经主管副总编辑签字才能发排。一次他见到了这样的发稿单,当着我的面将之撕得粉碎。当事双方都是我的同事和朋友,逼得我当了一回和事佬,去做双方的劝导工作。好在这副总编辑不久就到政府机关做官去了,而牛汉也在差不多同一时间被借调去协助丁玲主编《中国》杂志去了,彼此没有再磕碰的机会。

牛汉这类犯上之举,也许多少有点儿傲上的成分,凭资历和业务水平:资历,他是老革命,他1953年刚来社时,就拟提他为副总编辑;水平,他已是蜚声中外的诗人和散文家,他终审过的稿子,是用不着别人再去审批的。不过在我看来,牛汉之有此举,主要是反对等因奉此的官场习气、官大一级就会压死人的陈腐作风。他一辈子都是个腰板硬朗的铁汉子,他只服从真理。诚如他自己所说,是个直立的人。

作为硬汉子的牛汉,我还见识过一次。1986年3月,在国务院招待所召开了第二届冯雪峰学术讨论会,到会的有不少党政领导和来自各地的学者。会上,大家都一致肯定了雪峰作为政治家、理论家、诗人、学者和出版家的丰功伟绩。唯独胡乔木在唱反调,说什么1936年雪峰将他送去延安时,派人监视他(谁都知道,为安全计,凡此情况,都得有人护送)。胡乔木一说到此,只见牛汉将帽子往桌上啪地一摔,走出了会场,跟去的还有冯雪峰的儿子冯夏熊。会场哗然,紧接着冯雪峰在上饶集中营的难友林琼上台抢话筒批驳胡乔木,弄得主持会议的韦君宜不知如何是好,会场中却有不少人在喊,让林琼讲!让林琼讲!

铁汉子牛汉在他被借调去参与主编《中国》杂志时,对当时中国作协的领导常有抗上之举,这是他后来回社跟我聊天时说及的。1986年,我在总编辑任上,也与作协领导的二把手鲍昌发生了磕碰,并且向他声言:人民文学出版社不是中国作协的下属机构,不搞圈子,不立山头,不拉帮结派。各走各的路,河水不犯井水。这事使时任社长的孟伟哉很紧张,马上去向当事人圆场。对我的这一妄举,牛汉却赞不绝口。

"文革"结束,人民文学出版社恢复了业务,1978 年首办了第一个刊物《新文学史料》。这个刊物曾名噪一时,最高发行量曾达到六位数。在海外的影响也很大,上世纪 90 年代初,在"汪辜会谈"后不久,我曾去台湾访问,对方就托我代购五份,全套的,后来我只凑足了一份。其时我常出国访问,在国外的书店里,常见到它的面影。可见它当时的影响是国际性的,因为它反映了十一届三中全会以来中国文艺界拨乱反正的真实面貌,引起了全世界的关注。而这个刊物的筹备者和稍后的主编是牛汉。1987 年他离休后,我仍坚持回聘他继续担任主编,虽然他已不来社坐班了,仍给他保留了一间办公室。直到 1998 年,他坚持不干了才作罢,但仍请他担任顾问。

万事开头难,《新文学史料》筹备过程,我未参与,困难情况不得而知,只是当时也可能参与筹备的楼适夷偶尔跟我说过,我只是一句话应付过去:凭你的资历和人脉关系,办这么一个刊物,还不是小菜一碟。其实我也知道他与主持社务工作的韦君宜因其积案以及从"干校"调回出版社工作的事,一直存有芥蒂,双方不愿沟通。沟通的工作只能落在牛汉身上了。

这个刊物在国内外影响大,树大必招风。在我参与主持出版社工作时,就听到很有来头的反应:如说《新文学史料》是胡风派、雪峰派的同人刊物。当时,党正在平反冤假错案,文艺界的大案如"胡风反革命集团"案、"丁陈反党小集团"案、"冯雪峰右派"案等等。这自然成为《新文学史料》关注的焦点,也是为这些冤魂恢复名誉的义务。这就自然会冲击部分人的神经和感情,而发出什么这派那派的抗议。

1987 年,又说上面有红头文件,凡已离退的干部不得再担任刊物主编的职务。人文社有两个著名刊物,即《当代》和《新文学史料》,都涉及这个问题。《当代》原主编秦兆阳与《新文学史料》原主编牛汉都于 1987 年离休。这两人都是新编刊物的旗手,当时社内还没有合适的人选去接棒。于是,我就采取了一种变通的办法,这两个刊物都设双主编,原主编留下。为留下秦兆阳继任,我可没少费功夫,既面恳,又函请,好容易才说服了他。牛汉敢作敢当,请他留任,很爽快就应承了下来,并信誓旦旦地说:"不是有人有意见嘛,我要做给他们看看。"我说:"外面有点儿议论,你不必放在心上。文艺界源自20、30年代的宗派主义,要彻底消除,需要一个很长的过程,能在我们这一代里消除掉,就是万幸。"我很欣赏牛汉办事的历史责任感和时代使命感,因此很信任他,我虽经社务会决定去做挂名主编,但不参与编务,只为他做后勤、担责任。如有来自外面的压力,由我去扛。我光棍一条,没有什么羽毛需要特别珍惜的。对外面的议论,我没有直接告诉他,只劝他今后注意多向周扬阵营的人组发一些稿子。他说早就在做了,但答应写稿的人不多,已寄来的更少。

拨乱反正、改革开放深得人心,在我全面主持人文社工作后,《新文学史料》腹诽者有之,但没有受到任何政治压力,倒是承受着巨大的经济压力。后来的继任者仍然要面对这一问题。

牛汉在人文社编发了许多书稿,并曾一度担任现代文学编辑室主任,擘画了不少选题,但他作为编辑巨擘主要表现在主编《新文学史料》的任上。他在这一任上的时间最长,自1983年至1997年,后来作为顾问,该刊对他仍有所倚重。当然,该刊的成就,我们不能忘记韦君宜的决策,楼适夷的垦殖。楼适夷是中国现代文学运动的亲历者,作为作家、诗人、翻译家、散文写作高手,在文艺界有着广泛的人脉关系,鲁、郭、茅、巴、老、曹都是他的朋友。他作为《新文学史料》的初期的主编,后来的顾问,尽得天时地利人和诸多有利条件。

牛汉继任主编之后,在拨乱反正、改革开放、实事求是的时代背景下,他的编刊思想很明确,就是拨开迷雾,拉开帷幕,在历史舞台上,尽量还原历史的本来面目。原来,中国现代文学史总被描写为中国左翼文艺运动史。的确,左翼文艺运动是中国现代文学史中的主流。但主流有支派,无派不成河。牛汉以史家的眼光,宏大、包容的胸怀,去探寻

"茫茫九派"。刊发的史料，除左翼之外，还有各社团、各流派，甚至包括"学衡派""鸳鸯蝴蝶派""现代评论派""新月派"等等。这样，让读者看到拂去了尘埃、撤下了帷幔的新文学面貌，真实的、鲜活的面貌。

《新文学史料》除了关注现代作家的创作活动外，还刊发了大量的文艺运动、文艺思潮、文艺论争的史料，左翼文艺运动中源自 20、30 年代的宗派主义顽疾，通过这些史料，厘清了原委，辨明了是非，牛汉编刊之功，也应该记下这一笔。当然也由于人事代谢，过去的宗派已基本不复存在。

牛汉是著名的诗人，编辑是他的职业。他这匹汗血马，"所向无空阔"，干什么都能卓尔不群。他很热爱自己的职业，1986 年当我被人文社公选为总编辑时，他与其他几位老专家就力劝我不要从命，1987 年我又被任命为社长兼总编辑，一直干到了 1999 年，其间，他仍然多次劝我："不要再去打杂了，业余去写散文吧。"当时他正处于散文创作的亢奋期，希望与我一起切磋。他业余写作，写诗、写散文，但他的主要精力仍集中在他的职业上，为了刊发一篇或一组好稿子，会兴奋不已。1992 年许，经楼适夷的极力推荐，《新文学史料》刊发了我写的《冯雪峰评传》最后一章《在政治斗争的漩涡中》，署名史索。一次，牛汉给我打来电话，说是艾青将该文让其爱人读了两遍，向他祝贺。艾青以为史索是他的化名，因为他原姓史。牛汉电话中说，自己不能贪天之功，据为己有。于是他就把我供了出来。由此可见他编刊的沉醉程度。其时他已不在任上，仍在关注着该刊。

牛汉，我不敢谬托知己，但他是了解我的，加之，我们的脾性有些相近，彼此相处时，总有一种亲近感。他离我们远行了，聊写了这些，怀念他，祝他走好。

往事温馨

| 陈漱渝

　　我一家六口，长期蜗居。老伴经常埋怨书籍侵占了活人的生存空间。我不能太自私，太霸道，因此从不刻意收藏珍本秘籍，每天收到的报刊也是随翻阅随处理，否则不到一周就会堆成一大摞。但我也一期不落地保存了三种刊物：《鲁迅研究月刊》《中国现代文学研究丛刊》《新文学史料》。我跟《鲁迅研究月刊》的关系已经极其客观地写进了我的学术自传《沙滩上的足迹》，毋庸赘述。《中国现代文学研究丛刊》最初是由北京人民出版社出版的，责编李志强是老友，廖宗宣是师弟，后来的编辑部主任也是我的小友，所以我是将它作为友谊的赠品收存的，但看得并不多。每期必读，至少会从头翻到尾的刊物只有《新文学史料》。印象中该刊创刊时曾为刊名颇费一番斟酌：叫"资料"还是叫"史料"，最后确定叫"史料"。这是对的，因为"史料"更强调其真实性。如不"存真求实"，那一堆资料不仅毫无参考价值，而且反会欺蒙误导读者！

一

　　谈到我跟《新文学史料》结缘，首先不能不提到蒋锡金先生。我虽然在大学时代修过中国现代文学这门课程，但那时运动多，课程浅，并不知道蒋先生在上世纪30、40年代就是蜚声诗坛的诗人，更不知道他是38年的老党员，只知道他是一位"摘帽右派"，长期在东北师大任教。1976年，通过该校比较文学研究专家孟庆枢先生，我读到蒋先生"文革"期间为鲁迅1912年日记做的部分注释，觉得他的知识广博，考证细致。其时我任职的鲁迅博物馆鲁迅研究室已承担了注释《鲁迅日记》的任务，我便向李何林馆长力荐这位怪才，把他从长春借调到北京，跟包子衍、虞积华、王锡荣和我一起注释人民文学出版社1981年版《鲁迅日记》，人民文学出版社安排我跟蒋先生同住一室，因此接触的机会很多。我那时身高体肥，蒋先生给我取了一个绰号叫"胖胖"，对我爱护有加，关怀备至。

1978年3月，人民文学出版社为抢救和保存1919年到1949年这三十年间中国现代文学的史料，决定编辑出版《新文学史料》，三个月出一册，先内部发行。我不知道《新文学史料》编辑部有哪些成员，但知道参与该刊筹备工作的有韦君宜、楼适夷、牛汉这些老作家。楼适夷曾跟蒋锡金合编过《文艺阵地》《奔流新集》，是抗战时期的老朋友。所以应楼适夷之约，蒋锡金在《新文学史料》创刊号（即1978年第一期）发表了《鲁迅为什么不去日本疗养》和《严肃·勤恳·诚笃——追念老舍同志》这两篇文章，又在该刊第二期（1979年2月出版）发表了《鲁迅与任国桢——兼记与李秉中》，读后都感到十分亲切，十分新鲜。蒋先生将《新文学史料》推荐给我，我随即又将这份刊物推荐给华东师范大学的钱谷融先生，也获得了钱先生的好评。

韦君宜是一位老革命、老作家，曾任人民文学出版社的总编辑、社长。但我跟她不熟，如果要攀附，勉强能有两个瓜葛：一、我毕业于南开大学，她曾就读于南开女中，是广义上的校友；二、韦君宜原名魏蓁一，而我在北京西城女八中任教时结识了她的妹妹魏莲一。魏莲一时任北京西城铁路二中的校长，因向毛泽东反映学生负担过重而闻名于全国。魏氏姐妹到上海出差看病时，我们曾同住在上海文艺出版社的招待所。

韦君宜晚年的代表作叫《思痛录》，而《新文学史料》现任主编郭娟正是这本书增订版的责编，实可谓薪火相传。有幸的是，我当年在大众文艺出版社主编了一套有关当代文学研究的丛书，也收入了丁东选编的《思痛录》集外文。

相对而言，我跟楼适夷先生接触较多。听说他在"文革"期间被视为叛徒审查了一番，但鲁迅作品中却明确写上了他被捕后的表现是"不屈"。我认识楼先生的时候是刚过不惑之年的人，而他已经七十五六岁了，但在青年人面前却和蔼若朋友然，不但不摆前辈的架子，有时反而显得调皮，是个操浙江口音的老顽童。我与楼老曾多次通信，向他请教 1933 年筹备上海远东反战会议的情况，纪念左联五烈士专号《前哨》的出版情况，以及鲁迅跟陈赓将军会见的情况。楼老不仅有问必答，而且还将他的诗作用毛笔书写在彩笺上寄赠给我。楼夫人黄炜也曾给我写信。特别使我感动的是，他还特意写信将我在《新文学史料》第五十三期发表的《飘零的落叶——胡适晚年在海外》一文推荐给王元化先生，并说我 80 年代末、90 年代初发表的那些介绍台湾文坛的文章篇篇都有新意。其实我是一个有自知之明的人，楼老所说的"新意"，完全是两岸多年隔绝造成的。在胡适研究界，我从来都是以"学生"自居，而不是以"学者"自居。有人不解为什么我写胡适的文章能够"一炮走红"，归根结底，这是一种历史机遇，因为上世纪 80 年代末我能有机会踏上这个宝岛，而当时能到台湾进行文化交流的人并不多。说实话，我初次乘机在台北桃园机场降落时，看到跑道周边插满了青天白日旗，顿时如同只身空降到敌占区那样紧张。初次参观胡适故居在留言簿上留言，写上"为中国新文学开山，功不可没"这几个字时，也有些战战兢兢，生怕会留下什么政治把柄。今天，胡适研究已成为一门显学，学者们尽可以抒发各不相同的学术见解了。

我直接接触较多的还是牛汉先生。那时他在朝内大街上班，而家住西城二七剧场附近。这个魁梧的山西汉子骑一辆破旧的自行车上下班时，常到我任职的阜成门鲁迅博物馆歇歇脚。他告诉我，北平和平解放的第二天,他作为军代表之一曾到阜成门接管鲁迅故居。1949 年 10 月 19 日,鲁迅故居成为全国第一个对外开放的名人故居。

牛汉是一个性格直率、爱憎分明的人。1986 年 3 月丁玲去世,在八宝山公墓举行告别式,我跟牛汉提前去了,在贵宾休息室前面的走廊上聊天。不久林默涵来了,他是中国鲁迅研究会的会长,我是副会长兼秘书长,自然前去跟他握手寒暄,一时间我的大脑似乎短了路,鬼使神差地想拉着牛汉跟林默涵认识,而竟忘了他们是文坛宿怨。当时牛汉竟像孩子吵架似的把我的手猛然甩开,说:"我才不理他呢。"牛汉原本跟我谈得很投机,但有一次却谈崩了。这大约是在《新文学史料》发表周健强整理的《夏衍谈"左联"后期》一文之后,我跟鲁研界的友人马蹄疾、张小鼎等有一些不同意见,就由马蹄疾执笔整理了一份笔谈记录,想交《新文学史料》发表,不料却被牛汉否定。我原以为牛汉是七月派诗人,而夏衍新中国成立后是文化界的官员,相互间一定会有些过节。但牛汉却从大局出发,认为当时发表批评夏衍的文章不合时宜。现在看来,幸亏牛汉把这组文章压下来了。以我们这几个人的政治阅历,哪有资格谈论涉及中共党内路线斗争的事情?

《新文学史料》现任主编郭娟,是我的一位年轻文友。人民文学出版社编辑出版 2005 年版《鲁迅全集》的时候,我被聘为编辑修订委员会副主任,主要负责修订鲁迅书信部分,而郭娟正是这一部分的责任编辑,因此开会接触的机会相当多,特别是 2003 年 4 月闹"非典"(SARS 冠状病毒)的时候,很多单位都已放假防疫,而我们一边听着马路上救护车撕心裂肺的尖叫声,一边喝着同仁堂的防"非典"药汤,坚持开会定稿。在那个时刻,我们不仅是文友,而且是难友!近年来,郭娟用学术散文形式写研究中国现代文学的文章,结集《纸上民国》,获得广泛好评。我想,这恐怕也得益于主编《新文学史料》这份期刊。

郭娟主持《新文学史料》之后,编发了我好几篇文章,其中最使我感动的是全文刊登了《有关丁玲的苦难叙事——1957 年批判"丁、陈反党集团"纪实》。这是我在人民医院老年科住院期间豁出命写的一篇长文。病房条件不好，每天上午一般都要检查治疗。我是抓紧下午和临睡前休息时间，趴在吃饭的小桌板上陆续写成的，该文依据的都是当年的原始档案，所以史学家雷颐说每段文字都是"干货"，能够经得起历史的检验。另一篇《万山不许一溪奔——以蒋经国1956年清算胡适为中心》，既是中国现代文学的史料，也是台湾现代政治史料。刊发这样的文章，体现了《新文学史料》应有的胆识和学术责任感。

二

如果没有记错，我的名字最早出现于《新文学史料》是在1980年2月出版的总第六期（1980年第一期），距今已有三十九年了。这期有一篇署名"本刊记者"的消息，报道1979年11月17日上午冯雪峰同志追悼大会后，护送他骨灰至八宝山革命公墓的有"晚一辈鲁迅研究者陈漱渝、朱正、陈早春、包子衍"。这次护送冯雪峰骨灰的人士很多，但有幸合抬骨灰盒的应该就是我们这四个晚辈。这是我此生的一种荣幸。

此后不久我就开始在《新文学史料》发表文章，最早一篇应该是《关于〈前哨〉的出版日期》，刊登于《新文学史料》第六期。影响较大的一篇是在总第八期刊登的《再谈〈天义报〉上署名"独应"的文章》，后收入《鲁迅史实新探》一书。此文指出"独应"是周作人曾经使用过的笔名，但"独应"当年在《天义报》发表的文章是鲁迅指导过的，也反映了鲁迅当年的某些观点；而且我根据1919年1月26日钱玄同寄给鲁迅（周豫才先生）的一张明信片，证明钱玄同当时自称"浑然"，而径称鲁迅为"独应兄"，据此推断，我认为"独应"有可能是周氏兄弟留日时期共同使用过的一个笔名。在《新文学史料》总第十二期，我又发表了一篇《鲁迅与狂飙社》，后来也收入我的《鲁迅史实新探》一书。因为这类文章，我从此被称为"搞史料的"。

我在《新文学史料》发表的第三篇文章内容应是研究高长虹的。我本无研究狂飙社和高长虹的兴趣，一点儿也不喜欢看高长虹的作品，但狂飙社是上世纪 20 年代跟鲁迅关系较为密切的一个青年文学社团，仅在鲁迅日记中，他跟狂飙社成员交往的记载就多达二百六十余处。因此，研究鲁迅，狂飙社跟高长虹就是一个绕不开的存在。有幸的是，我先后接触过一些高长虹的同时代人，如郑效洵、姚青苗、张稼夫、舒群以及高长虹的儿子高曙、孙女高淑萍，亲戚高戈武、闫继经等，又查阅了一些狂飙社的期刊，其中《狂飙周刊》是鲁迅博物馆的特藏，《弦上》周刊是姜德明先生慷慨借我阅读的珍稀刊物。有了这些学术基础，《鲁迅与狂飙社》一文被誉为新时期研究高长虹的开山之作。

此外我还在《新文学史料》发表了一些长文，记忆较深的有《相得与疏离——林语堂与鲁迅的交往史实及其文化思考》《犹恋风流纸墨香——关于丁景唐先生的琐记》《开辟鸿蒙，谁为情种——重读〈爱眉小扎〉》等，每篇都不是偷懒之作。我还在《新文学史料》发表过一篇小文章：《萧三在苏联的文学活动点滴》，据学者说，研究《国际文学》这一刊物的文章，至今只有这一篇。我也有一两次退稿经历，原因大约是第一手资料不够充实。这表明该刊编辑有他们的取舍原则，并不是单凭作者的来头和人际关系。

三

当然，支撑《新文学史料》这棵大树的，并不是像我这种相当于枝枝叶叶的小人物，而是中国现代文学史上的一大批老前辈、老作家。在我的记忆中，《新文学史料》刊登过茅盾、胡风、阳翰笙、徐懋庸、姚雪垠、周而复、秦牧、梁斌、贾植芳、曹聚仁、沈从文、田间、许杰、林焕平、李霁野、田仲济、臧克家、雷石榆、林默涵、黎之等人的回忆录或自传，刊登过叶圣陶、朱自清、杜鹏程、刘半农、沙汀、张光年、荒煤等人的日记，应修人、彭柏山、胡乔木、闻一多、曹禺、萧红等人的书信。这些都是拱卫和营造中国现代文学大厦的梁木和基石，不但不会因时光流逝而褪色，反而会历时愈久愈增光添彩。当然，任何人的回忆都可能"无意失真",《新文学史料》为此开辟了"来信·补正·考证"栏目,能有效弥补这一局限。比如刘祖春在《忧伤的遐思》中回忆沈从文跟丁玲的一次见面,其时丁玲尚在沈阳,并未进京。陈明订正之后,也就消除了读者的误解。

《新文学史料》还刊登了一些可以视为历史档案的文章,如陈企霞的《陈述书》、李之琏的《不该发生的故事——回忆一九五五—一九五七年处理丁玲等问题的经过》、吴祖光的《话说〈沁园春·雪〉》、程中原的《关于冯雪峰 1936—37 年在上海情况的新史料》《鲁迅同斯诺谈话整理稿》,等等。这些史料也许某一时段会淡出读者的视野,但如果碰到另一机遇,又会重新引人关注,读后感到历久弥新,更加重视它的史料价值。

我仅以《新文学史料》总第三十五期(1987 年 5 月 22 日出版)刊登的一组"研究资料"为例。这组资料共编入了四篇文章:一、1949 年 7 月 4 日周作人给中共中央负责同志的一封信。二、许宝骙撰写的《周作人出任华北教育督办伪职的经过》。三、王定南发表的《我对周作人任伪职一事的声明》。四、《新文学史料》记者丛培香、徐广琴的《王定南访问记》。这组资料的特点,是提供了当事人和不同意见双方的证言,并公布了刊物的调查结果,具有客观公正性和学术权威性。最近,有人在国内外发表长文,意在说明周作人在日伪时期出任华北政务委员会教育总署督办是"国(国民党)、共(共产党)、社(中国国家社会党)"三党联合推动的结果,"周作人的伪职几可视为正式的抗日地下工作"(见《现代中文学刊》2018 年第六期,第 21 页),对维护华北正常教育,同时抵制日本军国主义的奴化教育是有利的。如果此说成立,那日伪时期的周作人不但不是气节有亏,反而成为"在积极中求消极""在消极中求积极"的地下尖兵了。重读《新文学史料》刊登的这组资料,能够有力澄清以上说法。

第一,周作人给中央负责人(按:应是通过周恩来转呈毛泽东)的这封信,用他自己的话来说是一封"丑表功"的信。周作人强调的是,北平沦陷时期他留在北平的原因是有家室之累,而出任伪职之后做了保存北大校产和北平图书馆书籍的好事,也写了一些被日本文学报国会会员片冈铁兵认为"思想反动"的文章。他出任伪职的动因,是"不相信守节失节的话",只想做些"为知识阶级利益着想的事",并不在乎是"顺"还是"逆"这些名分。如果周作人附逆是受中共和进步势力的策动,他不可能不在这封重要的信中进行表白。第二,许宝骙被某些人说成是代表中共劝周作人出任伪职的人。他的文章首先指出,沈鹏年当年发表的《访许宝骙同志纪要》并不是正式的访谈,而只是在家里偶然的一次闲谈,并没有经他签字认可,发表时他也没听说过。文中关于他本人的任职情况和跟当时中共北平地下党特委负责人王定南的结识经过都是错误的。其次,许宝骙说,周作人出任伪华北政务委员会教育总署督办,是出于伪政权中王揖唐一派的授意;周出任伪北大文学院院长时,"他的一条腿已经下了水"。他升任伪督办可以抵制比他更恶劣的缪斌,这主要是出于他个人的分析考虑。中共北平地下党负责人王定南是否把他的这一想法向中共党组织汇报,以及报告到哪一级的领导,许当时不知道,后来也没有询问过。我查阅有关资料,许宝骙曾参与发起"中国民主革命同盟"(即所谓"小民盟"),当时既不能代表共产党,也不代表国民党和社会党。

王定南是北平沦陷区中共地下组织特委的负责人。他在声明中说,他曾组织一个"北方救国会",由他跟国民党方面的何其巩、中国国家社会党的张东荪三人负责,每月在何其巩家聚会。他的工作之一,就是劝说知名人士不要出任伪职,对于已任伪职的人,则劝他们弃暗投明。因为中共的抗日政策是反对任何人出任伪职,无论谁出任伪职都对中华民族有危害。"北方救国会"聚会时,何、张二人有一次对他说,缪斌这个人很坏,周作人是念书人,危害性小些,他认为这一分析有道理,但"没有委托任何人去游说周作人",更不可能交代委托人说什么"积极中消极,消极中积极"的话。如果他要表态,只会说"依附敌人既为当代人所不齿,也贻后代子孙羞"。此上情况,他已于1986年11月

13日给当时的总书记写信说明。

由《新文学史料》编辑部派出两名记者撰写"访问记",我的记忆中这是该刊编辑史上极少有之事。可见编辑部对这一问题的高度重视。1987年3月18日下午,丛培香、徐广琴专程从北京赴太原采访了王定南。77岁的王定南刚从省政协副主席岗位上退下来,出任山西文史研究馆馆长。在《新文学史料》发表他的声明之前,他的这份声明已经在当年2月20日的《山西政协报》上发表了。王定南当时十分气愤地向这两位记者揭露了上海电影制片厂沈鹏年伪造他谈话的经过。沈鹏年欺骗他说,新出版的《毛泽东著作选读》关于周作人的注释没再提他是汉奸,这是释放了党中央要为周作人摘帽平反的信号。王定南当即说:"对于周作人来说,他出任伪北大文学院院长已经是任伪职的人了,以后又活动当了教育督办,只能是继续向上爬,说明他当汉奸不是第一遭。"王定南还对《新文学史料》的记者说,他当年只是同意周作人的危害要小于缪斌的分析,并没有委托任何人去活动周作人出任伪职,更没有向任何人交代"在积极中消极,在消极中积极"这两句话。王定南强调,他组织的"北方救国会",常一起开会的仅他跟何其巩、张东荪三人,许宝骙没有参与经常性会议,他也不会委托许宝骙去劝周作人进一步当更大的汉奸。访问结束时,他特意为《新文学史料》的记者题写了"欢迎同志澄清历史事实"几个大字。

《新文学史料》刊登这组资料清楚表明,周作人在附逆的路上愈走愈远绝非中共的推动。国民党方面曾派天津的爱国青年暗杀周作人,抗战胜利后又逮捕周作人,给他戴上汉奸帽子关进监狱,可见他附逆也非国民党方面的推动。许宝骙非共产党,非国民党,没有人认定他是哪个党派的代表,更没有人证明他是三党联合派出的代表。周作人1943年11月8日日记中说许宝骙"不似端士也""似未可信"。同年12月6日日记中又说许宝骙"此人亦狐狸也"。周作人认为自己出任伪职是自己的决定,"既非强迫又非自愿",这更可证实许宝骙不可能主导他的政治选择。最近有人公布了王定南在沈鹏年采访记录上写的两行字,要沈转告周作人之子周丰一,说:"你父亲这件事,我了解的。"这手迹即便属实,也说明不了任何问题,只能说明王定南"了解"周作人附逆的经过。2005年1月,我还特请原中央党校副校长龚育之向参与《毛泽东著作选读》注释的全部人员(其中有逄先知、吴正裕、曾宪新、陈铭康)了解修订周作人词条的具体情况,他们一致否认中央有任何负责人对周作人敌伪时期的问题做过什么指示,从来就没有什么想摘周作人汉奸帽子的中央精神。

《新文学史料》发表有关周作人附逆问题的这组资料距今已有三十二年,我保存的这本刊物纸张已经发黄,但其学术生命力依旧旺盛,这给我一个深刻启示——当今社会意识形态领域呈现多元状态,不同人的价值观念和现实诉求各有不同,因此对同一问题的看法有时大相径庭。在这种情况下,史料的价值就会凸显,其雄辩力有可能超过单纯的理论。因此,我觉得《新文学史料》的多重价值是长远的,《新文学史料》编辑的劳绩功在千秋。在该刊创办四十周年之际,我祝愿该刊学术生命长青!

友情的记忆

| 林　非

记得是在 70 年代末期,我每天早晨都匆匆忙忙地从家里出发,赶往人民文学出版社的办公大楼,整日都坐在堆满了书籍的长桌旁边,字斟句酌地推敲着《鲁迅全集》里部分注释的稿件。这些文字涉及到了人类文明史上许多有关的记载,曾经有不少一辈子都沉浸于知识海洋里的饱学之士,就这样兢兢业业地查找着那些很难觅得的资料,然后再聚集在一起,绞尽脑汁地商讨、争论和修改着,最终才得以印成这厚厚一摞的书本。经历了如此纷繁复杂的程序之后,出版社的鲁迅著作编辑室却还认真地作出规定,一定要在正式发排之前,尽心竭力和一丝不苟地去挑剔它还可能存在的毛病,首先是有没有错别字,其次是对于每一件史实与掌故,究竟叙述得是否确切?务必要一遍又一遍地检索,力求让它确切无误,而不能出现"硬伤",以便让它完美地呈现在读者的面前。

在这一年左右的时间里,因为满脑袋都凝注着必须去找出毛病来的思维方式,所以不管打开任何一部书籍,我总是要集中心思地想发现它未必会存在的谬误,有时候甚至为此而执拗得变成了非常荒唐可笑的模样。伯罗奔尼撒战争真的是公元前 431 年开始的吗?在鹅湖之会上,朱熹讥讽陆九渊"禅学",和陆九渊责诘朱熹"支离"的背后,究竟是一个什么样的问题？这些知识的碎片，整天都纷纷扬扬地袭击着我，逼着我立即去作出自言自语的回答。

记得当时在一起工作的好几位同人，也都是沉浸于此种爬罗剔抉和苦思苦想的氛围中间。李文兵先生在每天主持会议时，轻轻朗读着注释的文稿，十分专注的眼神中就闪烁出阵阵的疑窦来。张伯海先生却总是在午间休息的时候，忙碌地寻找着书架上厚厚的典籍，然后就飞快地翻动起来。陈早春先生常常默默地坐在椅子上，一声不吭地沉思冥想着，有一天忽然神秘地微笑起来，拨动手指叩击着面前的长桌。他那篇探讨"杜荃"究竟是谁的得意之作，也许就是在此时"顿悟"而成的罢。

每天晚上散会之后，朱正先生就辛苦地整理着白天讨论的记录，王锡荣先生从旁协助，查找着种种书刊，誊写着蝇头小楷，他们两位真可以说是这个集体中的"劳动模范"，持之以恒地张罗着这一摊琐碎和繁杂的事务，把所有的意见和论点都整理得井井有条，清清楚楚。林辰先生也常常在夜晚时分，来到办公室跟大家讨论问题，我们提出了许多有关近代文学的掌故，请他来一一回答。他真是这个领域里的一部百科全书，简直没有他不知道的事情。他说起话来，那抑扬顿挫的声调，就像流水似的淌进大家的耳朵里去了。

今天回想起当时工作中的情景来，那种充满了友谊和欢乐的气氛，还依旧使我感到有无穷的回味。至于那种完全出于自觉的严格要求的精神，也始终让我觉得无限的神往。像这样审慎地对待出版工作和文化事业，自然就更容易让读者获得方方面面都准确的知识，这实在可以说是百年树人的根本大计啊！一个缺乏知识修养的民族，在奔赴文明的前程时，确实是会妨碍自己更好地前进的。在这二十年中间，每当看到报纸杂志和电视频道上，出现了知识性的错误，抑或是文句不通和刺眼的白字时，就深深地怀念起当时多么认真的工作来。

在这一年左右的工作中间，此种严肃认真地致力于纠正谬误的程序，以及诸位同人勤奋的钻研精神，和独创的思维方式，都给予了我潜移默化的启发与影响。我自己几部研究鲁迅的论著,多数的都感到很不满意,觉得它们缺乏更为系统与独创的内涵,只有《鲁迅和中国文化》这一部著作,还能够较为系统和独创地阐述出自己的见解,而这样的成因又完全是来源于那一段工作的收获。这一段往事虽然已经过去了二十余年,不过只要是回忆起来,总觉得依旧是异常的温馨和令人神往。正因为在心里埋藏着此种丝丝缕缕的友情,所以只要是人民文学出版社嘱咐我进行的工作,就一定会欣然地承担下来。记得在三年前,张小鼎先生贲临舍间,命我撰写《鲁迅散文选集》的序言,我就是怀着一种欢乐的心情,在几个夜晚中间很流畅地构思和写成的。

还值得提起的是在这一段工作之前,我曾经跟文学研究所的卓如女士、沈斯亨先生、张大明先生、张晓翠女士等几位同事,在一起编纂了人民文学出版社委托进行的七卷本《中国现代散文选》。这是在"文革"的浩劫刚结束之后,重新开始业务工作的首项工程,面对着这在当时可以说是卷帙浩繁的重任,大家都全力以赴地去从事。这部选集早已在60年代初期,由冯雪峰先生和牛汉先生拟定了部分的选目,奠定了它的轮廓和基础,我们的任务是加以全面的扩展和补充。这部选集由于比较系统而又简括地反映了那一阶段散文创作的实绩与风貌,因此在出版之后造成了不小的影响,对于当时的散文创作和理论研究,以及全国高校的文科教学工作,都产生了推动作用。

我自己从遥远的少年时代,就开始喜爱阅读散文篇章,它叙述的辞藻与气势,抒情的韵味与格调,议论的方式与风范,都深深地将我吸引住了。很偶然地参加了此项编纂的工作之后,由于认真地阅读了几千万字的作品,就形成了不少有关此种文体的艺术见解。在不久之后撰写成的《现代六十家散文札记》和《中国现代散文史稿》,无疑都来源于此项工作中的若干积累。前者印行了将近二十万册,在喜爱散文的年轻朋友中流传甚广;后者曾被韩国多所大学的中文系,开列为必备的参考书籍,后来又由该国的一位汉学家翻译出来,于汉城出版。至于我在后来写成的不少单篇的论文,也都收录于《散文论》和《林非论散文》等文集中间。未曾料想到这样的一些劳作,竟使我结交了许许多多的朋友。不久之前,还有两位沉醉于中国散文研究的美国学者,辗转地找到我的住处来,详细地询问着有关游记与随笔的问题。每当面对着这些热忱的知音时,我总会想起那最初的渊源——人民文学出版社的七卷本《中国现代散文选》。

陈早春先生和李文兵先生对于他们所从事的工作,总是设想得仔细而又周到,从研究性的提高直至普及性的鉴赏,都笼罩在他们的视野底下。岳洪治先生编纂的那一本面向散文爱好者的《中国现代散文选萃》,也是从选目到装帧都是很让文学爱好者赏心悦目的。非常高兴的是我曾替此书撰写了篇幅较长的序言,文章分门别类地勾勒了这一段散文历程的概貌,对刚入门的散文爱好者来说,也许多少会有些帮助的,遗憾的是理论色彩还显得不够丰满。

还要感谢《中华散文》编辑部的丛培香女士和有关的同人,很宽容地发表了我的散文。其中的《武夷山九曲溪小记》,经由《散文选刊》转载之后,我收到过好几位读者朋友的来信,说起了他们一些出自内心的体会。《中国文化报》的著名记者红孩先生也曾经打电话给我,说是如果将此文拍成 VCD 出版和传播的话,也许是挺有意思的。我另一篇发表于该刊的散文《未有收成的唐诗研究》,叙述了自己研究唐诗的过程,以及遭遇挫折和失败的原因,也多少总结出若干钻研之后的心得与体会。此文已经收录于我即将出版的学术自传《半个世纪的思索》中,说起来也真是很有纪念意义的。

目前我正在为人民文学出版社编纂一部《中国百年游记选》,在查阅、思考和操作的过程中间,得到了李文兵先生、王海波女士、王玉梅女士热情的指点和协助,他们都提出了好多中肯的意见,真使我有一种茅塞顿开的感受。

只知低头拉车的人

| 周立民

得到王仰晨先生去世的消息是在 13 日的早晨,拿着电话听到小林老师略带哽咽的声音,我语无伦次地说:怎么会呢,怎么会呢?! 我知道他体弱多病,去年还曾住过七个月的医院,或许老人晚年的工作毅力和非凡的工作成绩迷惑了我们,我们总觉得有病对于这位善良的老人来说不算大事,近二十年来,他不就是带着病完成了一千多万字的《巴金全集》《巴金译文全集》的编校工作吗? 就在十多天前,我还给他写过信,还在跟他谈工作的事情。两个月前,今年的 4 月 11 日,我还在北京他的寓所拜见过他,谈话中,他非常惦念躺在病床上的巴老,说已经有好几年没有去上海看过巴老了。眼神中飘过的是一丝伤感。就在他不断的咳嗽中,我们还是谈到了为《巴金全集》编补遗卷的问题,这是近几年来我们通信、谈话中说的最多的事情。他希望上海巴金文学研究会能够协助他来完成这个心愿,并表示待身体好一点儿,他会清理相关资料,而以前编全集所留下的资料也愿意捐给研究会。

话题扯开去,我们又聊到了目前出版界的状况,这也是他非常关注的问题。他所深深忧虑的是当今出版工作中不认真和对作者不尊重的作风。编辑跟作者连个招呼都不打就肆意删改稿件,也根本不会考虑作者的语言习惯,仅凭着什么混账机构下发的一些文件,将那些"不合语言习惯""不是首选词"的地方随手就改过;作者有时候连看校样的机会都没有,至于书的封面和版式设计等等也都与作者绝对无关了……这些问题令王老困惑不已,因为在他的编辑生涯中从来也没有做过这等胆大妄为的事情。

这一段时间,我在整理王仰晨先生与巴金先生的通信,王老给巴金的信绝对是编辑的好教材,他事无巨细地与巴老商量出版中的每一个环节,而绝不是滥用编辑的权力随意决定任何事情,这并非是编辑的无能,而是一个优秀编辑最基本的素质。在这些通信中,王老看稿中发现的一些错误,即使是明显的错字,也照样一个一个记下来,请巴老最后确认。《巴金全集》封面的设计从用纸、用布(精装)、书名题字、色彩颜色等等,他无不细心把关,并及时征求巴老意见。我印象非常深的是十多年前,第一次见到王老谈起《巴金全集》时,他首先就说:"照片印得太差了,我的工作没有做好!"正是他的这种认真,正是他的这种对作者的足够尊重,在六十多年来与巴金等一批老作家建立起不同寻常的友谊。巴金与他之间的交往是足以写进中国编辑史的一段佳话。1986年,六十五岁的王仰晨先生离休,而正是从这一年,《巴金全集》开始陆续出版,用了八年时间,两位老人、病人在北京与上海之间书信不断,讨论着《全集》编纂过程中每一个细节,1992年11月,《全集》编辑工作进入尾声的时候,巴老写道:

> 写到这里,我收到你病后的来信,你为我的书带病工作了这些年,一个字一个字认真地、仔细地编写、校读,忍住腰痛,坚持坐在书桌前,或者腿架在凳子上,为了我的《全集》你花费了多少时间,多少心血,多少精力,现在最后一卷就要发稿……(22卷)

而在全集《最后的话》中,巴老再次对他表达了谢意:

> 你向我组稿,要编印我的《全集》。你说你打算把我这部书作为你最后的工作。你的话里流露出深的感情。你的确应该休息了,却又忘不了我的书。为了出版我的《全集》,你找我谈过几次。

你的热情和决心打动了我,你的编辑、出版计划说服了我,一年后我终于同意了。我起初抱着消极的态度,以为每年看到一册,等书出齐,我已不在人世,不必为这些文字操心了。我的确不曾把这件事放在心上。可是后来看见书一本一本地印出来,经过书市转到读者手中,又仿佛心上压着什么,开始感到坐立不安了。究竟是我写的东西,不管好坏,总不能把责任完全推给你,好像跟我自己毫无关系。

大概谁都没有想到在上世纪 90 年代初,这两位多病的老人又编辑出版了《巴金译文全集》。为了这两个全集,巴老以"致树基"(王仰晨先生原名树基)的形式写下了二十多篇序跋,这批序跋是巴老继《随想录》之后又一个创作的高峰,他回顾自己早年的创作,梳理思想发展,畅谈友情,不但是重要的研究资料,也是熔铸着人格光辉的散文精品。有时我在想,倘若没有王老这样一位了解巴老、尊重巴老的编辑在与巴老配合,晚年多病、写字困难的巴老会不会敞开心扉畅谈思想呢?但十多年来,尽管每次见面,我们必谈这两个全集和巴老,可是王老从来没有借此自炫过,他是一个低调的、谦虚的人,他只有对老友的关心,直到 1997 年 12 月《巴金书简——致王仰晨》出版时,他才在后记中朴实地回顾了与巴老的交往,但也写得那么简单。而巴老却动情地写道:

> 我生活,我写作,总离不开朋友,树基就是其中的一位。可以说,我的不少书都有他的心血,特别是我的两个《全集》,他更是花费了大量的精力。我没有感谢他,但是我记住了他为我做的一切。现在,我把这本书献给他。
>
> 这是一本友情的书。半个多世纪以来,我们相互关心,相互勉励,友情始终温暖着我们的心。如今我已九十三岁,他也七十六了,尽管我衰老病残,可我想,我们仍然有勇气跨入下一个世纪。

这是一个编辑所得到的最真诚的理解和最高的评价,但王老从未因此而洋洋自得,他谈的总是什么地方没有做好。十一年前,我第一次见他，是北京的一个春天，"巴金与二十世纪"国际学术研讨会邀请王老来介绍刚刚出齐的《巴金全集》的编辑情况，会场上他讲得很少，说话声音也很低，似乎还有点儿怯场，看得出是一个不善言谈的老人。在会议结束后，我们在人民文学出版社的一间陈旧的办公室谈了一个上午，主要是谈他与巴老的交往和他的编辑工作经历。他是上世纪40年代在重庆结识巴老的，在1957年调入人民文学出版社的时候，接手了十四卷本的《巴金文集》的编辑工作，从此以后与巴老的联系就越来越密切了。从留存的书信来看，他是少数几位在"文革"后期，巴老还没有完全获得解放就与巴老通信联系的朋友之一，当时他也帮助巴老买了很多内部发行的或者在市面上不大好买的书。80年代初，在编辑出版《鲁迅全集》《茅盾全集》的过程中，他感觉到要是作者健在就编辑出版其全集，有很多不易解决的问题都将迎刃而解，遂建议巴老编辑《巴金全集》，起初巴老没有同意，但拗不过他再三劝说，终于答应下来。

王老在回忆这些往事的时候，非常平静，不善言谈的他常常是在我的追问下才多讲一点儿，而且一再强调，他不过是尽一个编辑之责，根本没有多做什么，要我千万不要写他。那次谈话给我印象最深的一句话是他对自己的评价，他说过去有句话"只知低头拉车，不知抬头看路"，这本是批评人的，但他觉得他就是这样的人，老老实实拉自己的车，别的东西并不太在意。而且他自认为自己别无才能，只能如此。我是在后来才逐渐体会到这句话的分量。

自那以后，我与王老便开始了交往，时常我有问题向他请教，他写信来答复。到北京的时候，我总会到位于十里堡的他家中去看他，随便聊一聊出版界的情况。我曾提到买到过70年代初重印的二十卷本《鲁迅全集》，感觉印制讲究，版式疏朗，装订也好，现在的很多精装书也比不上它。他用一贯平静的语气说："这套书也是我做编辑工作中做得最满意的一套书。"为了印它，当时他在上海几乎工作了一年，还大病一场。他顺便讲起了两个颇为辛酸的小插曲：一个是这套书本是周恩来总理建议重印的，因为当时赠送外宾的礼品，经常是连套像样的《鲁迅全集》都拿不出，但是书印出来后，他们居然没有想到给总理送一套，后来每想到这里，王老就懊悔不已。另外一件是，书出来后，社里连他都没有给样书，他自己有一套烫金的豪华本，还是自己掏腰包买的，而且连折扣都不给他打，那套书八十元，而当时他的月工资仅仅是一百一十八元。

关于 1981 年版《鲁迅全集》的出版情况，他谈的也不多，其实从 70 年代中期开始，王老作为人民文学出版社鲁迅著作编辑室的主任，是这个《全集》出版的实际主持者和组织者，很长一段时间这个《全集》简直成为大型文集编辑的样板工程，但王老却没有表白他在其中的功劳。

后来，我也陆续知道，四十卷本的《茅盾全集》，他主持编辑了其中的二十五卷，经他手编辑的文集还有《瞿秋白文集》的文学编，可以说他是中国当代最优秀的作家大型文集的编辑。

前两年，我一直动员他像赵家璧一样写一本《编辑忆旧》，他总是推托。在这样一个喧嚣的时代中，这样低调的人其实际的成就常常会为世俗所忽略。我是后来才知道，他其实很早就参加了革命，十四岁即到印刷厂当学徒，先后在上海、昆明、重庆、桂林、烟台、大连等地的印刷厂和出版发行部门，当过排字工人、校对、编辑等。1943 年参加新知书店工作，1945 年在广西昭平《广西日报》当工务主任兼副刊编辑，1947年至 1956 年在大连和北京三联书店做出版、发行和内部刊物的编辑工作，其间曾陆续发表散文等文学作品。也是最近才知道 1976 年 4 月，他曾冒着风险抄录了一部分天安门广场上的革命诗词，1977 年，追查抄录革命诗文的风声还较紧的时候，他却利用业余时间悄悄地协助童怀周编选、出版了《革命诗抄》和《天安门革命诗文选》，随后又建议人民文学出版社予以出版。至于他与周振甫等人是首届"韬奋出版奖"获得者，这样的事情他更是绝口不提。但我想这些事情，我们后人是不该不提、不该忘记的。

去年夏天，我曾经去看过他一次，那时候正是他大病初愈，我也不敢多谈，坐了一个多小时就告辞了，临走的时候，他拉着我的手不放，他的腿不好,拄着拐杖站起来都很费力气,但还是执意要送我到门口。到了门口我挥手赶紧下楼,走了一半发现他还没有回去,再次冲他挥挥手告别,老人不知为何突然动了感情,我见他一边挥手一边在抹着眼泪,我不敢多看,硬了硬心,跑下楼去。今年春天这次跟他告别的时候,同样的情景又重演了一遍,我的心中很不是滋味。突然想到这样的情景永远不会有了,想到不知王老的心愿究竟能不能实现,在这静寂的夜晚,我不禁热泪盈眶。

难忘牛汉

│ 胡德培

在新中国成立六十四周年的前夜,我接到牛汉的女儿史佳打来的电话。她低沉的声音对我说:"我爸爸走了。"霎时间,我们都沉默在悲痛之中。——牛汉,这么一个好人,怎么就走了呢?!

我最初知道牛汉,和许多人一样,是在1955年那场反胡风的运动中。那时,我在四川大学读书,没有想到,胡风和牛汉与我会有什么关系。可是,在"文革"中,我和牛汉却同时在湖北咸宁文化部"五七干校",他原先因为与胡风的"问题",我当时也因为被牵连到运动中莫须有的"反革命集团事件",都同样在那里承受着"劳动改造",精神上身体上备受折磨。我曾远远地看到过牛汉,那是一条令人羡慕的粗壮的汉子,干活实在是棒棒的。

没有想到,"文革"后,我们都在人民文学出版社编辑部门工作,自然而然我们走在了一起。1986年大型文学刊物《中国》从双月刊改为月刊,主编丁玲又不幸在1986年3月4日去世,加上杂志编辑部因为是短时间内由各方面组合起来的人员,本来人手就不够,工作中又出现了不协调甚至意见分歧,主要负责人中有的退出了,有人还刻意回避矛盾,牛汉则成了全力投入《中国》杂志编辑工作的一个主力。他因为从协助著名作家丁玲共同主编到实际主持《中国》杂志(名义上是副主编），同时遇上诸多问题，工作起来实在太累太忙，于是让我去协助他主编《新文学史料》，担任副主编。这样，我们更是常见面，常交谈，常常工作在一起。

牛汉给我介绍说，《新文学史料》是胡乔木、周扬建议办的，办这个刊物是为了抢救老作家的资料。那是 1978 年夏天，他涉及胡风的"问题"还没有平反，严文井、韦君宜就让他和黄沫一起参加筹备（他的党籍是在 1979 年 9 月才恢复的，韦君宜这时起了很大的作用）。

刊物是严文井通过中宣部的负责人廖井丹批准的。1978 年 11 月出的第一辑。

刊物以发表关于我国"五四"以来作家作品的第一手材料为主，注重文献性、史料性，以事实为主，如回忆录、自传、日记、访谈等等。开始主要是以围绕左翼作家的有关情况来组稿，再逐渐扩展，广泛搜寻各刊物、社团、流派、各种思潮以及各地区作家群的历史资料，注意尽可能比较客观、全面地反映中国现代文学发展历史的真实情况。后来，时间逐渐从 1949 年以前延展到 1949 年以后……

牛汉向我仔细介绍《史料》八年来各方面的情况时，说话十分平静、淡然，但却让人感觉到有一种深深的炽热的情怀，表现出对事业的坚毅与执着，是脚踏实地而又尽心竭力，充满着强烈的责任心和使命感，这自然而然给了我巨大的激励和感染，使我增强了努力去完成《史料》工作任务的信心和决心。

我在《史料》实际工作只有两年多，与编辑部同仁们工作十分协调，大家关系也很和谐。这是主编老牛（大家都习惯这样地称呼牛汉）长期以来的为人和作风影响下自然形成的。牛汉比我年长十四岁，是我的前辈和领导，但他待人和善、平等，在工作中多与大家商量，彼此讨论决定。对于组稿和编辑工作大家都能各抒己见，互相合作。老牛业务上最熟，熟悉的老作家多，多年来联系面也广，许多事情又能果断地拿主意、做决断，所以大家都把老牛当作工作中的主心骨，一切总听从他，并时刻依赖着他。

那个时候,他在《中国》的负担就够重的了,可是,老牛还非常尽职尽责地做好《史料》的工作。他不仅多次召集全体编辑会,拟定选题,联系作家,调动大家的积极性,让年轻的同志出去组稿,而且,他还带着黄汶同志去宁沪等地拜访老作家,抓来不少具有重要价值的稿子,使刊物在国内外继续赢得众多读者的关注和好评。

当时(从《史料》1987年第二期至1990年第二期副主编是我署名),《史料》陆续发表了丁玲、胡风、许杰、王西彦、梁斌、秦兆阳、秦牧、师陀、赵家璧、罗洪、沙汀等作家回忆录,整理刊载了沙汀、陈荒煤、叶圣陶、柔石、郑振铎、朱生豪等作家的日记、书信和沉钟社诸成员的通信及有关研究资料,还组织了聂绀弩研究、胡风研究、老舍研究、怀念曹靖华、怀念叶圣陶、怀念沈从文、怀念萧军等专辑,同时又刊发了梁实秋、方令孺、朱光潜、宗白华、陈企霞、陈白尘、路翎、冰心、光未然、侯金镜、金近等传记、年谱和樊骏专题研究文学史料学的重头文章,以及周作人给中央负责同志(即周恩来总理)的一封信和有关周作人出任日伪时期华北教育督办伪职等重要资料。

可以说,那时《史料》全部的组稿和编辑工作都是在老牛的直接领导和关注下进行的。有一件事是值得一说的,即翻译家安危发现并介绍给我们的《鲁迅同斯诺谈话整理稿》。这是一份珍贵的历史资料,从本社编辑张小鼎推荐来以后,老牛就十分重视,同时又非常审慎。先是在编辑部内部认真研究,特别请教本刊顾问楼适夷同志,并十分尊重另一主编即我社社长陈早春同志(他是负责全社工作,对《史料》只是从领导角度兼管)的意见。经过充分的讨论和研究后,我们先是在1987年第三期以头条位置特别推出,然后,又特意邀请了有关学者和专家唐弢、卞之琳、张大明、徐迺翔、陈漱渝及本社的楼老、早春和张小鼎等一起座谈讨论,萧干、臧克家送来了书面发言。这次会议是主编牛汉亲自主持,后来,我们在《史料》1988年第一期刊发了座谈会纪要。当时,《人民日报》《光明日报》《文汇报》等报刊都做了突出报道或发表了相关论述文章。显然,这件事,对于中国现代文学史料研究方面曾经产生了相当的作用和影响。

总之,我在《史料》工作时间虽然不长,却对老牛坚毅的品格、执着的精神有了更深的了解和感悟,他内心深藏的那一团炽热的情感和奋发勇进的牛一般的个性,实在让人爱戴,令人崇敬。

也是在《史料》工作期间,还有一件事情:1988 年 6 月 18 日,上级正式传达中共中央办公厅文件——中办发[1988]6 号《中央办公厅关于为胡风同志进一步平反的补充通知》。这件事,外界人看来也许平常,因为,之前对"胡风问题"已有过两次平反。一是 1980 年 9 月 29 日中发[1980]76 号《中共中央批转公安部、最高人民检察院、最高人民法院党组关于"胡风反革命集团"案件的复查报告的通知》,那时从政治上为"胡风反革命集团"平了反,使有关因此牵连受到不公正待遇甚至被错误处理的同志在政治上恢复了名誉。但对胡风同志文艺思想等方面问题,还未及时复查研究,以至《通知》中仍沿用了过去的一些提法。对其政治历史方面,也还遗留下一些问题。二是 1985 年 6 月胡风逝世后,公安部又对胡风政治历史中遗留的几个问题复查后给予了平反。这一次,是第三次平反,包括胡风文艺思想及所谓"宗派活动"等有关问题彻底澄清,平了反。这样,涉及所谓胡风的有关问题才算全部摆平。这对当事人和一切曾经受过牵连及其影响的人都是非常重要的,使他们身上的污秽全部洗刷干净,彻底摆脱了所有牵连及其影响。这个漫长的过程,竟达三十三年!其深远而重大的意义是不言而喻的。但是,让我没有想到的是,牛汉这个重要的当事人(可以说是这个"案件"的中心人物之一),面对如此重要的事情,却只是睁大了眼睛看着我们,没有说出一句话来。我知道,他此时一定想得很多很多,但那些话还需要说出来吗?地球人都知道!因为,他始终抱着坚定的信念,勇敢地奋斗着追求着,这些都是不需要自己用嘴去说的。

老牛,原名史成汉。牛汉,是 1948 年他在《泥土》杂志发表诗歌时开始用的笔名。牛系母姓。按他的解释说,牛汉,就是像牛一样的大汉。这与他一米九的身高、结实粗壮的体魄真是挺贴切的。

本来就是莫须有的罪名,他竟被作为"胡风反革命集团分子"第一个遭到拘捕。但他不仅从来没有胡说过,而且在正式审判胡风的大会上,人家原本是想把他的事情作为胡风的一个"罪证",他却偏偏去摆明事实,为胡风辩护。在被开除党籍的会上,他大声说"牺牲个人完成党",宁可个人受委屈。尽管经历了无数的磨难曲折,他在惊天的狂风暴雨中锤炼了意志,在雷霆般巨大压力下挺直着脊梁,其精神和品格是可歌可泣的。

他,身上有蒙古人豪迈的血液,从小吃过不少苦。1938 年,参加党的地下组织。后来,投身进步学生运动,蹲过国民党的监狱。又因涉嫌胡风"问题"被拘以至劳动改造等等,他从来总是大义凛然,腰杆是最直最硬的。

在创办《史料》的过程中,一开始就因为对某个资料的异议与分歧引发了不小的风波,最初的编辑组长黄沫因矛盾与不平愤而离去。老牛就是这时受命担任起《新文学史料》的主编。他协同编辑部同仁秉持以史实说话,力排纷扰,坚持办刊。同时,他还主持现代文学编辑室,陆续编辑出版了不少具有重要价值的现代文学书籍。在《中国》杂志从筹备到出刊,遇到了更多的矛盾冲突,先是办期刊登记证的种种波折,继而又是经费无措,人员不足,无处办公及发行困难,还有内部同仁对稿件及酬劳等等意见不一,老牛坦率、耿直而又善于理解别人,在编辑部里逐渐成为中心人物和主要领导,克服了种种困难,把《中国》办成了当时在文坛内外具有重要影响的大型刊物。

老牛在工作中总是尽心竭力,全心全意。他为《新文学史料》坚定执着、实事求是、坚持原则,使这份刊物始终保持着旺盛的生命力。为《中国》不顾压力以至误解,要求公平、公正,据理力争,毫不动摇,甚至具有不惧权贵的一股"牛"劲儿。连胡乔木听说后也忍不住私下里向原来的老部下韦君宜承认:"拿牛汉这个人没有办法。"

其实,与老牛相处久了,你会发现,他身上除了有一种坚韧、刚毅而倔犟的牛脾气,那是坚定、彻底、奋斗到底、绝不回头的意志和精神,同时，他也是一个有血有肉的真正的人，待人真诚而有着炽热的情怀。他热爱家乡，永志不忘蒙古族先人们的恩泽，他挚爱亲人，珍视友谊，也是常人所不常表现的那种深厚而强烈的情愫。有一次，老牛谈起他的妻子，十分深情地说："她真是好人！没有她，我活不到今天。"曾经有人谈到他女儿生活遇到的不愉快和不被人理解的事情，他沉重地长叹一声："唉——我的事情影响了他们。"再如，我对他谈起编辑《胡风评论集》（上中下三集）曾拜访胡风的情形和我对胡风坚强性格的感悟时，他对胡风遭遇三十年的磨难仍然那么顽强而刚毅的表现，立刻竖起大拇指并点头赞叹："不容易！太不容易！"

他曾经撰文赞颂胡风有粗壮如缆绳一般的神经："几十年的禁锢，并没有把他从青年时期就形成的气质改变一丝一毫，看不出一点儿消沉情绪。"（《重逢第二篇：胡风》）他对中国现代文学史上两位杰出的前辈——冯雪峰与吕荧，对"我可以被压碎，但绝不可能被压服"的阿垅等友人，总是深切地理解他们，并对他们高洁而美丽的灵魂真诚地敬仰和赞美。对编辑部的同仁和后辈的年轻作家与诗人，他也常常怀有深深的情谊与爱护之忱。他多次鼓励我多做理论上、艺术上的探索和研究，多写文章，但一般作品的评论"不要写，没意思！"——关切之情溢于言表。有一次，我们随意谈到有的人为个人一点点儿权力费尽心机的情形，老牛的嘴狠狠地一撇，并伸出五个指头在我眼前来回晃动了几下（我理解，他的意思大约是很鄙弃那种为一己之私擅耍手腕、反复无常的人），然后突然大声地说："做人要正派，正派就好！"——凛然正气撼人心魄。他知道，我大学毕业后先在《文艺报》工作过好些年，习惯地较多关注的是当代文学的发展动态。《中国》停刊后，他又支持我还回到当代文学编辑室。之后，我们还有多次接触，尽管大多是三言两语，但他流露出来的对人的真情理解和关心，随时都能让人感觉到一股热流暖人心肺。老牛令人崇敬而可爱的性格，实在让人深切难忘。

老牛，那个坚韧不屈而又令人崇敬可爱的灵魂离我们而去了。在我眼前仿佛看见被人禁锢与捆绑着的"华南虎"，"每个趾爪／全都是破碎的,/凝结着浓浓的鲜血",却发出"石破天惊的咆哮"(因为"有一个不羁的灵魂")——那么瘆人的悲壮!我还看见四脚腾空飞奔的"汗血马","汗水流尽了/胆汁流尽了","流尽了最后一滴血/用筋骨还能飞奔一千里"(因为"生命不停地自燃")——那么超群的神勇!我看见了那山丘上的"半棵树",被风暴雷电"从树尖到树根/齐楂楂劈掉了半边","半棵树仍然直直地挺立着","还是一整棵树那样高/还是一整棵那样伟岸"——这简直是惊天的奇伟!当我们读着他的《华南虎》《汗血马》《半棵树》《悼念一棵枫树》等等著名的诗文,总是那么感人肺腑,撼人心魄。老牛的不朽精神和高尚品格,熔铸在他创作的那一篇篇动人的诗歌里、散文里和他编辑的那一本本不朽的书稿里。作为一位著名的诗人、作家和编辑家,牛汉的杰出贡献是不朽的,他的精神和品质是不朽的。我还仿佛看到那被伐倒了的"最高大的枫树","看上去比它站立的时候/还要雄伟和美丽","它的生命内部/却贮蓄了这么多的芬芳"(因为这是"一个与大地相连的生命")——这个生命倒下了,仍然能不断给大地这么多的芬芳!

是的,令人崇敬而可爱的牛汉,永远让人难忘!

我在"鲁编室"

| 徐斯年

1979年10月，当我来人民文学出版社向鲁迅著作编辑室报到时，还背着一个"犯了政治错误"的"结论"。迎接我的有满腔热忱的包子衍，还有嘻嘻哈哈的朱正，交谈之后晓得，他们的"案情"竟然比我还要吓人。

当时的感想是："这个'鲁编室'，胆子不小，身手不凡！"

所谓胆子不小，指的是十一届三中全会召开虽然已近一年，地方上的政治气候却是"乍暖还寒"，借调我们这样的主儿，难免要冒一点儿风险；所谓身手不凡，指的是王仰晨、李文兵他们去办交涉，背后有中宣部的商调函为"靠山"，否则，至少我头上那个"铁盖儿"，是撬不动的。

现在看起来，"鲁编室"此举，恰恰是"两个'凡是'"气数已尽的消息之一。

不久，我们三人几乎同时收到了原单位寄来的平反通知。鄙原单位还要求本人回去，亲自见证销毁有关档案材料。我没有回去，只写了一封信，大意是：本人是否在场见证，无关紧要。紧要的是今后执行什么路线，否则，被销毁的档案是很容易"重建"的。

果然，事后得知，他们还真"留了一手"，无奈"路线"毕竟不同了，没有得逞。所以，我至今犹不相信"解放区的天"全是"明朗的天"。

而在"鲁编室",我们头顶的天是绝对明朗的。同仁之中,我原来认识的不过一两位;然而,无论社内的、借调的,还是各注释组临时前来参加定稿的,个个一见如故,相对以诚。人人都不考虑"名利"二字,都全心全意扑在工作上,同时也决不会受到一丝一毫的"干扰"。

借调我们担任责任编辑,是为了加快《鲁迅全集》注释工作的进度。当时,前五卷已经定稿或发排;我们到位后,定稿组乃由一个扩充为四个:三种《且介亭杂文》及《译文序跋集》为一组,《日记》《书信》为一组,《中国小说史略》《汉文学史纲要》为一组,三种《集外集》为一组。我作为《集外集拾遗补编》注释的执笔者之一和责编,先参加第四组,成员还有林辰先生、李文兵、陈琼芝、韩之友,以及作为原注释组代表的杨占声和邹恬;后来,我又作为《古籍序跋集》的责编,与林辰先生及第三组的周振甫先生、降云合成一个定稿组,原注释组的代表是陈翔耀。

工作要求极为严格、细致。作为责编,我们必须遵循这样的工作程序:首先,对"征求意见本"(即社内印行的、由原注释组定稿的"红皮本")进行加工,包括核对每一条注文的原始资料,决定注文取舍,统一格式体例,做文字加工,补写应注而未加注的条目。《集外集拾遗补编》和《古籍序跋集》是新编的,还要最终决定入编篇目和编辑体例,《补编》此类问题的决策,就是林默涵同志亲自前来听取汇报并且"拍板"的。责编的加工结果,形成打印稿。第二步,由定稿组对打印稿进行逐条、逐字、逐标点的讨论。这种讨论不仅十分认真,而且非常热闹,往往争得面红耳赤;涉及资料问题,责编或原注释组代表若拿不出第一手的确证,是很难"过关"的。第三步,责编根据定稿组讨论结果,修改、剪贴打印稿(包括补查资料,重写部分注文),形成定稿,送林默涵(前面几卷还曾送胡乔木)审阅。他的审读细致到了连标点问题都不放过的地步,批示也很具体。第四步,责编根据他的意见再做修订,由主任王仰晨(大家都亲切地叫他"王仰")签字发排。付型之前,王仰还要对每一卷的终校样逐字逐句做印前审读(后来似乎李文兵也分担过此项工作）。

我所承担的两种书稿，涉及敏感政治问题很少，但是文献、史料的查阅量十分浩瀚，常常需费大海捞针的功夫，既有上下求索的艰辛，也有椟中得珠的喜悦。关键在于必须下死功夫，不放过任何一个疑点，力求条条"资料见底"。

例如，《〈唐宋传奇集〉稗边小缀》述及《文苑英华》（所引《丽情集》）、《太平广记》、《京本大曲》三种文献与《五色线》所录《长恨传》的文字异同，1973 年版《全集》（卷十）原文如下：

> 《五色线》（下）引陈鸿《长恨传》云："贵妃赐浴华清池，清澜三尺中洗明玉，既出水，力微不胜罗绮。"今三本中均无第二三语。

这几句话，看来毫无问题。然而，核对原始文献，发现《英华》本明明有"清澜三尺中洗明玉"八个字，无此八字的只是《广记》《大曲》本；因此，鲁迅说的"三本"是不准确的，而且"清澜三尺"之后应有逗号（否则"二三语"之"三"字没有着落）。花了不少精力时间，落实在新版《全集》相应文本上，不过多了一个标点，加了半条注文。——我们的工作成果，有许多都是这样的：往往跑了上千里路，访了不少知情人，花了大量考证功夫，反映在注文里，无非增添一个纪年或一个地名而已，毫不起眼。

查访资料的过程中，公安系统常帮大忙，这在业外朋友听来，大概颇觉新鲜。例如，上海公安局存有解放前的部分户籍卡，不少人物资料的突破，即得力于此。黄萍荪的线索，我就是在该局获得的。从卡上还知道解放初他曾被卢湾分局逮捕，于是再向分局函调，竟然得到全部审讯记录的复印件，并且知道了他的下落。后来，黄先生自己也"露"了"面"：在《新文学史料》上发表过回忆文字。

更有"踏破铁鞋无觅处，得来全不费工夫"的惊喜。1979 年底，我回原单位办理调转手续。在饭桌上，一位名叫颜邦一的研究生说："老师，我向您提供一条和鲁迅有关的线索——颜黎民是我叔叔，他给鲁迅写信时并不是小孩子。"又说,详情须问他的父亲。我当即给这位父亲写了信,却无回音。回到社里,再以"鲁编室"名义发公函,请求有关单位协助调查。这次迅速得到答复,颜邦一的父亲写了满满几页信纸,所在单位党委还十分严肃地加盖公章,特地注明该同志政治历史清白,不是"造反派"云云。原来颜黎民是位革命烈士,生前曾被怀疑为"托派","文革"中此事又被牵扯出来,他的哥哥不能不心有余悸。这份材料我转给了《书信》《日记》组。

上述资料,都作为书稿档案留下了,想必还在。

朝内大街 166 号的建筑呈"口"字形,那时,二楼右面的一竖和上面的半横,都是人文社的招待所;三楼则分别为出版社的单身宿舍和"鲁编室"办公室。大天井里并不安静,上半年经常听到叮叮当当的修暖气管声,下半年则有拉煤、卸煤声。我对这些音响倒不厌烦,因为这是人文社"生存状态"的一部分。

管理招待所的女同志叫"小郝",报到之后,在她那里领钥匙、换饭票。房间里,硬板床上铺着灰色的被褥——就是八路军、新四军和解放初期干部服的那种灰色,令我见了倍感亲切。办公桌上放着信封一札,稿纸两本,信纸、便签、工作手册各一本,还有红、蓝墨水和圆珠笔、毛笔。这是"鲁编室"秘书赵琼大姐在每人入住之前必定预先摆好的,她是一位非常负责、极有条理的好管家。

借调人员一般两人住一小间;教授级的享受单间待遇,如秦牧(和夫人,还是双人间),陈涌,蒋锡金先生,郭豫适(他后来又和我合住了)。我到得较晚,所以合住者流动性较大,或有非"鲁编"客人,其中一位便是作家冯苓植,因此,冯骥才偶尔也来串门儿;天热,没电扇,大家都赤膊,他的一身白肉给我留下深刻印象。1980 年秋,我改住三楼办公室,另有一张空床,常供振甫先生或林辰先生睡午觉。他们如果不来,中饭后没地儿休息者都可利用,现还记得的有严家炎、袁良骏、冯夏雄等。

工作是昼夜兼程,节假日也常不休息的,然而大家又能偷闲,玩起来亦颇投入。曾经结帮前往东四看午夜场电影,连锡金、林辰先生都参加,散场回社,大门已锁,二老竟跟我们一起爬栏杆。又曾把酒持螯北戴河,然后跑到海滩上,锡金先生和应锦襄大姐高唱英文歌,中青年们则疯闹一气,活像顽皮的中学生⋯⋯

简朴的生活,圣洁的事业,紧张的工作,蓬勃的朝气——这就是我记忆中的"鲁编室"。

站在鲁迅著作出版的新起点上

| 黄乔生

我是人民文学出版社的忠实读者——十八卷本的《鲁迅全集》是我的案头必备。人民文学出版社走过七十年历程，已成为中国最权威的专业文学出版社，承接古典文学传统，坚持新文学方向，开启当代文学新生面，而承上启下的枢纽，是以鲁迅为代表的中国现代文学。

1951年3月，人民文学出版社成立之初，由诗人、批评家、鲁迅的弟子冯雪峰任社长兼总编辑，即与鲁迅结缘。1952年7月，上海鲁迅著作编刊社被并入人民文学出版社，组建成鲁迅著作编辑室，专门整理和注释鲁迅著作，开始筹划出版注释本《鲁迅全集》，更彰显了人民文学出版社弘扬以鲁迅为代表的新文学传统的宗旨。1958年，十卷本的《鲁迅全集》和十卷本的《鲁迅译文集》的出版，标志着鲁迅著作出版取得新成果。1981年，新编详注十六卷本《鲁迅全集》问世，是鲁迅著作出版的里程碑式成果。几十年来，这一版本及以其为基础形成的2005年修订版（十八卷），以较高的编校质量和详尽的注释获得了读者的青睐。如今，国人谈起鲁迅著作出版，最先想到的便是人民文学出版社的《鲁迅全集》。

借着祝贺出版社成立七十周年的机会，我不揣浅陋，就鲁迅著作出版谈一点儿感想。

我觉得,当下此时,我们正站在鲁迅著作出版的新起点上。2020年秋,在《鲁迅研究月刊》创办四十周年学术研讨会和人民文学出版社举办的一部鲁迅研究著作的首发式上,我都提出这样的想法:鲁迅研究面临再出发,但再出发的起点在哪里?我觉得必须先有完备准确的鲁迅著作文本和鲁迅生平资料文献,如《鲁迅手稿全集》的出版以及《鲁迅全集》和《鲁迅年谱》等的修订再版等,因为这些是鲁迅研究的基础。

鲁迅著作出版经历了一个漫长的艰难探索过程。

1938年版《鲁迅全集》参照的是鲁迅本人生前自拟的《三十年集》目录,并加以扩充形成。鲁迅曾手定两个"三十年集"目录,将自己一生的主要著述列出,并做了分类。除了小说、散文和杂文集外,还收入了《会稽郡故书杂集》《嵇康集》《古小说钩沉》《小说旧闻钞》《唐宋传奇集》等古籍辑校成果,充分体现出他对自己小说史研究成果的重视。1938年版《鲁迅全集》的编纂者充分尊重鲁迅的意愿,将这些编纂成果全部收入。总体上说,1938年全集的体例,呈现了鲁迅写作的特点,即以其自编文集为主体,并且这些编年文集以对不同时期社会状况的书写,历时地反映了他的生活和思想变化。此外,1938年的全集还有一个重要特点是译文占了一半篇幅,因此不能称为著作集,而应称为"著译"全集;再加上收录了《嵇康集》《唐宋传奇集》等编校成果,因此又可以称为"著译编"全集。1938年版全集编辑委员会在编纂说明中对收录范围做了更大设想,也为更全的全集出版预留了空间:"此外还有日记、书简、六朝造像目录、六朝墓志目录、汉碑帖、汉画像等,因影印工程浩大,一时不易问世。"按这个计划,鲁迅全集应该是"著译编校藏"的大全集。但事实上,译文、日记和书信,不能算创作,因此可以另编译文集、书信集、日记等。至于校勘古籍如《嵇康集》,可以署名"嵇康著、鲁迅笺注",因为这本是嵇康的著作。

1958年出版的十卷本《鲁迅全集》有意向鲁迅的本意回归,声明"专收鲁迅的创作、评论、文学史著作",并将译文和古籍辑校文字另行编辑出版,即十卷本《鲁迅译文集》(人民文学出版社1958年12月)和四卷本《鲁迅辑录古籍丛编》（人民文学出版社 1999 年 7 月），将鲁迅的著、译、校勘出版进行了严格科学的划界分区。十卷本的全集虽然排除了鲁迅日记，但却收录了部分书信。书信随手写来，非有意为文，虽然有些书信写得比文章还好，但终究不能算创作，收入文集，并不妥当。而且鲁迅寄出的信函散落在收信人手中，无论怎样努力，也难以收全，并且有些信札仅见于报刊转载，已无原件可供核对，可信度不免有所降低。但如果书信这一部分不能收全，又怎么能称作《鲁迅全集》呢？1958 年版的全集确立了收入书信的体例，为后来的鲁迅全集版本和其他作家的文集编纂提供了范例。妥当与否，尚难定论。

1981 年的十六卷本及在其基础上修订而成的 2005 年十八卷本《鲁迅全集》，既非鲁迅"文集"或"著译集"，也非鲁迅全部文字的总集。2005 年版全集收创作（含杂文）九卷，学术专著一卷，书信四卷，日记三卷，另有附集（含鲁迅著译年表、全集篇目索引、全集注释索引）一卷。这一版全集堪称"原创作品"集，因为那时中国文化界已不将作家的翻译作品视为创作。2005 年版全集有一个不足之处，即删去了 1981 年版第八卷的《生理实验术要略》。编者在出版说明中给出的解释是，将来要把这部著作与鲁迅其他科学著述如《中国矿产志》《地质学残稿》等，一同编入《鲁迅自然科学论著》。此举不免让本来统一的体例有所混乱，因为这几部鲁迅早期著作分明是原创作品，不能因为非文学著作就区别对待。2005 年版全集除收入新发现的佚文，增加了注释外，还将鲁迅和许广平《两地书》原信中鲁迅的书信收入，将公开发表的《两地书》和不欲示人的私信一同呈现，这样的收录使原信和修改过的书信形成对比，从一个侧面证明书信本不是创作。

如 2005 年版全集出版说明所言，人民文学出版社后来陆续出版了《鲁迅辑校古籍丛编》四卷、《鲁迅自然科学论著》一卷，但另一项拟出的《鲁迅译文集》十卷迄今尚未问世。

"全"字意思固然好，"十全十美"，让人喜欢，但中国传统文化中也有"满招损"的担忧，所以又以"九"为大。鲁迅本人也是批评过"全"

字的,例如嘲笑过某个城市的"十景病",讽刺过中医的"十全大补丸"。他自编文集时,并不是什么都收,而是有所取舍。比如,无论如何,他不会把日记当作创作收入文集——除了当作散文写的《马上日记》和《马上支日记》。另外,他一直觉得译文很重要,竭力为翻译辩护,竟至于说好的翻译胜过粗制滥造的创作。但他自己拟定《三十年集》目录时,却并不收入译文,体现出严谨的态度。

然而,在鲁迅著作出版史上,一直有一个奇怪的现象,不同时代的编者明知道不可能收全,却仍然非要弄出个"全集"的名目来,甚至标榜"大鲁迅全集"或"鲁迅大全集"。有人说,"全集"概念来自日本,恐怕不确,"全集"思维应该是中国"古已有之"的国粹,例如《后村先生大全集》。不过,把全集这个名目安在鲁迅著作上,却真是日本出版界做了先导。鲁迅刚刚去世,日本改造社负责人就将原拟出版的《鲁迅杂感选集》扩大成七卷本的《大鲁迅全集》,于1937年2月出版,比中国的《鲁迅全集》还早了一年。

抗战军兴,上海成了孤岛,中国文化界同仇敌忾,在艰苦的条件下奋力完成《鲁迅全集》的出版,有与日本同行较量的意思。没想到当时仓促定下的名目,为后来的鲁迅著作出版定了基调。

为作家编集,应该是编文集,而不是文字全集,凡作家写的字,照单全收。中国古代作家著作编纂虽然有"大全集"的名目,但实际上很少见,一般都称"文集"或"诗集",如果兼有诗文辞赋乃至奏章,就干脆叫"集",如《苏东坡集》《陆宣公集》。"全"字的使用以至滥用,使后来的编纂者被动,因为为了成就"全",就须修订增补,却又总难齐备,反而催生了一门"考佚学"(或曰"不全学")。1938年的《鲁迅全集》收入译文、古籍校勘,甚至还计划收录美术收藏——后一项并没有实现,此后也确有人尝试,出版了《鲁迅大全集》。看来,鲁迅著作编辑出版是难以摆脱"全"字的符咒了。

从《地底旅行》和《月界旅行》开始,鲁迅著作出版史已有一百多年,《鲁迅全集》也有了八十多年的历史。人民文学出版社有七十年鲁迅著作出版的经验,是财富,也是压力,当然更是动力。既然全集思维已经形成,难以改变,我们不妨做一些积极的探索。近一二十年来,坊间出现了几种不同体例的鲁迅著作,如 2009 年人民出版社的《鲁迅著译编年全集》和 2020 年出版的《鲁迅著作分类全编》等。编年体的好处是有助于读者把握作者的思想进展和文风变化,但体例上也有难以操作之处,如把日记拆散在每一天,显得割裂,将原本日复一日、紧密连接的记录弄得不成系统;而在分类编辑鲁迅作品时,也会遇到棘手的问题,有些文章是不容易分类的,特别是日记和书信。日记本非文章,难以论定其文体;至于书信,确实有"书信体小说"的名目,但那是文学作品,而鲁迅所写的大多是日常交流的信札,并非创作——除了《答杨村人公开信的公开信》或《不是信》等。

总之,尽管鲁迅著作出版取得了很大的成就,但在理论和实践方面还有不少值得探讨的问题。那么,如何在以往经验基础上找到鲁迅著作出版的新起点?我建议做这样一些工作:

一、《鲁迅全集》文本校勘。近年来,北京鲁迅博物馆、国家图书馆等单位联合整理编辑鲁迅手稿,即将于 2021 年出版迄今为止最全的《鲁迅手稿全集》(又一个"全"!指现在所能收集到的手稿而言)。我们可以借手稿全集出版的东风,对鲁迅著作文本进行一次全面细致的校勘,并根据各篇最初发表的报刊、初次收入的文集和文集的修订本进行汇校,纠正误植、脱漏与印错的文字、标点。实际上,2005 年以来,发表在《鲁迅研究月刊》《中国现代文学研究丛刊》《上海鲁迅研究》等刊物上的此类研究成果已经不少。

二、《鲁迅全集》注释修订。全集注释存在的问题还有不少。随着社会发展和国际形势的变化,很多人物和事件需要做客观、公正的评价。一些带"左"的时代印记、简单化的政治结论和主观化的词语需要修改,注释内容应该尽力做到客观、科学、妥帖。2005 年《鲁迅全集》修订版出版以来,鲁迅研究领域取得的很多成果应该加以汲取。人民文学出版社编辑出版鲁迅全集时,学术界和出版界对要不要注释鲁迅著作,曾有过争论,从后来注释本的效果看,为鲁迅的文本做注释是必要的也是有益的。鲁迅的科学论著编入全集后,也应该做注,虽然篇幅不多,但因为涉及学科多,知识面广,需要下一番功夫。《鲁迅译文集》虽然没有编入《鲁迅全集》,但却是鲁迅文学成就的重要部分,应该与《鲁迅全集》享受同等待遇。译文要不要注释,学术界和出版界可能也会有不同意见。我倾向于做注,因为鲁迅的译文是中外文化交汇融合的产物,是文言白话转换时代的见证,是中国语文发展史上的经典性文献。

三、在以上两项工作的基础上,把鲁迅著作出版当作一个系统和整体对待。现行十八卷《鲁迅全集》与1938年抗日战争烽火中的全集设想和七十年前冯雪峰社长的出版计划还有很大的差距。真正的鲁迅"全"集,不但有著作和译文,还应该包括《鲁迅辑校古籍丛编》,以及从鲁迅收藏和校勘金石手稿中整理出来的目录和校勘文字,几个部分统一排版格式和装帧风格,组成一个整体。至于鲁迅收藏和编印的版画,已经由其他出版社印行,可不必重复出版,但时机成熟,也不妨整合在同一系统中。

在此基础上,相关书籍如《鲁迅生平资料汇编》《鲁迅年谱》(鲁迅博物馆编,人民文学出版社2000年修订版)及《鲁迅大辞典》等也就有了修订和重版的可能。至于鲁迅传记和鲁迅研究专著的写作,当然也就有了更大的开拓空间。

《新文学史料》：一份值得留存的刊物

| 阎晶明

《新文学史料》是一份与中国改革开放同步伐的学术刊物。更重要的是，它的办刊宗旨与改革开放以来的时代新风紧密相连，它以自己的方式内在地体现着解放思想、实事求是的精神。回顾它的诞生和发展历程，我们可以说，正是改革开放让这样一份学术性文学刊物，以它自己的方式体现了新时期中国文学的新追求。1978 年 12 月创办开始，刊物就追求对"五四"新文化运动重新进行客观公正的、学术的、专业的追忆和总结，今天来看，意义特殊。

在众多的文学期刊和学术刊物中，《新文学史料》具有独特的地位，发挥着不可替代的作用。"五四"新文学，是"五四"新文化运动最重要的组成部分。1918 年，鲁迅的《狂人日记》发中国新文学的先声，也成为"五四"新文化运动的黎明信号，从那以后，无论是"五四"运动的风起云涌，还是接下来的潮起潮落，无论是民族救亡图存的奋起，还是全民抗日的同仇敌忾，中国新文学的每一次浪潮，注定和国家民族、和人民大众有着直接而深刻的联系。所有的文学思想、创作追求，所有的作家创作历程和文学观念，都成为这部宏大历史中不可剥离的一部分。对他们的总结、定位，对他们功过是非的评价、分析，变成了一部复杂的历史。这些历史既需要从大局观上进行评说，也需要提供可资信任的史料作为佐证，而且史料本身就是观点，就是态度。在此意义上，《新文学史料》在当代文坛存在的不可替代性不断彰显。它的目标，我理解，很重要的一条，正是为"五四"以来的新文学做还原历史、正本清源的工作。同时它也以百家争鸣的态度为各家提供言说的空间。经过四十年的努力，《新文学史料》为我们建立起一个丰富饱满、姿态万千的中国新文学图谱，为我们从文学史教材之外获得了大量新鲜生动的史实，也为我们廓清了许多文学史实上的迷雾。

《新文学史料》坚持端正的学风、良好的文风，这同样难能可贵。毋庸讳言，长期以来，包括在文学理论研究界，我们的学术论文写作中，存在着理论空转，缺乏作家作品依据，缺少对研究对象进行深入解剖的学风和文风。重复的观点，重复的引用，格式化的文体，随着职称评定要求等等，有愈演愈烈之势。在此情形中，《新文学史料》构成了一道独特风景。它不求文风的花哨，却要求史料的扎实，它不摆理论的架子，却要求下笔有根有据，无论是否有大胆的假设在先，它更强调每论都要小心求证。比起单调重复的学术腔，这里随时可以读到让人心喜的资料，获知未曾听闻的逸事，帮助我们理清一段纠缠交错的人与事的林林总总，补充未曾得到过的史料细节，打开更加宽广的学术视野。四十年的《新文学史料》毫无疑问是一部沉甸甸的厚重之书，是一部鲜活的中国新文学史巨著。

我本人从上世纪80年初中期开始学习中国现代文学史，《新文学史料》时常会成为参考书，随着认知一点点儿深入，还一度成为刊物的订户。大约在十年前吧，我从《新文学史料》上读到一篇文章，是记述我的研究生导师、陕西师范大学的教授黎风先生的长文。这让我很受感动，更觉得《新文学史料》是一份值得亲近的刊物。最近几年，我在关注中国当代文学的同时，又有一种回到鲁迅和现代文学研究的冲动，并重新订阅了《新文学史料》，我相信，今后它仍然会是我常读常新的手边读物。

老舍作品出版的历史印记

舒　济

　　老舍先生1949年12月回到阔别近二十年的故乡——北京，开始了他在中华人民共和国成立后的后半生岁月。这时他已年过半百，很艰难地刚从共和国的敌对国美国回来，对新政权下的生活尚不熟悉，可是，见到那么多文艺界的老朋友相聚在北京，老的与新相识的朋友热情欢迎他的归国，使他倍感温暖、亲切。在回来不长的时间内，亲眼看见的北京的新气象，使他很快投身于建设新中国的激流中。他从新旧社会的对比中，从他前半生漂泊艰辛的经历中，他极珍视目前获得的和平建设的安定环境，为了中华民族新生、昌盛，以狂喜的心情，主人翁的姿态全身心地投入到创作新作品与社会工作中。他创作了大量的各式各样的文学作品，就像开了闸门的水，源源不断地倾泻出来，一直流向突然截断他生命的尽头。

　　中华人民共和国成立后建成的国家级文学出版机构——人民文学出版社，在1952年至1964年这短短的十二年间，出版了老舍先生新旧文学作品十七部。其中新创作的作品如《龙须沟》《西望长安》《茶馆》《全家福》《老舍剧作选》，文学语言论文集《出口成章》等；抗战前写的旧作品有《骆驼祥子》《老舍短篇小说选》《离婚》。可以说，人民文学出版社在展示新中国文学成就的出版物中，也将老舍先生有代表性的、重要的文学作品发行到国内外广大读者面前。日本、苏联、东欧的众多国家根据这些版本,在他们国家翻译出版了《龙须沟》《骆驼祥子》《月牙儿》等作品,起到了中外文化交流的积极作用。

老舍先生对人民文学出版社是信赖的,合作是融洽的。话剧《龙须沟》早在 1951 年 1 月已由北京大众书店出版了单行本。当年 6 月在北京人民艺术剧院执导此剧的导演焦菊隐先生出版了《龙须沟》的演出本。剧本与演出本之间在个别地方有所不同。如在小茶馆群众避雨的一场戏中,老舍先生写成台词不多的过场戏,而焦先生则处理为一场有情节的戏。这一年的年底,北京市政府给老舍先生颁发了"人民艺术家"的奖状,奖励他创作《龙须沟》的成功。此时全国许多地方剧团,纷纷将此剧移植到本地的剧种上演。老舍先生为了各地上演此剧急需剧本,他将剧本略加修改后交给了上海赵家璧先生的晨光出版公司,于 1952 年 2 月出版了修订本第一版。最后,老舍先生根据多次上演的情况,再次修改剧本,1953 年 6 月由人民文学出版社出版了最终的定本。类似的情况还有,像剧本《方珍珠》《茶馆》《神拳》这些重要的剧作,也是先在别的出版社出版了,最后由人民文学出版社出版定本。老舍先生以极高的热情去创作反映现时社会的剧本,公认是位"高产"作家。自 1950 年始,在短短的十五年间,在北京的舞台上,上演过老舍先生新创作的话剧、京剧、曲剧、儿童剧十五部。他对待自己的作品,是极其严肃的。无论是在剧本创作过程中,还是在排演中,老舍先生听取导演、演员各方面的意见后,都会认真地修改剧本。可是不经他的同意,他绝不允许随意更改他的作品,甚至一句话、一个字词。他的重要作品,交由人民文学出版社严肃、认真地去"垄断"出版,他是放心的。

在中华人民共和国成立后,能不能以及怎样出版"老"作家们过去的作品,这是关系到评价他们的文学成就与地位的大问题,更是关系到政治地位的大问题,不仅作家本人关心、惦念着,也是众多教师、学者及广大读者关注的问题。1951 年 8 月开明书店出版了一套为数不多的"老"作家"新文学选集"。这是在当时的文化部艺术局编审处主持下选编的。《老舍选集》是其中的一本。书中收入反省的"自序"、四篇中短篇小说及经过删节砍掉尾巴的《骆驼祥子》。从这套书起,开了老作家的旧作品要经过删改才能重新出版的先例。此后,由人民文学出版社的领导、编辑慎重选择,经老舍先生修改、校订,在"文革"前一共出版了四本小说。1955 年 1 月出版了删去悲惨结局的《骆驼祥子》。作者在后记中惭愧地说,他没有给劳动人民找到出路,"只看见了当时社会的黑暗一面,而没有看到革命的光明,不认识革命的真理。"1956 年 10 月出版了自选的十三篇中短篇小说《老舍短篇小说选》。在后记中写道:"除了不太干净的地方略事删改,字句大致上未加增减,以保持原来的风格。""用今天的眼光来看,这些作品实在有些过景了。那么,就请读者以古董看待它们吧。"1959 年从"小说选"中抽出七篇,出版了更薄的一本小说集《月牙儿》。1963 年 7 月出版了作者本人最满意的,也是经过略加删改的小说《离婚》。这些重新经过删改出版的十三篇中短篇小说和两部长篇小说,总字数不超过五十万字,约占 30、40 年代写的三百万字的小说、十几部戏剧、大量诗歌、散文、文论等作品总量的十分之一。50、60 年代文学理论家们与文学史的教授们根据作家过去所写的作品与本人是否参加革命进行政治的、阶级的定性,并写入文科教材。他们将老舍先生排在小资产阶级的、革命的民主主义的作家队伍中,与巴金、曹禺同类,三人成为这类作家的代表性人物。他们按"敌我友"区分,这类作家非敌非我,是朋友,是被教育、改造、争取的对象,进而按人民内部矛盾的"左中右"排队,非左非右,是为中。这样的待遇与名分与这一代老作家内心强烈的爱国心、使命感、创作欲望及激情,形成了明显的反差。由下面发生的一件事中,我们可以看到对老舍先生所产生的影响。

楼适夷先生是当时人民文学出版社的副社长,1978 年他在《忆老舍》的文章中写道:"在有求必应中,出版社求不到他的事只有一件,1957 年后出版社组织重要作家的多卷文集,计划中列入了先生的名字,经过长时间多次的要求,他就是不肯允诺:'我那些旧东西,连我自己都不想看,还叫别人看什么呢。出了一部《骆驼祥子》就算了吧,我还是今后多写一些新的。'"出版社"五四文学"编辑室的方殷先生,是老舍在抗战时期的老朋友,他负责老舍多卷本文集的编辑工作。从1958年直到"文革"前,他恪守职责,每个月,最勤时每周必到老舍先生家中,并把出版社资料室存的老舍先生在20至40年代出版的小说、戏剧等单行本全拿到老舍先生手边,不厌其烦地动员、劝说、督促他去校看过去的作品。在方殷先生锲而不舍的顽强督战下,在那二十多本旧书中,只有封面灰暗的商务版《老张的哲学》《赵子曰》和晨光版的《二马》《四世同堂·惶惑》这四本书上,有老舍先生用红笔更改的字迹。有的书只有几页有改的红字,有的书最多改到二十几页;而更改的地方多为个别字词,或有点儿删节。有的页保留原貌,没有丝毫改动。老舍先生以他独立不倚的"顽固"态度,至死也不去完成这件工作,不出版需花大力修改的"文集"。方殷先生后来对舒济说:"在鲁、郭、茅、巴等很多人都出了'文集'后,我磨了你父亲这么多年,没有任何结果,他把时间全用来写新作品了!"

1978年出版社韦君宜等领导,在看望老舍夫人胡絜青与子女时,把马上着手编辑出版《老舍文集》的决定提了出来,让家属同意,并给以支持。在这项繁重的工作中,最令出版社与家人为难的是家中的书稿、包括出版社在"文革"前借到家中的各种版本,均已抄走,尚无下落。家里与出版社都不能提供发稿用的书与稿。此时老舍夫人已七十多岁,连方殷先生也已退休。在这特殊的年代,社里决定调老舍的长女舒济到出版社工作,专职编辑出版《老舍文集》。舒济记得曾去北京图书馆查找版本,因老舍先生被列入被打倒的行列中,他的著作卡片被抽掉,书被封存,看不到也借不到一本书。到中国社会科学院文学研究所去请教专家,遗憾找不到一位学者是专门研究老舍的,也打听不到国内有谁系统地研究过。既找不到详细传记,更没有年谱一类的资料。听说捷克有位学者在60年代初写了研究老舍小说的专著,并附著作目录,可惜远水解不了近渴。无奈中,家里商量出了个办法,马上到京津沪三地旧书店购书。幸亏动手早,在朋友们的帮忙下,购到了一批过去出版的小说、戏剧等老版本。与此同时,全家老少齐出动,用了几个月到图书馆、资料室翻阅 30、40 年代的文学期刊,发现一篇抄录一篇,像大海里捞针似的搜集作品,摸清底数,以便制订"文集"的编辑出版计划。

1980 年"文集"第一卷问世。那时的出版周期长,一般三四十万字的书稿要一年多时间。编辑室计划每年最多只能发"文集"的两卷书稿,到 1985 年时才出版到第八卷。幸好这八卷均是从老版本经过校勘发稿的,在校看下一卷与看上一卷三遍校样外,还有些时间去搜集、整理老舍先生生前散失的、从未辑集的小说、曲艺、诗歌、散文、文论等大量作品,为后面几卷"文集"的编辑工作做准备。1991 年出版完了十六卷本的《老舍文集》。正因为出版的是"文集",在编辑过程中,对搜集到的作品,进行了选择。当然那时仍有不少作品还没有找到。这套"文集"将老舍先生六百万字的作品,即他的大部分、重要的、有代表性的作品均收了进去。"文集"对全面了解、认识老舍先生提供了较为系统的材料,弥补了老舍著作出版中的一项空白。

编辑出版"文集"是顺利的,仅在对待寓言体小说《猫城记》上有过曲折。1979 年在制订编辑出版计划时,认为此小说有讽刺共产党的"反共"嫌疑,是部有争议的作品。强调要尊重老舍先生生前曾表示过今后不再出版的意愿,因此在出版计划中未列入这部书。到了 1983 年,随着人们从极"左"思潮的束缚中逐渐解放,思想学术界逐渐活跃,有人开始重新评价《猫城记》。编辑室领导提出还是要在"文集"中收入此书。按《猫城记》的初版时间,应收在"文集"的第二卷内,而此时只能编入第七卷,排在了全部长篇小说的末尾了。这块"文集"里的"硬伤",成了社会变迁、思想解放的烙印。

这十六卷本的"文集"是经历了十二年才逐渐出完的,且每卷的印数均不同,从第一卷印七千册到第十六卷只印了一千一百册,许多读者买了这卷,缺那卷,意见很大。社里决定赶快校订,于 1993 年印了五千套,一次推出。1995 年又经过校正,又发行了五千套,缓解了市场上对"文集"的需求。

　　1997 年夏,社领导决定要在 1999 年 2 月老舍先生一百周年诞辰时出版"全集"。时间虽紧,工作虽重,而首要问题是明确编辑书稿的指导思想。像反映"三面红旗""大跃进"的作品,是否应与"中央文件"保持一致,将这类作品进行"抽、删、改"? 是否像已出版的作家"全集"那样做必要的技术处理? 此时已到了 20 世纪末,随着社会日新月异的变化发展,人们从更远的距离去回顾历史,对有些问题就能看得更清楚、更明白些,心绪也更加沉静了。老舍先生家人及全体编辑室同仁,一致认为应尊重历史,尊重作者,尽一切可能收全;按初版本或首次发表不做任何改动。本着此原则,用了一年多的时间,按文体编年,将全部书稿发完。在现代文学编辑室全体人员的共同努力下,按时出版了十九卷本九百多万字的《老舍全集》。第二年这套书荣获了第四届国家图书奖荣誉奖。中国 20 世纪后五十年的历史曲折,反映在老舍先生著作出版上的印记是明显的。在他去世三十五周年的今天,人类跨入了一个新纪元,社会发展更趋文明、合理;他的作品《骆驼祥子》《茶馆》等,或被选为 20 世纪的文学经典,或被列入中学生课外必读的文学名著,纳入国家教学知识体系,被人民文学出版社大量印行着,继续影响着当今的读者。老舍先生去世前不会料到有今天这样的结果,可是这也正是他毕生所追求的、为此而献身的。

老杜家的那场小酒

│ 卜　键

记得那是在 1985 年岁杪,而老杜,即当时的人民文学出版社古典编辑室主任杜维沫。维沫先生儒雅温煦,50 年代初从南开大学中文系毕业,从哪方面说都是前辈,可大家习惯于这么称呼,室内青年编辑也这么喊,也就跟着没大没小起来,而老杜不以为忤。

其时我刚刚硕士毕业,在中央戏剧学院文学系教书,初出茅庐,与维沫先生并不认识,得以参加聚会,乃因吴敢兄的介绍;或也不一定事先提到,相随着就上了门。已忘了他们住的是三居室还是两居室,当日堪称高档,厅甚小,放了一张圆桌,主客兴致都很高,密匝匝围了一圈,想起立走动就不太容易了。记得在座有刘辉、吴敢、张国星、张远芬,及巨涛等人,三杯下肚,气氛更为热烈。女主人王丽娜老师是北京图书馆咨询部的研究人员(后为研究馆员),先是为大家不断上菜,后来才解下围裙,挤坐在老杜一侧。

我与吴敢兄正是在北图认识的。由于常去善本室读书,与管理人员渐渐熟悉,一位郑培珍大姐是连云港人,留意到我的研究生证上籍贯徐州,便说起她的母亲是徐州人,后来对我关照有加:北图当时没有读者餐厅,周边饭馆距离相当远,她便给我些内部饭票,可到食堂打饭;而午间休息,也让我留在阅览室,困了还可以把凳子拼起来躺一躺。1983

年的一天，她告诉我来了个徐州师院的研究生，就这样与吴敢兄相识了，得知他住处僻远，便诚邀住到中戏研究生宿舍，室友郭涤乃北京人氏，平日在家居住，正好有空床位。中戏位于宽街附近的东棉花胡同，距在北海的北图、国子监的首图、王府井大街的科图都很近。白天我俩各看各书，晚上在宿舍用电炉煮一锅白菜豆腐，喝点儿二锅头，由此结下深厚情谊。吴敢兄"文革"前考入浙江大学建筑系读书，治学极具条理性，对我产生过很好的影响。

在老杜家第一次见到刘辉先生，也见识了他的豪爽，大嗓门，略带几分港台流行歌星的沙哑，不时也带几星飞沫，反客为主，讲得那叫一个神采飞扬，维沫先生和其他人偶尔插上几句，主要是倾听。那年 5 月，人文社推出了戴鸿森整理校点的《金瓶梅词话》，乃老杜与编辑室同仁集数年之力的结果，虽属删节本，仍带给学界很大的便利；6 月，在徐州召开首届《金瓶梅》学术研讨会，策划人就是吴敢兄——他毕业后至徐州文化局工作，不到两年即升任副局长，策划了一系列学术活动。我的硕士论文题目为《李开先及其〈宝剑记〉的再认识》，搜集史料时曾留意李氏与《金瓶梅》的关联，冯其庸先生主持答辩时提示应深入挖掘，吴晓铃、吴组缃等先生也曾予以鼓励，毕业后教书之余，一直在继续这方面的研究。吴敢一行与刘辉先是往东北参加一个学术会议，其间说到我的论文，刘辉在返京后便急吼吼要找我，一见面就是一连串问题——我们总会怀念上世纪 80 年代的学术氛围，原因就在那份急切专注，不立门户，不矜崖岸；而今的学术界早被分成一个个圈子，大门小户，团团伙伙，花花轿子人抬人，想找几个知己，争论个面红耳赤，已不太可能了。

《金瓶梅》是那次聚会的主话题，推杯换盏之间，竟也大致商定了几件事情：一是明年在徐州举办第二届金学研讨会，邀请海外学者参加；二是与会议同时面向高校青年教师，搞一期《金瓶梅》讲习班，席间纷纷提名授课者，记得有徐朔方、宁宗一、王汝梅等先生；三是由徐朔方、刘辉主编一本论文集，尽量收录近年来的研究成果，我也被指定要写一篇，由人民文学出版社推出。那是一场文人雅集，也算是一顿工作餐,三件事在后来都得到落实:徐州的学术会议大获成功,人文社的《金瓶梅研究论集》在学界颇有影响,附带的讲习班也为很多人津津乐道。若说老杜家的这场酒起到了重要的催生作用,应是并不过分。

至于说它是一场小酒,在于其家宴性质和亲切氛围,实际是一场大酒、醉酒,在我还清醒时已发现刘辉有些语无伦次,不一会儿自己也醉了。不记得是啥时结束的,不记得怎样与主人告别,怎样回到在陶然亭附近的家……后来又见过老杜多次,在北图请丽娜老师帮忙查过资料,还有一次在台湾一个会上意外相逢;后来与古编室的刘文忠、林东海、弥松颐等前辈渐渐相熟,与同辈的管士光、刘国辉、周绚隆等成为文友,也与聂震宁、潘凯雄及现任社长臧永清各有交谊;后来与白维国兄合作的《金瓶梅词话》校注本在人文社刊行,国辉、绚隆与古编室各位付出很多,又在朝内大街一带有过多次欢聚,皆不似在老杜家那样酣畅忘情。

"最是人间留不住,朱颜辞镜花辞树。"王国维《蝶恋花·阅尽天涯离别苦》中的诗句,我曾不止一次引用过,以慨叹人生匆迫、知交零落。维沫先生已羽化而登仙,与宴诸友如刘辉、巨涛先后病逝,其庸先生、维国兄也在三年前故去,一次次令人悲痛哀伤。而学术事业仍在继续,他们曾倡导推挽的金学研究仍在前行,那个把酒论学的暮秋之夜,似已沉淀至记忆深处,一经触发,也活泼泼地来在眼前,温情络绎。

致敬人民文学出版社!成立七十年来,该社作为新中国的出版重镇,或也可称为作家和学者的摇篮,编发印行了许多好书,自产也培育提携了不少学者,业绩斐然。而我记下这个小小场景,是想做一点儿补白,是对编与著之间纯素交往的怀念,那也是人文社的一个传统!不久前小葛主任打电话来,说去通州看望了维国兄的遗孀赵大姐,我很欣慰,在一些出版人满脑子经济账的今天,不管单位抑或个人,有情有义,都显得尤为可贵。

附记:经吴敢兄检阅日记,杜维沫先生的那次家宴在 1985 年 10 月 20 日,一个星期日。

一个好出版社，一定有一批好编辑

| 么书仪

1981 年秋天，我从中国社会科学院研究生院文学系毕业之后，进入中国社会科学院文学研究所古代室工作，我的专业研究方向是"元杂剧"。

在发表研究元杂剧的论文十年之后的 1991 年（或者是 1992 年），我收到人民文学出版社古编室的稿约，说是他们要做一个"中国古代文体丛书"系列，其中包括：散文、诗、赋、骈文、词、小说、戏曲七种，约我做"戏曲分册"，责编是管士光。

当时，在一般人的心里，人民文学出版社是新中国成立以后成立的高档出版社：1951 年 3 月成立于北京，是国家级专业文学出版机构。该社以出版高档高品位文化图书为主，兼顾通俗性读物。已出版图书八千多种，发行近七亿册。其中翻译出版了八十多个国家和地区的重要作家的作品三千余种。该社着力组织出版当代文学作品，中国当代作家的代表作大多由该社出版，也是最好的出版社。

能够收到他们的稿约，应当是可以证明：你在某个方面的研究，已经得到学术界和出版界的承认，特别是能够得到顶尖的出版社的承认，我心里很高兴，也觉得很幸运。

不过，从文体的层面谈戏曲，对于我不能不说是一个新的难题，因为戏曲与传统文学如诗、词、文、赋都不一样,它并非是单纯供阅读的文本,它与接受者的关系,更重要的是在舞台上,它的实现还包含着更加复杂、丰富的艺术形式上的因素,诸如唱、念、做、打的表演,以及舞台布景、音乐伴奏、灯光等等。可是,这本书是"中国古代文体丛书"中的一本,所以,舞台表演之类的种种因素,就应该不在考虑之内,而主要是应该说清楚:戏曲作为中国古代文学诸种文体样式中重要的一种的发展过程及其特质,而把舞台表演对于"戏曲文体"的确立和演变的重要影响,作为制约和推动戏曲文体发展变化的重要条件来看待。事实上,在戏曲演变发展的过程中,文体本身的变化,总是和艺术表演参错杂处、不可分割:有时文体的变化与表演互为因果;有时表演的本身又限制了文体的发展趋势。因此,我们在谈到戏曲文体变化时,也很难完全回避戏曲表演艺术。

由于这种复杂的情况,加大了这本十二万字的小书的写作难度,我花费了一年多的时间,查看资料、整合认识、与责编协调……

这本书 1993 年交稿,1994 年 7 月出版,其中有责编管士光的许多不为人知的劳动,我非常感谢他。他比我小很多,我叫他"小管"。

这本书在二十三年后的 2017 年年初,北京出版社的编辑王远哲来我家,说是北京出版社希望把这本书纳入"大家小书"系列,北京大学艺术系的陈均先生推荐,说是可以当教材用,如果我愿意,就可以再看一遍,把电子稿交给他。

1993 年那会儿,大家还都是手写稿件。当初,我是提着一大摞稿纸去人民文学出版社交稿的,交稿之后,我手里就没有底稿了。没想到二十多年之后,还有出版社留意到这本书,那就只好自己边录入边修改了。过了两天,我忽然想:如果出版社还有排印稿存留至今,那我就只要在电子稿上校正、修改就可以了,工作量就可以大大减少。

心存着万一的希望,我打电话找到了已经二十多年没有联系的、后来是社长的管士光,问他这本书还有没有电子稿存留,非常幸运的是,他告诉我"还有",他会让管理这件事的人员把电子稿转换成 word 文档寄给我。听了他的话，我喜出望外地想：大出版社的作风就是不一样！

由于当初小管的细致和耐心，这本书的错误和改动都很少，我很快就把书稿交给了北京出版社。我担心地问："这本书当初可是印了两万册，重印了有人买吗？"北京出版社的副总编辑高立志说："两万册二十年也应该卖得差不多了，读者是一茬一茬的，好书总是不过时。"

2017年10月，易名为《中国戏曲》的"大家小书"就出版了。我很高兴的是：这本书二十多年之后还有再版的机会和价值。

1998年到2004年的六年间，我的《晚清戏曲的变革》完稿，这个科研处定下的"所重点项目"，给了我项目费四万元，我全部用来复印尚未再版的书还不够。从元杂剧跳到晚清戏曲，对于我来说，又是一个全新的范围。六年间的搜集材料、确定写作范围、寻找进入题目范围的通道、众多内容的取舍、题目的更改……都让我费尽心力。

2004年8月，我觉得差不多了，就联系了中华书局，中华书局的编辑说："可以考虑，你把电子稿寄过来，我们先看看再决定吧。"其实，中华书局的徐俊和顾青都曾经在文学所的古代室待过一段时间（当时，中华书局正处于非常时期），我们也曾经是同事，几年之后，中华书局整顿之后，他们俩就回去了，一个任社长，一个任总编辑。我此次没有直接找他们俩，是因为我不愿意"走后门"，我希望这本书通过正常的渠道被认识、被出版。

我很高兴地和我的朋友吕薇芬说了这件事，她是最了解这六年我的艰辛的人。她问我："有稿费吗？"我说："如果他们接受了，就应该有稿费吧？"她对我说："学术著作不赚钱，不但有可能没有稿费，不向你要'出版补贴'就不错了，你得问问。"我急忙打电话给中华书局，问他们有没有稿费，他们果然说："学术著作印数少，没有稿费。"还好，我还没有寄出电子稿，就辞了中华书局。

我开始考虑人民文学出版社，电话中他们也说"可以考虑"。这次，我有了经验，直接就问："如果你们通过了，学术著作有没有稿费？"对方说："我们如果通过了，就会有稿费。"我就很放心地寄出了打印好的书稿,之后,我觉得就应该是漫长的等待了。

一个多月之后,人民文学出版社古编室主任周绚隆给我来电话,让我去一趟。周绚隆以前我见过,是在文学所周二上班的时候,在中国社会科学院文学所七楼楼道里。邓绍基先生告诉过我,周绚隆是山东大学袁世硕先生的博士,邓先生是他的毕业论文的答辩主席。他1997年就到了人民文学出版社工作,是一个工作认真、严谨的人。

2004年6月,我刚刚收到一本邓绍基主编,我和我的研究生同学王永宽副主编的《中国古代戏曲文学词典》的样书,那是当初1988年前后巴蜀书社约稿,后来又退稿的"戏曲词典",放置了这么多年,没想到会在人民文学出版社出版,责编就是周绚隆。在那个"词典热"已经成为过去的时候,为了这本书的出版,可以想见他做了多少努力。

我赶到东城区朝内大街166号临街的一座五层楼前,门口挂着的牌子上面写着:人民文学出版社。进门后,我拐来拐去爬到四楼,在最东头找到了古编室。

落座以后,周绚隆给我倒了一杯水,之后对我说:"你的书我们打算出版,已经过了一审和二审,书的内容不错,但是需要改动的地方也不少。"他拿出一沓已经打印好的书稿,上面贴满了五颜六色的纸条,纸条上写着改稿意见;之后拿出了一封信,是二审刚刚退休的老编辑冯伟民的好几页"审稿意见"。

冯伟民我认识,在我刚进入文学所,参加《中国文学通史》这个大项目的时候,副所长邓绍基带着我们全体人员去南京师大中文系开会(南师大负责宋代卷,那时候主编过《全宋词》《全金元词》的唐圭璋教授还在世,宋代是他们的长项),我认识了冯伟民,当时,也只是打了招呼握握手。后来,在文学所开会研究《中国文学通史》撰写体例的时候,也见过他,他从不发言,只是默默地听,后来才知道,《中国文学通史》将来会在人民文学出版社出版,冯伟民是"联络员"。想不到的是,这次他居然是我的书稿的二审,而且,听说他已经退休了。

看着那些密密麻麻的纸条,我心里开始七上八下——我拿着书稿和"审稿意见"回家之后打开了信，信很长，除了肯定的意见之外，对于如何修改都有详细的意见和建议。我发现这些小条子特别好：哪里和哪里引用材料重复，第几页和第几页内容重复，什么地方相互矛盾……

按照"意见和建议"，我先是处理了"材料重复"和"内容重复"，之后又处理了"相互矛盾""阐述的分寸"以及"体例的划一"等等等等，处理过一项就拿掉一个条子……等到我把所有的条子和信上的意见都反复斟酌、修改、处理之后，这本书就已经基本成型。

冯伟民是遵循着人民文学出版社优良传统的、老派的、为人作嫁的、极其认真的编辑，也是我的朋友。本来想在这里把冯伟民的信抄写一遍，可是，我怎么也找不到那封信的复印件了，只好凭印象说话了。

为什么做了六年的一本书，会出现"材料重复"和"内容重复"的问题呢？我在这本书的"后序"中做过解释：

> ……可以狡辩的理由是：按照文学所的规定，在写这本书的六年中，我必须对每年年终的"述职"和"发表文章字数"都有呈报，所以这本书的各章节都作为单篇文章进行过发表，材料的重复使用也就难免……

做到第六年的时候，这个题目已经让我筋疲力尽，把发表过的单篇文章整合成为一本书时，就有点儿马虎，在所里的科研处"结项"之后，就觉得万事大吉，没有再仔细地看看，就交给了出版社，以至于让冯伟民费了那么大的功夫……真是惭愧，也是感谢。

我又仔细地改了两遍，最后，我觉得差不多了，就把修改过的书稿交给了周绚隆。

终审周绚隆也是一个细心、认真的编辑，他来电话提出了不少值得考虑的概念问题，比如："秦腔"和"西秦腔"是不是一个概念？它们之间有什么区别和联系？产生在哪里？他在电话中与我商议处理的方式，并且又一次做了体例、文字的划一以及标点符号和数字的统一等等。

一直到这本书的出版,周绚隆和我都是通过电话解决问题,由他进行处理,我没有再去出版社爬四楼。我觉得很幸运碰到了两个这么好的编辑,这么用心地对待一本书。

2006 年 3 月《晚清戏曲的变革》第一版出版,印数 3000 册。

2008 年 8 月《晚清戏曲的变革》修订版出版,印数 2000 册。

2018 年 6 月《晚清戏曲的变革》增订版出版,印数 7000 册。

刚从书上看到此次印刷了"7000 册"的时候,我真替他发愁:7000册啊?什么时候才能卖光啊?也许这应该是最后的一次印刷了,库存起来,慢慢地卖吧。

周绚隆是一个学者型的编辑,编辑是他的工作,他时时刻刻都保持着敏锐的前瞻力,他主编的《杨绛——永远的女先生》《钱锺书选唐诗》,都有研究和史料价值。与此同时,他对于研究也有着浓厚的兴趣。正如他在《易代》前言中所说:

> 2002 年……冬天我到曲阜师范大学参加了一个会议,正好与陈大康教授同住一屋,陈先生当时身兼华东师范大学文学院院长及古籍所所长,闲谈中讲起他们古籍所得到了一批明清时期的上海地方文献,其中有《云间人物志》《释柯集》《侯岐曾日记》《淞南随笔》《三略汇编》等,但出版遇到了困难。我当即断定这批东西有重要的史料价值,回来即以《明清上海稀见文献五种》的名义,申请了当年的古籍出版专项资金,并将其列入了我们的出版计划。
>
> 这五种文献,给我印象最深的是《侯岐曾日记》,它似乎把我直接带回了当年的历史现场……仿佛它的作者重新恢复了生命,直接和我在对话……
>
> 《明清上海稀见文献五种》2006 年出版后,我心中的遗憾并未消除。此后,一直留意收集有关嘉定侯氏的资料,对日记中涉及的人物及作品,也加意关注。几年下来,断断续续收集了一些材料,也做了大量笔记……

《明清上海稀见文献五种》的出版，得力于周绚隆的"火眼金睛"，明清之际的笔记、文献，基本上是独一无二的，一旦流失，即为永远的憾事。特别是《侯岐曾日记》这样的第一人称记录的史实，尤其珍贵。

"嘉定屠城"是明清之际有名的历史事件：嘉定城破（顺治二年七月初四）之后，侯岐曾长兄侯峒曾父子三人死于国难，侯岐曾担负起"奉母抚孤"的责任，保护着一家老小在艰难竭蹶中度日，顺治四年五月十四于松江被杀。他比长兄多活了二十二个月，一年多的日记，记录了这二十二个月在国难、战乱之中，他活得何其艰难。

周绚隆根据这本日记，搜集、查找有关的历史资料，从他的"参考书目"五十七种中，其艰难辛苦可想而知；从2006年《明清上海稀见文献五种》出版后开始，到2020年初《易代》出版，计十四年的整理和探究，也可以想见其辛苦和执着……他的微观史学著述《易代——侯岐曾和他的亲友们》能够在中华书局出版，也得力于徐俊先生见仁见智的眼光。

2020年1月出版的《易代》，至今我已经看到了六个书评。

2013年，周绚隆告诉我：我们有一个"中国古典文学研究丛书"，如果你同意，我们想收入你的《元代文人心态》，我知道，当初这本书是文化艺术出版社1993年的约稿，2001年第二次印刷，应该是合同已经到期了。我当然很高兴，不久，《元代文人心态》就有了一个新的版本。

2018年6月《晚清戏曲的变革》（增订版）的责编，换成了徐文凯，一个文静的女孩子，却有一个很大气的男孩子的名字，她也是一个细心的编辑。

在人民文学出版社出了几本书，碰到的编辑个个都给了我深刻的印象。

一个好的出版社，一定是有一批好的编辑在支撑。

九皋鸣鹤,七十从心

| 刘世南

我有两部书与人民文学出版社(以下简称"人文社")有关。一部是《清诗流派史》,另一部是《清文选》(与刘松来教授合作)。

《清诗流派史》是我用了十五年时间写成的断代文学史。在《在学术殿堂外》我曾列举此书的创见共有四十八点,我自称它们都是"自我肺腑出,未尝只字篡"。读者从《清诗流派史》中可以看出:国学的经史子集、现当代的新文学、外国的文论,或多或少都融合在我的一些观点中。

天下书不能尽读,也不能尽记住,所以查检类书(工具书)是治学必不可少的。但正如我在《从对侯氏书的匡谬谈到学问功底的重要性》一文中所说的,侯外庐《中国早期启蒙思想史》P467 引汪中《述学·别录》的《与刘端临书》,有两句这样断:"君子之学,如蜕然幡然迁之。"不通。盖不知此语出于《荀子·大略》:"君子之学如蜕,幡然迁之。"杨倞注:"如蝉蜕也。幡与翻同。"又 P472 引《述学·别录》的《与刘端临书》:"欲摧我以求胜,其卒归乎毁,方以媚于世,是适足以发吾之激昂耳!"侯氏不知"毁方"为一动宾结构词组,出自《礼记·儒行》:"慕贤而容众,毁方而瓦合,其宽裕有如此者。"同时也可见侯氏不明古文的句式,上句"(其始)欲摧我以求胜",下句"其卒归乎毁方以媚于世"，是两个并列句，句式结构完全相同。像侯氏这样点，汪文原意完全丧失了。尽管《荀子引得》《十三经索引》早已出版，但侯氏根本不知来历，你叫他怎么查呢？所以，我强调要读原著，否则即使有工具书，你也没法用。

宋云彬在私人日记《红尘冷眼——一个文化名人笔下的中国三十年》（山西人民出版社 2002 年版）中，毫不客气地指出："陶大镛送来《新建设》第二期，内载所谓'学术论文'，有侯外庐之《魏晋玄学的社会意义——党性》一文，从题目到文章全部不通，真所谓不知所云。然亦浪得大名，俨然学者，真令人气破肚皮矣。"

1949 年前，我读侯氏《中国早期启蒙思想史》，在 P668，见他引魏源的话，说龚自珍"晚尤好西方之书，自谓造深微云"。竟说"可惜他研究'西方之书'太晚，不见于言论"，还说："这是近代资产阶级先声的呼声。"这显然是把"西方之书"理解为西方的哲学和社会学。其实"西方之书"是指佛经。黄庭坚《山谷全集》卷十九《与潘邠老》之四："西方之书论圣人之学，以为由初发心以至成道，唯一直心，无委曲相。"即其明证。对于欧洲，明万历以迄晚清，皆称"泰西"，并不称"西方"。正因侯氏误解了，新中国成立前夕，我曾函告侯氏，不知何故，1956 年 8 月第 1 版，1980 年 2 月第 4 次印刷，仍然未改。

1978 年，我第一次给钱锺书氏写信，提到这事，他回信中斥侯氏为"妄庸"。1980 年，我买到《管锥编》，看到 P681 有这么一段话："近世学者不察，或致张冠李戴，至有读魏源记龚自珍'好西方之书，自谓造微'，乃昌言龚通晓欧西新学……"才知道钱氏与我不约而同。

拙著《清诗流派史》，由郭丹教授介绍，1995 年在台湾文津出版社以繁体竖排印行，很快获得大陆学界的认可。2004 年，人文社即以简体横排出版了此书，并盛誉这对内地古典文学的研究有极大的推动作用。

面对这些溢美之辞，我既感且愧。

感的是我写《清诗流派史》，一是反映清代士大夫民主意识的觉醒历程,二是填补清诗史研究的空白,"前所未有,后不可无"(顾亭林语意)。

对《清诗流派史》的评介,我最珍视的有三篇:一是葛云波先生发表在《光明日报》的,一是熊盛元先生的,一是杜华平教授的。

愧的是正如熊盛元先生所指出的几点不足,我现已精力衰竭,无法弥补,只有寄望于盛元先生。

至于人文社周绚隆、葛云波两先生对《清诗流派史》的一贯重视,最近居然列入"中国断代专题文学史丛刊",更使我感激不尽。

今年迎来了人文社七十华诞。七十年来,人文社出版了大批优质图书,为新中国文学事业的繁荣,做出了突出贡献。借此机会,我谨呈颂辞十句:"河山两戒,泽被儒林。九皋鸣鹤,七十从心。鸿编巨帙,沾溉弥深。唯人文社,震古烁今。更千万纪,永播嘉音。"

广厦万间庇寒士

| 李圣华

《易·贲·彖》:"文明以止,人文也。观乎天文,以察时变;观乎人文,以化成天下。"

原想等耳顺之年,写一点儿回忆录文字,记一堂师友、曩昔闻见、文坛掌故,兼述天地逆旅中的一些遭际,包括辨别君子小人、省察岁月得失之类。不想今秋忽接葛云波主任之命,为人文社七十周年社庆写一则纪念文字,迟疑再三,终不敢辞。盖人文社古典部诸君遇我甚厚,自蹒跚学步,依样画瓢,忝列学界以来,人生所走每一步,都离不开他们的扶助。年届知天命,顺逆不可知,然朋友之命不可违也,姑述所历,以为祝语,且聊备善遗。

我与人文社结缘于 2002 年出版博士论文《晚明诗歌研究》。1998年,负笈姑苏,从严迪昌先生研习明清诗文。先师不欲门人伴随左右,欲其各食其力,庶或自成材。师弟马大勇深得先师期许,仍不得不回吉林大学教书。我则于 2001 年夏谋食至郑州大学。初来乍到,无一熟面孔,乃埋首修改毕业论文。学校新合并,规模骤大,略现欣欣向荣景象。陈飞先生担任省重点学科负责人,为建好古代文学学科,申报博士点,四方奔走。翌年,他携带三部书稿到人文社拜访时任古典部主任的周绚隆先生。绚隆先生与三位作者素不相识,最后挑选了拙著。其时出书不易,我闻讯后暗自庆幸。小书排好版,绚隆先生让去校稿,说方便的话,就在京逗留数日。我怀着忐忑不安于初冬坐火车北上,第一次走进人文社。古典部在四楼,刚到三层,看到一位帅气小伙抱着一摞书上楼,年龄与我相仿,疑心是绚隆先生,于是大胆地问了一句,果然是他。在介绍了编辑部新人葛云波、胡文骏二君后,绚隆先生说拟将小书收入人文社知名品牌"中国古典文学研究丛书",接着谈起在山东大学做博士论文《陈维崧研究》,曾至苏州拜访迪昌师的往事。我这才知道他长我两岁,受业于学坛大家袁世硕先生,而袁先生是我硕士论文答辩主席,遂不再拘泥,共同话语多了起来。随后,他带我去找住所——人文社附近的地下旅舍。路上说一些作者来,他多建议住那里,条件简陋些,但很方便,而且便宜。怀着收获的喜悦,我回到郑州。一日,大雪纷飞,记起校园的几株黄蜡梅,踏雪往寻。归来忽收到样书,封面即蜡梅色,装帧素雅,绚隆先生还请林东海先生封面题签。

　　小书尝试构建晚明诗史框架,无太多依傍,虽下了一番功夫,毕竟新出茅庐,过于稚嫩。绚隆先生包容其陋薄讹谬,认为年轻人起步不易,有一定原创性就可,所以选进大家名著云集的"中国古典文学研究丛书"。小书得到不少前辈学者的肯定,我也缘此结识一批志同道合的朋友,算是半只脚踏入学界门槛。绚隆先生更是"逢人说项",令我感动而不安。

　　在苏州读书时,与同门雷恩海过从甚密,常谈到学问务实不务虚,文献整理研究是基石。所以毕业后,就有意转到古典文献上来。无师指授,遂选择从编撰年谱入手。先师撰著每以表彰遗民节义、韦布之士为职任。我研治明诗,熟悉诗权下移、诗在布衣的情况,又对明遗民怀存敬畏,想对师兄张仲谋先生常说的"明遗民社会"多了解一些,乃着手编撰《方文年谱》。2003 年,入京查资料,到访绚隆先生,谈了这些想法,他十分赞同。我们一起讨论了古籍整理的大趋向和存在的问题,觉得有必要提倡"明清文献深度整理研究"。当时初步拟了一份亟需整理的书单,他详作推敲,确定一批选题,后定名为"明清别集丛刊"。我承担的《汪琬全集笺校》，直到 2009 年始完稿，翌年列入"丛刊"。"丛刊"迄今已出版数十种，成为人文社一个新品牌。而绚隆先生和葛云波诸君鼓吹"明清文献深度整理研究"，得到学界广泛认同。我参与摇旗呐喊，乐而忘疲，自觉很有意义。

《方文年谱》2007 年由人文社出版，从体例到内容，都与绚隆先生商讨邃密。浙大前辈学者徐朔方先生曾批评一些新撰明人年谱写得太详，罗列材料，失了层次和主线。作为晚辈后生，我敬重徐先生，但对他的这一说法不全赞同，以为明清文献富有，随着影印出版日益发达，许多文学、历史枝节问题显露出来，年谱事于考证，实有裨文学、历史研究。和绚隆先生商讨，以为康熙十八年博学鸿儒科细节问题等都值得详作发覆，只有深入到历史细节，才能认清问题全貌，理清来龙去脉，发掘世道人心。在他鼓励下，我将《方文年谱》先编至一百万字，再删定五十万言。为减轻出版压力，自告奋勇筹措资助。先是到学校新成立社科处去申请，因无先例，负责人让去找校领导。当时分管文科副校长是工科出身，研究钢筋水泥材料，待人很客气，但很难沟通。不知出于怎样的勇气，我竟六次踏其门槛，最后感动了他，同意资助，还给了个"郑州大学学术精品丛书"第一本的名义。后来忽有变化，社科处说资助减半，并提醒不要说出去。大概是怕走漏风声，有人续来申请。结果"郑州大学学术精品丛书"未问世，就夭折了。年谱出版后，绚隆先生和古典部同事考虑做大，遂有"新编清人年谱丛刊"。这套书也得到学术界的认可。遗憾的是，绚隆先生所著《陈维崧年谱》功力甚深，因坚持不肯"既做裁判，又做运动员"，未收入"丛刊"。《方文年谱》是我转习文献的第一次尝试，陆续收到陌生朋友的来信，我曾诧异年谱读者竟也不少，旋又明白这大都是人文社品牌效应使然。

我本鲁人，好打抱不平，然性非卞急，不喜与人争高下。绚隆先生是西北人，性耿直，稍有狷介之嫌。他说我性格"外圆内方"，棱角难磨。我说没有这股气，也做不得学问。申请资助的经过，令我有些灰心。学校大环境继而变化，轻视文科的做法令许多同事失望。我在郑州寓所窗外是一家化工厂，每日"浊气逼人"，塞向墐户也不起作用，小女和同院子的几个小朋友得了哮喘。我和历史学院刘保刚等人联名向市长反映情况。化工厂作为"市长爱民工程"搬迁了，而小女病情日益增重。我忧心如焚，听从大夫建议，计划搬离，找一个空气质量好的去处。绚隆先生安慰说："环境不宜居，学校风气又在变，既然孩子身体不好，就搬家吧。"我按空气质量标准寻找到浙师大，绚隆先生便向梅新林先生极力推荐。经历一番波折，2009 年底移家浙水之东。

到金华后，和绚隆先生商议协助黄灵庚先生整理《明文海》，启动"明别集稿抄本整理与研究"。又与葛云波诸君商定编纂"浙学经典文献丛刊"。此外，协助吴泽顺先生启动"优秀传统文化教育读本"编纂。出乎意料的"人为因素"掺杂进来，选题进展有顺利，也有坎坷。先是 2014 年有学院副院长之命，郭英德先生听说后不赞同，他的意思是会影响做学问，而且我棱角未磨平的性格不适合，容易为小人挤对。王英志先生亦不赞同，又说要做不能超过四年。绚隆先生觉得有学科平台，做一些实际事情也好。浙省重视文科，偏于应用，基础研究弱一些。浙人做学问有头脑，为世公认，不过有一个不好的风气，绚隆先生归结作："像做生意一样做学问，最后成了商人，不一定是真学问。"以此来告诫我不忘本心。果如郭、王二先生所担心，我既染指功利，不数年而为功利宵小辈所窘。"优秀传统文化教育读本"中止，"浙学经典文献丛刊"搁浅。绚隆先生听闻后说："清清爽爽地活着，努力写点儿东西吧。要不被这种事情缠着，只有烦恼。人一生一世，没多少时间可浪费。""你的性格总是想通过谦让得到认可，这会很受伤的。但如狼似虎的争也不得人心，适可而止。"又斥打着学者幌子的功利之徒说："整天琢磨着捞钱，还有人样子吗？"我回答说："时代躁动，人极易为功利所要胁，持守不变的只有一小撮。我愿从小撮而弃大撮。"念及《易·艮·象》："艮，止也。时止则止，时行则行，动静不失其时，其道光明。"心境豁朗。

求学过程中，我是人文社忠实读者，所读经典著作多是人文社版。

机缘巧合,我有幸从一个普通读者成为人文社作者。陈福康先生原不相识,看到《方文年谱》后,在《光明日报》刊登了《动人心魄的〈方文年谱〉》一文。去岁,拙著《东浙读书记》刊出,《晚明诗歌研究》修订重印,绚隆先生说:"当年,陈飞兄带了三部书稿来找我,我只挑了李圣华的这一部,当时他还名不见经传。"福康先生也感慨说:"果如所说,当时'他还名不见经传'。"经过二十年摸索,我清醒地意识到自己尚是一个学界"新兵",迪昌师墓木已拱,学生犹南北流迁,不能自成材,幸赖绚隆先生等人扶持,粗知问学门径。

人文社古典部诸君并非待我独厚。许多人和我一样,得到了人文社的关爱,"寒士从来感知己"(清人赵翼诗句),如我念之肠热者大有人在。他们这样做,目的就在于推出好的作品,扶持读书人,培育读书种子。惭愧的是,我做得不够好,有负诸君出好书的期望。这里追溯一段经历,拉杂而言,欲借"公众史"记录人文社如何倾心扶持青年、培养作者。

宋人仲并《上宰执启》曰:"以广厦万间庇寒士。"清人赵翼《偶书》云:"广厦庇寒士,霖雨活苍生。"张文虎《长歌酬小田》则曰:"杜陵广厦白傅裘,大庇寒士无遗忧。"盛世文明之治,其文郁郁,有赖中流砥柱;寒士遗忧,不自颓废,倚托万间广厦,人文社皆足以当之。《易》曰:"观乎人文,以化成天下。"程颐《伊川易传》云:"天文,天之理也;人文,人之道也。"今借用其语,以表达对人文社的感仰。

人民文学出版社与《红楼梦》

| 张庆善

人民文学出版社建社七十周年了，是值得好好庆祝的大事。两年前，在庆祝人民文学出版社建社六十八周年的时候，我曾经对采访者说过，人民文学出版社建社庆祝活动不仅仅是出版界的大事，也是学术界和文化界的大事。在人民文学出版社建社七十周年的时候，我还要说这句话。有人可能感到我的表述不准确，人民文学出版社建社七十周年，可以说是中国出版界的大事，怎么是学术界、文化界的大事呢？我想我的表述没有问题，人民文学出版社建社七十周年确实不只是出版界的大事，也是学术界、文化界的大事，这是中华人民共和国成立以来，人民文学出版社对我国的出版、学术、文化的发展做出的重要贡献决定的。

一个出版社以出书为主，而人民文学出版社出版的书能对国家的学术、文化发展产生重要影响，这充分展现出它的作用和地位。多少年来人民文学出版社出版的古典文学名著、学术研究著作、现当代小说名篇、外国文学经典，还有鲁迅作品及其研究著作、新文学史料等等，其影响之大是有目共睹的。因此，朝内大街 166 号才被人们视为北京的文化地标，这也是学术界、文化界的共识。

人民文学出版社古典部自中华人民共和国成立以来，在古典文学的整理出版方面起到了巨大的作用,其中的代表就是四大名著的出版,尤其是《红楼梦》的整理出版,更是影响着我国的文化和学术研究,甚至成为红学发展不可或缺的重要组成部分。至今我还清楚地记得,在"文革"结束以后到20世纪80年代初,每当人民文学出版社推出现当代小说名作、外国文学经典、中国古典文学经典的时候,人们常常是排长队去买,那种情景至今历历在目。人民文学出版社出版的书影响的不止是一代人,而是影响了几代中国人。

人民文学出版社与《红楼梦》的出版有着不解之缘,也可以说人民文学出版社出版《红楼梦》及其研究著作,对新中国红学发展产生了重要影响。1952年人民文学出版社开始策划出版四大名著,1953年就出版了《红楼梦》。这是中华人民共和国成立以来出版的第一个《红楼梦》整理本。当时是以人民文学出版社的副牌作家出版社的名义出版的,由"湖畔诗人"汪静之整理,俞平伯、启功等都参与了注释,著名书法家沈尹默题写书名。它的底本是程乙本,严格地说是1927年亚东图书馆出版发行的程乙本标点本,通常称之为"亚东本",与最早的"纯粹"的程乙本比较起来有不少改动。尽管这个本子的整理出版不是很理想,但它毕竟是中华人民共和国成立以来整理出版的第一个《红楼梦》本子,对《红楼梦》的普及传播及其研究,都有着重要的意义。

中华人民共和国成立以来,在《红楼梦》出版史上有两个本子发行量最大、影响最大,都是由人民文学出版社出版的。一个是1957年出版的周汝昌等校点整理、启功注释的《红楼梦》(通常称之为"启功注释本"),另一个是1982年出版的冯其庸等校点注释的《红楼梦》(通常称之为"新校注本")。

1957年,人民文学出版社出版的《红楼梦》校点注释本,是中华人民共和国成立以来出版的第二个《红楼梦》整理本,也是1982年《红楼梦》"新校注本"出版之前,在全国发行量最大的通行本。据说前前后后印了几百万册,我们这一辈的人都是看这个本子而走进《红楼梦》的艺术世界的。参加这个本子整理注释的都是学问大家,阵容极为豪华,校订标点者是周汝昌、周绍良、李易三位先生,注释者是启功先生。由此可见,当时人民文学出版社对整理《红楼梦》的高度重视。虽然这一版还是一个程乙本,但其在《红楼梦》传播史上的独特作用和巨大贡献是不能否认的,尤其启功先生的注释更是这个本子的最大亮点。启功先生以其渊博的知识、严谨的治学态度,以及对满族历史文化、风俗掌故的熟悉,对《红楼梦》做了准确而又简明的注释,这无疑是读者之幸,是《红楼梦》传播之幸。

人民文学出版社 1957 年《红楼梦》校注整理本有一个最大的变化,就是书的封面赫然印着:曹雪芹、高鹗著——这是高鹗的名字第一次出现在《红楼梦》的封面上。高鹗的名字为什么能出现在《红楼梦》的封面上?这是当时学术研究结果的反映。这个整理本前面还有人民文学出版社编辑部"关于本书的作者"的说明:

> 雪芹逝世以后不久,他的未完成的杰作便以手抄本的形式流传开来了。到了乾隆五十六年(1791),即作者死后约三十年,活字排印本第一次出现了。这个排印本题为"红楼梦",不再是八十回,而是百二十回。出版者程伟元的序,说后四十回是他"竭力搜罗"得来的。从此很长时间内,一般读者都以为这后四十回确是曹雪芹的作品。直到近代,经过研究者的考证,才知道其实是程伟元的朋友高鹗补完的。高鹗不但续作了后四十回,还把前八十回作了一些技术上的修订。由于百二十回的故事情节是完整的,受到读者的欢迎,一百多年来流传的就是这个本子。

现在问题清楚了,关于《红楼梦》作者的署名,是有一个过程的,高鹗作为续书作者的署名,是从 1957 年 10 月人民文学出版社出版的启功注释本时才有的。而《红楼梦》作者署名的变化,都是与一定时期关于《红楼梦》后四十回研究的成果联系在一起的。

最近几年,围绕人民文学出版社出版的由中国艺术研究院红楼梦研究所校勘整理的《红楼梦》封面署名问题颇有争议,新校注本《红楼梦》的署名,从"曹雪芹、高鹗著"改为"(前八十回)曹雪芹著,(后四十回)无名氏续,程伟元、高鹗整理"。有人就批评说,为什么把高鹗的名字取消了,为什么剥夺了高鹗续书的著作权,其实这都是不了解《红楼梦》出版史的误读误解。原本高鹗的名字就没有署在《红楼梦》的封面上,是1957年人民文学出版社出版启功注释本时,根据当时红学界对《红楼梦》后四十回作者的研究情况而署上的,是当时红学研究成果的客观反映。但在实际上,关于《红楼梦》后四十回续书作者是不是高鹗,一直有争议,并没有定论。1982年新校注本出版时,虽然在《红楼梦》的封面上还是署着"曹雪芹、高鹗著",但在新校注本的前言中明确说:"现存《红楼梦》的后四十回,是程伟元和高鹗在公元1791年即乾隆五十六年辛亥和公元1792年即乾隆五十七年壬子先后以木活字排印本行世的,其所据底本旧说以为是高鹗的续作,据近年来的研究,高续之说尚有可疑,要之非雪芹原著,而续作者为谁,则尚待探究。"而随着这些年关于《红楼梦》后四十回续作者研究的深入,绝大多数学者否定了"高续说",但是谁尚不能确定,所以才选择了"无名氏续"这样一个说法,这是实事求是的学术态度。伴随着《红楼梦》研究的深入,特别是对高鹗及《红楼梦》后四十回作者问题研究的深入,高鹗不可能是后四十回续书的作者也得到了绝大多数学者的认可,这样在新校本上作者署名的改变,也就是自然而然的事情了,这也是学术研究成果的客观反映,也是人民文学出版社对社会、对读者负责的一种表现。

1982年3月由中国艺术研究院红楼梦研究所校勘注释的新的《红楼梦》整理本出版,这在《红楼梦》出版史上更是具有里程碑的意义。因为这是第一个以早期脂本为底本整理出版的《红楼梦》通行本,也是目前发行量最大最权威最受读者欢迎的通行本。为什么它能被称为"最权威"的通行本?(一)它选择了非常好的底本,它的前八十回是以《脂砚斋重评石头记》庚辰本为底本。早期脂本更多地保留了曹雪芹原著的面貌,它们在传抄过程中被后人修改的比较少,因此以早期脂本为底本整理出来的通行本,更为珍贵。(二)它是以红学大家冯其庸先生为首,聚集了来自全国的几十位著名的专家学者,历经七年时间,并参校了十一个早期抄本,一字一句校勘出来的,是历来整理《红楼梦》本子下的功夫最大的。(三)它的注释是许多位著名专家学者智慧和心血的结晶,参加注释的专家学者中,有著名的红学家,有著名的民俗学家,有著名的服饰专家,有著名的中医药专家等等。而注释内容对象适中,繁简得宜,通俗易懂,严谨准确,是当下红学最高水平的反映。(四)自1982年3月初版以来,它又经历了两次全面修订,包括正文的修订、校记的修订、注释的修订,无论是标点分段,还是一字一词都经过严谨的审核,可谓精益求精。

为了便于读者阅读,这套书的注释下了大功夫,注释大体上以具有中等文化水平的读者为对象,凡一应典章制度、名物典故以及难解的词语,包括诗、词、曲、赋、偈语、灯谜、酒令、职官名称、服饰陈设、古代建筑、琴棋书画、释道迷信、医药占卜、方言俗语等等,一般尽可能作出注释,这是非常难能可贵的。

新校注本对《红楼梦》的当代传播做出了重大的贡献,也催生了中国红楼梦学会的成立、中国艺术研究院红楼梦研究所的建立、《红楼梦学刊》的创立,开创了新时期红学发展的新时代。毫无疑问,人民文学出版社出版的由中国艺术研究院红楼梦研究所校勘注释的新校注本《红楼梦》,是新时期红学发展标志性的成果,为新时期红学的发展做出了重要的贡献。

人民文学出版社《红楼梦》新校注本的出版,是新时期红学发展的一个里程碑,1982年4月3日,人民文学出版社与中国艺术研究院在北京恭王府葆光室联合举办了《红楼梦》新校注本出版座谈会,那次出版座谈会可谓大家云集,盛况空前,参加那次出版座谈会的有:曾涛、赵守一、林默涵、严文井、苏一平、张庚、郭汉城、白鹰、端木蕻良、王利器、周汝昌、冯其庸、李希凡、蓝翎、郭预衡、廖仲安、蒋和森、邓魁英、林冠夫、吕启祥、胡文彬、周雷、刘梦溪、王思宇等等。这无疑是一次影响深远的红学盛会,是可以载入史册的红学盛会。

在与人民文学出版社合作的过程中，无论是出版社领导还是编辑表现出严谨的学术态度，他们对社会、对广大读者的责任心，为学术、为文化发展而担负的使命感，都给我留下极为深刻的印象。这里我想谈谈《红楼梦》新校注本的责任编辑王思宇先生。新校注本历经七年完成，中间经历了许许多多风风雨雨，王思宇先生也跟了七年。他不知跑了红楼梦研究所多少趟，他出于对出版古典名著的敬畏之心，对编辑工作一丝不苟，一字一字地抠。他的专业素养和认真负责的精神，都让人感动和敬佩。冯其庸先生曾多次说过，没有王思宇，《红楼梦》新校注本能否坚持下来都是一个问题。所以在1982年版的前言中，冯其庸先生特别写道："本书责任编辑、人民文学出版社古典文学编辑室的王思宇同志对本书的校和注，都提供了许多宝贵的修改意见，付出了不少精力。"这不是一般的客套话，是真实情况，我们永远不能忘记这位为《红楼梦》新校注本倾注了全部心血的王思宇先生。

人民文学出版社与《红楼梦》有着不解之缘，在《红楼梦》新校注本出版以后，中国艺术研究院红楼梦研究所又与人民文学出版社古典部合作，出版了《〈红楼梦〉研究稀见资料汇编》，这也是新时期红学的一个重要成果。新时期红学发展中有几个标志性的学术成果，一个是《红楼梦》新校注本，一个是冯其庸、李希凡主编的《红楼梦大辞典》，再一个就是《〈红楼梦〉研究稀见资料汇编》。《红楼梦大辞典》最初是在文化艺术出版社出版的，现在修订版也将在人民文学出版社出版。可以说新时期红学发展中最重要的标志性的学术成果都由人民文学出版社出版了，这无疑具有非同寻常的意义。我们期待着《红楼梦大辞典》修订版早日出版。

共尊诗圣成巨著　勠力同心铸辉煌

| 张忠纲

　　杜甫诗云："人生七十古来稀。"那是一千多年前的事。现在一切都变了,人生八十不算老,老当益壮做贡献。人民文学出版社成立已七十年了,虽然历经艰难曲折,但她却沐浴风雨,青春焕发,呈现一幅蓬勃向上的兴旺景象。

　　山东大学与人民文学出版社有着久而弥坚的密切联系与深厚友谊。"文革"结束后不久,人民文学出版社就于1979年6月出版了萧涤非先生的《杜甫诗选注》,又于1980年8月出版了山东大学中文系古典文学教研室集体选注的《杜甫诗选》,后经袁世硕、董治安、张可礼、张忠纲修订为《杜甫选集》,作为"世界文学名著文库"之一种,于1998年10月出版。人民文学出版社还于1984年3月出版了萧先生的《汉魏六朝乐府文学史》,1985年又出版了陆侃如先生的遗著《中古文学系年》——出版前,时任古典文学编辑室编辑、陆先生的研究生刘文忠学兄曾将遗著手稿带到山大,和龚克昌、张可礼、张忠纲等一起查对资料,最后定稿。此情此景,至今历历在目。

　　而我和人民文学出版社,特别是古典文学编辑室四十多年的交往,主要还是因为《杜甫全集校注》的出版。

　　1976年底,粉碎"四人帮"不久,全国出版工作座谈会制订了整理出版"中国古代大作家集"的规划,确定的大作家集共有十五种,杜甫集为其一。1978年初,人民文学出版社约请萧涤非先生主编《杜甫全集校注》,萧先生点名让我参加校注工作,并在山东大学成立了《杜甫全集》校注组。宋人云:"不读万卷书,不行万里路,不可读杜诗。"校注伊始,萧先生就异常重视对杜甫行踪遗迹的实地考察,把它作为《杜甫全集校注》最重要的基础工作之一。1979年5月18日,萧先生率领《杜甫全集》校注组一行七人开始了杜甫行踪遗迹考察之旅。我们踏着杜甫的足迹,行经河南、陕西、四川、重庆、湖北、湖南等地,于7月11日结束考察。1980年,又去鲁西、鲁南、陕北、陇右、平江,进行了补充考察。最后写成了十三万字的《访古学诗万里行》,由人民文学出版社于1982年出版。人文社还向我们提供了由王利器、舒芜等先生于上世纪60年代根据《杜工部集》十一种宋、元刊本和明抄本所作的校勘记和宋刻本《黄氏补千家集注杜工部诗史》照相装订本,给我们的校勘工作打下了极好的基础。为保证《杜甫全集校注》的编撰质量,集思广益,更好地做好全集校注工作,我们于1979年5月印发《〈杜甫全集校注〉例言》(征求意见稿),在征求了一些单位和个人的意见之后,7月又修订为《〈杜甫全集校注〉体例》(征求意见稿)。8月,由古典文学编辑室将修订稿印发全国有关单位和专家征求意见。根据校注体例,我们每人按自己的分工开始具体的校注工作,并选出十一题十六首杜诗作为《杜甫全集校注》(征求意见稿)样稿,交由人民文学出版社印发,广泛征求意见。1983年5月27日古典文学编辑室复函云:"关于样稿的排印问题,因繁体字排版北京仅有新华二厂一家,该厂任务紧,零件无法安排。今拟由我社打印室采取'誊影'法复制。……关于样稿的印数,我们根据以前征求体例的范围,并考虑留些必要的机动数,拟印300份。""除书面征求意见外,你们曾提出邀请一部分专家研究者开座谈会。座谈会的时间、地点、方式和规模,请你们与有关方面研究联系。座谈会的地点和时间确定后,请通知我室,我们将派有关的同志参加。"经与各方面联系协商后,我们决定于1984年5月在杜甫故里召开

《杜甫全集校注》样稿讨论会。在一切准备就绪后，由山东大学、人民文学出版社和巩县杜甫故里纪念馆联合召开的《杜甫全集校注》样稿讨论会，于1984年5月3日至10日在河南省巩县（今巩义市）杜甫故里举行。出席讨论会的，有山东大学党委副书记戈平，人民文学出版社总编辑屠岸，知名学者殷孟伦、蒋维崧、王利器、周振甫、舒芜、冯钟芸、陈贻焮、成善楷、安旗、聂文郁、耿元瑞等。还有成都杜甫草堂负责人杨铭庆，杜甫后裔杜思智，加拿大不列颠哥伦比亚大学亚洲学系教授叶嘉莹女士以及有关高等院校、科研单位、出版社的同志，共七十余人。《杜甫全集校注》主编萧涤非教授主持了会议。与会同志对全集之体例、要求、规模、繁简、文风诸方面进行了周悉审慎的讨论。大家对已经取得的初步成果，一致表示肯定和赞扬，而对其不足之处也提出了不少宝贵意见。

1989年底，我们给人文社送去六卷校注誊清稿。因萧先生年事已高，为使先生早日看到全集出版，我们特地与人文社协商，能否争取在1991年底先出版《杜甫全集校注》第一册（包括"前言"和我所撰写的第一、二卷诗），人文社基本同意了我们的意见。1990年11月30日下午，责任编辑陈建根到北京师范学院对廖仲安说："1. 陈早春社长说杜诗校注一定善始善终，不计较经济问题。2. 虽交稿已拖延，但1991年底见第一本之计划，仍尽力争取完成，准备多付排印费。3. 陈阅定一、二卷后，拟请冯至、舒芜、王利器等谈一些意见。"不料"天有不测风云"，1991年4月15日，萧先生溘然长逝。后因种种原因，校注工作进展迟缓，一度停滞。2009年初，鉴于《杜甫全集校注》是山东大学承担的国家重点科研项目，须有始有终地完成，在时任校长徐显明推动下，成立了由副校长陈炎、文史哲研究院院长傅永军、副院长宋开玉组成的"山东大学《杜甫全集校注》工作协调领导小组"，并制订了"山东大学关于完成《杜甫全集校注》的意见"和"山东大学《杜甫全集校注》终审统稿工作方案"，重新启动校注工作。经山东大学、人民文学出版社、原《杜甫全集校注》编写组成员等各方面共同努力，确定《杜甫全集校注》后期工作由"山东大学《杜甫全集校注》工作协调领导小组"统一组织，由山东大学《杜甫全集校注》编写组成员承担，任命我为全书终审统稿人。因尚有八卷书稿需要重作，又聘请宋开玉、赵睿才、綦维、孙微四位博士参加校注工作。

2009 年夏天，我正在威海住处挥汗如雨地审校全集书稿，时任古编室主任的周绚隆突然光临寒舍，看到夹在稿纸间密密麻麻的彩色标签，这是我审改稿子的标记，不禁赞叹不已。在整个重启过程中，他积极配合我的工作，坚持原则，排除干扰，使我深受感动。校注工作重新启动后，校、院(2012 年文史哲研究院改组成儒学高等研究院)两级领导极为重视，委派专人负责，调拨专项经费，解决所遇困难；参撰人员刻苦努力，殚精竭虑，精益求精；人民文学出版社大力支持，古编室集中葛云波、胡文骏、徐文凯、李俊四名责任编辑全力审校书稿。大家同心同德，群策群力，校注工作进展甚速。我结合近年杜诗研究的新进展，对汇集的初稿逐卷剔厘补订，详加审改。又经五年努力，《杜甫全集校注》终克告竣。

历经三十六年漫长岁月，三代学人接力完成的《杜甫全集校注》，终于 2014 年 1 月由人民文学出版社出版了，共十二册，六百八十万字。4 月 20 日，在北京召开了《杜甫全集校注》新书发布暨出版座谈会。与会专家一致认为，《杜甫全集校注》的出版是中国出版界的一件盛事，该书是目前看到的杜甫集注里面最好的版本，是当代出版界的一部标志性著作，代表了当代杜甫研究的一个新台阶，能够带动今后很长时间内杜甫研究的深入开展。这部书的背后还有更深层次的意义，它标志着当代学人一直在守望着中华文化的传统，一直在维护着延续着中华文化的血统。

早在 2012 年 5 月 8 日，我在审改完全稿后，曾给国家图书馆詹福瑞馆长去函请示，因杜集大部分稿件系二十年前手写稿，且有先师萧涤非先生的少量亲笔批改意见，想待全集出版后，将全部底稿送国家图书馆保存，或许有点儿文献价值。詹馆长回函表示欢迎。2014 年 10 月

15 日,《杜甫全集校注》手稿捐赠仪式在国家图书馆举行,由古籍馆副馆长陈红彦主持,人民文学出版社副总编辑周绚隆、国家图书馆原常务副馆长、党委书记詹福瑞、国家图书馆副馆长张志清、《文献》常务副主编张廷银等参加仪式。张志清副馆长代表国家图书馆接受捐赠并向我颁发捐赠证书,并与周绚隆合影留念。至此,有关《杜甫全集校注》的编纂出版已圆满结束,画上了一个满意的句号。

《杜甫全集校注》出版后获得了广泛的赞誉,并连得大奖。中国唐代文学研究会会长、复旦大学陈尚君教授在《杜甫研究的里程碑著作——〈杜甫全集校注〉初读记》中盛称此书"文献之丰备,校勘之精审,注释之周详,考断之稳妥,确能代表当代别集整理新注之最高水平,是一部总结一千多年来杜甫研究的集大成著作,在杜甫研究史上具有里程碑意义。"(载《文汇报》2014 年 4 月 14 日第十一版)2016 年 10 月,《杜甫全集校注》荣获山东省第三十次社会科学优秀成果特等奖并一等奖,《大众日报》12 月 30 日做了专版推介。同年 10 月 29 日,《杜甫全集校注》又荣获第二届全球华人国学大典国学成果奖,盛称《杜甫全集校注》"堪称数十年磨一剑的精品大作"。2017 年《杜甫全集校注》又获第四届中国出版政府奖提名奖和首届宋云彬古籍整理图书奖。6 月 16 日,首届宋云彬古籍整理奖颁奖典礼在北京国家图书馆古籍馆临琼楼举行,我代表《杜甫全集校注》编写组出席领奖。我的老师、北京大学教授、中央文史馆馆长袁行霈,人民文学出版社原社长管士光共同为我颁奖,使我倍感荣幸。袁行霈先生致颁奖辞:"这是清代《钱注杜诗》《杜诗详注》《杜诗镜铨》之后,杜甫全集及研究成果的又一次深度整理和全面总结。历经三十六个寒暑,萧涤非先生、张忠纲教授两代学人带领的校注组,满怀对杜诗赤诚的挚爱,历尽曲折艰辛,依然坚持不懈,对'诗圣'杜甫的作品进行全面搜罗、严谨比勘、精细注释和集评,是对集大成式诗人作品进行的集大成式整理。该书校勘审慎,注释详明,评论切当,就规模宏大和体例完备而言,均超越前人,标志着杜甫研究达到了一个新的高峰,堪称当代集部整理的典范之作。"我在获奖感言中深情地说:"《杜甫全集校注》喜获首届宋云彬古籍整理图书奖,深感莫大荣幸。这是对我们这个集体献身学术、尊崇杜甫的褒奖和鼓励,而先师萧涤非先生亦可含笑九泉矣。我们这个集体为杜甫呕心沥血,艰苦备尝,历经坎坷,当年年轻学子已成耄耋老翁,有五位同仁还为之献出了宝贵的生命。老杜诗云:'访旧半为鬼,惊呼热中肠。'身历此境,情何以堪! 注杜之艰难曲折,犹似老杜艰苦备尝之经历。注杜是炼狱,可以磨炼人的意志,可以提升人的道德情操,可以检验人对学术的赤诚。杜甫是伟大的诗人,是中华优秀传统文化的典型代表,被尊为'诗圣',奉为'世界文化名人',我们为他'卖命'是值得的! 我们'带血的牺牲',今天得到了肯定和褒奖,我们感到无比欣慰。"

　　共尊诗圣成巨著,勠力同心铸辉煌。《杜甫全集校注》的出版面世,是山东大学和人民文学出版社精诚合作的丰碑,共同弘扬祖国优秀传统文化的一个范例,必将载入我国出版界的史册。

从读者到作者

| 陈大康

　　早年看书，囫囵吞枣，不求甚解，当然也不会注意手中的书出自哪个出版社，因为在那时有书就行，也弄不清出版社之间有何差别，何况在一段时间里，像上海所有出版社都并为一家，叫上海人民出版社，书是谁出的就更不必在意了。

　　不过在1973年，人民文学出版社开始给我留下深刻印象。那年买到一本《四部古典小说评论》，就是由这家出版社出版。其时学术性著作极少出版，而且我过去读小说只是看情节，这本书却展示了对古典小说该如何讨论分析。在今日看来，这本书阐述的观点与演示的分析方法都带有那个时代很深的烙印，但当时我却通过阅读而对古典小说研究产生了兴趣。同样是在1973年，人民文学出版社重印了一百二十回本《红楼梦》，那时这部作品已好些年没有公开流通，这次是在毛主席评《红楼梦》的指示下才重与广大读者见面。就在这一年里，人民文学出版社还出版了俞平伯先生的《红楼梦辨》与《红楼梦研究》，李希凡、蓝翎先生的《红楼梦评论集》，以及收录诸名家评析文字的《红楼梦研究参考资料选辑》第一辑和第二辑（第三辑出版于1976年），到了1975年，又出版了周汝昌先生的《红楼梦新证》。其时也有个别出版社出版了与《红楼梦》相关的书，如中华书局1975年出版了《关于江宁织造曹家档案史料》，而集中出版《红楼梦》以及相关书籍的，当时唯有人民文学出版社。

在那个年代里，图书馆大量的书籍都不对外开放借阅，虽也有些个人藏书在私下里悄悄传阅，但数量毕竟十分有限，能在几年里购买到《红楼梦》以及相关书籍，实是莫大幸事。读了这些书后重看《红楼梦》，自我感觉是对作品的理解明显上了一个层次。尽管已过了近五十年，但我一直保留着它们，需要时仍随手翻阅。回想起来，后来我一直对《红楼梦》研究怀有兴趣，根源就在于此，在某种意义上可以说，这也是我研究古代小说的起点。

从上个世纪80年代末起，我开始正式以古代小说研究作为自己的专业。既然进行专业研究，就需要购买相关的书籍。当时出版业已相当繁盛，往往同一种书会有好几家出版社的版本，其水准却是参差不齐，如果买到本错讹甚多的书，那就够恼火的。如何花差不多的钱买到最好的版本，对囊中羞涩的我便成了重要课题。通过摸索，我认定了值得信任的几家，人民文学出版社便是其中之一，何况自70年代以来，我就对它怀有好感。

我一直是人民文学出版社的读者，先前未曾想到，有朝一日自己会成为它的作者，而且还接连出了四部书。第一部书是六十万字的《明代小说史》，此书从搜集资料到写成耗时十年，于同类书中内容最为齐备，而且研究模式与写作体例也异于其他小说史。一般小说史的体例都是作家作品分析按时间顺序的缀连，此书描述的则是小说创作的发展史，是将其视为具有相对独立性的发展实体，其行进方向与路径受到作者、传播、小说理论、读者与官方文化政策等要素形成的合力的制约，《明代小说史》就是以此研究模型，讨论明代小说创作态势的变化历程，其中通俗小说从明初到中叶一百七十年无新作问世，也是创作态势的表现形式，而以往的小说史著述均未论及这类问题。此书2000年由上海文艺出版社出版后，学界反响不错。大约是2006年，我接到人民文学出版社周绚隆先生的电话，表示该社打算出版此书。原来，周绚隆先生有个规划,准备将出版后受学界欢迎的几部文学史专著集中起来由该社出版。他很快与上海文艺出版社协商了版权诸事项,于是《明代小说史》便于 2007 年重版行世,由周绚隆先生任责任编辑。此书售罄后,近年又重新装帧再版。

第二部书稿是六卷三百万字的《中国近代小说编年史》。当时有关近代小说的专著与论文虽有不少,宏观论述者也有好几部,可是都是只拿数十种作品说事,须知现在已知的近代小说就有五千余种。这些研究多年来一直浮于表面,对近代小说发展状况实际上并不清楚,对晚清日报上刊载的近三千篇小说更是几无所知。要推进研究,就须得对能搜集到的所有作品以及相关事件与现象做全面盘点。我和学生们从各图书馆拍摄了约四十万张有关近代小说的照片,以此为梳理、考辨与撰写的基础。此事渐为学界所知,中华书局顾青先生便与我预约书稿,稍后,人民文学出版社的周绚隆先生也找到了我。两家都是著名出版社,两位先生都是好朋友,我确实有点儿为难。过了不久,周绚隆先生告诉我,他们已将这部书稿上报国务院古籍整理出版规划小组,已被列入国家古籍整理规划。哪家出版的问题由此而解决,后来听说顾青先生私下里埋怨周绚隆先生的动作有点儿"野蛮"。后来,经人民文学出版社申报,此书稿又列入国家新闻出版总署的"十二五国家出版规划"。由于我生怕有疏漏与错讹,反复修订与增补,故而迟迟未能交稿,也亏得周绚隆先生好耐心,八九年间他一直没有催促交稿,而是反复叮嘱要保证质量,他到上海时还亲自登门,打开电脑督看书稿进行的情况,一个责任编辑做到这样的程度实是少见。不过,总归要有交稿的日子,2013 年我被告知,此书已获得国家出版资助,但须当年见书。此书终于在 2014 年 1 月出版,人民文学出版社举办了新书发布会,后来此书还获得上海市哲学社会科学优秀成果奖一等奖与高等学校科学研究优秀成果奖一等奖。

《中国近代小说编年史》的撰写费时十四年,在梳理辨析拍摄的那些照片期间,我发现以往研究由于未仔细研读或未能接触到相关原始资料的缘故,近代小说史上诸如傅兰雅征文、"小说界革命"、翻译小说产生与传播的实际状况等重要问题遭到了误判,一些重要的问题诸如出版以及商业流通与近代小说发展之关系、报载小说、白话兴起与近代小说等方面的研究几为空白,不少重要文学现象似尚未为人知晓。鉴于此,本人依据大量原始资料,开始对这些问题进行探讨。撰成的书稿共一百二十万字,虽然近代小说的主干问题都已涉及,但不敢妄以"史"称之,故以《中国近代小说史论》为书名。书稿交给人民文学出版社后,该社又成功地申报列入"国家哲学社会科学成果文库"。这里得感谢葛云波先生,整个过程都是他在操办,我成了坐享其成者。这部书稿先由徐文凯先生,后来主要由杨华先生任责任编辑。期间,她们与我有许多次电话交谈,有询问、商榷,也有质疑,那种认真负责、一丝不苟的态度,给我留下了深刻印象。

第四部书稿是《荣国府的经济账》,我原先尚无撰写研究《红楼梦》专著的规划,它是因人民文学出版社李俊先生诱导、鼓励和催促而完成的。上个世纪 80 年代初,我曾通过数理统计比较作品前八十回与后四十回的语言风格,在一年多的时间里,我反复地对《红楼梦》捺字点数,获得了两万多个数据,随后的概率检验,证明后四十回并非曹雪芹所写。经过反复的捺字点数,我对作品已异常熟悉,大概是早年由数学专业出身的缘故,在那些自行分类组合的内容中,我最易敏感也最感兴趣的是数字,其中绝大部分属于经济数据。它们随情节而出现,呈现为离散状态,却有如针灸穴位显示着人体经脉网络似的功用,通过梳理与分析,可以勾勒出荣国府的经济体系,并可发现它有力地制约了情节的发展变化。这些年来我围绕《红楼梦》中的经济问题,陆续在《文汇报》等报刊上发表了一些文章,李俊先生看到后与我联系,极力鼓动我动笔。书稿完成后,他不满意我拟的书名过于学术化,周绚隆先生审阅书稿后,最后拍板,定名为《荣国府的经济账》。此书出版后颇受欢迎,后又加印以满足读者需求。

通过四部书稿的出版,我认识了人民文学出版社古典文学编辑室的先生们,并为他们的敬业精神与对读者负责的态度所感动,而整个出版社历经七十年而盛誉不衰,由此可知这么多年来,全社的编辑们一直秉持这种精神,源源不断地将丰富的精神食粮传送给广大读者。作为读者中的一员,也作为作者中的一员,在人民文学出版社庆贺建社七十年之际,我在此表示感谢和敬意。

少年心事未辽远

| 陈庆元

"少年心事当挐云",这是李贺的诗句,换成现在的话说,就是少年应当有远大的理想抱负,壮志凌云。

我上初中时,正赶上"大跃进"的年代。1961年升高中,所谓的困难时期,最艰难的日子逐渐过去。从小学到初中,再到高中,有一个时兴的作文题目叫作"我的理想",进入高中之后,又作了一遍。已经记不清初中的理想写的是什么,高中第一篇作文,我的理想是长大当诗人、作家。语文老师把我的作文当作范文在课堂上念了,在隔壁班又念了一遍。那时的学生比较单纯,将来想当科学家教授、作家诗人、小学老师、拖拉机手、飞行员、干部、工人农民,尽管写,没有同学会议论你,也不会有人嘲笑你,相反,有时还会得到赞许和鼓励。语文老师推荐我参加作文比赛,比赛题目是《迎国庆,谈成长》,年级三位同学获奖,我排在第一,理想志向从此更加坚定。学校的图书馆破例让我进出书库,一次可以借五六本书,为期两周。借的书大多是诗歌、散文、小说之类,偶尔也有古典诗词。阅读古典诗词能力太低,借期到了还读不了几页。上初二之后,已经有了逛书店的爱好,初中三年,买的书只有薄薄的三四本。上高中开始寄午膳,手头有少许菜金可以灵活支配,因此有了买古典书籍的冲动。1962年秋到1963年,购买了人民文学出版社出版的古典文学著作有①：

1962 年 9 月 8 日购,冯至编选,浦江清、吴天五合注《杜甫诗选》(1956 年 12 月版,1961 年 9 月第 7 次印刷本,定价:0.75 元)②；

1962 年 10 月购,余冠英选注《汉魏六朝诗选》(1958 年 10 月版,1962 年 8 月第 4 次印刷本,定价:0.98 元)；

1962 年 11 月 15 日购,复旦大学古典文学教研组选注《李白诗选》(1961 年 8 月版,1962 年 10 月第 2 次印刷本,定价:1.05 元)；

1962 年(10 月之后)购,余冠英译《诗经选译》(1956 年 9 月版,1960 年 2 月第 2 版,1962 年 9 月第 8 次印刷本,定价:0.65 元)；

1963 年购,顾肇仓、周汝昌选注《白居易诗选》(1962 年 12 月版,1962 年 12 月第 1 次印刷本,定价:1.10 元)；

1963 年购,游国恩、李改之选注《陆游诗选》(遗失)；

1963 年至 1964 年间购,北京大学中文系文学专门化 1955 级《近代诗选》小组选注《近代诗选》(1963 年 8 月第 1 次印刷,定价:1.35 元)；

以上七种,两种扉页上写明购书年月日,一种有年月无日,一种有年无月日,两种无记载,一种已遗失,但购书年份不会错。《诗经选译》,横排,封面设计和其他六种不同;其他各种,竖排繁体,封面都是浅蓝底色白色线条图腾花纹,《汉魏六朝诗选》《杜甫诗选》右上方印有"中国古典文学读本丛书"字样,另外几种没有这几个字,其实都属于同一系列无疑(这一时期购买其他出版社的书有:陆侃如选注《楚辞选》、龙榆生选注《唐宋名家词选》、胡云翼选注《宋词选》等,拟另文记述)。1962 年我十六岁,购买"中国古典文学读本丛书"满足少年气盛、踌躇满志的心理,而无意中丛书却成了少年最基本的古典文学的入门

---

① 下文的"出版社"及未特别说明何出版社出版的书,均为人民出版社或人民文学出版社版。

② 1962 年至 1963 年间,在古旧书店淘得冯至《杜甫传》(1952 年 11 月版,1962 年 3 月第 13 次印刷本)。

书,把少年引领进古典文学的殿堂。现在想来,"中国古典文学读本丛书"之名起得很好,"读本"二字,其实就是"基本读本"的省文,就是基本入门书的意思。

就我早年拥有的几种书来看,这套丛书有几个特点:一、名家选名著名篇。李、杜、白,唐代最伟大的诗人;陆游,宋代伟大的诗人。《汉魏六朝诗选》,断代诗选。选注家余冠英、冯至、浦江清、游国恩、周汝昌等,都是研究中国古典文学的名家。二、选本部头适中,每书选两三百首。三、注释简明准确。注释虽然没有考证的文字,选注者偶也会对有分歧的问题发表自己的见解。四、都有一篇学术性很强,但又写得很朴实的前言。前言既有利初学,有的还为读者指明日后进一步提高的方向。

为什么说"中国古典文学读本丛书"是入门书?

首先,这套丛书是培养青少年对中国古典文学兴趣和爱好的入门书。请看《杜甫诗选》前四篇首二句,《望岳》:"岱宗夫如何,齐鲁青未了。"《房兵曹胡马》:"胡马大宛名,锋棱瘦骨成。"《画鹰》:"素练风霜起,苍鹰画作殊。"《春日怀李白》:"白也诗无敌,飘然思不群。"《饮酒中八仙歌》:"知章骑马似乘船,眼花落井水底眠。"泰山,胡马,飘然不群的李白,醉态可掬的贺知章,虽然那时一知半解,仍然把我引入一个从来没有接触过的诗的王国。读了杜甫,想读李白;读了李白,又想读白居易……目不暇接,眼花缭乱,不知不觉,就这样跨进了中国古典文学殿堂的大门,沉浸在其中的美妙和奥妙之中。

其次,这套丛书可以作为报考中国古典文学研究生的入门书。1964年,我由中学升入大学读中文系。虽然名为中文系的学生,入学后一个月,遂去农村参加"社会主义教育运动"。1965年秋回校继续上学,1966年五月间开始停课。在校期间没有听过一堂中国古典文学课,1968年草草毕业,根本不知大学中国古典文学课程是何物。幸亏有少年时期所购"读本丛书"若干册在手,此外,幸亏进入大学前后捷足先登,陆续购得游国恩《中国文学史》四册(一、二册,1963年7月版;三、四册,1964年1月版)等书,才打下一点儿基础。在漫长的十年中,我小心地把这些书带到军垦农场,虽然不能展阅,但是内心觉得踏实;我又把它们带到农村中学,时或翻阅,时或诵读。1979 年,段熙仲先生(1897—1987)招收汉魏六朝文学方向的研究生,我先后把《汉魏六朝诗选》背了六遍;背六遍书,诵读数百遍。没有上过一堂大学古典文学课,最终考上古典文学的研究生,应当感谢人民文学出版社的这套丛书。

再次,这套丛书可以作为初写论文者的入门书或参考书。"读本丛书",普及性是它的主要特征。由于选诗者多为相应领域的名家,术业有专攻,各书选诗多具有代表性。《汉魏六朝诗选》所选曹植诗,反复熟读之后,进而细读黄节《曹子建诗注》(1957 年 10 月版,1965 年从古旧书店购得),将曹植诗与曹操、曹丕诗相比较,曹植的五言诗比父兄成绩更为突出,钟嵘将曹植诗列在上品,是有道理的。其次,曹植诗无论乐府还是杂体诗,明显带有其个性;再次,比起父兄,他五言诗叙事性减弱,抒情的味道更加浓厚。1981 年,我发表的《试论曹植五言抒情诗》(原题为《试论曹植五言抒情诗的个性化》,编辑做了改动),此文早期的积累源于《汉魏六朝诗选》。如果说,"丛书"培养兴趣爱好只是初级的入门书,那么进入写论文的阶段,则成为高一层次的入门书,即写论文的入门书。初学时喜欢这套丛书,学渐有成,甚至成了人师之后,我仍然喜欢这套书。我向每一届研究生,都推荐过这套丛书,招六朝硕、博士生,面试时总爱问:"你读过余冠英先生的《汉魏六朝诗选》吗?"

1982 年,我到福建师范大学任教,1984 年担任教研室主任。这一年,署名福建师范大学中文系古代文学教研室的《清诗选》出版,当时是教研室的一件大事,也是中文系的大事。在这之前,教研室似不曾有著作在人民文学出版社出版过。主编是黄寿祺先生和陈祥耀先生。陈祥耀先生早年就读于无锡国专,受业于清诗研究大家钱仲联先生。该书出版之前,祥耀先生曾蹲在人民文学出版社很长时间修改书稿,足见出版社和选注者重视的程度。1997 年第 2 次印刷。2009 年出第 2 版,此时祥耀先生年近九十,仍然逐篇校订,改正某些错讹,我也参与做点儿小事,祥耀先生前言有提及。现在,出版社拟出第 3 版,祥耀先生年已近百,手书两页稿纸的修订意见,并嘱托我:如发现原书有误,随手改订。一部书,37 年,3 版 4 次印刷,祥耀先生倾注了多少心血! 出版社的总编辑、责编换了一位又一位,无不尽心尽力把书编好。由一种选本而推及整套丛书,出版的严谨程度可以想见。

十多年前,和一位清诗专家(90 年代的博士)聊天,他说人民文学出版社版《清诗选》是他学清诗的入门书,我说自己也是。我曾在《优秀选本的魅力》一文中说过,人民文学出版社这套优秀选本,溉泽了一代又一代的学人。毫不夸张地说,上世纪 50 年代之后成长起来的古典文学研究者、大学古典文学的教师,几乎没有不受这套"中国古典文学读本丛书"感染和熏陶的。

余冠英先生《汉魏六朝诗选》是一部优秀的选本。二十多年前,省报开设"对我影响最大的一本书"专栏,我写的就是这本书,大意是说我考研究生,它是参考书;我作论文,它是参考书;我教书,它是参考书;我指导硕、博士生,它是指定的必读书,你说影响大不大? 此书初版在上世纪 50 年代,受于时代的限制,存在这样那样的欠缺实在难免。余先生已经过世,修订已无可能,因此出版社嘱我另做一部《汉魏六朝诗选》。战战兢兢,如履薄冰,上个月刚刚交上书稿,明年出版,正好可以赶上出版社成立七十周年!

以上说的都是诗歌选本,王伯祥先生的《史记选》则是一部优秀的古文选本,1957 年 8 月版,然而我购得此书却迟至 1973 年夏。该书封底黄色,深黄色花纹和诗歌选本相同,也是竖排繁体。这部书选文二十篇,我读过至少五遍,每篇都做了笔记。此书也是我的入门书,先读选本,然后通读《史记》全书。90 年代,有教师跟我进修,我对他的要求很简单:认真通读《史记选》,结业时给我看读书笔记。

"中国古典文学读本丛书"之外,"中国古典理论批评专著丛书"也附带说几句。这套书可以回忆的事也很多,这里只提两件事。1978 年备考研究生,我还在乡下中学教书,让我四弟从大学借了一本刘师培的

《中国中古文学史》(1959年11月版),爱不释手,于是手抄一遍,十万字,抄本保留至今。90年代出版社重印,虽然购得一册,初读时的情景仍然在目。另一件是厦门大学周祖譔先生赠《隋唐五代文论选》(1990年5月版)、蔡景康先生赠《明代文论选》(1993年9月版)、石文英先生赠《石遗室诗话》(2004年8月版),三本书都是编者签名本。选编者都是我的师辈。我治六朝文学,唐代以下文论比较生疏,这三部书也都是我的唐五代文论、明代文论、近代诗学理论的入门书。有人不怎么把文论的选本放在眼里,我在纪念蔡景康先生的一篇短文曾经为之呼吁。周先生、蔡先生先后故去,在出版社七十周年纪念的日子,我们特别怀念老一辈的作者。

古典文学中的四大名著,出版社的书已经风靡半个多世纪,影响之深远自不待言。这几部书早在中学时代已经读过,70年代重印《红楼梦》,我从武夷山的乡下中学,乘车翻山越岭,跨省直奔江西上饶新华书店,辗转购得一部四册,如获至宝,亦附记于此。

少年时代所购"中国古典文学读本丛书"若干种一直陪伴我,二十年前迁了新居,我还将其搁在卧室,随手可以阅读。由于专业的缘故,《汉魏六朝诗选》使用最多;最经常带着出差的是《杜甫诗选》,路途上可以反复记诵。同一书,后来人民文学出版社相继出版了横排简体字本,或者不同选注者的同名选本,不是说简体字本不好,也不是说他人的注本不优,而是长年阅读养成的习惯,读少年时代所购书,有一种如对故人的亲切感。流逝的是时间,出版社从成立,于今七十年;丛书第一种出版至今,也将近七十年了。基本不变的是图籍,看到这些少年时代购买的选注本,半个多世纪的岁月,不间断地阅读、使用、摩摩,总感觉少年的心事并不辽远,仿佛是前天,是昨天,也是今天。诗人、作家的美梦虽然未能实现,但是少年的豪气却影响了我的大半生,少年不知天高地厚,用硬挤出来的菜金换来若干种中国古典文学读本,不意却把我引进古典文学的大门,差不多影响了我的一生。"中国古典文学读本丛书"的魅力如此久远,是当年那个少年始料不及的。

人世间难得的缘分

| 赵伯陶

　　人民文学出版社年届"从心所欲"之年,古典部主任葛云波先生约笔者写一篇纪念文字,并郑重其事地邮寄来"约稿函",我欣然应允。说起我与人民文学出版社的"缘分",只能从 21 世纪初开始,《明文选》的编注可谓是双方联系的起始纽带。

　　有一位在重点大学担任院系负责人的学长,因行政事务性工作繁忙,就转而向出版社推荐笔者做该社重点选题《明文选》。这个选本列为"中国古典文学读本丛书"之一,这套丛书从 1958 年即开始编纂,旨在向广大读者推荐和介绍中国古代文学史上最杰出的作家和最有价值的作品,虽属普及读物,却要求有一定的学术含量,无论选目与注释,都要精益求精,一丝不苟。这套丛书除文选之外,还有诗选、词选、戏曲选、小说选等,体裁涵盖面广。早年已出版者如《诗经选》《楚辞选》《宋诗选注》《梅尧臣诗选》等,分别由余冠英、马茂元、钱锺书、朱东润等学界大家操觚,著名学者为古典文学的普及工作添砖加瓦,其质量保证不言而喻。能够获得与上述名家比肩于这套丛书的机会,笔者自然是诚惶诚恐,不敢有丝毫的怠慢。

　　此前,古典文学古籍的选注,笔者曾为中国国际广播出版社做过《宋词精选》,为文化艺术出版社做过《袁伯修小品》,为吉林人民出版社做过《张惠言暨常州派词传》,为苏州大学出版社做过《归有光文选》,为学苑出版社做过《池北偶谈》《香祖笔记》等,于古籍注释工作虽非行家里手,却也积累了一些经验。至于选目,当时还是人民文学出版社古典部主任的周绚隆先生,一再叮嘱笔者不要将墓志铭当作明代散文的主体。此前,笔者曾为湖北教育出版社做过《市井文化与市民心态》一书,为广西师范大学出版社做过《明清小品:个性天趣的显现》一书,对于明文的大致轮廓及其文化品格是基本清楚的,而明人小品的山花烂漫又是明代散文有别于其前代散文的显著特点。选明代散文,宋濂、刘基、高启、王守仁(阳明)、归有光、唐顺之、王世贞、夏完淳等有代表性的古文作家作品入选外,屠隆、江盈科、陈继儒、袁宏道、王思任、张岱等个性鲜明、戛戛独造以小品名世的明中叶以后的作家也注意入选其有代表性的作品。

笼统而论,晚明小品作为明代散文中较有代表性的文体,阳明心学与李贽"异端"的哲学理念、"三袁"性灵派的文学主张蕴含了其精神,士林文化、市井文化与老庄、禅悦思想的相互交融,构成了晚明小品的文化品格。明代散文的选目将充分提升晚明小品的地位,这是作为"读本丛书"的《明文选》有别于坊间同类选本的一大特色。这一构想得到绚隆先生的首肯,责任编辑葛云波先生也极赞同。在编辑加工《明文选》的过程中,云波先生对于拙稿的错讹之处悉心改正,令我这位"老"编辑心服口服。如为生僻字注音,汉语拼音的"a"不能与英语字母的"a"相混淆,山东的"菏泽"绝不能写作"荷泽",诸如此类的问题,一不小心就会轻易放过,贻误读者。笔者在是书"后记"中说:"承人民文学出版社古编室主任周绚隆兄及诸君子垂青,命余做《明文选》,战战兢兢,夙夜匪懈,无奈绠短汲深,犹多瑕疵。又幸遇责编葛云波兄学富心细,丹黄烂然,郢斧生风,补苴罅漏,匡正颇多,庶免乎大雅之讥焉。蒇事之际,思绪万千,卷末爰书数语,聊以寄慨云。"这绝非虚假的客套话,而是笔者心悦诚服的由衷之语。

出版社与作者之间的互相理解信任是双方能够继续合作的基础。

通过《明文选》的编辑出版,笔者与人民文学出版社建立了良好的关系,拙作《王士禛诗选》(明清十大家诗选)、《聊斋志异详注新评》、《中国传统家训选》(语文阅读推荐丛书)、《修己以敬》(中国传统价值观丛书)四种图书都是继《明文选》之后在 2009 年至 2018 年这近十年间由人民文学出版社组稿出版的。其中《聊斋志异详注新评》成书后二百五十万字,部头较大,古典部的责任编辑葛云波、李俊两位先生为人作嫁,不遗余力,为此书的顺利出版付出了艰辛的努力。

清人吕湛恩与何垠曾分别为蒲松龄的《聊斋志异》作注;1962 年,中华书局上海编辑所出版张友鹤先生辑校的《聊斋志异》会校、会注、会评本,学界简称"三会本";2000 年,齐鲁书社出版任笃行先生辑校之《全校会注集评聊斋志异》,学界或称之为"全校本"。这两个本子所据底本以及分卷、整理清人旧注、旧评各有特色,对于今天的读者研读《聊斋》皆有裨益。今人或选注或全注,相继问世者也有不少。选注本不论,仅以全注本而言,最著名者莫过于山东师范大学教授朱其铠先生主编,由朱其铠、李茂肃、李伯齐、牟通校注的《全本新注聊斋志异》,人民文学出版社 1989 年出版,这是 20 世纪 50 年代以来《聊斋志异》的第一个全新注本,又是该社"中国古典文学读本丛书"之一,此后又入选该社"世界文学名著文库"(精装)与"中国古代小说名著插图典藏系列"。2000 年,山西人民出版社出版盛伟先生《聊斋志异校注》,与朱其铠主编本相较各有特色,然而若论海内外影响,朱其铠主编本则远远超过盛注本。笔者在研读《聊斋》的过程中,上揭诸本皆为座右不可或缺者,特别是朱其铠主编本,使我受益匪浅。

蒲松龄博极群书,阅读范围广泛,随手记下相关典故或令人醒目的文言词汇,或立时用于小说创作,或录于另纸以备不时之需,其文言行文典雅自如即与作者的这一创作方法密切相关。反推《聊斋》文字的语源出处在过去绝非易事,有关辞书只能解决一般性的语词或典故的来源问题,对于一些特殊语汇的辨识,注家或一般读者只能望洋兴叹,无可奈何。笔者曾写有《〈聊斋志异〉注释小议》一文,刊于《蒲松龄研究》1994 年第三期,对前人注释的缺憾提出过质疑,然而也只是杯水车薪,根本的问题并未得到解决。近年以来,古典文献数字化软件的不断开发与应用、互联网搜索功能的强大,为我们解决这一问题开启了几乎人皆可入的宽敞大门。把握古典文献数字化这把利器,破解《聊斋》就有得心应手的感觉了,对于前人诠释的不足之处也更显而易见了。

2008 年在武汉的一次学术会议上,笔者遇到周绚隆先生,曾就清人以及今人有关《聊斋》的注释乃至校勘、标点诸问题交换看法,我们一致认为与其修订旧本,还不如另起炉灶,周先生建议笔者考虑能否接受这项任务。机会难得,但独立承担此项重任能否如愿以偿还是个问号。加之当时正忙于审读处理另一部书稿的校样,这一问题就搁置了一段时间。此外,笔者还有一层顾虑,就是人民文学出版社已经有了《全本新注聊斋志异》这样的"拳头"产品,社会效益与经济效益皆很优秀,还有必要再出一部质量尚未可知的全注本吗?此前,人民文学出版社分别于 1956 年、1977 年、2006 年出版过张友鹤的《聊斋志异选》、中山大学中文系的《评注聊斋志异选》、李伯齐和徐文军的《聊斋志异选》,这一选题对于一家出版社而言似乎早已呈饱和状态。然而事后证明,笔者的这一顾虑纯属多余。笔者曾先后在中华书局、文化艺术出版社做图书编辑十六年,竟没有锻炼出丝毫出版家的气魄,缺乏做大做强的宏观愿景。2016 年 4 月,笔者注评的《聊斋志异详注新评》问世不久,周绚隆经与齐鲁书社议定版权事宜,任笃行辑校的《全校会注集评聊斋志异》的修订本也于 2016 年 10 月由人民文学出版社再版,满足了不同层次的读者的需要,受到学界的好评。当时已经担任副总编辑的周绚隆先生专门撰有《人民文学出版社〈聊斋〉出版六十年》一文(载《中国出版史研究》2018 年第一期),内有云:"在《聊斋志异》的出版方面,人文社如今已成一方重镇,目前共有三种全集和一种选集同时在售。在专业和普及的道路上,我们始终跟踪着学术研究的步伐,吸收最新的成果,用心服务于读者。"从中可见其成竹在胸的远大抱负绝非短时酝酿而成,自有其历史的因素。有兴趣的读者可参考周文,此不赘言。

近十年来,人文社古典部注重清代作家别集的出版,并逐渐形成其出版特色,如"明清别集丛刊""清代诗人别集丛刊"的策划与相继出版,即是一例。特别值得一提的是,与笔者有关的袁行云先生《清人诗集叙录》的修订再版一事。

20世纪80年代,中华书局同事刘宗汉先生推荐袁行云《清人诗集叙录》已杀青的书稿至书局文学室,经领导同意,遂纳入该室组稿计划并确定责编。笔者初审部分书稿,感觉作者学术功力强,《叙录》参仿邓之诚《清诗纪事初编》之作,纵横捭阖,相互勾连,确有发明;唯全书写作发轫于50年代,集腋成裘,前后达三十年之久,又中经十年浩劫,著述体例多有参差,且行文不加书名号,标点用法亦不标准,故请作者再事修订,核对全部引文后再交稿。如此荏苒年余,袁先生忽染沉疴,而《叙录》尚未经全面修订,自知不起,弥留之际"托孤"于刘宗汉与笔者。1988年杪,袁先生玉楼赴召,其夫人欲实现作者夙愿,曾四处奔走,又经启功先生绍介弥缝,半年中辗转于包括香港、台湾之两岸三地多家出版社,皆以经济效益不佳婉拒。笔者时已调至文化艺术出版社,经当时社领导黄克先生批准,愿为出版此书再效绵薄。

50年代,清诗研究尚处草莽,榛楛未剪,《叙录》筚路蓝缕,功不可没,此书出版十余年后,柯愈春先生《清人诗文集总目提要》、江庆柏先生《清代人物生卒年表》于此书多所借鉴,即为明证。然而袁先生常年供职中学语文教育,独立冥侪,撰写《叙录》,什袭藏之,殊少切磋者;当年参考工具书也有限,人名、书名乃至人物生卒年计算或有错讹,实所难免。原稿引诗,如系善本,图书馆只许用铅笔恭录,事后或由袁先生的学生用钢笔再行转录,鲁鱼亥豕,多有讹误,标点亦有疏失。加之作者家属惧怕遗失原稿,提供书稿全部为复印件,修订所用朱笔与原作笔迹重叠一色,亦成此后排印致误之一端。二十余年前笔者虽水平不高,但发稿中仍发现诸多问题,限于当时图书借阅渠道有限,时间也不允许,有些问题实难就地解决,本初弦上,真属无奈;所出校样亦无校对人员愿意接手，乃知出版社出书品类各有专司，信非虚语；又适值当时文化艺术出版社迭遭变故，长期整顿，群龙无首，经济压力空前，若不抢占先机付梓，旷日持久，则此书出版将终成泡影。其时仓促狼狈之窘境，曷可胜言！1994年，《清人诗集叙录》在文化艺术出版社历经三年多出版，繁体竖排，精装三册，总算没有辜负袁先生的临终托付。然而是书出版后也有专家学者客气地指出其间的部分错讹，实在令作为责任编辑的笔者汗颜愧恧，乃至有无地自容之悔。

周绚隆先生出版清代文学典籍视野开阔，雄心勃勃，有计划、有步骤地向学界组稿是其追求之一。为使人文社出版有关清代文学的图书规模化、系统化，亟欲修订重版《清人诗集叙录》，又知是书尚有许多问题需要解决，即责成笔者再作冯妇。由于近二十年来国家出版事业的兴旺发达，各种工具书已经应有尽有，特别是电脑的使用与古籍数字化软件的普及，以之检索各种问题，只要找准关键词，反复查考，大都可以迎刃而解。这无疑给了笔者一个略赎前愆的宝贵机会，于是欣然从命，审阅校样，核改或增补达万余处（包括校样新产生的诸多衍夺讹误）。周先生精益求精，又对是书校样再加细心审核，重编所涉及的人名字号索引，完善全书体例，功莫大焉。修订版《清人诗集叙录》著录清代诗人两千五百余家，于2016年再行问世，终于成为一部对得起广大读者的宏著，这也算是我与人文社的一种缘分吧。

再续前述，《聊斋志异详注新评》的出版，也当算是笔者与人文社的缘分所推动。拙作正式启动于2010年，历经三年多蒇事。笔者曾以《娇娜》为样稿求教于北京大学教授马振方先生，马先生回函有云："自吕、何以迄于今，《聊斋》注本见到数种，也各有千秋。但还没有一部真正的'详注'本。较比以前各种注本，你的注本才是地道的'详注'。《聊斋》的细读与研究的深入需要有一部这样的注本。其最大特点是广为寻求词语的源头、出处，从而为深透了解蒲翁所用某些语句的意味成为可能。此外，勇于注别人所不注者也是难能可贵之处。此书的出版或可成为《聊斋》研究的一个新的起点。你多年从事古籍的注释与研究,且极勤苦,累积了深厚的古籍功底,作此详注是最合适的。"研究《聊斋》的权威学者袁世硕先生赐序拙作有云:"伯陶注释《聊斋》,眼界开阔,小说文本中出现的人名、地名、物名、事件,即便不甚关乎作品大体者,都不轻易放过。如辨《金姑父》篇的'东莞'应为'东关驿',《夜叉国》中的'交州'应依二十四卷抄本作'胶州',《沅俗》所言'沅江'应为'元江',《尸变》中的'搭帐衣'实为'送给死者的衣衾'等,不仅与文本叙写的情况相吻合,对读者也有增长历史文化知识的意义。出于这种思路,伯陶作'简评'也冲破了一般就小说所叙故事情节揭示其意思意义的模式,注重探明各自的本事、源流、事理,参照中西有关文献,引申出文本深层隐含的微言大义。"

两位著名学者对拙作的肯定,于笔者而言当视为一种鞭策与鼓励;至于拙作的一些错讹或不足,微博或微信上也有读者不断赐教。笔者一一记下并迅速通过微信传与拙作责任编辑之一李俊先生,他认真负责,汇总后耐心地加以修订。笔者于拙作三印"后记"中曾有一段补充:"大连某公司机械设计工程师魏兴先生,削墨督绳,既得工用;运斤斲垩,兼通艺文。加之辛勤批阅一载有余,丹黄拙作,细大不捐,是以教正颇多。值此三印,谨志鸣谢!"然而最令笔者铭感的是拙作的另一位责任编辑葛云波先生,他在审发稿过程中提出过一些实质性的问题,可代表人文社古典部编辑的学术造诣。

《聊斋·彭二挣》一篇,笔者"简评"中认为:"这是一桩有关旧时民间所谓'五行挪移大搬运'法术的记述,类似于现代'大变活人'的魔术表演,有亲历者的证言,似乎是'眼见为实'了。托为'狐祟',其实就是志怪。同行之人,倏忽不见,近世也有报道,不过纯属人物突然消失的灵异事件,事后踪迹全无,不像《彭二挣》中的'不见'者可以在被囊中找到。"云波先生则认为:"二挣",当系其家乡山东一带方言"愣怔/楞怔/睽睁"的记音,亦记作"耳睁"。山东方言"二""耳"与"愣"一音之转。"二挣"当形容有些呆傻的智障人。《金瓶梅》第五十八回,潘金莲因踩一脚狗屎迁怒于丫鬟秋菊,于是骂秋菊:"'……你也该点个灯儿出来,你如何恁推聋装哑装憨儿的!'春梅道:'我头里就对他说,你趁娘不来,早喂他些饭关到后边院子里去罢。他佯打耳睁的不理我,还拿眼儿睄着我。'"所谓"佯打耳睁",结合潘金莲"推聋装哑装憨儿"一番言语,就是装聋作哑、装傻充愣的意思。今东北方言或记作:"扬了二怔""佯嗒二怔""羊拉二怔""佯愣二怔"。大概是山东人下关东后所引起的。排除"佯打"(假装),单释"耳睁",也明显有"呆傻""憨儿"的意思。有些智障的彭二挣伴驴前行,或许于懵懂中阴差阳错地翻入驴所驮的被囊中,一番挣扎后又令被囊翻转,致使缝纫口朝上,于是上演了这一出闹剧。云波先生通过其家乡的山东方言阐释"二挣",蹊径独辟,笔者特意将之记入"简评",或可令读者耳目一新。

云波先生对于《聊斋·桓侯》一篇中"刘子翚"其人的"穿越"判断,令这篇小说的真义辗转浮现,这是清人与今人于此前都没有引起注意的一个问题。小说中桓侯(张飞)宴宾席间与主人公彭好士同座并招待彭的居停主人就是刘子翚,此人生活于南宋时代,字彦冲(1101—1147),号屏山,建州崇安(今属福建)人。以父荫补承务郎,通判兴化军,后辞归,居武夷山讲学,精《易》学,朱熹曾从之学,著有《屏山集》。《宋史》卷四三四有传。《聊斋》注家难以理解南宋人何以能参加三国蜀汉张飞的宴会,于是以为"刘子翚"只是作者随意安插的一位陪衬人物名,所以没能顾及到此人的特殊身份。葛云波先生在审稿时赐示笔者说,小说中的居停主人刘子翚曾为朱熹之师。朱熹《屏山先生刘公墓表》记述刘子翚临终前向朱熹传授了"不远复"的三字符,刘子翚《寄魏元履》诗亦云:"尝闻不远复,佩作三字符。"今武夷山五夫里朱熹故居紫阳楼仍悬挂有"不远复"的匾额。"不远复"语本《易·复》:"初九:不远复,无祗悔,元吉。《象》曰:'不远'之'复',以修身也。"大意即走得不远就回归,以自身能力欠缺,故用以修身养性。这与小说中彭好士远游迷失的情境正同,蒲松龄因之"联想到刘子翚著名的'不远复'三字符。"葛先生又说:"既然桓侯'穿越'来会彭好士,刘子翚'穿越'来帮助'远客归家'也顺理成章,这的确符合他的三字符理念。也许正因为作者联想到刘子翚,才从而联想到其弟子朱熹;朱熹曾主管武夷山幔亭峰麓的冲佑观,继而联想到武夷幔亭,并进一步联想到武夷君置幔亭大会村人的故事。'异史氏曰'中'观桓侯燕宾,而后信武夷幔亭非诞也'两句,透露出作者这一悬想虚构的线索。"这一见解颇有见地,对于我们探讨蒲松龄浮想联翩的小说构思过程大有助益!

笔者受云波先生启发,另写有《说〈桓侯〉》一文(参见拙作《〈聊斋志异〉新证》,文化艺术出版社 2017 年版),内有云:

> 所谓"不远复"三字符,语本《易·复》:"初九:不远复,无祇悔,元吉。《象》曰:'不远'之'复',以修身也。"(《周易正义》卷三,阮元校刻《十三经注疏》,中华书局 1980 年版,第 39 页)大意即走得不远就回归,以自身能力欠缺,故用以修身养性。这与小说中彭好士骑乘偶食仙草之马而瞬息千里、远游迷失的情境正同。《复》卦是《易经》六十四卦的第二十四卦,上坤下震,两卦相叠,震为雷、为动;坤为地、为顺。动则顺,顺其自然,动在顺中,进退自如,利于前行。《复》卦六爻中唯其下第一爻为阳爻(初九),其他五爻皆为阴爻。周振甫《周易译注》译上引《易·复》之文云:"倒数第一阳爻:走得不远就回来,没有大问题,大吉。《象传》说:'不远'之'复',用来修身。"又另加"说明"云:"再看爻辞,有'不远复',有'休复',都是好的。有'频复',皱着眉头回来,有问题,但也不严重。有半路回来,敦促回来,说明有些问题。有迷路,才是凶的。"(《周易译注》,中华书局 1991 年版,第 88—89 页)徐志锐《周易大传新注》解释上引《易·复》之文云:"复为阳复,有失才有复。无失则无复。剥的上九一阳被剥落,阳消失而成坤,然后一变而一阳生于下而成复,是失去不远就回复,故言'不远'之'复'。阴阳作为对立面是一正一反,阳为刚、为'君子',阴为柔、为'小人'。初九阳刚失之不远就回复,它也可以象征'君子'有过失,知过就改很快就回复到正道上来。所以《系辞传》说:'颜氏之子,其殆庶几乎。有不善未尝不知,知之未尝复行也……'此是以修身

之道释'不远复'。"(《周易大传新注》,齐鲁书社 1986 年版,第 161 页)高亨《周易古经今注》诠解《易·复》之文云:"不远复者,行未远而返也……往而不返,去而不归,则不知所届止,将失其故居,故《周易》以复为吉,不远而复虽悔不大,且为大吉,故曰不远复,无祇悔,元吉。"(《周易古经今注》,中华书局 1984 年版,第 230 页)

通过现代人对于《复》卦的有关阐释,再来看刘子翚对"不远复"三字的发挥,问题可能就迎刃而解了。其《圣传论十首·颜子》有云:"学《易》者必有门户,《复》卦,《易》之门户也;入室者必自户始,学《易》者必自《复》始。得是者其惟颜子乎! 不远而复,称为庶几,盖本夫子尝以复礼为仁之说告之矣。颜子躬行允蹈,遂臻其极,一己即克,天下归仁,复之之功至矣。固有之仁,本无彼此,迷而不复,妄自分隔。且吾身在天地中一物耳,学者晓此,方是想象说得仁礼,意隔情碍,如何天下归仁?"(曾枣庄、刘琳主编《全宋文》卷四二五七,上海辞书出版社、安徽教育出版社 2006 年版,第 193 册,第 169 页)刘子翚将"不远复"提升至孔子所谓"克己复礼"的自我修养的高度来认识,体现了儒家"修己以敬"的人生价值取向。

蒲松龄大半辈子从事科举考试,对于朱熹的《四书章句集注》必然背诵得滚瓜烂熟,对于朱熹的生平仕履与思想渊源也须顾及,否则就难以在考试中胜出。蒲松龄对于朱熹曾经的老师刘子翚并不陌生,钻研过他的文章亦在情理之中。

据《宋史》本传,朱熹于宋孝宗淳熙二年(1175)曾主管武夷山冲佑观(清人称冲佑万年宫,俗称武夷宫)。冲佑观位于武夷山大王峰下,大王峰北侧即幔亭峰,两峰山麓相连,后者峰顶地势平坦,有一巨石,状如香鼎,称宴仙坛。据传先秦的仙人武夷君曾在此设幔亭宴会乡人,"幔亭"之峰名即由此而来。所谓"幔亭",即用帐幕围成的亭子。蒲松龄平生并未到过福建,但因系朱熹故乡而爱屋及乌,对武夷山的关注便不在话下了。

《桓侯》篇后"异史氏曰"有云："观桓侯燕宾，而后信武夷幔亭非诞也。"两句话暗中透露出这篇小说的构思过程。蒲松龄因对朱熹生平的关注，从而对有关武夷山的掌故也兴趣浓厚，于是根据武夷幔亭的传说虚构了桓侯在四川阆中燕宾的情节，既顺应当时读书人仰慕张飞公正无私的心理祈向，又通过刘子翚的小说人物设置，结合主人公彭好士迷途未远而即回归的情节，暗中烘托出小说强调读书人个人修养的哲学思考，可谓一举数得。无论张飞从三国的时空"穿越"，还是刘子翚从南宋的时空"穿越"，蒲松龄撰写《桓侯》的所有悬想虚构皆围绕"不远复"之三字符展开，只不过不是明写，而是暗表，唯有会心的读者，或曰"合格的读者"方能体味到其中妙处。《桓侯》真义即在对"三字符"的体味中。

"缘分"两字，与昔日命理学中所谓"命中贵人"说不能同日而语，"缘分"是建立于双方充分尊重与理解的基础之上的，而尤以"理解"两字最为重要。笔者职司图书与学术刊物编辑有年，与图书作者与论文作者皆有过交往，熟稔其间甘苦。有的作者对编辑在其原稿上的改订加工不屑一顾，认为理所当然；有的作者甚至不以为然，对编辑的认真改稿产生抵触情绪。特别是近年以来，文科博士的"大跃进"令一些学人丧失了对古代典籍的敬畏心理，有些人可以大胆地将一首五言古诗标点成为杂言诗甚至标点成一篇不知所云的散文，原因是误将诗题与诗正文一视同仁地"一勺烩"了。有的学人做学问只会挖一口"深井"，至于这口井以外的景物则敬谢不敏，概付阙如。一般情况下，编辑对于作者的书稿能够做到订正错讹已属不易，至于拾遗补阙，就是社会对于编辑的更高要求了，读者对此自不能苛求。当下社会对图书质量的提高颇为重视，这当然是好事，但不能只责怪编辑的修为有所欠缺，作者的学术素养也不容忽视。作者原稿基础单薄，编辑为订正其诸多"硬伤"已然无遑他顾，能做到雪中送炭就算尽职尽责了；作者原稿基础牢固，编辑审读才有"仰手接飞猱，俯身散马蹄"的迅捷与快意，锦上添花就有可能。人文社古典部的编辑同仁,如与笔者打过交道的周绚隆、葛云波、胡文骏、李俊、董岑仕等先生皆学有专长,在编辑工作中工匠精神饱满,毫不马虎,且都有不俗的业绩。当今学人若有机会成为人文社的作者,即应珍惜此"缘分",努力做好书稿,在尊重与理解的基础上共同完成"出好书"的任务。

北京天桥过去的习武练家子,为招徕看客,开练之前总要说一些垫场子的废话,以拖延时间,如"内练一口气,外练筋骨皮"一类的自炫之语,其后通常还要缀以一个有趣的自我判断:"光说不练,那是假把式;只练不说,那是傻把式;能说会练,那才是真把式。"言下之意,他就是天下少有的"真把式"。笔者没有硕博的头衔,学无显赫或正式的师承关系,不免"野狐禅"之讥;更不是高校中的博导,在曾经盛行一时的名片上也从来无缘添加"享受"某种特殊待遇的荣耀。笔者以编辑身份业余从事学术工作,没有职称焦虑的功利性目的,也没有科研课题的压力,出版社的选题于笔者而言多属命题作文。如果勉强算作"学者"的话,既非"真把式",也不是"假把式",不过是"傻把式"一类。人文社对于笔者的青睐,正是建立在相互尊重与理解的"缘分"上,"缘分"在人间世真不可或缺!

在人民文学出版社即将迎来七十大寿之际,谨以此文献上笔者的祝福!

我心目中的人民文学出版社

│ 袁世硕

1978 年冬天,我曾为修改书稿,在人民文学出版社设在南楼的招待所里住了两个多月,结识许多位编辑同志,对北面主楼的通道、楼梯、门窗,特别是古典文学编辑室的情况,都非常熟悉了。大约在 90 年代初,一次到北京开会,想到多年未到人文社,该去探望一下,便抽空去了,一看还是那半座大楼,编辑室依然是十多年前的老样子,桌、椅、书架显得更陈旧了,心里不免有点儿诧异,冲口说:"许多出版社都发达了,新建的大楼非常敞亮,编辑室焕然一新,你们怎么还没有'搞活'呀!"今年又为书稿去人文社,看到的还是一切如故,桌、椅、书架更加破旧了,只是有的编辑桌上添了一台电脑而已。这次没有了十年前的那种诧异,倒是生发出了几分敬意:数十年条件未变,还不是照样出书!条件未变,自然有多种原因,有一点却是可以认定的,就是人文社没有为了"经济效益"而乱出"媚俗"的书、"粗制滥造"的书。

这里我想到两件事:

"文革"前,人文社古典文学室约以研究杜甫负盛名的萧涤非先生选注了一本杜诗选,清样刚校过,"文革"爆发,便搁置了下来。接着,郭沫若先生扬李抑杜的《李白与杜甫》问世,书中点名批评了萧先生的观点,萧先生的书就更不能出版了。在那种背景下,古典文学室的同志们并没有丢开不管,而是设计了一个在当时不失为聪明的办法,约萧先生执教的山东大学中文系编写一个杜诗选注本,请萧先生也参加选注,用心可谓良苦。任务下达给古典文学教研室,我们也就采用当时可通行的老中青三结合的办法,集体进行选注。不料书稿初成,"文革"结束,禁忌不存,萧先生的书自然可以出版了,但怎么处置我们这部集体作成的稿子呢?如果人文社以不能同时出版一位古代诗人的两种选本为理由,或者认为这部稿子尚有一些注释不确当之处,婉言退稿,也算不了不合情理的违约。人文社却果断地做出决定:两个杜诗选本都出。我那次住进人文社招待所,主要就是在那里修订《杜甫诗选》的稿子。一家出版社同时出一位诗人的两种选本,恐怕是前所未有、以后也难以再有的事情。人文社这样做了,萧先生满意,我们教研室的同事们更感到欣慰,两三年劳作的成果没有变成一堆废纸。这件事情说明,人文社的编辑同志们对作者非常厚道,珍惜其编著之辛苦,能成者力促其成。在从事出版的部门中,这一点是颇为可贵的。

文学史大家陆侃如先生逝世后,遗物中有一部八十余万字的书稿——《中古文学系年》。这部书稿将自汉宣帝甘露元年至东晋永和七年凡三四百年间文人的生平事迹及著作,年代可考者或可约略推定者,逐年记载,对史书记载和旧说不确者,其中多有新的考订,解决了许多疑年问题。应当说,这部《中古文学系年》是陆先生一生用时最久、用力最多、征引最富、学术参考价值最大的著述。这部著作早在1947年就基本作成了,大约起初陆先生还想作些增补、修订,后来被错定为"右派",就无法出版了,所以直到与世长辞未得公诸于世。80年代初,人文社古典文学室的刘文忠同志曾经是陆先生的研究生,知道先生作有这部书稿,于是征得编辑室的同意,向山东大学中文系索取了书稿,使陆先生生前未能出版的这部著作,终于出版了。这件事更使我感动的是,陆先生的原稿是用毛笔繁体字竖写的,中间还有些涂改、加添之处;全书征引古籍数百种,引文也是要核对的,在作者已故的情况下,编辑工作相当费时费力。刘文忠同志固然与陆先生有师生谊,但他不惜时间和精力,极其认真地编好此书稿,在书前"出版说明"里仅仅说了句"本书这次出版,由编辑部对陆先生的手稿作了技术性的整理加工",可以说他既尽了师生之情,也表现出了良好的做出版编辑工作的奉献精神。《中古文学系年》出版后,相继出现了张可礼先生的《东晋文艺系年》、傅璇琮先生的《唐五代文学编年史》,可以预见,不久将有中国古代各个历史时期的这种文学年表长编式的著作陆续出来,文学史的研究也就会更加繁富和深入。由此我想到,学术的发展固然要靠学者们富有创造性的研究,也要仰赖出版社富有学术眼光的支持。人文社首先出版了陆先生的《中古文学系年》,不仅使这位已故学者的富有开创性的著作摆脱尘封的命运,而且有益于文学史研究的开拓、发展。我作为曾受业于陆先生的文学史的教师,在这里说一句:谢谢人民文学出版社和古典文学编辑室的同志们!

赢输原不定，对弈两三场

| 顾学颉

原先，我不认识绀弩同志。说来惭愧，连他的大名，也是模模糊糊不知从哪儿听说的；当然更不了解他的详细情况。——这是解放初期，文化部调我到人民文学出版社之前的事。记得在 1952 年冬，由于对《文艺报》上某文提出意见，顺便也谈了对整理中国古典文学的一些设想，开始与冯雪峰同志有信件来往。后来他要看我的著作（我当时正写完一部关于元曲的稿子），并说将交给出版社古典部的负责同志看，还希望我能参加他们的工作。这样，我就由某高校到了出版社。可是，并没见到那位负责同志，听说他到外地调查去了。

一天下午，同室的一位同志忽然对我说："绀弩同志回来几天了，你们还没见过面哩，来了！"抬头一看，是一位潇洒平易之中隐隐露着几分傲骨崚嶒的神气的中年人向我走来。寒暄之后，我问："考察大有收获吧？"他答："什么收获！假的！"（他是去调查施耐庵墓址、事迹的。）谈了几句别的事，又问我是哪里人。我说是随州。他说："我是京山。隔着大洪山，我们还是邻县老乡哩。"旁边一位同志连忙插嘴："同乡，好极了！"他颇不以为然，诙谐而带几分诘难的口气："同乡，不过表示同生长在一个地区，有什么'好极了'的？"又对我说："大作已看过一遍，等慢慢再看。稿中提到'一步一回头，瞟我意中人'的那个作者，也快到这儿来一起工作了。"——不久，那位"五四"后期的新诗人汪静之同志，果然来了，和我在一个房间办公。

那时，出版社和文化部同在东四头条一个大院里办公。古典编辑室在第二栋楼，后一栋楼下有一间较大的房间，就是聂的卧室、办公室、接待室，也是他的餐厅和游艺室。屋里除了床、桌椅、书柜之外，到处都堆放着书籍、报刊、稿件等，烟缸里堆满了半截烟头，桌上放着没来得及拿走的碗筷盘碟之类，有时还摆着一盘未下完的残棋。

他习惯于夜里看稿、写文章，日高三丈还没起床。常常衣冠不整，趿着拖鞋来到我们办公室。谈工作，说笑话，东扯西拉，天南地北，从东海龙王到武大郎和潘金莲，从恩格斯论住房到干部祖孙三代挤在几平方米里，从"后人有诗赞曰"之类该不该删到晴雯的"水蛇腰"问题，等等，海阔天空，无所不谈。只要他一来，几间屋子里的人都闻风而集，坐的站的，喝茶的抽烟的，个个抢着发表自己的高见。真是谈笑风生，比开什么会都热闹。

就在谈得最热烈的时候，他忽然灵机一动，联想起古典部工作上的某些问题，如：某书应不应列在计划里出版？社外某人，是否要向他组稿？某书的"前言"需要修改，某条注解讲得不确切、扣得不紧，等等。经他一提，你一言，我一语，各抒己见，有时遇上顶牛的情况，争得面红耳赤。于是，闲聊又变成了工作讨论会，有些工作，当时就这样定下来。

他和冯雪峰同志一起，经常想方设法罗致人才，充实古典部的编辑力量。他们从各方面陆续约请到不少对古典文学研究有成绩的同志到编辑室来工作（其中有好些人，当时和后来都成为古典文学界的专家、名人，著作不少）。还从书报刊物上，发现并联系了较多的中老年的研究者，作为组稿的对象。当时就提出过"开门办社"的口号。为了积累经验，先后指定了几位同志搞些试点工作，书出版后，他曾为这些同志"争取"到一点儿很少的报酬，作为奖励。这件事，也引起许多物议。

那时，全国解放还不久，人民文学出版社也刚成立，对于中国古典文学应该怎样对待，如何批判继承的问题，大家都还比较模糊，认识不太清楚。作为新中国国家专业出版社的古典编辑室,就要在中宣部和文化部的直接领导和关怀下(那时,出版社和上级部门在工作上的联系,是比较经常的、密切的),从出什么书,不出什么书,先出、后出等等实际工作中,把它具体体现出来。当时,在古典文学这个领域里,文学出版社每出一本古典书籍,影响还是很大的。这只要从当年全国报刊上发表的古典论文的时间序列中,就可以看出两者之间的关系了——而这份颇具历史意义的开创工作,正是由于绀弩同志和他的同事们在几年的"闲聊"之中,反复探索、思考,逐渐积累经验,吸取教训,一个标点,一条注解,一本一本的出版物,工作起来,开展起来的。回头一望,看来容易却艰辛呵!

他这种工作、领导方式,是不是十全十美,无可非议;是不是应该全面否定,打入"冷宫",戴上什么大帽子;褒?贬?或几成开?我无法作出判断,也不想作什么判断。但从总的情况看,他毕竟开拓了新的局面;如果不认为是夸张的话,在一定程度上,他毕竟奠定了解放后中国古典文学出版事业的基础。

然而,好景不长。开始在社内,从人事部门渐渐传开了不妙的信息:"二编室(即古典室)闲谈乱走","一团和气","言不及义","打伙求财"等闲言蜚语,不胫而走。起先,对聂的"领导无方",颇有责难。后来扩而充之,对"二编室"的许多人都另眼相看,窃窃私议。刚巧,中间新来了一位社级领导,胸怀雄才大略,要对全社大加整顿一番。于是从上述那些"信息"当中,选中"二编室"作为试点。首当其冲,聂当然是箭靶。聂自己虽然什么也没说,但人们还是能够从当时的气氛中体验出一些微妙的迹象的。大伙心里,不免为他处境上的阴影,感到难以捉摸的不安。继而在社外,在文艺界的"阶级斗争""越来越激烈"的时刻,一波未平,一波又起,最"可恨的"是胡风的三十万言招来弥天大祸。于是,这位胡风老友"聂老",也就不免要无声无息地从那间乱杂无章的房间,走出了文学出版社的大门。很久很久,谁也不知是怎么一回事,当然,谁也不敢问一句。也不知道那几年他是怎样度过的。后来，只听说经"内查外调"，他不是"胡风集团"的什么人。不过，那顶"副总编辑兼室主任"的乌纱帽，却若明若暗地跟他出走之后，再也没见回来。

俗话说"躲过了初一，躲不过十五"，"命里注定，在劫难逃"。"命"和"劫"自然没有人去理会它，但在人生的漫漫长途中，常常会遇见似乎是偶然却又是必然的事。不是吗？

大约是在一次"强台风"来临不久，在一个不太大的会场上，忽然看见了久违的"聂老"。举目一看，被批斗的"阶下囚"，除了雪峰之外，几乎都是他的"老部下"——二编室的许多人。脑子里一下闪出"人生何处不相逢！"的念头，真没想到，又在这个场合碰上了！

会上，那位主持运动的领导讲了一通大道理之后，话题转到聂的身上。——究竟说了些什么，当时既无心听，现在更记不起。只记得后来聂不慌不忙，不紧不慢，有板有眼，用诙谐而尖刻的语调说："咳！可惜！这么好的道理，这么深刻的马列主义，你为什么不早告诉我？我要是早些听到，不就好了？就不致现在当了右派！"几句半真半假，像开玩笑又像正经的话，我们听了，只好心中暗自发笑。那位领导听了，也无可奈何，只好暗自生闷气。——于是，被流放到北大荒！（据后来宣布，他所犯"右派言行"罪，属于"最轻量级"的，仅因看过别人写的"右派言论"，本人并无"言"，也无"行"。按"政策"，是不应被流放到那里的。）——于是，又沉寂了好几年，没听到他的消息。

大约是在"大跃进"、三年饥饿的后期，一天，我正在中国书店翻书看，忽听背后有人喊："老顾！"回头一看，原来又是这位久违了的聂老。两人的遭遇，大同小异，一时真不知从何说起。便到附近一家小西餐馆痛快喝了几杯，畅谈一番。之后，他寄诗请我刻图章（其中一方，要刻"垂老萧郎"四字，表示"从此萧郎是路人"的感慨），还把他临摹王羲之的《兰亭序》寄给我；有时还约去下棋。那时，他待在家里，闲着无聊，每天看看小说，临字帖，喝酒，下棋，消磨岁月，倒也悠闲自在。我有时也回赠他一两首诗，本文的标题，就是其中一首的结尾语。全首是：

　　白发老萧郎,翛然卧北窗。帖临王逸少,痴比顾长康(晋人顾长康有三绝,"痴"为其一。这里是双关语)。翻以才多累,难将世并忘。赢输原不定,对弈两三场!(结句也可作双关语解释,所以后来有人说我是当"右派","不服气",以此为证。其实,这是实话,因为聂和我围棋水平都不高明,互有胜负,所以这样讲。)

　　"文革"前一年,我在家养病大半年,他有时去看望我,顺便下下棋,闲聊。一次,他同张友鸾同志一起去。老伴下班回家,留他们吃晚饭,说家里没有菜,请到一家餐厅吃西餐。那时物价便宜,每份不过三几元。他说:"不用去了,你给我们每人发三块钱好了!"他一本正经一点儿也不笑,却让我们大笑一场。张老也是一个专讲幽默话的人,那次,他们讲了许多好笑的故事,使我们四个"同路人"在极不愉快的日子里,度过了一个极为欢快难忘的黄昏。

　　时间过了不太久,另一个昏天黑地"大风暴"又来到了人间。我们这些"牛鬼蛇神",当然不可避免地要被"横扫",会遇上各种不同的遭遇。听说他被法院判了刑,关进牢狱。为什么?谁也无法答复,谁也不敢问(后来传说,因为他骂了江青,被人揭发)。约摸经历了翻天覆地十来年的苦难岁月,忽然有朋友特地告诉我:"老聂放出来了!"于是,好不容易找到了他的住所,只见他无精打采,奄奄一息,躺在床上。有什么可说的哩!真是"相对如梦寐"!回家,写了一首七律,又去送给他:

　　劫后生逢喜更伤,螟蟪身世几兴亡。绯袍似火猴能戏,白骨如麻鬼擅场。秦赘久曾徭大泽(自指。我曾到"咸宁干校"劳动数年),楚囚今始放云阳(指聂。云阳为秦汉时代囚禁罪犯的重地)。莫嗟衰病无多兴,棋酒犹堪细较量。

　　末句,是从前首诗的结句而来的,也是安慰他的话。他看了,说:"陈胜、吴广徭戍大泽,他们会揭竿而起,你比得上他们吗?"我说:"不过是作诗用典故,比喻而已,怎敢和他们相比?"他又说:"现在,酒不能喝了，棋也不能下了。"不过，当我另一次去的时候，他居然又和我下了一盘不分胜负的棋，也是他最后和我下的一盘棋！

所以，在他今年三月去世之后，我第三次用了"棋酒"的字样，写了一副挽联悼念他：

> 隔大洪山麓以为邻，未必楚材皆有用；
>
> 忽东四头条而相识，那堪棋酒更无人！

"棋酒"二字，可算是我们三十多年交往、友情的象征。写到这里，也不想再谈别的什么了。不过，每当积毁销骨、赤口烧城的时刻，我总想起杜甫的诗句："国人皆曰杀，吾意独怜才！"

老毛与小宋

| 徐公持

我与人民文学出版社关系甚浅。自 1964 年到北京工作，十多年间骑车去老北京四大菜场之一的朝内菜市场不下百十次，可是从未踏进过隔壁的人民文学出版社，倒不是不知人文社的大名，而是自己作风向来简易疏宕，懒于交游，无事不登三宝殿也。

第一次进朝内大街 166 号，记得已是 1976 年的 11 月。那时"四人帮"刚倒台未久，群情振奋，中国科学院文学研究所有位新来的女士，说人民文学出版社需要批判"四人帮"的文章，经电话联络之后，双方同意合作，于是第二天一早，几位同事便一起前往出版社。进社后的第一个印象是楼里走廊颇暗，几乎不辨方物。进得四楼的一个房间，定神之后，看见一位个子不高、面色红润的男士，睡眼惺忪地一边打哈欠一边来迎接我们，经介绍，他就是当时的总编室负责人"老毛"。有人问他为何如此神态，他说昨夜没有怎么睡觉，"以前没有什么事做，现在忙得很。'四人帮'倒了，工作起来有劲儿啊！"如果换一个人说这话，我心里一定会认为此公在唱高调给别人听，他的形象一定即刻在我心里要打半折；但老毛一脸真诚的表情，告诉我他不是在自我标榜。彼此略事寒暄后，便谈及正题，不过半小时，双方便达成口头协议（当时还没有订书面协议的做法），共同编写一本批判"四人帮"的杂文集。这事进展顺利,不久就写成一册并且付梓面世不提。我想说的是从此我便认识了"老毛"毛承志,并且很快熟识了。因为他与我所的那位"通风报信"的女士是贤伉俪,是文学研究所的"女婿",所以我不久又成了他家的座上客。老毛是搞当代文学评论的,而我是钻故纸堆的,所以我们之间的"专业性"共同话题不多。但是我却很愿意与他聊天,因为他这个人很诚恳,脾气实在是好到不能再好。在老毛那里你可以无所顾忌,无话不说,因为他绝不会生气。所以碰上他,我的话也就变得多起来,反正山南海北,"想说什么就说什么"(鲁迅对曹操文章评语)。即使你说话无意中冒犯了他,也没关系,他照样是笑眯眯。还有一个旁证是,他的夫人禀性耿直,同时颇有些个性,引起不少人的敬畏,而老毛与之相敬如宾数十年,人前人后河东河西总是笑容满面兴高采烈,可见其涵养功夫非一般人可及。有人说是"柔能克刚",或许不无道理。我这个人惰性不少,不大串门儿,但老毛家是去过几次的,有两次是去中国青年出版社,顺便就拐到他家了。当时他家位于一条胡同的平房大院里,印象中好像是什么王府的侧院,颇有气派,我还曾去给他家打工,盖了个违章建筑——小厨房。几年后他搬了家,住进一座楼房里,在楼顶上安了一口大锅,说是能够看到苏联的电视节目,我为好奇心所驱使,特地骑车在傍晚时分到他家,看了半个小时的样子,看见很多横条条,老毛反复调试,累得满头大汗,图像倒是调出来了一些,但那横条条始终不能消除,而且又增加了竖条条,最后他解释说"今天信号太差,平时还是清楚的"。我虽然没怎么看清,还是很感激他。这些都是80年代的事,后来业务忙了,各搞各的,虽然不时想去看望老毛,但因无甚急事,亦为惰性所累,很少见面了。老毛早已离休,多年未见,但我心中总存有一个"与满面红光的老毛聊聊"的念头,这是一个我自认为美好的念头。与一个诚实的人交往,能够净化自己的精神境界,我相信这一点。

我第二次与人民文学出版社打交道,已是90年代的后期。我的《魏晋文学史》文稿写毕,交社里出版,责编是古典编辑室的宋红女士。

我早就认识宋红，但交往不多，只是偶尔在会议上见面。记得有1982年长沙的"韵文学会"，1993年青岛的"旅游文学会"等。在青岛有一天开会时，她溜会不知去向，事后听说她独自去海里游泳了，不由得佩服她的大胆，给我留下了颇具豪士作风的印象。《魏晋文学史》事情开始后，作者与编者之间，交道自然打得不少。我这份书稿是用电脑打的，我的电脑输入技术是临时现学现用，所以最初的错误确实太多了，错得还很荒谬，滑稽可笑。但是我交给社里的一份，是自己校改过的，自己以为"基本可以"了。她初审大约花了三个月，当我取来她审阅过的稿子时，令我着实吃惊不置，只见每页稿纸边缘都贴着小纸条，总计有数百条，就如一个熟人光洁的脸上忽然长出一部络腮胡子一般，有些不相识之感。我也在编辑部工作了多年，可是记忆中极少如此认真看过他人的稿子。由此一方面颇为自愧，一方面也非常佩服，甚至可以说受到了心理冲击。更令我钦佩的是，她对全书所有引文，查阅原著，进行校核。谁都知道这是非常繁难的工作，而她始终做得极认真，校出的问题还真不少，再次使我对自己发出"工作是否仔细认真"的疑问。我书稿中的引文，凡是"文"的部分，多数是从严可均《全上古三代秦汉三国六朝文》过录下来的，一般来说，引书引到"全八代文"，也就算可以了，但是她却仍不放过，除与"全八代文"逐字核对，校出因我引录输入差错出现的误字外，还要仔细揣摩那所引文字本身是否正确，有时她觉得"全八代文"的文本有问题，硬是去查该篇的初始文本，竟查出了几处"全八代文"的误字。有一处从"全八代文"进而要查《太平御览》，她办公室里没有"御览"，便打电话叫我查，我办公室里也没有"御览"，只好到院部图书馆查，一查果然"全八代文"有误，她的判断正确。我觉得她作为一个责编，是非常尽责的，简直是尽了责外之责。

那年我流年不利，身患贱恙，入院治疗，前后经年，饱受刀锯之痛，备尝药石之苦，后来虽然运气不错，渐见痊愈，而体力精力，由此大不如前。事后想来，当时若无宋红女士出大力帮助，我自己是很难及时完成工作的，这本书也就很难在1999年问世。记得当时我多次在下午五六点钟接到宋红电话,谈有关书稿的问题。谈完问题之后,我总要顺便问一句:"你怎么这时候还在办公室里工作?"当得知她尚未用过晚餐,我就不免总要催促她赶快结束工作回家休息。有时候我会开玩笑说:"你们社该评你为劳模!"我摆脱不了自己的思维惯性,又将此事与豪侠作风联系在一起了,不过这一次的内容要比以前丰富,敢于作为之外,还要加上扶危济困、负责到底的精神。

此外我认识的人文社的朋友,还有林东海、刘文忠等,林先生很有才气,刘先生则非常用功,业务水平都高,令人尊敬,但事情少,交往也不多。近年又得识管士光等中青年编辑,思想敏锐,朝气蓬勃,感到人文社后继有人,中兴在望。总之,我所认识的人文社的几位编辑,一方面性格鲜明,一方面人品学问都好。记得人文社后门进去的楼道转弯处有一幅墙报,上面叠印着中外著名文学家的头像,鲁迅、茅盾、巴金、巴尔扎克、托尔斯泰、泰戈尔、惠特曼等等悉在,而上面有一句话,大意是:"他们在注视着我们的工作!"此语分量极重,我每次经过都要驻足静观,体味再三,并且油然产生一种崇高感,好像这些大师们也在注视着我。人文社以整理翻译出版这些文学大师的著作为己任,半个世纪如一日,至今不懈,体现了一种献身精神,同时也体现出高标准的工作要求,一种无愧于大师的标准。就我这局外人的观察,这种高标准要求自己的精神,从冯雪峰那一代人开始,经过半个世纪的历练,对于人文社来说,已经习惯成自然,已成传统,成为"社格"。而每一位工作人员的人格,也无不受到此社格的熏陶,影响为人做事的各个方面。我所偶然接触到的几位"人文人"的风貌,或许就是社格的某种折射吧。

让我感怀的出版社学风

曹道衡

　　我对人民文学出版社学风之细致、严谨一向是很钦佩的。早在50年代中期,那时文学研究所还附设于北大,先师余冠英先生正在编注《汉魏六朝诗选》。我因为工作关系,经常要去余先生家,听余先生讲到编辑部审稿的认真负责态度。这是因为我当时兼做《文学遗产》编委会的秘书,也要做一些审稿工作。余先生当时显然是要我学习人民文学出版社的优良学风。但那时还没有亲身的感受。我和出版社的联系始于1962年初,文学所编写的三卷本《中国文学史》刚完成,所领导派我去出版社商量封面设计的问题。我记得第一版的封面有幅汉代石刻图画,封面的字则取自一块晋碑,这些是由已故的力扬先生选定的,但整个封面的布局和色彩则是出版社的先生设计的。为了这事,我曾多次去出版社。

　　自从这时候起,我就经常去出版社。那时我住在东四头条,和出版社仅一条马路之隔,再加上我同班好友许显卿先生在出版社的小说组工作,所以走动更为频繁。有一次,文学所领导要我给所里一些做行政工作的同志讲《文心雕龙》,我对讲课毫无经验,觉得很困难。这时我听说黄肃秋先生也在社里讲《文心雕龙》,便特地去出版社向黄先生请教。黄先生很热情地接待了我,他给我指出了应该重点地讲述哪些内容,使我心里总算有了底,得以完成那次讲课的任务。

1966 年开始的十年浩劫,我们的业务工作完全陷于停顿,接着是下放"干校",从事劳动。当时文学所的"干校"在河南信阳地区,出版社则在湖北咸宁,距离并不远,但在当时的条件下也很难有什么联系。直到粉碎"四人帮"之后,业务工作渐次得到恢复,我和出版社的联系又多起来了。1980 年,我们开始策划十四卷本《中国文学史》的编写工作。有一次我到出版社去谈起此事,杜维沫先生表示出版社愿意出此书。于是我就向余冠英师讲起,所里许多先生也都表示赞成,因此十四卷本《中国文学史》也由人民文学出版社出版。当时大家一致的意见是认为人民文学出版社审稿认真负责,可以帮助我们把关,提高书的质量。事实证明确实是这样。即以我和已故的沈玉成先生合著的《南北朝文学史》而论,我们曾经下了很大的功夫。在编写此书的同时,我们还在做《六朝作家丛考》(将由中华书局出版),对书中所涉及的作家生卒年及某些文学史实都做过较仔细的考订,因此书中的附注较详。这种做法后来得到了出版社和所内外一些先生的称许。但与此同时,此书的初稿亦不免有不少疏失,幸蒙出版社的先生提醒,才避免了一些错误,例如我执笔的部分中像对江总的评价和对卢思道《劳生论》的解释就是接受编辑先生的意见做过修改的。后来,沈先生还和我一起参加过另一些卷的审稿工作,我们当时也曾仔细地提出意见,后来发现我们的意见与出版社的审稿意见不谋而合。从这里我对人民文学出版社的学风有了进一步的认识。

最使我对人民文学出版社的严谨学风有较深认识的则是他们对《乐府诗选》和《南北朝文学编年史》的审稿意见。《乐府诗选》本是余先生在解放初选注的,原本只选民歌,第一版约十万字,附有几首文人作品,再版时把文人之作删去,仅八万余字。这次出版社要求兼采文人作品,还包括汉代的《郊祀歌》一类作品,扩充至三十万字左右。当时余师已届八十多岁高龄,自然很难从事,就推荐沈先生和我来做这工作。为了便于工作,出版社的刘文忠先生还帮我们借了清代张玉穀

《古诗赏析》等一些线装书,并把他自己所藏的《乐府诗选》旧版相借,这样,我们的工作才便于开展。但正当这工作即将开展时,沈先生应别人之约,参加了历代僧诗的编选工作,我当时还盼望他完成了那一工作,就能来参加乐府诗的选注。然而不幸的是不久沈先生就因病去世,这样,乐府诗的选注工作只能由我一人来完成。对我来说,选注工作,过去虽也曾参加过一些,但要独自去做,这还是第一次,尤其把两人的工作量放在一人身上,更不免仓促。幸喜出版社的先生们在审稿时提出了许多宝贵的意见,尤其是刘文忠先生对南朝民歌《神弦歌》的解释,提出了很精到的见解,对我帮助极大。

《南北朝文学编年史》是我和刘跃进博士合作编写的,当时决定他负责南朝部分,我负责北朝部分。在编写过程中,刘跃进的进度比我快,他完成之后,我那部分还差不少。此书初稿完成后,经刘文忠先生审阅,指出南北朝两个部分的体例存在着不同,经过他的提示,我们又作了进一步的商讨和修改,使书的体例趋于统一。特别应该说到的是关于北齐作家颜之推的生年问题,我当时由于疏忽,曾误把他的生年推测为梁普通二年(公元 521 年),这是由于误从《周书·颜之仪传》之故,经过刘先生指正,才把其生年改为中大通三年(公元 531 年),这样才与《颜氏家训·序致》相吻合。刘先生的审阅,使此书避免了不少错误,书的质量也得到了不少提高。回顾这几十年的往事,我对出版社满怀感激之情。我希望今后的工作中,仍能得到出版社诸先生的帮助和指正!

略谈人民文学出版社的古籍整理出版工作

| 程毅中

人民文学出版社成立于 1951 年,是文化部直属的国有出版社,它的方针是"古今中外,提高为主",所以一开始就设有古典文学部,而古典部的首任主任是副总编辑聂绀弩先生。后来聂绀弩在《中国古典小说论集》序言里说:"全国解放后,一下子我成为人民文学出版社副总编辑兼古典部主任了。第一件工作就是整理《水浒》。从哪里说起,我会整理什么《水浒》呢?"这当然因为读者需要这一部写"农民起义"的经典著作,所以《水浒》成为人民文学出版社建社后第一部整理出版的文学古籍。不管聂绀弩是不是研究《水浒》的专家,他也必须带头来整理《水浒》。他自己还说:"羞于说我把《水浒》整理得怎样,且说这书一出版,《人民日报》还发表了一篇庆祝的社论。这么一来,大学、中学、报馆、图书馆、研究所、演剧队以及不知什么单位,都接连来请我去做关于《水浒》的报告。"可见其影响之大,的确是空前的。聂绀弩也真是全心投入了《水浒》学术研究,在出书后陆续写出了好几篇文章。除《中国古典小说论集》中已收入的五论,还有《论宋江三十六人名单的形成》(《光明日报》1954 年 4 月 26 日)、《关于〈水浒〉的人物和故事》(《大公报》1954 年 6 月 5 日),未见于《论集》。文集中《论〈水浒〉的繁本和简本》,虽最初发表于 1980 年,但它是丢失后发还的旧稿。人民文

学出版社1952年出版的《水浒》,是新中国成立后第一个精心校订的文学古籍新版本,也大大扩展了《水浒》的影响。解放前印过许多种《水浒》,1950年广益书局还重印过《水浒传》,但都是未经整理的。

这个新版《水浒》当然也有一些不足之处,后来又做了进一步的校订,以人民文学出版社的副牌作家出版社的名义重印。据张友鸾先生1954年写的《七十一回本〈水浒〉的校订工作》说:"我们知道,文学版当初之所以选择金本作底本:第一,是由于金本剪裁得好,已经包括《水浒》的菁华和主要部分;第二,是由于金本的文字统一,在某些地方'字句亦小有佳处'(鲁迅《中国小说史略》)……文学版的初步整理工作,就是把金本所改动的、那些一望而知是含有诬蔑企图的地方,都改了回来。但有些金本改动的地方,并不那么一望而知……作家版进一步的校订工作,主要部分就在这里。"(《文学书刊介绍》1954年第三期)

在人民文学出版社整理金本之前,时任文化部副部长的郑振铎先生,早已主持了百回本《水浒全传》的整理工作,也在1954年由人民文学出版社出版了。《全传》由郑振铎组织并标点,自始至终负责校勘工作的王利器先生在《关于〈水浒全传〉的版本及校订》中详细说明了校订的经过(《文学书刊介绍》1954年第三期)。该书为进一步研究和整理《水浒》提供了更多的资料。

顺便插上一句,当时人文社创办一份小刊物《文学书刊介绍》,免费发给读者,我们那一代大学生就常去书店索取,其中写文章的却是一些编辑名家。那时人文社古典部有不少著名的老编辑,先后有张友鸾、张友鹤、黄肃秋、王利器、顾学颉、陈迩冬、周绍良、舒芜等人,都是出版界的老前辈。他们编的书几乎都是我的必读书。后来我也参加了出版工作,曾有幸向他们中的几位前辈请教和组稿,受益匪浅。

1952年以后,人文社接着出了一批文学古籍,除了经过整理的《水浒全传》和郭沫若的《屈原赋今译》等,还有以作家出版社名义出的《三国演义》《红楼梦》《西游记》《儒林外史》《西厢记》等。如新版的《三国演义》,据顾学颉先生的介绍说:"这次作家出版社出版的《三国演义》,

基本上是根据毛宗岗评定本印的……但毛本也还有些错误和缺漏,尚待改正。趁这次出版的机会,我们根据涵芬楼影印的明本《三国演义》,并参考《三国志》《资治通鉴》《文选》等书,作了一些必要的校订和补正。"(《文学书刊介绍》1954 年第一期)可见他们不仅做了对校,还做了他校和订补的工作。

1954 年人民文学出版社又挂出了另一块副牌"文学古籍刊行社",印出了《孟浩然集》《白香山集》《纳兰词》《琵琶记》《诗集传》《玉台新咏》《乐府诗集》《杜少陵集详注》《白氏长庆集》等书,这些书大部分是照旧本影印的。也有做了一些编辑加工的,如 1955 年影印的《清平山堂话本》,就是把古今小品书籍印行会影印残本的十五篇,加上马廉影印的《雨窗集》《欹枕集》残本十二篇,拼合而成的新版。编者曾据《古今小说》《警世通言》里的选篇,摘录其相关的部分,附在原书残缺各篇的前后,还加了一些有关的资料作为附录,使读者能了解更多的内容。那时我们这一代的大学生和刚参加工作的青年,得到了以前买不起和根本看不到的许多古籍,受惠很多。文学古籍刊行社在书前冠以一篇《重印文学古籍缘起》,其第三条说明:"重印文学古籍的工作,和为普及古典文学而着重于编选、注释和批判的整理工作有所不同。重印工作只着重于书籍的选择、版本的审定、断句和校勘等的加工,对于原文,一般不作任何删改。"可见重印古籍主要是为研究工作服务的。实际上,"为普及古典文学而着重于编选、注释和批判"的选读本,是那时出版工作的重点,这当然也是古籍整理出版工作的一个重点。

我们知道,1958 年古籍整理出版规划小组的成立,是中国出版史上的一块里程碑。由国务院科学规划委员会批准设立的古籍整理出版规划小组,下分文学、历史、哲学三个分组,文学组召集人为郑振铎、何其芳,成员有时任人民文学出版社副社长的王任叔等人。在 2 月间成立之后,随即提出了一个整理和出版古籍计划草案,其文学部分分列六项,第一项就是"文学读本的编辑工作"。这一项正是由人民文学出版社和中国科学院文学研究所共同筹划的,其目录从《诗经选》《楚辞选》

到《红楼梦》《儒林外史》，共列了五十个选题。当时有一部分已经提前完成了。1961 年，人民文学出版社对中国古典文学编选工作做了一个总结，并附有历年来出版的古典文学选本书目，刊载于《古籍整理出版情况简报》1961 年第十五期。关于"中国古典文学读本丛书"的缘起，已有李俊先生的专文做了详述（见《古籍整理出版情况简报》2019 年第七期，总第五百八十一期），就不用我多加饶舌了。

我要补充的是，在规划小组成立之后，古籍整理出版的格局，有了重大的调整，起了重大的变化。在此前的历史前期，人民文学出版社古典部已经做出了重大的贡献，起了引领和示范的作用。这一点似乎还没有得到足够的认识。如古籍整理出版规划小组办公室编的《古籍整理图书目录》（1949—1991），就没有列入"中国古典文学读本丛书"，可能和这套丛书的目录不够完整也有关系。应该说明，2007 年岳麓书社版的《新中国古籍整理图书总目录》就列入了普及读物一大类，其中文学书是最多的，人文社的读本丛书本也括注了丛书名称，可是也没有编出"中国古典文学读本丛书"的总目。各家领导始终很重视这方面的工作，如小组成立后的 1960 年 5 月 14 日，人民文学出版社、中华书局、中华书局上海编辑所就文学古籍的整理出版分工原则进行会谈，在《会谈纪要》中记录分工原则的头两条为：

> 一、历代文学大家的全集、文集的新注本，三年内计划出版十六家（此略），主要由人文社负责，但其中李白、白居易、王安石、陆游、龚自珍等五家由中华上编负责。
>
> 二、古典文学的选注本，"中国古典文学读本丛书"由人文社负责；普及性的选注本"古典文学普及读物"由中华上编负责。两套选注本均于三年内出齐。……（摘自《中华书局大事记》第 181 页）

可见当时还是把两大重点项目，委托给了人文社。当然，由于形势变化、人事变动和对难度估计不足，没能按时完成。但我们的确是把人文社看作文学古籍整理出版工作的骨干力量的。（当时中华书局的主要力量是放在历史古籍上的。）只是文化部 1956 年 5 月给中宣部的报告曾提出了新的设想："拟将文学古籍刊行社、高等教育出版社和财政经济出版社的古籍出版部分并入古籍出版社。有关出版社能编审古籍的编校人员，也尽可能集中到古籍出版社。"（《文化部党组关于我国古籍出版工作规划的请示报告》，见中国出版研究所、中央档案馆编《中华人民共和国出版史料 8》，中国书籍出版社 2001 年版，第 99 页。）1957 年 3 月，1954 年成立的古籍出版社又并入了中华书局。这样文学古籍刊行社的牌子就停止使用了，有些存稿也都转移给了中华书局。1958 年我进入中华书局后所通读的《全元散曲》清样，好像就是文学古籍刊行社或古籍出版社转来的。文学古籍刊行社转来的存稿不少，都已预付过稿费，但后来采用的不多，我记得的只有罗根泽先生校点的《西京杂记》，好像是存稿之一。最后由文学编辑室转交给图书馆的几种加了断句或标点的古书，好像还是当初的存稿。现在这段历史已经很难弄清楚了，只能确定当时我们有一批文学古籍刊行社转来的备用稿，是徐调孚先生告诉我的。

规划小组成立后，人文社还是承担了许多古籍出版的重点项目，直到"文革"后 1977 年 12 月，时任新闻出版局代局长的陈翰伯先生，提出要出点儿古书，召集人民文学出版社、中华书局、上海古籍出版社三家一起开会，重新讨论分工合作，以文学书为重点，又重提"中国古典文学基本丛书"的规划，定了十五个大作家的新注，还是人民文学出版社任务最多，负责曹植、李白、杜甫、韩愈、柳宗元、苏轼、辛弃疾、关汉卿，上海古籍出版社负责王安石、陆游、汤显祖、龚自珍，中华书局分担了屈原、陶渊明、白居易三家。为什么中华最少呢，因为在文学方面，他们两家的编辑力量都比我们强。

我现在追忆一些往事，说明人文社在古籍整理出版工作上的重大贡献，特别是在规划小组成立前的新中国初期，在古籍整理出版上的开山辟路的功绩。除了表示同行后辈的敬仰之情，还表达了我从学生时代以来受益于"中国古典文学读本"等书的感谢之意。

忆"三同"张老

| 舒　芜

"三同"张老,指张友鸾先生。我与他互称"三同"。今年是他一百周年诞辰。他的杂文选集《胡子的灾难历程》即将出版,他的女儿张钰女士要我写一篇序言。序言,我不敢当,只能回忆我追随张老共事也共历灾难的若干片段。张老的文章,是文如其人,人如其文的。我的回忆,或许可以对读者有些帮助。

我与张友鸾先生互称"三同",有我们的典故,是指我们被宣布划为"右派"(1958年),宣布摘去"右派"帽子(1961年),宣布改正"右派"错划(1979年),三次的宣布都在同一时间场合。

我与张老同时同地听宣布"摘帽",是1961年11月13日,当时我们还以为有多大意义,约定从第二年起,年年此日小聚小饮,以为纪念。后来渐渐觉得不大对劲儿,"摘帽"之后可以恢复"同志"的称呼,此外没有多少不同,背地里还是叫你"摘帽右派",可是我们仍然小聚纪念。1964年的11月13日,我正与绿原同在北京王府井新华书店参加卖书劳动。事先约好张老于书店下班时来,我们同到书店隔壁的闽江春小馆小吃。席间,张老偶然说起,我才知道前一天是他六十生辰。第二天,我用旧体诗形式写了一篇祝词道——

十一月十三日夜饮赠张友鸾先生兼祝六十之寿

十一月十三,日历寻常字;而我与先生,频年得佳致;

拮据共倾囊,相将买微醉;我惭无酒肠,公归一酣睡。

今年又此日,习劳在书肆;期约及华灯,策杖飘髯至。

客问何所为,答云是生祭;廋词虽滑稽,恍惚见深意。

人生天地间,所历非一事;事至异甘辛,事过尽堪记。

庄生强齐物,汗漫聊自譬;七尺付百年,艰难岂儿戏?

羞为沾沾喜,不下潸潸泪;风物放眼量,立身终有地。

席上闻海珍,未必众口嗜;与其问庖人,曷如自尝试?

泸州大曲酒,不饮香触鼻;当其储瓮时,胡由辨真伪?

且作荒唐言,以代纵横议;今古揽奇观,聊斋搜志异;

范张鸡黍情,狐鬼幽微意;收拾入新篇,鼎笔绘魑魅。

清话颇移时,凌杂少序次;前日寿六旬,失口偶未秘;

我欲补称觥,招邀几朋类;公言勿复尔,齿长徒为累;

世情本如斯,菀枯各相避;但申来岁约,重证今朝事。

前年我四十,手把耰锄器;担水点芋苗,带露刈麦穗;

仰视浮云驰,卧逐凉风吹;自寿不成诗,辗转却成寐。

今者寿先生,思量尤匪易;惟当袭陈言;长保松筠翠;

十一月十三,永葆毋遐弃。

　　"客问何所为"的客,指与我同在书店参加轮流劳动的绿原,我们邀他共餐,他问为什么有此小聚。"答云是生祭",是张老答道:"今天是我们的生祭。"冲口而出,把小聚的意思和我们的心情说得恰好,他一贯有这样妙语如珠的捷才,所以说是"廋词虽滑稽,恍惚见深意"。诗中虽有牢骚,如"且作荒唐言,以代纵横议""世情本如斯,菀枯各相避"等句,末尾还是相约"十一月十三,永葆毋遐弃",满以为可以年年如此小聚一番。我们真是"鱼游沸鼎之中,燕巢飞幕之上",不知道只隔一年,1966年的"11月13日",大家早已陷入"文化大革命"的浩劫之中,什么都谈不到了。

"文革"之后，我们第三个"同"之后，只见过两三面。最后一面，是1987年11月，听说张老决计和夫人崔伯苹女士回南京定居，我与周绍良兄同去他家送行。张老已经因脑血栓失语，见我们去，很是高兴，半靠在床上笑容满面地相陪。我们告别时，他半靠在床上笑容满面地挥手送我们，是我记忆中他最末一张照片。从温暖的斗室走进茫茫的寒夜时，我明明意识到后会难期，却无悲戚之意。归途中，我一直默念着，为他们庆幸。我知道，南京对于他，不是故乡，胜似故乡。当初他离开新闻界，离开南京，到北京改行当编辑，本来都是不得已，对南京还是朝思暮想，现在可谓终于能"遂初"。

别后不到三年，1990年7月，得到张老逝世的噩耗，我寄去挽联云：

> 新闻妙笔，古典鸿裁，尽俗文章皆大雅；
>
> 浊酒陪欢，清流共厄，三年暗默竟千秋。

上联说张老学问的三个方面：新闻，古典文学，章回小说。下联说彼此关系的始终，"清流共厄"指"三同"，"浊酒陪欢"却不大真实，我们同吃小馆虽然不少，我其实一贯酒精过敏，滴酒不沾，正如前引诗中所云"我惭无酒肠"，只是以吃菜陪他小饮罢了。

我们相识于1953年5月，我从广西南宁调到北京，进人民文学出版社古典文学编辑室（二编室）工作。张老是年初调来，比我早几个月。他的大名，我已经久仰。抗战期间在重庆，我就是《新民报》《新民晚报》的爱读者，从这两家报上取材写过杂文。我已经知道"《新民报》三张"，其一是张友鸾（另两位是张恨水、张慧剑）。见面认识，才知道他是安徽怀宁人，我是桐城人，两县邻接，可算小同乡。这样一位著名老报人、大我约二十岁的乡前辈，一点儿没有乡前辈的架子。"平易，温和，幽默，胸怀宽广""坦荡幽默，达观开朗""倜傥不拘，潇洒自如""待人谦和，温文尔雅""幽默风趣，妙语如珠"，这些是《张友鸾纪念文集》里面老朋友们描写张老风度品格不约而同的用语，与我的初步印象完全相符,后来越熟识,越是加深印象。

熟识之后,大体了解张老的历史:他是北京平民大学新闻系出身,邵飘萍的得意弟子,大学还没有毕业就进入新闻界,开始就是总编辑一级,很快显示出新闻工作的全才奇才,得到公认。他本来要以新闻为终身职业,解放前坚持民间报纸工作,不入官报。他擅长编小型报,在《新民报》《南京人报》最久。抗战后的《南京人报》是他独力办的,政治上是独立、自由、公正、超然,新闻上注重社会性,注重文采,注重趣味,有很大成功。南京解放前,《南京人报》公正地揭露国民党的内战、独裁、贪污、腐败,受到国民党迫害查封。解放后,与《新民报》一起得到批准仍然作为民间报纸复刊,为全国都没有民间报纸中之特例。不久改为公营,又不久,因为必须学《真理报》《人民日报》,失去特色,销路锐减,只好停刊,他从此结束了一生大愿,离开新闻界。"三反"运动起来,他配合运动写出章回小说《神龛记》,受到欢迎,上海正要拍电影,不料《文艺报》上一篇大文章批判之为《一部明目张胆为反动资产阶级辩护的小说》,使他不能再在南京待下去了。正好,老朋友聂绀弩经过南京,聂本来了解他在新闻工作之余,已经研究古典文学,便邀他参加人民文学出版社古典部工作。

起初,古典部的气氛比较宽和,工作之余,谈谈笑笑,作打油诗互相唱和,工作丝毫没少做。尤其张老,上班坐下来就不大走动,埋头工作。他给《水浒》作了新的注释,开创了中国古典白话小说加注的新领域,其他古典小说,也都是他作为小说组长主持整理出版的。他从不作打油诗,别人的打油诗,却不知为什么多爱以"赠张老"为题,抄写奉上。本来大家没有注意,张老自己指出这个现象,大家一想确是这么回事。有一次我首唱赠张老云:

> 伤风晨上值,淋雨夜归家。
>
> 白日常寻梦,晴窗偶种瓜。
>
> 传闻夸鹿马,相见话桑麻。
>
> □□□□□,□□□□查。

（末联忘记了。）

张老长期在新闻界生活，习惯于夜间工作，早晨迟起，所以第三句说他白日常寻梦。张老笑道："我成了大烟鬼了。"是带欣赏的玩笑态度，没有愠意。这大概也鼓励了大家更喜欢作打油诗赠他，好像一班小弟弟爱缠着一位笑嘻嘻的老哥哥开玩笑。但副总编辑兼古典部主任聂绀弩比张老大一岁，他们是几十年的老朋友了，也用此韵嘲张老，第三句云："文章王卖瓜。"用"老王卖瓜，自卖自夸"的俗典颇巧妙，张老笑纳，不以为忤。但末联云："错自由他错，谁将字典查。"张老可笑着抗议道："这可是领导在考核工作呀！"聂老连忙改为"一字难分处，康熙百遍查"，问："这行了吧？"

及至王任叔来任出版社副社长兼副总编辑，分工管二编室（古典部），古典部气氛迅即紧张，"闲谈乱走打油诗"和所谓"吃吃喝喝，拉拉扯扯"被指责为二编室（古典部）四大要不得风气。关于"吃吃喝喝"，张老后来有文《马凯餐厅的文酒之会》追记，写得轻松，其实当时很严重，"肃反""反右"中，"吃吃喝喝"曾被批判为反党反社会主义的地下组织联络方式之一，这里且不深论。

下班之后，"文酒之会"之外，我还有很多向张老承教的机会。我与张老同住出版社的草厂胡同宿舍。我住四合院里面，张老住一个小"别院"，是四合院内通向厕所的旁角地，靠着外围墙搭起披厦三间房，就是张老宿舍。张老书桌当窗正对厕所，他坐在桌前，全宿舍谁上厕所都逃不过他的眼目。幸而空间还大，当窗搭起架子，种上藤蔓植物，隔一隔向厕所的视线，倒成就了一点儿豆棚瓜架的诗意，也就是我所谓"晴窗偶种瓜"。我又有赠诗云："小圃当窗种菟丝，酒醒人困晚凉时。忽然一阵潇潇雨，闭户人家总未知。"咏他夏日豆棚下乘凉的情景。

张老这三间屋，今天回想很简陋，当时倒不大觉得，仿佛还是宿舍中的水平线以上的。张、崔二老诚恳好客，主雅客来勤。特别是聂老当时独住出版社机关，下班后经常来张老这里共餐，谈到深夜回去，各自灯下写作。我若知道张老那里有我熟识的客人，也常去共谈，学到不少东西,最多的是新闻界的逸事趣事。

记得 1945 年初,国民党统治区民主运动高涨,有一位黎东方教授在重庆公开讲演,说君主制度是世界上最好的政体,缺点只在好君主身后不容易有适当继承人,所以秦皇汉武求长生实在是不得已。他又说,农民虽苦,却不知道造反,有文人煽动,才会天下大乱。《新民报》的"本报特写"记录了这些高论,加上大标题曰:"可恨腐儒文乱法,只悲圣主不长生。"幽默风趣,典切工整,一针见血,我当时就据此写过一篇杂文,现在才知道那标题就出自张老手笔。又,抗战胜利后,传来郁达夫南洋被难的消息,又风闻王映霞已与某轮船公司总经理结婚,当时交通困难,出川不易,轮船公司是大家注意羡慕的敏感部门,于是《新民报》将两条消息综合加标题曰:"王映霞买舟东下,郁达夫客死南洋。"妙不可言,现在也知道出自张老。

一些文苑交游,文坛点滴,张老偶然随意谈起的,例如,远在 1921 年,张老还是安庆第一中学一个十七岁的学生时,便结识了来到安庆教书的郁达夫。郁达夫便介绍他读黄仲则的《两当轩集》。张老早年在北京时,去看过徐志摩,徐晨卧未起,床前凳上,整整齐齐叠着他的绸缎袍褂。焦菊隐结婚,周作人送贺诗曰:"郎情如烈火,妾性似干柴;今朝两相遇,并出火星来。"等等。我听了都有兴趣,从中领会不少东西。

但是,好景不长,1957 年来了。

1957 年开始整风时,古典部早已人心思散,纷纷打主意离开。张老想回新闻界,已经联系有成。机关里"鸣放",他好像请了什么假在家,没有参加运动。紧接着"反右"开始,我与顾学颉相继被揪出来。我每天低头上下班,偶尔看见张老还在豆架下闲坐纳凉,远远对我微笑致意。我庆幸他没有卷进来,希望他能保平安。可是,北京召开了新闻界座谈会,那是专为"钓鱼""引蛇"而开的,张老出席,作了《是蜜蜂,不是苍蝇》的精彩发言,一吐他压抑多年的对于新闻界的意见,马上被钓出来引出来了。北京新闻界批判之后,发回本单位批判,正好满足了本单位的需要。先前"肃反"运动中,就批判过"二编室(古典部)独立王国",是以"反革命分子"聂绀弩为首,以舒芜、张友鸾为左丞右相。后来聂绀弩不算"反革命分子"了,"独立王国"还算不算,仍然悬着。现在可好了,"由聂绀弩独立王国到舒(芜)张(友鸾)顾(学颉)李(易)右派小集团",这篇文章就这么水到渠成了。领导全出版社运动的人兴高采烈,发动群众把我们批得昏天黑地,我们终于都按这个口径认了罪。

"反右"在政治上把古典部一扫而空,业务上不能没有人做,于是古典部的"右派"绝大部分留在原单位原部门仍然做编辑工作,张老与我都在内。其时,出版社机关从老平房迁入新大楼,一楼两家,人民出版社占东边,人民文学出版社占西边。一天,我上班上楼时与张老相遇,旁边没有别人,张老向我微微一笑道:"无言独上西楼。"此时此地,他还是这样妙语如珠,典切自然。

1961 年我们一同被宣布"摘去右派帽子",张老便申请退休,1962年批准退休。所以前面说的 1964 年 11 月 13 日,我们相约小聚,我还在参加轮流劳动,张老却是从家里"策杖飘然至"了。

张老"划右"后工资降了三级,退休还要折扣,本来很窘迫。所幸能在香港《大公报》《新晚报》《文汇报》等处开辟专栏,笔耕不已,稿酬以港币计,生活略微宽裕了几年。聂绀弩赠他的诗有云:"傥非香港大公报,看尔悠然能遂初。"是纪实。"悠然"是张老所用笔名之一,双关"遂初"后略微宽裕的生活。

退休还有一个好处,"文革"中他没有与我们在职人员一起进"牛棚"、下"干校",只是被"街道专政"。"专政"具体内容似乎只是扫胡同,做思想汇报,此外无多事,他照样喝老酒,上街看大字报,反正比"牛棚""干校"好得不少。

这些我都不是亲见。重新见面就跳到粉碎"四人帮"之后,我们曾一同访问刚从山西出狱回北京的聂绀弩,在聂家午饭。聂绀弩"文革"中以"现行反革命"罪判处无期徒刑,后来以"国民党县团级以上人员"身份获释,每月从派出所领取生活费十八元。那天的饭菜很可口,张老赞美道："我准备来吃一月十八块的伙食，却吃了一月八十块的。"妙语如珠，仍不减当年。

再以后就是开头说的送他们回南京，直至接到讣告。关于张老的最后形象，其女公子张锦女士有生动描述云："父亲八十六年的人生旅途，是把他热爱的南京城作为归宿的。1990 年 7 月 21 日，父亲一反终年卧床的衰疲状态，挣扎起床，下地走动。他的失明的眼睛忽然明亮起来，时而喃喃自语，时而拈须大笑，似乎在同老友倾谈，但只能听到'新闻''发稿''出版'等单词，讲不出连贯的句子。实际上他是用别人听不懂的语言向世人告别，向他从事半个多世纪的新闻和文学事业告别。一连三十几个小时精神亢奋，终于在 7 月 23 日凌晨，他无憾地长眠于母亲——南京的怀抱之中。"

这同我亲见的满面笑容挥手送我的最后形象完全一致。真好！

严谨、庄重、活力四射

| 叶廷芳

人民文学出版社在我国出版界乃至整个知识界是最具影响力的出版单位之一，在国际上也享有声誉。只要提一下建社以来她的历届负责人，就让人肃然起敬：冯雪峰、王任叔、严文井、陈早春、韦君宜、屠岸、聂震宁、孙绳武、绿原……他们不仅业务精通，而且都非常敬业，人品亦上乘。

值得一提的是，我自1950年上初中起，恰好与人民文学出版社同龄，几乎目睹她的成长和发展。虽然其前辈领导无缘相识，但半前辈或同辈的领导还是有好几位熟识的，如聂震宁同志、屠岸同志、陈早春同志、孙绳武同志以及绿原同志等。

其次是编辑水平过硬，这首先表现在选题有眼光。只要看一下国内外的主要经典文学著作，可以说大部分都被她囊括了，如我们外文所"文革"前就着手编选的"三套丛书"中的"外国文学名著丛书"就是人文社响当当的品牌之一！

第三是编辑的文字功夫扎实。我年轻时通读过人文社编辑出版的《鲁迅全集》，从正文到注释始终没有发现文字上的错讹。

第四是责任心强。记得我还在北大当助教时，人文社送来两部长篇小说的校样征求我们的意见：它们的翻译水平能否出版？我们几个人认真看了后进行了讨论,一致认为傅惟慈译的《勃登波洛克一家》的译文达到出版水平,另一部《臣仆》的翻译水平较欠。后出版社完全接受了我们的意见,只出版了前一本。

再一点是对名家的译作不盲从。一次我去人文社外文部,顺便去法语组看一位熟人,见她正校改傅雷的一个译本,即震惊地说:"名家的译本你也敢改?"她说:"我作为责任编辑,不看对方是不是名家,我只管他这句话译得对不对,译错了,就得改!否则就是对读者不负责任!"当时我抄下了这句话,回去问我夫人(她懂法文),她说编辑改得对!

最后我认为人文社的装帧设计也是十分讲究的:书本拿在手上,显得格外大方又大气,色调与图案协调美观。

我本人业务上与人民文学出版社发生关系要追溯到"文革"后期,那是1974年邓小平复出时期,他利用"抓革命,促生产"的口号,强调"抓业务"!当时我们搞外国文学的人很苦恼:在文学和文化领域"大洋古""封资修"的封条到处都是!我们能搞什么呢?那时鲁迅很受推崇,读了一些鲁迅的书,觉得鲁迅与外国文学的关系很密切,而且留下十本译文集。我们能否以此作为一个课题,借此为外国文学打开一条生路呢?当时何其芳正在跟我学德文,以便翻译海涅的诗。于是我把这个想法先请教他。他大为叫好,说这正是我国以往的鲁迅研究所忽略了的一个空白!我又请教《文学评论》副主编毛星,他与何其芳意见如出一辙。于是我又向我的老师和老所长冯至请教,他也很赞成,且表示愿意担任这个写作小组的负责人,并请戈宝权和陈冰夷当顾问。接着我在所内同事中物色了三个合作者。我们决定每人写四五万字,共约十五至二十万字。但将由哪家出版社出版呢?我们想:最理想的当然是人民文学出版社了!但我们初出茅庐,人家能答应吗?最后我们决定请冯至先生写个条子给严文井社长。文井同志见条子后,立刻叫来了陈早春。两人商量后,表示同意我们的要求,并立即签订了合同!只是时运不济,1976年初,当我们完成书稿的时候,"批邓、反击右倾翻案风"的邪风刮得正凶！我们一年多的心血只得报废！（后亏得李和林主编的《鲁迅资料研究》发表了其中的第一部分）但出版社的初衷值得感谢。

1978年终于恢复工作。业余的第一件事是赶紧将我心仪已久的瑞士著名戏剧家迪伦马特的两个最主要代表作之一《物理学家》翻译出来，并发表在上海的《外国文艺》上。想不到很快就被当时的人文社外文部主任孙绳武同志看上，他立即决定要出一部《迪伦马特戏剧选》，并主动向我约稿。我立即约我的老同学张荣昌各译两出，这样一共五出剧，题为《迪伦马特喜剧选》于1981年上半年出版。正好当年下半年我有机会去德国，我带着这本新书去瑞士拜访了迪伦马特。我想，在他拥有四十多种语言译本的情况下，现在又增加一本拥有八亿人口（当时的数目）的国家的译本，定会特别高兴的吧？虽然当时我们缺乏版权意识，没有事先签订合同，也始终没有给他稿费。但他对此没有在意。从他招待我吃饭之隆重就可以看出这一点。

十来年后，当拥有迪伦马特著作出版专利权的瑞士迪奥根尼出版社知悉我研究迪伦马特，立即主动一口气寄赠五十六册迪伦马特的全部著作及有关研究他的著作。不久又主动邀请我赴瑞士进行了四个月的学术访问。

后《迪伦马特喜剧选》所包含的五出戏先后搬上了我国舞台，迪伦马特成了我国改革开放以来被上演得最多的外国戏剧家。这显然与人文社的慧眼识珠分不开。为满足社会需求，人文社先后数次以《老妇还乡》为书名再版或重印了上述作品。去年又扩充了内容，出版了《迪伦马特戏剧集》上、下两集共十出剧作。还有一点值得一提的是：在国内许多出版社缺乏版权意识的情况下，人文社还按照国际惯例毅然购买了作者和原文出版社的版权。

此外，人文社外文部于1981年还以外国文学出版社的名义出版了我和老同学张荣昌合译的长篇小说《假尼禄》。此后外文部多次编辑出版的《卡夫卡短篇小说选》直到2017年的《卡夫卡小说全集》都收入了我的部分卡夫卡短篇小说译作。

通过这些业务关系,我与人文社外文部的前后几位负责人都建立了友情,尤其是孙绳武同志,他待人和蔼而诚恳。每次去他府上看望,他都要留我吃饭。最后一次去看他,他已九十二岁,他又要留我吃饭,以便与他共享他从国外带回来的白兰地;我已跑出门外好远了,他还让他的女儿来追我!足见他对译者的持久的友情和至诚!

新世纪以来,人民文学出版社在时任社领导聂震宁同志的指导下,推出一个富有创意的新项目——"21世纪年度最佳小说",每年评出并出版各大语种最佳长篇小说一部,以及时把握国际出版动向。承蒙人民文学出版社的信任,我有幸成为这项活动评选委员会的一员,并兼德语文学评委会的主任。历时十余年,直到八十余岁,毕竟年事已高,不得不请求告退。在这过程中与年轻、朴实而勤奋的老校友——外文部主任欧阳韬成了朋友。

最后祝愿人民文学出版社永远年轻,活力四射!

四十年的合作,从学做编辑开始

| 白嗣宏

"十年动乱"中,1975年,周总理提出好好学习马列主义出版马列著作的要求。中央编译局和人民出版社组织全国各地高校俄文专业的教师翻译列宁未出中文版的著作。当时我所在的安徽大学外语系也接到参加这项工作的任务。这样,久违的文字翻译工作,在系领导的主持下,俄语专业的教师集体行动起来。初稿译出后,经人民出版社审阅,提出请安徽大学派一位译者到出版社,讨论一些文字修改问题。任务落到我的身上。领导提出,希望我在北京时找点儿活带回学校,大家有事可干。1977年"文革"刚结束后不久,我就去了北京,得到人民出版社张主任的热情接待和安排。我们译的是《列宁文稿》第四卷。当时我在撰写关于斯坦尼斯拉夫斯基的正名论文,涉及高尔基和列宁对斯坦尼创建的莫斯科艺术剧院和斯氏的评价问题。参考资料中就有他们的书信。我手中正好有《列宁与高尔基通信集》。当我闲中向张主任提出这本书有无翻译出版的价值时,他说,这本书适合人民文学出版社出版。《列宁文稿》第四卷译文修改完毕后,他就带我去人文社找伍孟昌老师。那时两家出版社同在一幢大楼里,也就是现在人文社所在地。孟昌老十分热情,对外地来的青年译者问寒问暖。他随即带我去见孙绳武前辈和蒋路老师、卢永福老师、刘辽逸老师,对我来说,确是意外收获。中学时期阅读车尔

尼雪夫斯基的《怎么办》就是蒋路老师的译本，《远离莫斯科的地方》就是刘辽逸老师的译本。见到他们，不禁肃然起敬。过了几天，孟昌老通知我，说《列宁与高尔基通信集》的选题通过了，需安徽大学有关单位负责签订出版合同，本书的责任编辑由他担任。我们当时还是集体译者，译文做了很多的统一工作，但是问题仍然很多。文本又是涉及两位伟人的著作，最后的定稿工作，责任更是重大。外语系领导指定仍然由我负责通校工作。1979 年，我应孟昌老之约，到北京来修订译文，住在小街的招待所里，用餐就在人文社的食堂里。这本书于 1981 年 9 月正式出版，从此开始了我同人民文学出版社的合作。

在向孟昌老学习校订译文时，从用词到标点符号，从句子结构到修辞，如何选择同义词，如何挑选词语，如何注意作者语言风格并体现出来，他都是客气谨慎地以讨论的口气提出来，体谅和尊重译者的文字。他的渊博学识，他的精巧编辑艺术，给了我很大的启示，为我以后主编各种著作校订各种译文，打下了坚实的基础，等于进了编辑学校。而这正是我们留学生最薄弱的地方。从人文社编辑大家孟昌老处学到的知识，运用到我日后的文学作品的编选工作，一生受用不尽。我主编的《外国抒情小说选》、"当代苏联文学丛书"（由安徽人民出版社和安徽文艺出版社出版）都用到了在人文社学到的知识。因此，我同人民文学出版社的合作就是从学习做编辑开始的。

这次合作为以后打下了基础。由于孙绳老是苏联文学研究会的副会长，我当时是理事会理事，因而得以时常见面。从安徽到北京出差时也常去拜访，如同回到自己家一样。我的第一专业是苏联戏剧文学，社科院陈燊老师在主持"外国文学名著丛书"（网格本）时，找我写一篇《亚·奥斯特洛夫斯基戏剧选》的译本序。这本书于 1987 年出版。后来人文社筹划出版《托尔斯泰文集》，项目主持人张福生同志找到我，邀请我参加，负责第十三卷，即戏剧卷的校订和补译工作。福生兄交给我的任务是校订芳信前辈的大译《黑暗的势力》和《活尸》，补译出《教育的果实》《第一个酿酒者，或者小鬼怎样将功赎过》《光在黑暗中发亮》《万恶之源》《一个受传染的家庭》。这套十七卷巨型工程于1989年秋问世。2011年又出了精装本,责编是温哲仙女士。由于托尔斯泰在中国读者中享有极高声誉,现在又计划出版新版。2013年福生兄筹划《果戈理文集》时,找到我,希望采用我1999年由安徽文艺出版社出版的《果戈理戏剧集》中的部分译文和写一篇前言。这次顺利完成任务,并于2018年问世。责任编辑由福生兄亲自担任。这套精装礼品版,受福生兄委托,转交给俄国莫斯科果戈理之家博物馆。馆长捧着这套书,盛赞具有欧洲古典出版物的风格,为博物馆的藏书大添光彩。

除了戏剧方面,我还有机会参加苏联小说的翻译工作。1980年代初,北京外国语大学俄语学院刘宗次教授应人民文学出版社之约,编选一部当代苏联作家舒克申的短篇小说选,作为"当代外国文学丛书"的一种,于1983年出版。宗次教授不弃,令我译出舒克申的两个短篇,《晶莹的心灵》和《考试》。那时我正为安徽人民出版社编选"当代苏联文学丛书",选入舒克申的电影剧本《红梅》,为舒克申朴素无华的文风和令人捧腹的诙谐所倾倒,译的过程真是一场心灵享受。

1987年我有机会作为中国作家代表团参加苏联作家协会在莫斯科举办的苏联文学国际翻译家大会。那时中苏两党两国的关系还没有正常化,但人文方面的交流已经相当热烈。两国文学出版界商定互译互出当代文学作品,选题则由双方互相提供。苏联国家文学出版社提供的是《骨肉情——苏联当代中短篇小说选》,由人民文学出版社出版。责任编辑程文先生找到我,分配我译出阿斯塔菲耶夫的短篇小说《世界末日》。《骨肉情》于1988年问世。程文老师退休后应聘到莫斯科教授太极拳,我们还多次见面畅谈,他中国文化功底深厚,不仅教授拳法,还顺便讲解文化背景,很得俄国学员们的赞赏和钦佩。

从上世纪80年代开始,我同人民文学出版社的合作已经延续了四十年,大半辈子了,外国文学编辑室的人员一代一代更新,但是合作的友谊也是一代一代薪火相传,朝内大街166号的老楼仍然活跃在我的心中。

人文社的俄文人

| 刘文飞

人民文学出版社建社已七十周年,我第一次看到这家出版社的时间可能是在 1981 年,也就是人文社三十而立的时候,当年我考上社科院外文所研究生来到北京,之后便马不停蹄地开始朝拜自己心目中的几处文化圣地,朝内大街 166 号就是其中一处,因为我在大学期间读了太多人民文学出版社出版的书。

后来,我陆续结识了人文社的一些人,再后来,我又陆续在人文社出了一些书。我在人文社出的书或为译著,或为专著,或为编著,均与俄国文学相关;我结识的人文人或为社领导,或为翻译家,或为编辑,但主要是俄文人,与其中几位人文社俄文人的交往,给我留下了温暖的记忆。

在一次由人文社组织的全国苏联诗歌翻译研讨会上,我第一次见到孙绳武先生,在此之前很久我就接触到了他的文字,在大学时读过他和蒋路先生合译的《俄国文学史》。自那次座谈会后,我与孙老见过很多次面,印象最深的有两次。一次是去孙老在人文社的办公室,我为何而去,谈的什么,如今均已淡忘,但当时的场景我却记得清清楚楚:孙老的办公桌上放着一沓稿纸,稿纸摞得如此之高,与孙老隔着办公桌相对而坐的我竟然只能看到孙老的面部,摞起的手稿也的确像孙老永远挺得笔直的身板,两者合一,似乎构成了一尊风格独特的纪念雕像。稿纸上方放着一把放大镜,从我这个角度看过去,恰好能在放大镜中看到孙老的缩微影像,孙老的两副面容,一远一近,一大一小,一虚一实,始终面对着我,就像是窗外温暖和煦的阳光。另一次是应邀去孙老家做客,孙老的家位于什刹海畔的南官房胡同,是一个四合院,孙老与翻译家沙博理两家合住这个小院。那是一个夏日的午后,我与孙老坐在南屋窗边的一排凉椅上,喝着晾凉的茶水,谈起俄苏文学,谈起俄语诗歌翻译,孙老也给我讲了他的许多往事,如他在重庆与戈宝权先生的交往,他在上海时代出版社工作时与姜椿芳、叶水夫等先生的共事等。一转眼,一个下午就过去了,孙老又留我晚餐,之后又坚持送我到门外,我走出一段路,回头一看,孙老还站在昏黄的路灯下。人文社办公桌后的孙老和什刹海路灯下的孙老,在我的心目中就像是为这位人文社外国文学出版事业的奠基人建立起的两座纪念碑。

我对孙绳武先生的记忆,往往是与对卢永福先生的记忆叠合在一起的。我最后一次见到两位老先生,是在 2013 年的一个冬日。我接到卢永福先生的电话,说孙老和他想约我吃一顿饭,我如约于当晚赶到工人体育馆对面的一家涮羊肉馆。我们三人坐下,边吃边聊,涮肉锅冒出腾腾热气,把窗玻璃熏得朦朦胧胧的,窗外的景色就像是一幅印象派绘画。孙老的话不多,倒是卢老说得更多。记得卢老开玩笑地对我说道:"你们别以为我是孙老的'小秘书',我其实只比他小五岁,我一到人文社就跟着孙老,做他的助手,所以人们至今都还认为我们是两代人呢。"孙老听后并未言语,只是宽厚地笑了笑。孙老和卢老同为西北大学俄语系毕业生,孙老 1942 年毕业,卢老 1946 年毕业,仅比孙老晚四年,他们是真正意义上的同时代人。卢老后来也长期在人民文学出版社工作,负责外国文学编辑室的工作,他不仅编发了《普希金文集》《马雅可夫斯基文集》等重要文集,自己也翻译了大量俄语诗歌,是我国最杰出的诗歌翻译家之一。卢老译的马雅可夫斯基诗作尤其神形兼备,他自己也常在座谈会上高声朗诵,这位高大的关中汉子满面红光,声音洪亮,朗诵时还不时有力地挥动手臂,总能博得阵阵喝彩和欢呼。前面提到的全国苏联诗歌翻译研讨会,记得就是卢永福先生发起的。我们最后一次吃饭时,两位老人不停地向我打听俄罗斯文坛的最新消息(记得那一次我好像刚去了一趟俄罗斯),表现出了对俄罗斯文学的一片痴情。席间,卢老一直在照顾孙老,一直在继续扮演"小秘书"的角色,他不停地从涮锅里捞出羊肉,放到孙老的碗里。面对这对惺惺相惜的"同时代人",这对休戚与共的俄国文学编辑出版事业的合作伙伴,我心底的感动和崇敬不禁油然而生。饭后告别两位老人,看着他俩相互搀扶着在夜色中渐渐远去的背影,我的眼睛也像是蒙上一层热气的窗户,朦胧了起来。

我到社科院外文所工作后不久,被所长叶水夫先生吸收进国家重点项目《苏联文学史》编写组,我是编写组中年龄最小的成员,自然要多承担一些跑腿的事情,因此也就成了叶水夫先生的编外秘书,其间常去他位于王府井北口翠花胡同和东厂胡同之间的宅院以及"搬迁"后的套房。在水老("水老"是我给叶水夫先生取的别号,后在《苏联文学史》编写组,乃至外文所流传开来)家中,我多次见到水老的夫人、人文社著名的俄国文学出版家和翻译家许磊然先生。磊然先生译著等身,编辑的著作数量更多,可她却十分低调。我在他们家中与水老谈话时,她从不参与,像水一样安静的她始终待在自己的书房里。我有时被水老留下吃饭,席间磊然先生也寡言少语,有时也会声音很轻地问问我的生活和工作情况,问问外文所里的一些人与事。磊然先生给我留下的总体印象是高冷的,我还听说,磊然先生在很年轻的时候就立下了终生献身文学翻译事业的志向,为此甚至甘愿放弃生育。如今,读着她翻译或编辑的一部部译著,感觉这就是她留下的后代,我心目中的磊然先生的形象也因此变得温暖起来。

在人文社俄文人中间,我交往最多的还是张福生先生。福生年长我十几岁,是我可亲的兄长。他毕业于北大俄语系,毕业后便来到人文社,一直工作到退休。他一口洪亮的京腔,满脸坦诚的笑容,但深度近视眼镜后面的那双眼睛却始终带着审视和判断。他爱交往,人脉广,但做起编辑工作来却细得像是绣花。在人文社阵容庞大的老一辈俄文编辑队伍逐渐隐退之后,他在相当长一段时间里近乎独挑大梁,延续着人文社俄国文学编辑出版事业的辉煌。我有幸在人文社出了十多本书,其中一大半都是由福生兄责编的,比如《"百事"一代》(2001)、《阅读普希金》(2002)、《黑炸药先生》(2003)、《俄罗斯侨民文学史》(2004)、《图书管理员》(2010)、《文学俄国》(2014)等。我还应福生兄邀约,为《普里什文散文选》《契诃夫文集》等书撰写了序言。我参与的人文社"年度最佳外国小说奖"俄罗斯分支奖的评选工作,也主要是与福生兄合作进行的。福生兄是位好编辑,他有他独特的与作者和译者的交流方式,对此我深有体会。在我承担人文社的某项翻译任务之后,作为责编的福生兄便会定期打来电话,大约两周一次,每次通话都绝口不提翻译的事,而多环顾左右而言他,嘘寒问暖,问问孩子近况如何,谈谈京城趣闻或天下大事,然后便挂断了电话。每次接到他的电话后,我都会不由自主地加快翻译进度,后来我才意识到,他是在用这种方式体现他这位责任编辑的强大存在。等我结束翻译、把译稿交给他之后,他的电话就变少了,直到下一次我们又一次合作,他的电话才会重新定期打来。

岁月如梭,福生兄这位人文社俄文人中曾经的"小字辈"转眼也退休多年了,他的办公桌前,如今坐着一位名叫柏英的女编辑。柏英身材瘦小,说话轻声细语,也不戴眼镜,似乎与福生兄形成了鲜明的对照,但他们两人的编辑风格却很相近,这种编辑风格的实质,即对俄国文学和编辑事业的挚爱。柏英女士从世界知识出版社跳槽来到人文社,就是因为喜爱文学,尤其是俄国文学。来到人文社后,她在很短时间里做了很多事,在人文社丰厚的俄国文学译介遗产中深耕细作,推陈出新,相继推出了屠格涅夫、托尔斯泰和高尔基的自传体三部曲、"普希金经典文选""布宁美文精选"等套书。与老一辈编辑不同的是,柏英还有很强的图书营销意识,上述套书出版后,她曾在北京俄罗斯文化中心、哈尔滨果戈理书店、哈尔滨大学等地举办专场推介会。在俄罗斯文化中心的读书会上,她这位北京外国语大学的博士生还亲自出马,她流利的双语主持给人留下了深刻印象。我新译的《茨维塔耶娃诗选》有幸被列入新网格本出版,其中也饱含着柏英女士的编辑心血。

除了前面提到的几位,我与人文社其他俄语编辑如刘开华先生、刘引梅女士、李丹丹女士等也有过愉快的合作。人文社的俄文人都是我的贵人,为我的俄语文学翻译和研究工作提供了有力的帮助;人文社的俄文人更是中国众多俄国文学研究者、翻译者和广大读者的贵人,他们辛勤劳作的结果就是那一部又一部俄国文学著作,感谢他们为我们提供了精美的文学食粮。

人文社对中外文学的贡献

| 许渊冲

　　人民文学出版社成立七十周年了,七十年来出版了很多优秀的文学作品,销行国内国外,影响很大。我是世界文学的译者,在人文社出版了罗曼·罗兰的《哥拉·布勒尼翁》(《哥拉·泼泥翁》),雨果的戏剧《玛丽蓉·黛罗美》《艾那尼》《国王寻欢作乐》《吕克莱丝·波基亚》《玛丽·都铎》《吕伊·布拉斯》,巴尔扎克的《入世之初》,莫泊桑的《水上》,司各特的《昆廷·杜沃德》等译作,曾与人文社赵少侯、金满成、梁均、夏玟、徐德炎等编辑在工作中讨论研究。现在来谈谈我所知道的人民文学出版社出版的文学作品对国内外所起的作用。其实,只要读读莎士比亚《罗密欧与朱丽叶》的最后两行,就可以看出人民文学出版社对中外文学做出的贡献了。

　　(1)For never was a story of more woe

　　Than this of Juliet and her Romeo.

　　(2)人间的故事不能比这个更悲惨,

　　像朱丽叶和罗密欧所受的灾难。(曹禺译)

　　(3)古往今来多少离合悲欢,

　　谁曾见这样的哀怨辛酸!(朱生豪译)

　　比较一下英文和中文,可以说无论是意美、音美或是形美,原文和译文都各有千秋。如说意美，曹禺在"故事"前加了"人间"二字，使悲剧的结局和罗密欧与朱丽叶的关系更加密切；朱生豪在"故事"前加上"古往今来"四个字，更增加了读者同情的力量。曹禺把罗、朱悲剧译成"灾难"，已经加强了悲剧的程度；朱生豪更把灾难具体化为"哀怨辛酸"，悲剧的程度又加深了一步，所以可以说曹、朱传达莎剧的悲苦，不在原作之下。由此可以看出人民文学出版社做出的贡献。

再举莎士比亚名剧《哈姆雷特》中的一个名句为例。哈姆雷特是古代丹麦的王子，他的父亲被他的叔父谋害，夺了王位，并且和他母亲结了婚，王子应该怎么办呢？现将莎剧三幕二场王子的名言和两种译文抄录如下：

（1）To be or not to be,—that is the question.

（2）生存还是毁灭，这是一个值得考虑的问题。（朱生豪译）

（3）活下去还是不活：这是问题。（卞之琳译）

朱译"毁灭"一般用于集体，用于个人不妥。卞译"活下去"用于客观现象，这里是王子的主观意图，都有不妥之处。不如深圳海天出版社译本：

（4）要不要这样过日子：这就难了。

其实人文社是能取长补短的。如巴尔扎克的小说，人文社已经出版了本社编辑梁均译的《人生的开端》，后来看到上海出版的《人生的开始》译得比梁均的好，出版《巴尔扎克全集》时，夏玟等编辑没有用本社的译本，而用了上海的译本，并且将书名改译为《入世之初》，比两个译本都好，由此可见编辑之功了。

最后，再举一个例子吧。法国小说家莫泊桑的《水上》是托尔斯泰认为他"最优秀的作品"，上海开明书店出版了译本，据说得到读者好评，后来，人文社又出版了新译本。现在，我们来对两个译本做个小比较吧。

（开明）我们经过一个岩石的旁边，裸出赭色的，箭毛突出，像箭猪一样的岩石，这样险恶。露牙放爪的武装上面，是难以走人的；必要把脚踏在它防御的凸起的中间的凹处,步步留心的进行。

(人文)我们经过一块光秃秃、红彤彤的岩礁,岩礁上尖石林立,好像一只豪猪,到处竖着狼牙虎爪,枪尖刀锋,使人寸步难行;它是如此嶙峋嵯峨,一定要把脚踏在四面是尖锋的空隙当中,才能提心吊胆地前进一步。

比较一下两种译文,可以看出人文社译本是远远胜过开明译本的。如果我国出版的文学作品都能这样"好上加好,精益求精,不到绝顶,永远不停"①,那中国版的文学作品一定可以攀登世界文学高峰的。

---

① Good, better, best. Never let it rest. Till good is better. And better best.

我的文学翻译，从这里起步

| 李士勋

2020 年 10 月中旬，人民文学出版社编辑王瑞琴女士给我发微信，说：明年 3 月是人民文学出版社建社七十周年，社里要约稿出个纪念集，希望我也写一篇"我与人民文学出版社"的文章。我立刻感到有些"飘飘然"起来，意识到自己居然也有资格谈与人文社的关系了！这可是三十八年前想也不敢想的事情啊！

静下来掰着指头数了一数自己在人文社出版的译作，慢慢地有了自信，觉得是可以写一写我与人文社及其编辑们的交往了，回忆把我带到 1982 年。

那年初，我在社科院研究生院毕业后留在外文所《世界文学》编辑部。我的毕业论文写的是《试论毕希纳的美学思想》。毕希纳的作品只有四部，其中一部历史剧《丹东之死》已有傅惟慈先生的译本（人民文学出版社，1979）。为了写好论文，我把其他三部作品喜剧《雷昂采与蕾娜》、悲剧《沃伊采克》和中篇小说《棱茨》以及那篇著名的革命传单《黑森快报——"把和平给茅屋！把战争给宫殿！"》也都翻译了出来。所以这时候我就很自然地想把这几篇作品连同傅惟慈先生翻译的《丹东之死》一起结集出版。我把这个想法告诉了我的导师冯至先生，他很高兴地说："好啊，可以叫《毕希纳文集》！"让我去找人文社负责外国文学的副总编辑绿原先生谈谈。

当时我还不认识绿原先生。有一天,我和师兄章国锋一起去见人民文学出版社编辑胡其鼎先生,谈我们打算翻译1981年刚刚获得诺贝尔文学奖的德语作家艾利亚斯·卡奈蒂的获奖小说《迷惘》。然后,我就到绿原先生的办公室,敲门进去。见到绿原先生,我自报家门,说我是冯先生的研究生,毕业论文写的是毕希纳的美学思想,在写论文期间,我把《丹东之死》之外的另外三部作品和传单"黑森快报"都翻译了,能不能和傅惟慈老师翻译的《丹东之死》合在一起结集出版。绿原先生当即说道:"很好啊!那你就把译稿拿来吧!"初出茅庐就在人民文学出版社出书,那种诚惶诚恐的心情只有自己知道。回来后,我用业余时间反反复复地修改自己的译文,重新誊抄后交给了出版社。还好,我的译文没费周折被接受了。1985年,责任编辑全保民告诉我,《毕希纳文集》计划在1986年初出版并要我写一篇前言。这时候,我已从社科院外文所调到外交部西欧司。

1986年2月19日是毕希纳的忌日。那天《光明日报》发表了我的一篇短文:《"毕希纳——一位稀有的奇才"》,纪念毕希纳逝世一百四十九周年,同时预报并介绍《毕希纳文集》即将出版。文章的标题是冯先生对毕希纳的评价,文章简单介绍了毕希纳短暂的一生和他的文学成就。他的作品虽然不多,但却在德国文学史上占有不可动摇的地位。这篇文章引起联邦德国驻华大使菲培宜(PerFischer)先生的注意。有一天,我忽然收到他的来信。他感谢中国人翻译出版《毕希纳文集》,同时询问:"联邦德国大使馆能为纪念毕希纳做些什么?"由于我很快就要去波恩我国驻联邦德国使馆工作,只能在回信中把我的想法写下来。我想:1987年是毕希纳逝世一百五十周年,适逢他的作品在中国出版。要是能在中国举办一次毕希纳国际学术讨论会,一定是一件十分有意义的事情。讨论会应该由社科院外文所出面组织,与人文社、文化部和北京大学、外语学院西语系联合举办。我向冯先生告别时汇报了菲培宜大使给我写信的事情。冯先生听了特别高兴,很赞成我的想法。后来,社科院外文所与德国德意志研究会共同努力,于 1987 年 5 月 20 日至 22 日在北京举办了"毕希纳国际学术讨论会",冯先生亲自做了学术报告,题为:短暂的生命,伟大的成就。人文社编辑仝保民代表人文社向与会者赠送了一本《毕希纳文集》。人艺导演林兆华和德国汉堡剧院的导演弗里姆排演了毕希纳的戏剧《沃伊采克》。

二十年后,2006 年初,仝保民先生通知我说,出版社决定再版《毕希纳文集》并准备改为《毕希纳全集》,希望我重新校订全书并补译出毕希纳的全部书信。当时我还在柏林,听到这个消息,特别高兴,于是就立刻开始先根据手边有的德国汉泽尔出版社 1981 年《毕希纳全集》版本进行校订;三个月后我又向德国经典作家出版社(DKV)索要了他们于 1992—1999 年出版的最新注释版《毕希纳全集》,再次校订了毕希纳的全部作品,改正了原有的错误和疏漏,根据德国人的最新研究成果做了一千零八条注释。除了毕希纳的博士论文《论鲃鱼的神经系统》之外,毕希纳的遗作文字全都在里面了。2008 年,人文社推出校订版《毕希纳全集》。《全集》出版之后,我与责编仝保民和欧阳韬一起去拜访傅惟慈先生,给他送书和稿费。傅先生当面肯定了我对《丹东之死》的修订并说"那已经是你的译本了"。他这样说是因为我没有署名,只是在正文后面做了简短的说明。

1986 年人文社出版了卡奈蒂的获奖小说《迷惘》。这部书是我和社科院研究生院的师兄章国锋、舒昌善合译的。在我去驻德使馆工作前一天下午,责任编辑胡其鼎先生风尘仆仆地从印刷厂到我家,送来三本油墨未干的《迷惘》样书。他嘱咐我说:"这三本书,一本代表人文社送给我国驻联邦德国大使,一本送给作者卡奈蒂,一本你自己留着。"

我们翻译《迷惘》的分工是这样的:舒昌善翻译第一部分,章国锋翻译第二部分,我翻译第三部分。章国锋负责审阅全部译文,我负责文字的统一、手稿誊清并撰写前言。小说出版之前曾经在《世界文学》1983 年第三期上选登了三章,作为责任编辑我撰写了卡奈蒂小传并翻译了作者本人谈创作的文章《第一部书:〈迷惘〉》,同期还发表了宁瑛论《迷惘》的文章。

我到使馆几天后就代表人文社把一本《迷惘》送给郭丰民大使并转达了出版社对大使的敬意,请上次去德国结识的朋友——法兰克福大学的施劳塞尔教授——将另一本《迷惘》转交给艾利亚斯·卡奈蒂本人。施劳塞尔教授根据我的信立刻写了一篇文章,报道了《迷惘》已被译成中文并在人民文学出版社出版。文章刊登在德国最大的报纸《法兰克福汇报》(FAZ)上。卡奈蒂本人收到《迷惘》中译本后,十分高兴,立刻回信表示感谢。我在第二封信中谈到毕希纳,他高兴地寄给我他的自传《获救之舌》,其中有一章题目是"荒原上的毕希纳",写的就是他完成《迷惘》之后,精神变成一片荒原,再也写不出东西了。一天夜里,他发现未婚妻藏起来的毕希纳作品集时读了一个通宵,尤其是剧本《沃伊采克》给他极大的震动。从那之后,他就下决心不再写小说了。所以《迷惘》是他的第一部小说,也是他唯一的一部小说。那之后他就只写戏剧、政论和杂文了。

1991 年,我从他的自传中发现他与旅欧中国指挥家谢淑娴女士有过交往,回京时我就打听谢淑娴女士并拜访了她,本想促成她与卡奈蒂的重逢,但由于谢淑娴女士去巴黎探亲后给他写的信没有写自己的地址,卡奈蒂无法回信,致使那次半个世纪之后可能的重逢失之交臂。我试图促成卡奈蒂访问中国的努力也因为其他原因而功亏一篑。

在完成《迷惘》和《毕希纳文集》之后,我还为胡其鼎先生主编的《外国文学季刊》翻译了德国工人作家马克斯·冯·德·格律恩的长篇小说《鬼火与烈焰》。这是一部描写联邦德国鲁尔区煤矿工人生活的小说。1984 年我去德国考察时专程去多特蒙德访问了作者并参观了煤矿博物馆。

我为人文社翻译的第四部译作是安娜·西格斯的反法西斯小说《第七个十字架》。这部书是人文社为纪念西格斯一百周年诞辰策划的。这部小说是 1997—1998 年在德国东边的小镇菲尔斯腾瓦尔德时完成的。当时的生活有些捉襟见肘,入不敷出。在弗朗克·瓦格纳教授建议下，"安娜·西格斯协会"从会员费中给过我一千马克的资助，解了燃眉之急。为了感谢西格斯协会的支持，我同时向人文社推荐并翻译了1994年出版的《安娜·西格斯画传》，遗憾的是因为这部书的图片太多、版税和印刷成本太高而至今未能出版。《第七个十字架》1999年2月出版之后，我的大学老师、世界历史所研究员杜文棠先生骑着自行车，顶着寒风在社科院外文所和北京大学之间奔波联系，终于促成"纪念西格斯百年诞辰"讨论会在北大图书馆召开，人文社向与会者赠送了这部书。

为了得到更多口译工作，我在1999年底搬回柏林，在市中心找到了一套小廉租房。2001年初全保民和王瑞琴给我发电子邮件，说有一部新书想让我翻译，这就是那部砖头一般厚原文七百页的长篇小说《蓝熊船长的13条半命》。我知道，这是人文社对我的信任，说什么也不能拒绝。于是我就把等待两次口译工作之间的全部空余时间都投入到这部小说的翻译中。八个月后，我用电子邮件在一分钟之内把全部书稿发给王瑞琴。2002年春节前我就收到《蓝熊船长的13条半命》已经出版的消息。翻译小说使我感到快乐而又充实。负责版权交易的蔡鸿君先生还把《蓝熊船长的13条半命》推荐给台湾的正中书局，2003年4月30日他们就出版了繁体字版，更名为《蓝熊船长的奇幻大冒险》，腰封上印着包括马英九在内的许多名人推荐语。2015年，在北京德国图书中心、歌德学院北京分院、法兰克福书展和联邦德国驻华大使馆联合举办的第一届"德译中童书翻译奖"评奖时，《蓝熊船长的13条半命》与我的另外两本书《毛毛》和《永远讲不完的故事》一起进入名单，获得优秀奖。接着，王瑞琴又让我翻译了长篇小说《劳拉的秘密》。这部书在人文社出版后，也随即在台北出版了繁体字版。

2003年，人文社出版了我推荐并翻译的柏林爱乐乐团第一小提琴斯特恩先生的回忆录《弦裂》，责任编辑是王培元先生。这部书的出版过程续写了中德两国人民的一段友谊。1938年，斯特恩十岁时随父母亲流亡到中国哈尔滨，在那里生活了十一年之久。1949年离开哈尔滨去了以色列,然后又去了美国,1961 年返回德国,考入柏林爱乐乐团,直到退休。1979 年中国改革开放之初,他就率先带团来中国访问。为了报答中国人民对他们的收留之恩,他努力促进两国的文化交流并先后帮助了十二名年轻的音乐家去德国留学深造,如女高音歌唱家饶岚、小提琴演奏家范维汉、钢琴调音师施岩。我是 1984 年在西柏林参加欢迎《诗刊》主编邹荻帆的晚会上认识他和莱布尼茨协会主席施普莱茨先生的。2001 年重逢时,斯特恩先生送给我他退休之后写的这本回忆录。我看了之后认为应该把它译成中文在中国出版。他听说我想翻译他的书,十分高兴,向我展示了很多照片和堪称文物的申请去以色列写给毛泽东的信函原件。不久,《读书》杂志主编汪晖先生来柏林访问,我们自然谈到了翻译出版这本回忆录的事情。汪晖回京后就把这本书推荐给王培元先生。他报上选题,社领导当场拍板。王培元来德国访问时,我带他见了斯特恩,一起确认了签订版权和翻译合同事宜。这本回忆录在法兰克福书展上被列为畅销书排行榜第二,小提琴家传奇般的一生曾引起轰动。2003 年春天,《弦裂》在北京出版之后,社会反应很好,尤其受到音乐界欢迎,斯特恩重访哈尔滨时,陪同他的黑龙江省社科院傅明静女士一下子买了二百本分给同事和朋友。她撰文写道:"人民文学出版社出版的《弦裂》是一本精彩的自传,它生动地描述了一位小提琴家的奋斗史,该书文笔流畅生动,在充满历史沧桑感的回忆中,表达了他对于生活、命运、人生和音乐的独特体验与深刻理解。这本书的出版促进了中德两国音乐界的交流与合作。"音乐人田润德先生在自己的网页上撰文介绍了这本书并和我进行通信。

接着我又推荐并翻译了德国音乐家经纪人采勒迈耶夫人的回忆录《我的歌剧世界》,她曾经是欧洲三大男高音帕瓦罗蒂、多明戈、卡雷拉斯的经纪人。这部回忆录是中国改革开放以后第一次向中国读者介绍音乐家经纪人职业的书。音乐家经纪人的生活方式和欧洲著名音乐家之间的轶事使中国读者耳目一新。这本书的责任编辑也是王培元先生。

2006 年,欧阳韬先生作为责编出版了我的本雅明《单行道》译本。这是一本很薄的小书,原文出版于 1928 年,是本雅明献给苏联拉脱维亚女友阿丝雅·拉西斯,向她展示自己才华的"告白",也是他生前出版的唯一作品,他的其他作品都是他 1940 年 9 月 26 日在法国西班牙边境自杀后由法兰克福学派领军人物阿多诺 60 年代以后编辑出版的。我的《单行道》译本首先在台北允晨文化公司以《本雅明作品选》形式和《1900 年柏林童年》合在一起出版的。因为这本书的特殊性和本来就是以单行本形式出版的,所以我建议出单行本。我的译本也是本雅明的作品第一次从德文原文翻译的。由于人文社出版的本雅明作品只有这一本小书,太单薄,不利于发行销售,所以一直没再版。

2008 年,人文社请我翻译了一本社会学著作《市民与妓女》(荷兰,洛蒂·范·德·珀尔著),责任编辑杜丽。这本书采用文化人类学和法国年鉴派微观史学的方法,从下层社会的视角,讲述了荷兰 17、18 世纪发生在阿姆斯特丹黝黑小巷里收入微薄的性爱交易史。作家深入梳理了大量的历史文档,巧妙地采用了五花八门的资料,揭示出当时荷兰贫困妇女的悲惨处境和社会问题。本书原文是荷兰文,有德文版。由于荷兰文译者很少,社里让我从德文译出。这是一个荷兰文化基金会资助项目。这本书于 2009 年 10 月出版。

2010 年初,全保民先生约我去见一个德国客人——记者施台凡·舒曼。他根据在德国听到的一个传奇故事,写了一本跨国爱情的传记小说《上海——最后的避难地》。奥地利青年流亡者索卡尔在上海避难期间与大学同学、中国女子杨珍珠相识、相恋,结为夫妻并白头偕老,晚年定居美国长岛。记者舒曼曾专程去美国采访过他们。这是一本反映特殊年代、展示中奥友谊、赞美人性的书。上海犹太人纪念馆墙上有他们的结婚证。这本书于同年 8 月出版。

2013 年,王瑞琴让我翻译了莫尔斯的《穿越夜空的疯狂旅行》,再版时改为《黑夜狂旅》,这是莫尔斯 2001 年出版的另一部幻想小说。这部小说的特殊之处是他根据法国画家古斯塔夫·多雷的二十一幅画,按照一定的顺序排列,以令人瞠目结舌的"文配画"方式演绎的故事。小说主人公就是少年画家多雷本人。

2018年,王瑞琴在推出《蓝熊船长的13条半命》全彩绘版的同时,又让我翻译了莫尔斯《蓝熊船长》之后的查莫宁小说系列第二部《恩泽尔与克蕾特》和2017年发表的查莫宁小说系列第七部、最新出版的长篇小说《失眠公主与梦魇色的夜魔》。2019年,她又将莫尔斯的这四部小说以统一风格的封面推出,对她的努力我表示由衷的感谢并感到特别荣幸。

我与人民文学出版社近四十年的合作构成了我生命的最重要部分。我的译作能够得到人文社的信任和读者的喜爱是笔者与出版社各位编辑共同努力的结果,首先应该归功于人文社领导和编辑们的高瞻远瞩、发现好作品的能力及其一丝不苟的态度。在人文社出版作品被看作一种肯定和荣誉。

迄今为止,人民文学出版社已经出版了我的十五部译作。作为文学翻译,我的起步从人民文学出版社开始,也可以说是人民文学出版社成就了一个文学翻译。1988年我之所以敢于从外交部辞职,成为自食其力的自由职业者,主要从事文学翻译,底气就来自人民文学出版社的认可。外交部少了一个外交官,出版界多了一个翻译者。外国文学是"外来的养分"(冯至语),将长久地滋润中国一代又一代读者。"文学是社会机器的润滑油"(本雅明语),有文学在,社会机器就会无声地运转。没有文学,社会机器的运转就会出现不和谐的噪声。

老骥伏枥,志在千里。我相信,我与人文社的合作还会继续下去。

值此人民文学出版社建社七十周年社庆之际,衷心祝愿人民文学出版社取得更大成就!

机缘与巧合

李之义

1978年我国实现全面改革开放政策,开始向外国选派留学生。我有幸获得瑞典政府颁发的奖学金,于1981年初到斯德哥尔摩大学攻读斯特林堡。当时出国留学还是一件新鲜事,因为有机会的人还很少,而瑞典接收中国留学生也不寻常。因为我毕业于北京外国语学院(今北京外国语大学)瑞典语专业,为人民文学出版社翻译过雅·阿尔文和古·哈塞尔贝里著的《瑞典文学史》,还与我的同事高子英和杨永范翻译过瑞典女作家、诺贝尔文学奖获得者赛尔玛·拉格尔洛夫(1858—1940)的《骑鹅旅行记》和瑞典现代文学奠基人斯特林堡的四部戏剧《父亲》《朱丽小姐》《古斯塔夫·瓦萨》和《一出梦的戏剧》,又因为我会讲瑞典语,所以斯德哥尔摩有几个学校和一些协会还请我去讲演,报纸上还不时有关于我的消息。正当我风生水起、陌生感全无的时候,传来一个坏消息:《骑鹅旅行记》的文学遗产继承人向斯德哥尔摩地方法院起诉我侵犯知识产权。在"文化大革命"初期,我们给一些部门翻译瑞典文资料没有人付稿费,给人民文学出版社翻译书每千字付七块钱。当时认为翻译外国作家的作品是一种尊敬和友好的表示,对于国际版权协议很陌生。大约过了两个星期,为我颁发奖学金的瑞典学会(这是一个部级单位,负责往瑞典驻外国大使馆文化处派遣官员,也负责给外国留学生发奖学金)奖学金部主任厄拉·里兰德女士跟我讲了处理结果:因为我是瑞典政府邀请来留学的,政府要对我负责。我是受雇为人民文学出版社翻译《骑鹅旅行记》,我没有责任。中国还没有参加国际版权协议,解决这样的问题是两国政府层面的事。后来朋友开玩笑说:他们找不到人民文学出版社,你正好送上门来,只好拿你开刀。后来瑞典几家大的出版公司名义上向我送书和请我吃饭,但实际上还是谈版权问题。我向他们表示,我在中国只是一名翻译,在版权问题上我没有什么影响力。

《骑鹅旅行记》是一部自然主义风格的作品,作家满怀爱国主义情怀歌颂瑞典的大好山河、悠久的历史、美丽的故事和传说,还有种类繁多的动植物等。当年这部作品的一些章节经常被编入中小学课本,以此对学生进行爱国主义教育。

这部作品虽然是儿童文学,但是翻译起来遇到很多困难。作品里有很多自然地理方面的知识。动植物分类学是一门很深的学问,要把作品里的动植物名称译成中文很不容易。瑞典语是小语种,连一般的瑞汉字典都没有,更别说各种专业词典了。卡尔·冯·林奈(1707—1778)是世界著名的植物学家和植物分类学的先驱,常被称为达尔文的先驱。作品里提到的动植物名字我们听都没听说过,所以我们经常要去请教有关专家。后来国内有了很多版本的《骑鹅旅行记》,它们的译者怎么解决的这类问题就不得而知了。

2020年7月的一天,人民教育出版社的一位编辑给我打电话,说他们已经把《骑鹅旅行记》的第一章编入小学六年级语文课本。她的问题是,为什么主人公尼尔斯被变成了"小狐仙"而不是变成了"小精灵"?我向她解释说:当时有三个名称可用:小精灵、家神和小狐仙。用"小精灵"没错,但是这个名字用得太多太泛。"家神"的意思太褒义。尼尔斯因为懒散、淘气和虐待动物才被变成了这个小人。在瑞典语中,这个字如果把"圣诞"一词加在字头就变成了"圣诞老人",他在平安夜赶着马车给孩子们发圣诞礼物。在瑞典的民间传说中,他在夜里保护主人的奶牛、猪羊和其他家畜不受野兽侵害。在我们农村老家，也有类似的传说，人们称之为"小狐仙"，他起的作用跟瑞典的传说一样。我小的时候，我妈妈不准我们说粮食屯里的粮食少了，或者饭不够吃了这类不吉利的话，这样会得罪住在我们家的狐仙。"狐"有贬义，"仙"有褒义，我们最后用了"小狐仙"一词。

《骑鹅旅行记》翻译完以后，我们开始翻译斯特林堡的四个剧本《父亲》《朱丽小姐》《古斯塔夫·瓦萨》和《一出梦的戏剧》，后来与其他人翻译的《奥洛夫老师》和《鬼神奏鸣曲》一起以《斯特林堡戏剧选》的书名出版了。我们大学时读的专业虽然是瑞典语，但是受时代的影响，我们对瑞典文学和斯特林堡知之甚少。我们不知从哪里随便找了一本瑞典语版《朱丽小姐》的剧本就翻译。到了瑞典以后我开始比较系统地研究斯特林堡，我很快就发现，我们翻译的《朱丽小姐》是被出版商删节的本子。这件事大概背景是这样：1887年法国人安德烈在巴黎建立了自己的实验剧团，斯特林堡受到鼓舞也建立了自己的剧团。首先在丹麦演出《债权人》《贱民》和《强者》。由于丹麦严格的审查制度，《朱丽小姐》只能在大学生学生会剧场演出，出版《朱丽小姐》就更困难了。1888年8月10日他把剧本寄给了瑞典最大的出版公司伯尼尔，但是十天以后被退回。这时候他想起了出版商约瑟夫·塞里格曼，此人在十年前大胆地出版过斯特林堡开创性长篇小说《红房间》。塞里格曼答应出版《朱丽小姐》，但是有一个条件，必须允许他作些修改。走投无路的斯特林堡答应他提出的五十处修改，但是作品出版以后，斯特林堡发现塞里格曼还删节了一百多处。斯特林堡就此事发表了一个火药味儿十足的声明，最后不了了之。这些修改和删节是为了取消或者在某种程度上减弱被认为有损祭坛、王位和现存社会制度的词语，还有部分关系到语言和艺术风格的。我这里举一个例子。塞里格曼在布景前面加了一句话："19世纪80年代瑞典乡间庄园很大的一个厨房……"这句话里的时间点颠覆了整个作品。第一，这个年代瑞典已经没有伯爵制度，剧中没有出场的代表封建制度权威人物伯爵和主人公伯爵小姐朱丽没有存在的理由了。第二,这个年代瑞典还没有铁路,仆人让与朱丽小姐坐火车私奔,通过大隧道到意大利的科摩湖畔去开旅馆的描写也变得荒谬。每当有些剧团使用老的《朱丽小姐》译本演出,导演为演员说戏第一句"事情发生在 19 世纪 80 年代瑞典乡间……"我就有一种负罪感。

2020 年春节前夕,我听说北京人艺要在小剧场重新上演《朱丽小姐》,我立即与他们取得联系,建议他们使用收录在人民文学出版社 2005 年出版的《斯特林堡文集》第三卷里的新译本。他们接受了我的建议。首演式时我与剧院领导、导演和演员见了面,讲了一点儿意见,希望他们仔细区分剧中要表达的婚姻、爱情与性的掠夺的关系。

中国与瑞典建交五十周年前夕,瑞典政府决定资助人民文学出版社出版《斯特林堡文集》。根据以往的经验,大部分斯特林堡专家都认为,外国人很难准确地把斯特林堡的作品翻译成本国语言,所以他们让我到瑞典去完成这项翻译工作。当时斯德哥尔摩大学正在编辑出版国家版《斯特林堡全集》,已经完成七十多卷。由这部全集的总编辑拉士·达尔贝克负责挑选中文版文集书目,帮助我解决翻译中遇到的困难。达尔贝克先生和夫人都在斯德哥尔摩大学文学系教书,我们很早就认识。斯特林堡是地地道道的斯德哥尔摩人,《红房间》和与斯德哥尔摩有关的作品里,街道、广场、车站、码头、饭店、酒吧和文物古迹都是实名。我住在斯德哥尔摩的几年里,经常到那里散步,体会当年作家创作的心情,从而获得自己需要的翻译灵感。在我翻译《红房间》的时候,多次登上南区的莫塞山,像当年作家一样,随着阳光的移动,一个街道一个街道地俯瞰斯德哥尔摩。毫不夸张地说,我在翻译这部文集的十几年里,身心完全投入到作品里,每天生活在斯特林堡的精神世界。

在瑞典,人们对于我花这么长时间翻译斯特林堡也有不同看法。有一年夏天我同几位瑞典朋友到乡间度假,恰巧碰上也在那里度假的时任瑞典议会的女议长。当她知道我的身份以后,半开玩笑半认真地说:"啊,你还要把他的坏思想介绍到中国去呀!"也有几位朋友认为,这工作太难了,斯特林堡的作品一般瑞典人看起来都很困难,中国人能读懂吗?不管听到什么反应,译好这部文集的决心我从来没有动摇过。这部作品的责编张福生同志在审读译稿时,建议我在每一部作品前加一个"解题",两三千字左右,以便让普通读者比较容易读懂。有一次我遇到一位熟人,她说,你翻译的书还没有解题写得好。我告诉她,解题也是我写的,它们出自我在瑞典时写的评论。不过从这一点也可以看出,解题还是起作用了,张福生同志的建议好。

《斯特林堡文集》出版以后,2005年10月19—20日在北京大学举行大型"斯特林堡国际学术研讨会"。瑞典方面来京参加研讨会的有好几个重要的文化界人士,有瑞典文学院前常委秘书司徒列·阿伦,瑞典文学院院士、著名汉学家马悦然,专门介绍中国文化的书籍《汉字王国》《古琴》和《另一个世界》的作家林西莉教授,皇家话剧院院长,瑞典美术学院院长(斯特林堡在瑞典也被认为是著名画家),斯特林堡学会会长。瑞典驻中国大使雍伯瑞和使馆文化处官员闫幽磬当然参加了。还有几位瑞典著名演员因为时间久了我已经记不起他们的名字。中方阵容也很强大,人民文学出版社的领导管士光和任吉生,清华大学和北京大学副校长,北京人民艺术剧院院长,著名作家莫言、余华、李锐等。因为人多,每人发言限时二十分钟。

我上中学的时候作文的成绩不错,讲评课上老师经常念我的作文。我当时很浅薄,老师一夸立即膨胀起来,梦想以后要当作家、诗人。可是到了1961年我高中毕业报考大学志愿时,看到北京外国语学院新建了瑞典语专业,出于好奇就报了瑞典语专业还被录取了,当时对瑞典语和这个国家几乎一无所知。正是这种好奇和中国实行改革开放我才有机会去瑞典攻读斯特林堡,也才有机会为人民文学出版社翻译书。几十年来,我伴随着人民文学出版社成长,我的事业、我的荣誉都与它密不可分。由于《斯特林堡文集》这部作品,我荣获鲁迅文学奖(2007),瑞典国王古斯塔夫颁发的北极星勋章(2005),斯特林堡奖(2005)和瑞典文学院翻译奖。我与人民文学出版社的关系是机遇是巧合。

心中的圣地

| 杨武能

　　1978年,我背井离乡到京城师从冯至教授念研究生,三年后毕业留在社科院外文所再工作两年。整整五个年头,除了每周到建内大街5号的外文所打一两次卡,偌大一个北京城,我跑得最多也最熟的只有一个地方:朝内大街166号。

　　朝内大街166号,人民文学出版社所在地,还有《读书》编辑部也曾经在这里!

　　这么多年过去了,那幢灰白色的老旧大楼仍然装在我心中,虽说它楼梯楼道既不宽敞也不明亮,房间狭小且带着土气,跟眼下写字楼的器宇轩昂、豪华洋气相比,真是寒碜之极。可在我眼里它却无比神圣,因为那是一座文学殿堂,日复一日在楼中辛勤劳作的绝非凡夫俗子……

　　10月下旬的一天,还在到社科院外文所接受考研复试之前,我诚惶诚恐地走进朝内大街166号那幢老旧大楼,在二楼一间朴素得不能再朴素的房间,见到了那会儿还不知道姓名的绿原同志,如我所愿地从他那里领到了翻译德语短篇小说的任务。这在我真像久旱逢甘雨:二十年前还是个大学生就开始做文学翻译,毕业前后已在《世界文学》发表习作,可是一开始革文化的命,翻译搞不成啦,我的生命之花随即枯萎……而今有了翻译任务,而且是从国家顶级出版社领到的,谁都可以想象我立即活了过来。

不只活了过来，而且精神抖擞，干劲百倍，不久就完成了绿原交给我的翻译任务。

至于绿原怎么赶鸭子上架，让我充当四十多万字大部头《德语国家短篇小说选》的编选者，并且为它写了序，我在别处已经讲了。需要说的只是，在"文革"刚结束的上世纪 70、80 年代之交，思想还不那么解放，学界文坛乃至整个社会仍盛行论资排辈，绝不是谁都能像绿原和他的领导孙绳武那样做，敢像他们那样做。所以，尽管我而今著译等身，却格外珍爱自己早年来之不易的第一本书，也格外感激孙绳武、绿原两位胸怀宽广、胆识过人的前辈！

还得说一说，我珍视自己这部处女作，还有个外人不知道的原因。

德语的 Novelle 即富有传奇性的中短篇小说，是德语文学特别擅长的一种文学样式，不仅作家众多，作品丰富，而且特色鲜明，多姿多彩，堪称世界文学大花园的奇葩；然而过去却不为我们重视，缺乏系统的翻译介绍，更没有深入的研究。继《德语国家短篇小说选》之后，还是绿原做没署名的责任编辑，我又编选出版了上下两卷《德语国家中篇小说选》，为德语文学在中国的译介多了一个建树，为此也要感谢绿原和人民文学出版社。

读者朋友们可能不耐烦了，"人民文学出版社出版了你的《少年维特的烦恼》，可是重要得多啊！"

一点儿不错。成功重译歌德的杰作《少年维特的烦恼》，让小子我暴得大名，从此翻译事业顺风顺水，从北到南的出版社都对"《维特》的译者"敞开了大门。不错，在尊重权威还近乎迷信的那个年代，敢于重译郭老译过的《维特》，是要有点儿胆量；可是，敢于接受你的选题，采用你的译文，不也得冒风险，有可能犯错误吗！特别是绿原，他原本就是个"犯了大错误"还没有说清楚的人啊，敢为一个非亲非故的后辈冒政治风险，要有多大的勇气？有何等高尚的情操，何等宽广的胸怀啊？不只绿原一个人，还有社里的一级级领导，他们要批准这部小研究生的译稿付印出书,谈何容易!

我已经在不少场合谈过我翻译出版《维特》的故事,表达过我对绿原和孙绳武等前辈的感恩之情,这里就不再重复了。

话说第一次走进朝内大街 166 号整整四十年后的 2018 年 11 月 20 日,我又来到那灰白色老旧大楼内的人民文学出版社。可这次不再诚惶诚恐,倒是有点儿小得意,因为"衣锦还乡"喽,前一天刚领了翻译界的最高奖——翻译文化终身成就奖!只可惜再也见不到亦师亦友的绿原、孙绳武,只在他们的后继者欧阳韬的办公室里坐了坐,聊了聊。时间虽然不长,却感动、感触、感慨良多!

办公室没见大多少,书却增加了许多许多,来访者想找个坐的地方都难,更多的话不用说,只想讲,人走了茶未凉,不只感情还在,精神还在,堪为出版业楷模、标杆的优秀传统还在!

说到传统,举个小例子。事情很小很小,当今的出版人多半不屑一顾,却可见微知著,不只折射出工作作风和对著译者的态度。

很多年前,在孔夫子旧书网,出现过一件跟绿原和我有关的拍品:一张付给我《少年维特的烦恼》印数稿酬的通知单。这样的通知单,上世纪我从人民文学出版社还有南京译林出版社收到过不少,每次都遵嘱签好字寄回去,社里的财务科才能结账。其他出版社应该也有过同样的规定,只是一些年后不知不觉就没了。真后悔没有拍下那张不起眼的单子,放进重庆图书馆的巴蜀译翁文献馆当展品,保留一点儿优秀传统的痕迹。

真想不到,也不曾奢望,还有一家出版社仍然在给我发印数稿酬通知,只不过与时俱进,没再邮寄,改用了电邮。发件人责任编辑欧阳韬,尽管他的职务是编辑室主任!对这样忠于传统、诚而且信的合作者,你还有什么好讲!

所以,《少年维特的烦恼》我铁了心无条件让人文社出下去,欧阳韬来续约和新签译著的合同,问我千字稿费要多少,我答:

"别说了,谁跟谁呀,你定多少都行!"

还是那句话,北京朝内大街 166 号是我心中的圣地,楼里耕耘着一代代富有献身精神的圣徒!

人文社在我心中

| 陈众议

　　"新中国文学出版事业从这里开始。"①这可能是七十年人民文学出版社引以为傲的最佳"篇头语"。我之所以先说为快，自然是因为认同这个说法，而且还因为人民文学出版社在我心中也是新中国文学之心。心中之心，我再也想不出比这更好的比喻。

　　且说我所在的中国社会科学院外国文学研究所前身为中国科学院外国文学研究所，与人民文学出版社颇有渊源。早在 1964 年，毛泽东主席挥笔指示建立这个研究所，传说中的"三套丛书"（"外国文学名著丛书""外国文艺理论丛书"和"马克思主义文艺理论丛书"②）也便顺理成章地花落此家。在此之前，"三套丛书"工程由中宣部直接领导，并主要依托中国科学院文学研究所。但是，囿于各种政治运动，用筚路蓝缕、举步维艰来形容这个工程当不为过。1964 年，文学所一分为二，于是，钱锺书、杨绛、卞之琳、李健吾、罗大冈、罗念生、戈宝权等被分到外文所，还从北京大学西语系调来了冯至作为首任所长。遗憾的是，"三套丛书"继续遭遇"四清"等纷至沓来的政治运动，以至于很快陷入了"十年动乱"而不得幸免。因此，"三套丛书"真正扬帆远航必得借助

① 它在人文社会议室赫然展示着，见者有份，识者会心。
② 初名"外国古典文学名著丛书""外国古典文艺理论丛书"和"马克思主义文艺理论丛书"。

"改革开放"的东风。及至1999年项目收官,丛书历时四十余年,共出版外国文学名著一百四十五种,马克思主义文艺理论十一种,外国文艺理论十九种。如此规模宏大且又系统的外国文学和理论著作,在我国是空前之举,在国际上也属罕见。然而,丛书不仅以规模宏大取胜,而且选题和译文均属上乘。关键在于,这些丛书主要是由人民文学出版社及其上海分社(上海译文出版社前身)出版的。

虽然外国文学的引进(用鲁迅的话说是主动拿来)起始于"百日维新"和"五四"运动,但鲁迅认为当时的拿来并不尽如人意。这其中既有选题失衡问题,更有译文质量的参差不齐。遵循"古为今用""洋为中用"的"三套丛书"却实实在在地为我国的外国文学学科奠定了基础。中国读者、中国作家、中国文学工作者,尤其是外国文学工作者无不由衷地认为它厥功至伟。

然而,人民文学出版社并未止步于此。

有关贡献自有出版社历任领导和编辑总结详述,我只能就熟识的一二聊表心迹。所谓时光倏忽,杂事倥偬,一晃我也过了还历之年。回想当初,我也是时不时会到朝内大街166号走动的人之一,与前辈王央乐先生和同辈胡真才先生可谓过从甚密。过往之中,闲聊之间,总会有些收获。老实说,我所藏万余册书中,至少近十分之一来自人文社。其中一部分是在人文社历次装修、挪移时"捡"来的,另一部分当然是自己节衣缩食购买的。为了让这些见证新中国文学事业的宝贝不至于跌入历史的尘埃,我有意将一些"残编旧章"存入了外文所的小书库,希望它们能一代代传递下去,是为不能忘却的纪念。

至于本人与人文社的亲密关系,除了前面提及的一二同行,其实最重要的还是它在我心中的崇高地位。鉴于难以一一道来,我就信口说说"21世纪年度最佳外国小说"和杨绛译《堂吉诃德》。前者是由老社长聂震宁先生发起的,是年2000年。他的建议很快得到了外文所和业内众多同行的响应,于是,由人文社和中国外国文学学会领衔的"年度外国小说奖"鸣锣开张,屈指算来已有二十个年头。每年五六种不等,持之以恒,以评奖的形式为中国作家、中国读者推荐、移译了上百种 21 世纪各色小说,涵盖英、俄、法、德、西、意、日等诸多语种。

杨绛先生是我半个同行,当然更是我的前辈。她从 20 世纪 50 年代末应时任中宣部副部长的林默涵指定翻译《堂吉诃德》后,孜孜汲汲地自学西班牙语凡十余年之久,其间提出了译者"一仆二主"说和"戴着镣铐跳舞"说等,从而形象地诠释了钱锺书先生的"化境"论。这也是对鲁迅先生"凡是翻译,必须兼顾这两面,一当然力求易解,二则保存着原作的丰姿"的归化、异化兼顾说的最好注解。当然,翻译永无止境,尽管原著始终不变。举个最简单的例子,迄今为止,有关《堂吉诃德》的注疏和研究方兴未艾,塞学蔚为大观。其中既牵涉到总体评价,也关系到枝节校勘。虽然海涅以降尚未有 20 世纪末莎学那样的大突破,但细小的翻转和稽考却络绎不绝。譬如桑丘的灰驴如何失而复得、"de pelo en pecho"如何理解、"Venta"是买卖还是客栈等等,简直不胜枚举。翻译还真不能望文生义,更不能简单照搬词典。想我国《成语词典》不会将"胸有成竹"释以胸有成竹。如果语境适贴,谓某人画竹出神入化,那么将"胸有成竹"直译至外语又有何不可呢?总之,翻译无有尽头,甚至是一个吃力不讨好的活计,只有更好,没有最好。

回到人文社,我忽然想起了杨先生临终的一句话:"我怎么这么老了呢?"是啊,她"刚刚还跟在大姐身后观看'五四'游行呢"!哎,一百年弹指一挥间,几千年又何尝不是如此?想当初她和钱先生常以"恰同学少年"感喟我的年轻;但至钱先生罹病,他却开始管我叫"老陈"了。为了不打扰两位前辈,我一年见不了他们两次,而且必得应杨先生的召唤或者为哪位中央领导的探访打个前站,顺便聊慰契阔之情。

作为尚未打开话匣子的结语,我想说,藉二十个杨先生我们就回到了秦汉,许一百个人文社我们就回到了河姆渡!人总是要老、要走的,但愿人文社这个铁打的营盘越来越好!愿伟大的文学之树长盛不衰!

一部说了又说的书

張　玲

　　这里开宗明义,我所谓的说书,非指说书唱戏的那种大众娱乐方式,而是一部纸质有面有页有字有图,专门用以供人阅读欣赏增智养心的那么一种物质存在。

　　书本来是给人看的,为什么要说了又说?

　　因为她本身所以成其为书,或写,或译,或编,或校,或印……总之忽略内容不计,在过程中还有很多故事,不仅值得一说,而且值得说了又说。一部书名为《弃儿汤姆·琼斯史》,二百七八十年前一位叫亨利·菲尔丁的英国老先生所写,三四十年前一位叫张谷若的中国老先生所译,二十多年前首次在中国出版;不到一年前,也就是在大疫初起之时,我蜗居家中从快递手里接过了她的人文新出版样书——恕我心、眼具拙,手中摩挲反复翻览之间,狂喜莫名:窃以为,她是自己所见最美丽的一部书!

　　如果非用文字施诸描述,敝人身为译者息女,也不得不就此勉强说几句图书设计、装帧、编排、印制等方面的外行话。

　　此书为精装硬皮上下两册,共一百零九万四千字,细麻纸正灰色封皮,封面及书脊书名、著译者名上下饰有烫金卷须花纹,及人文社钤印。再看套封:这是一部书的外衣,犹如人身上的长外套,其首要引人注目的,是色彩搭配。她以灰蓝色系为主调,又以一幅单线平涂图画打底。这幅画,是书中插页图画中首幅,展示主人公弃儿汤姆以赤裸裸婴儿形象为人发现的一幕。套封上书名及著译者名以及出版社名称处,均或以填金,或以海军蓝着色。打开塑封翻来倒去远观近看,由于设计制作精细,色调谐恰,甚为养眼。以敝人之少见鄙陋,即视之为当今中外纸质图书极品。置于陋室书架自定义珍藏类内,与英美一二百年精品书毗邻,也绝不仅只可叹为了无逊色!遂即生浮想:苟得一夕携此书飞越彼岸,参与世界图书会展,或可欣欣然获奖矣?——只可惜,因疫事频频作梗,至今尚未幸获机缘!再稍稍翻阅书页,其中设色插图同样赏心悦目:是此小说作家逝后两年出生英国大漫画家汤马斯·若兰森的大手笔。

吾国俗语有曰"好事多磨",信哉!此书之翻译出版,即可为此言明证。因她既是好书,而且也确实来之不易。

《汤姆·琼斯》的原创作者亨利·菲尔丁,素有"英国小说之父"称谓。他这部书中译本又是逾百万字鸿篇巨制,分十八卷,各章又分别有一二十章不等。当今快速阅读,或谓浏览时代,捧读这样一部厚重作品之前,无疑多会望而生畏;而对于稍热衷于古典读者,却是一部颇耐赏阅把玩的经典!

这是英国和世界文学史中不可忽略的辉煌巨著。

英国现代小说,与西欧大多数国家相似,雏始于 17 世纪,至 19 世纪形成高峰。菲尔丁以他的《汤姆·琼斯》等作品,上承甚至更早的《巨人传》(法国,16 世纪)、《堂吉诃德》(西班牙,16 世纪)以及本国《鲁宾孙漂流记》《格列弗游记》,下启包括司各特、狄更斯等小说大师之作,在英国文学发展中途,坐稳了英国长篇小说已臻成熟的地标。菲尔丁这部小说的文本规模、情节结构、形象刻画等这些传统写实作品基本要素,都已达到羽翼丰满。或许也算巧合,正当这同一个世纪,在我们中国,可谓近代小说之祖的《红楼梦》也开始流行。早在上世纪前期,我国人文学者吴宓先生在他的《红楼梦》研习讲授中,就与《汤姆·

琼斯》做过比较。至今,我们绝无理由可说,曹雪芹和菲尔丁曾经读过彼此的这部巨著,但在地球上两个相距万里之遥的国家,同时段产生了各自的小说瑰宝,确也颇为耐人寻味!

仅从小说情节概略看来,那不过是欧洲早期所谓流浪汉小说的构架,没有魔幻,没有穿越,但却仅凭作者高妙的智能、技艺与想象,便将现实生活五花八门的事事人人与图景细节尽行囊括。近二三十年,我国阅读评判文艺的视野和方式,大大改观,从单一的所谓社会学方法,渐趋多维化。尊重文艺本体的特性,及其对人对社会长远深厚潜移默化功能之认同,也更为宽泛;但在中外古典文学研习、欣赏方面,写实小说的更近"功利性",毕竟仍然不容忽视。好的作品,以《汤姆·琼斯》为例,凭借其高超的说故事技巧,和刻画人物性格的能力,给我们展现出的18世纪前期英国社会人生,真可谓一幅连绵不绝、高低错落、主次有序、粗细井然、形色纷呈的《清明上河图》。富有社会生活和从政经历的小说家菲尔丁这部作品所体现出的业绩,恰正给我们补足了历史家所不意间忽略,或有意中删除的真实细节。

然而这部小说在它诞生伊始,就已显现出它的超前性,这更是我们今天的读者仍能与之亲和甚至受到启迪的缘由。诸如作家开篇以至通篇首选"弃儿遭遇"这一文学命题;主人公青春期的叛逆另类;人类社会两大性别的悖谬关系等等,其实古已有之。再如,书中故事和人物那种反英雄本色以及通篇讽刺幽默的喜剧以至闹剧风格,按菲尔丁自己表白,则是古希腊阿里斯多芬、中世纪塞万提斯、乔叟、莎士比亚的传统。这种风格,历经数百年,在欧美文学以及与古希腊文艺并无传承关系的我国民间戏剧文学中,也都富有长远强大的生命力,至今不失其教化性及愉悦性。不过经典,无论隶属悲剧还是喜剧,其价值和功能,又都应像古希腊对悲剧的定义一样,能够净化人的灵魂,而不是诱使人从恶随俗,追逐下流。所以这部大书能传奇而不离奇,荒诞而不荒谬,繁复而不繁冗,诙谐而不亵渎。子曰"温故而知新",在当下一些追捧拥趸偷觑猎奇嗜丑的集体"审美"狂欢中,触摸些许中外古老经典,这句成语或许还可派上用场。

　　《汤姆·琼斯》问世二百周年后,英国生产了一部据此小说改编,与主人公同名的电影,后获三十六届(1964年)奥斯卡最佳电影、导演、编剧、音乐等众多奖项。导演托尼·理查森,编剧约翰·奥斯本,恰是其时英国新兴新潮电影和戏剧领军人物;这部获奖电影,也成为英国新潮电影代表作。历史又推进了半个多世纪,抚今追昔,似乎也令人依稀看到,当年这些"愤怒的青年",是如何早已驰回他们二百年前的远祖,行其穿越。

　　中译本《弃儿汤姆·琼斯史》在中国刊行,虽是20世纪80、90年代后,对这部小说的关注、研究、翻译,却是先行久矣。姑勿论上世纪前期前辈学人的探索,至少60年代初,中国出版、翻译界及其相关主管,在统筹世界文学经典出版工作时,就已将这部小说纳入视野。先父担负此书翻译之初,其实非其全部。大约1964年夏,人民文学出版社编辑施咸荣、王仲英诸先生曾专程来访,谈及"外国文学名著丛书"编委正为已计划列入该丛书的《汤姆·琼斯》组稿,并物色译者,此时人文社恰巧收到西南一位大学教授对该译作的自动投稿。经慎重审阅,大家认为,应该珍视译者对这样一部文字艰深、内涵厚重的经典所付出的劳动,但虽曾特请人文社人员对译文做了通篇校订、加工,却仍然必须重译、补译相当篇幅。该社编委会经过慎重研究,才特派编辑前来,约先父担负这一任务。

　　计划经济年代,文学翻译工作同样有严格计划。当时国内各个出版社,担负出版物种类都有明确范围。人文社及译文社是主要两家可出版外译中文作品的出版社,两家又依具体作家作品各有分工。仅我所知,哈代作品,由人文社负责,狄更斯作品则由译文社负责。先父当时已在人文社出版过《德伯家的苔丝》等三部哈代小说、一首莎士比亚长诗《维纳斯与阿都尼》与一则萧伯纳剧本《伤心之家》;又在译文社出版了狄更斯的《游美杂记》,手头正为该社译狄更斯的《大卫·考坡菲》。当时两社的责任编辑以及社、室主管本人,大多也是翻译家,对于父亲的译笔多有了解,或可谓欣赏。此次他们又来约稿,先父其时已年届花甲,在北大任课不重;过去参与莎士比亚、萧伯纳、狄更斯翻译,都是出版社先已和父亲所属北大西语系沟通,此次,也是照前例与学校以及父亲先后约定。父亲一向内敛,与世无争,所以立即欣然回应此一与前有所不同的译稿任务,我深知,是因为他向来爱好翻译胜于教书,尤其乐于面对高难度名著的挑战;又何况,施、王等人文社编辑在来访时还强调点出,确定将这部书列入丛书时,中央宣传部副部长"周扬同志曾经说:'苏联有的我们都要有!'"更何况,施先生还特别说了一句:"大家认为,菲尔丁那种 18 世纪英语和他的风格,只有您能传达出来!"

不久,施先生又到父亲家中亲自送来一笔预付稿酬,说是按出版社不成文的特例。父亲将手头《大卫·考坡菲》杀青,本可立即转向投入《汤姆·琼斯》译事,然"文革"轰然而至,一切正常工作戛然而止。再不久,父亲收到人文社"革命造反组织"便条一纸,勒令每月取工资后,按十五元退还该社预支稿酬。从此,月月去邮局向人文社寄十五元退款,大约延续三年付讫,共计约三百至五百元间。"文革"风浪渐趋平静之后,人们大都在收拾各自风帆舢板,重新启航,父亲是率先回应出版社重行约稿,并立即拿出译作的译者之一。他从 70 年代早、中期风暴宁和间歇,已开始认真重新整理过自己此前出版的全部旧译。

补译《汤姆·琼斯》的重点,是这十八卷大部头各卷的首章,按中译文计,约六万言,是菲尔丁文学艺术理念、小说创作主张的表述。其中,菲尔丁以其雄健如椽之笔,尽情挥洒,旁征博引,纵横辩证,明引暗喻,表达了一位以社会担当为己任伟大小说家的胸怀和技艺。先父酣畅地迅速完成了这部分译文,正值北京大学新创《国外文学》,通过我们通家好友马士沂先生约稿,父亲于是将此部分译稿请马先生交付该刊编辑部,全文连载于该刊第二、三期,反映不俗;于此同时,这些译文手稿也交付人文社,受到上下编审人赞赏。这是当时责编亲来告知父亲。又经若干时日,人文社社、室负责人孙绳武、蒋路及多位编辑先生女士一行又来造访,称许补译稿后,又恳切言说,出版社在将此书三位译者稿件汇合,具体编辑处理过程中,遇到某种难题,特意征求父亲意见。最后,经父亲和诸位共同商定(其间我也非礼插嘴略抒愚见),索性由父亲再独自从头至尾译竣一部全书,纳入"外国文学名著丛书"出版。

80年代初,这类出版运作还都是作、译者与出版社口头协定,无书面合同文字。记得是从1983年秋凉后,我家已从市中心搬到西郊双榆树,年逾八十的父亲终于喜获宽敞读写、起居、待客空间,待匆匆安置好桌椅文具,就开始了他的新一程翻译之旅。每天晨起,依他终生习惯,草草梳洗、简单餐饮,遂后立即开始伏案读写翻译,约从九时开始,至一时午饭止,无论周末,亦不顾节假。

尽人皆知,翻译最首要,也是最浅表的意义和功能,是不同体系、种类语文之间的对应转换与互动。译者完成这一艰辛过程的满意程度,首先自然决定于其准确把握起始语和目的语的能力。文学翻译,不言而喻,在把握上还要求更有层次的深度,以期传达出包括语文意义与风格方面不同层次的内涵与韵味。先父毕其一生,始终致力倾其自身中外语文技能修养于每部译作,力求从原文再创作出较恰切译文。

语言文字又是随时光潮流律动而演变的文化存在,18世纪与19、20世纪初或当代的英文,在词义语法以至修辞手段等方面,都有不同。为区别作品中古今有别的语文,父亲翻译《汤姆·琼斯》这部二百多年前的经典,基本用语是一种古典味儿白话,或谓略近似明清时代白话。又由于菲尔丁是一位学识渊博精深、语言丰富多彩、行文潇洒磅礴的大师,父亲处理他的叙述、论辩语言及不同身份人物对话、独白等各种用语,也力求撷取对应的不同中文用语;对于英文原文中的拉丁、古希腊等欧洲古文,也采用古汉语应对。为解决途中难点,自然尚需借助参考书及工具书。他本来富有藏书,"文革"中已四去其三,我们就在国内外公干之余,或通过中外朋友辗转之间,帮他搜购、求索。如今回想,那也并非一段简捷蹊径。

阅读外国文学作品,通常会遭遇无数表面文字背后隐形的异域文化、历史、民俗成分和谐谑、隐喻、反讽、调侃等等独具作家特色的修辞技巧,读者不一定尽皆直捷深切理解和欣赏,因此,父亲从早年翻译之始,就很注重译文注释,而且于此在学界颇受尊重。他是结合研究做注释,既是他身为译者以自身学识修养做研究的用武之地,也是将中国传统古籍研究中训诂、注疏方法,运用于研究翻译外国文学中的实践,远非简单地解释词语或极少数业内同行信口所言"字典搬家"。此类注释,在我国古典名著中,读者已习以为常,而且确已从中获益匪浅。

如此,经过1983至1987年,略相当于他八十至八十五岁的五年间,约一千八百多个早晨,他终于满面含笑,随着悠然一声长叹说道:"《汤姆·琼斯》的翻译已经完工,我从此不再翻译了!"

大约两年过后,一次在南方开会,我偶遇人文社新一届外文部主任秦顺新先生,他趁会间休闲散步,看似随意却又语气神情都甚严重地对我说,他们社在安排处理父亲这部《汤姆·琼斯》译稿时,又遇到某种未及预见情况,经与丛书合作者,又是兄弟出版社的上海译文社商议,他们是以"求之不得的"心态,极其乐于接受出版这部书。现通过我再征求父亲意见。

大约也是秉承了一些父母遗传,我是先天思维简陋、行止粗率类人,加之混迹外文编辑行多年,人文、译文诸位领导、编辑又大都是我同行长者,对秦先生所言之事来龙去脉,无疑了然于心,对这两家出版社如此两全策划,自然易于理解接受。会后回到北京家中,即告知父亲出版社的此一新设想。

父亲毕生从事翻译,首先是兴趣,在那一千八百余上午终日伏案,又对原作那样地详加脚注,着实辛苦;别人看来又是那样的不合时宜,以致吃力不讨好,他却以此为乐。他享受了这一快乐过程,交割了任务,即算万事大吉,至于哪个出版社哪样处理,对他并不那样重要。他既已封笔,就在居家阅读、赏画、闻乐中自得其乐。他自信自己字斟句酌完成的译稿,一旦交付出版社就大放宽心,不闻不问。那时出版周期长也是常态。直到1994年春,病榻上的父亲终于收到由上海寄来的一部《弃儿汤姆·琼斯史》样书;仅仅一部,不是按当时通常合同,由出版社送发给译者的二十部,而是特例由印刷厂印制后,预先装订出二三草草装订样本,原只为分送内部出版印刷各要隘最后检阅、签发、退还,再由工厂正式开印之用的样本。父亲从这年前的除夕,突患中风,已缠绵病榻数月,亲切关怀老译者的人文、译文两社领导、编辑早对他的病情时以关注,译文社所以如此急迫寄送此一特别样书,确实体现了上海人工作作风中的细腻体贴,同时也令人由衷羡慕,赞叹先父的幸运!

我至今记得,那时父亲半依床栏,用尚能动作的右手和勉强配合的左手,吃力地捧着这部比《现代汉语词典》还大还厚还重的书,微笑着吐出这几个字:"这辈子,我没白活!"

数月后,父亲的人生故事结束了,他的译事故事以及这部《弃儿》译作漂泊诞生及后续故事,并未结束。

张译《弃儿汤姆·琼斯史》1994年获外国文学类国家图书奖。上海译文出版社老编辑,也是翻译家的方平先生特在电话中兴奋告知我:"今年评这个奖项的时候,本来原有规定,复译和古典作品不在参选范围之内。张谷若先生的《弃儿汤姆·琼斯史》恰巧属于这两项,但还是中选了啊!"

我听我的同学同事、翻译家薛鸿时先生转述过这套丛书编委会成员、翻译家董衡巽先生看完赠书后的心得:"这是张先生译作中最好的一部,我们都译不出来……张玲也译不出来。"

董学长所言极是!

此书问世后,经上海译文社连年再版三次。发行量共八万册;2008年又经重庆出版社选入"企鹅经典丛书"出版。此时父亲早已经作古,但我们家人并未忘记她在出版前,孕育于政治风云中的诡谲,也从未忘记人文社老一代男女编辑诸君近半个世纪前就曾为她所付出的心血与远见卓识!

2014年春,有出版社网上传来一段与此译作相关评论,为业内行家王强先生1997年所记。兹引录如下:

一九九七·四·四　晴

在"二酉堂"购（英）菲尔丁《弃儿汤姆·琼斯史》。张谷若译。上海译文一九九五·十·三印，一四三八页。珍藏版。金外套封。张氏译文典雅，趣味横生，无愧于菲尔丁。读张译尤赏叹其长脚注，多为涉及英国文化习俗之妙文。译者心得如此，读其译述增吾知识。想起英国理查德·伯顿（Richard Burton）之名译《天方夜谭》之脚注。读是译吾心坦然、泰然。老辈译家专选挚爱之作品、作家，数十载磨一译而沉潜把玩乐此不疲，比之今日"快刀"译手，"乳臭未干"译者真乃天上地下。读时下"快手"之译，往往意尚未达，况文采传神乎？！张译足令此辈汗颜。读名著必读名译。如无名译宁可不读名著。此为尊重知识，尊重品位。

此段文字，言简意赅，我多年珍藏，视为知音者言！近日偶尔上网查点，也发现类同译评。更有幸者，几年前新任人文社外文部主任欧阳韬先生，于风高浪急的市场经济狂潮中，施展才略，仍能以独特慧眼淘揽出《弃儿》之类经典，列入人文社新出版计划。我偕同舍妹，身为先父张谷若身后版权继承人，在诸多热心有识读者及出版编辑人鼓励之下，得再与人民文学出版社就此书签订了新出版合同。

签约过后，又遵嘱，再为之重新撰写译序，即由《中华读书报·国际文化》版率先刊登，又蒙忘年友、书评家高立志先生赐赠标题为《〈弃儿汤姆·琼斯史〉登陆中国的故事》；不久，又由《北京文史》杂志全文转载。

《北京文史》本是京华出版一份图文并茂季刊，历来讲究文稿配发插图，采用拙文前，也要求提供图片而且彼此共识原则又是：避免选用现时网上共享图片。幸有该社年轻责编周天一女士倾情慷慨相助，终于由她辗转网购得美国富兰克林图书馆 1980 年版转载爱丁堡狄克森与希尔公司 1792 年珍稀版插图，英国古典名漫画家若兰森绘。如今，此拙文与此十二插图又成为先父译作人文社新版《代序》及插图——此亦可鉴"一个好汉三人帮"之理由。这部书仅以我这一张唠叨老嘴，既已被说了又说！

当初与人文社签约，在写下姓名，向欧阳韬先生递交合同之际，出于对此书眷恋心切，我竟不避冒昧之虞，不禁脱口叹曰："此译稿责编应为研究生级！"

殊不料，这竟是说者妄意，听者有心。书稿随即交付不久前加入该社年轻的马博先生，果然系研究生毕业高才！

为此译稿曾与马博先生有一二次简短接触，如水之交间，亦感受到似乎是冥冥之中我家与人文社之间合作往来弥漫的"传承的情谊"①又复重现。

于此，我还要说的是：此书苟无人文社审阅、编辑、校对、设计、策划等系列长期精心耐心运作，如今定当不可见其此等高质佳容！

时至 21 世纪 20 年代肇始，这部先父的天鹅译作，如此历经半世纪有余，纵跨大江南北辗转周圈，终又回到她的正式起始策划、组稿、编辑的故园——人民文学出版社，完成了她的还乡。

2020 年新春收到样书，我代替先父以双手把她高高举起，置于父亲灵前，放声倾诉："您这辈子没白译！而且，假如您还活着，定将此《弃儿》待之若宠儿……宠得让我嫉妒！"

借此社庆之际，奉祝天下弃儿都变成宠儿！

赘言：

月前，人文社我的一位责编瞿灿女士来电话，恭聆伊代社约此社庆贺稿，顿生浮联翩想。伏案命笔，先立就分行短句数言，抄录于下，聊作一唠叨女性老译作者些许鄙陋感悟。苟未被妙手删削，则额手庆幸！

文字是好东西，书籍是好东西，他俩是好兄弟。

写书的是好人，作书的是好人，咱俩是贤仲昆。

读者不是上苍，评者不是阎王，自重切勿轻狂。

写作读评诸君，都有同一母亲，大名叫作良心。

---

① 此语收录于 2001 年《我与人民文学出版社》拙稿标题。

因为你,我走上了文学之路

| 林洪亮

　　人民文学出版社成立七十周年了,我衷心向人文社表示热烈的祝贺,同时也向人文社表示热诚的感谢,感谢人文社七十年来出版了大量优秀的中外文学作品,培养了大批的著名作家、翻译家和出版家,为繁荣我国社会主义文化事业,促进中国和世界各国的文化交流做出了突出的贡献。

　　作为个人,我也要特别感谢你们。1952 年我读了人文社出版的《钢铁是怎样炼成的》,大受感动,才报考了中文系,走上了文学之路。后来我受国家的委派到波兰留学,学的是波兰语言文学。而波兰最伟大的爱国诗人亚当·密茨凯维奇便成了我一生关注、学习、研究和翻译的对象。1955 年联合国教科文组织把密茨凯维奇定为"世界文化名人",并把那一年定为"密茨凯维奇年"。世界各国都相继举行了纪念活动,我国也不例外,除了举行隆重的纪念大会外,人文社还推出了他的两部作品,都是由孙用老前辈翻译的。1956 年初我从国内的报刊上看到人文社出版《塔杜施先生》和《密茨凯维支诗选》(当时的译名)的广告,便委托国内的同学代我去购买这两本书。《塔杜施先生》很快就给我寄来了,但《诗选》却一直未买到。到 1957 年初,同学告诉我,他找了很久都没有找到。心急的我便冒昧地给译者孙用先生写了一封信,由于我不认识孙先生,也不知道他的通讯地址,便将信寄给了人民文学出版社。两个月后,我竟收到了孙用先生的回信,令我喜出望外。他在信中告知,由于某些原因,《诗选》还未出版。他还非常谦和地表示,愿和我这个小辈交往,从此我们便建立了经常的联系。1957年暑假,我获准回国探亲,到北京后受邀前去拜访孙先生,那时他住在建国门内顶银胡同的一处平房里,初次见到孙先生倍感兴奋。孙先生身材修长,一副文雅书生气质,非常热情地接待了我。我向他简单地介绍了一下自己在波兰学习的情况和我对密茨凯维奇的喜爱,以及我对孙先生的敬重。他也向我谈起了国内纪念密茨凯维奇逝世一百周年的盛况和密氏作品翻译出版的情况。他说,这次的《诗选》比1954年的那版短诗增加了一倍,还收有两部长诗。长诗《康拉德·华伦洛德》是由景行翻译的,交稿稍晚了些,故没有在纪念大会之前出版。他说现在都排印好了,因纪念日期已过,便不急于出版了。告别时,孙先生还嘱我在回华沙之前再去他家一次。后来我在离开北京之前,遵约又去拜访了他。这次主要是谈密茨凯维奇的作品翻译,他说自己都是从英文转译的,和波兰原文比起来不知道差距有多大,他要我回到华沙后,把他译出的《致波兰母亲》和《在澄澈而渺茫的湖水上》按照波兰文原诗一字一句地直译出来,不加任何的改动和修饰,这样才能看出它们之间的差距来。从这点也可以看出孙先生对翻译的一丝不苟和严谨的工作作风。另外,他还要我翻译密氏的一些短诗,趁《诗选》还没有出版,可以把我译的诗插进去,但要尽快寄给他。我听了后既高兴又惶恐不安,高兴的是我能得到孙老的提携、指导和帮助;不安的是自己才疏学浅,还是个大学二年级的学生,唯恐有负孙先生的期望。孙老看出我的犹豫,便一再地鼓励我,让我欣然同意了。回到华沙后,因为学习负担较重,我只能利用很少的时间来做这些工作。我首先把孙老要我翻译的那两首诗从波兰原文认认真真地按照他的意见翻译出来了。后来我也尽量挤出时间,完成了《希维德什》《青年和姑娘》《歌》和《犹豫》这四首三百多行的短诗,于年底前寄给了孙老,并向他表示,如译得太差,就不要勉强收入。不久之后便收到了孙老回信，他很谦逊地向我表示感谢，还告知我所译的诗已收入《诗选》，但因版面早已排好，不好改动，只好在译后记中标明这四首诗是我直接从波兰原文译出来的。《诗选》出版后，孙老便用航空邮件寄给了我，接到样书后，我急不可耐地找出自己译的诗先看。虽然改动处不多，但往往经孙老改动一两个字便增色不少，如《青年和姑娘》中，每一段第一节的第三句，原诗和我的译诗都是"又来了一个青年"，但孙老在前面加了一个"看"字，便使译文更加生动活泼，使全诗更富于立体感。他还要分给我稿酬，我再三坚拒，他也一再坚持，最后我只好请他寄给我的父母。从这件事的经过可以看出，孙老不仅愿意提携后辈，热心帮助后生，而且谦虚和善，大公无私，表现出了他那高尚的品德。1960年我回国后，分配到中国科学院文学研究所工作，离孙老住的无量大人胡同不远，我便常常拜访他，多次蒙他留饭，用他门口种的丝瓜和扁豆招待我，困难时期能吃到这些东西比什么都珍贵。在这期间，孙老向我提出，他特别想把《塔杜施先生》重译成韵文，要我先根据波兰原文译出初稿，然后由他和我一起，根据波兰文和英文进行修改、加工和润色，最后形成一部忠实可信、优美可读的译作。由于我五年里四次下乡参加"整社"和"四清"等各种运动，后来又是十年"文化大革命"，虽然我曾努力过，但也只是把半部《塔杜施先生》译出了草稿。我没有在孙老生前完成他的夙愿，心中一直十分愧疚。

1977年，打倒"四人帮"之后，外文所开始探讨如何恢复业务工作，而东欧文学组便成了所领导考虑的重点对象之一，东欧组的人员除了组长戈宝权外，全是清一色的50年代留学东欧各国的归国学生，分配到文学所的苏东文学组后，也几乎没有参加过什么业务工作，先后多次不是被派往乡下参加劳动锻炼，就是参加"四清"等运动，后来又是十年的"文化大革命"。"文革"期间不仅完全禁止了业务工作，连看看外文书籍都不允许，回国十多年来都没有做过正常的研究工作，如何把这一批基础深厚而对研究生疏的组员迅速提升起来，便是摆在所领导面前的一大任务。外文所原党委书记王平凡同志和东欧组组长戈宝权同志便与人民文学出版社外文部的孙绳武同志和蒋路同志联合召开了一次联席会议,当时兴万生和我也列席了。这次会议主要是听取对东欧文学非常关注的这两位同志的意见。为了提高东欧组全体人员的研究水平,他们想用一项集体项目来使全组人员都能参加并得到提高,于是便想到了《东欧文学史》这个项目。但在如何实现这一项目时,由于当时还没有摆脱极"左"的思想,会上便提出了开门办科研、让工人师傅掺和进来。(当时外文所的一个项目《鲁迅论外国文学》就是由外文所的一部分科研人员和北京吉普汽车厂的工人师傅在一起进行的)回到所里后,东欧文学组(中国社会科学院成立后改为东欧文学研究室)便召开了全组会议,大家一致同意编写一部《东欧文学史》作为研究项目,但不同意让工人师傅掺和进来。我们提出了多条充分的理由,于是这个项目便暂时搁置了。过了一年多,这种极"左"思潮淡化之后,再加上业务工作已经走上了正轨,《东欧文学史》又提上了日程。还是在人文社的小会议室里,又联合召开了两次协商会议。经过协商,孙绳武和蒋路两位同志都热烈表示支持这个项目,并会经常关注这个项目的进程,以及最后的出版事宜。《东欧文学史》最终于 1979 年底确定了下来,但要写出这样一部专著来,的确是困难重重。一是世界上还没有一部东欧地区性的文学史,也就是说没有什么可学习借鉴的东西。二是东欧这一名字是政治性的,当时是社会主义大家庭,但从社会、历史、文学的发展来说,它们都有很大的差别,要把它们捏在一起,的确困难很大。三是资料缺乏,由于东欧文学研究起步较晚,国内各大图书馆所存东欧各国的图书寥寥无几,我们手上也只有我们在留学时带回来的一些图书,但要写出一部文学史来这些图书是远远不够的。四是人员短缺的问题,除了我上面提到的大家缺乏经验之外,有的语种的人员也不够用,于是我们从二外调来了会塞尔维亚文的高韧同志,并邀请了科学院图书馆的曾留学捷克的徐耀宗参加捷克文学部分的撰稿工作。经过多次的讨论,最后确定了文学史的主线脉和共同点、结构和体例等一系列细节。经过全体研究人员的努力，《东欧文学史》于1984年完成初稿，打印出来后分发给了有关同志，并于1984年年中在香山别墅召开一次初稿讨论会，邀请了国内所有从事东欧文学的教师和研究翻译人员来参加会议。在三天的会议当中，孙绳武和蒋路同志不仅自始至终参加讨论，还于第二天晚上找到冯植生和我详细谈了他们各自的意见，逐章逐节一一进行点评——哪些章节值得肯定，哪些地方需要修改和完善，都非常详尽地告诉了我们——他们的意见为我们后面的修改提供了巨大的帮助。《东欧文学史》修改完成后，我们便送到了人民文学出版社，又得到孙绳武、蒋路和刘星灿等同志的认真审阅，在此我要深深地感谢他们。可是，由于人民文学出版社当时收到了好多部文学史的稿子，一时难于出版，而这部文学史又是我们室全体人员的首部力作，大家都急于早日见书。1989年，恰好这时重庆出版社要出一套"东欧文学丛书"，我征得人民文学出版社的同意，把《东欧文学史》给了重庆出版社。尽管我心中深感有愧，但也属于无奈之举，只好向他们表示歉意和诚挚的感谢了。

2010年，人文社的张福生同志继承孙绳武和蒋路等同志的优良传统，又表现出了对中东欧文学的热情支持。由他策划和编辑的《显克维奇选集》于次年出版了。显克维奇是世界著名的作家，他的小说深受各国读者的欢迎，他也是最早由鲁迅介绍到中国来的波兰作家之一。这一次由张福生策划编辑的八卷本《显克维奇选集》，都是直接由波兰原文翻译过来的小说，其中就收有我译的《中短篇小说集》（第一卷）和《十字军骑士》（第八卷）。在张福生同志的精心打造下，这套选集装潢十分精美，印刷也特别精致，受到出版界和读者的好评。2011年波兰总统科莫罗夫斯基访问中国时，还把它作为重要礼物赠送给中国国家主席胡锦涛。

2017年，人文社外文部的欧阳韬主任向我提出在新版"名著名译丛书"中收入我译的《十字军骑士》，我欣然同意。经刘彦编辑的细心安排，此书很快就出版了。显克维奇的这部《十字军骑士》是波兰最受读者喜爱的一部小说，也是波兰"二战"后 1945 年出版的第一部小说，并且是波兰"二战"后第一部搬上银幕的经典作品。我译的这部小说在短短的二十年间已经再版了多次，这次是第五版。据刘彦告知，初版便印了一万册，不久又加印了五千册。在纸质书不受重视的今天，一部将近七十万字的小说还能获得如此的业绩，这不能不感谢人文社编辑们的辛勤劳动和大力推广。

从我最初的起始翻译，到后来逐渐成长，再到如今的耄耋之年，都得到了人文社的提携、帮助和支持，使我能在翻译工作中取得一点儿成绩，并获得"翻译文化终身成就奖"的荣誉称号。在此我要向人文社表示真心的感谢。

祝愿人文社在第二个七十年里出版更多的优秀作品，取得更大的成绩，也期盼人文社在今后的出版事业中能多关注中东欧的文学作品。

再次向人文社表示热烈的祝贺！

从《先人祭》开始

| 易丽君

翻译和出版波兰 19 世纪伟大的爱国诗人亚当·密茨凯维奇的诗剧《先人祭》使我在大约五十年前第一次有幸与人民文学出版社合作。1968 年 1 月,华沙民族剧院重新上演密茨凯维奇揭露沙俄残酷镇压波兰爱国青年的诗剧《先人祭》。演出极为成功,场场座无虚席,台上台下相互呼应,群情激动振奋。波兰当局在苏方压力下旋即下令禁演,并引来军警镇压为保卫《先人祭》演出而开展的示威游行。此事引发了一场震动波兰、深受世界关注的政治事件。事后在一个有我国各驻外使节参加的外事工作会议上,周恩来同志问在场的外交官们有谁读过这部《先人祭》,全座寂然。周恩来同志就说:像这样广为群众接受的优秀文学作品,应该把它翻译成中文。不久之后,人民文学出版社主管外国文学出版的孙绳武先生就托住在北京外国语学院的该社编辑叶明珍来找我,问我能不能翻译《先人祭》。经过几年的努力,《先人祭》终于在 1976 年由人民文学出版社出版。这也可以说是我从事波兰文学翻译和研究的一个里程碑。

继《先人祭》之后,人民文学出版社又出版或重版了多部我的译著,包括密茨凯维奇的史诗《塔杜施先生》、雅·伊瓦什凯维奇的三卷长篇小说《名望与光荣》和显克维奇的三部曲(长篇小说《伏沃迪约夫斯基骑士》《火与剑》和《洪流》)。在我的翻译生涯中,我非常感谢人民文学出版社给予我的机会和大力支持。

从《十三人故事》到《巴尔扎克全集》^①

| 袁树仁

一　迈过门槛

1979 年 6 月,我在法国进修一年后回国。那时住在北大蔚秀园 14 公寓,与著名学者金克木先生同住一楼。晚饭后在楼前的小道上散步,常常遇到他。一天,他对我说:"现在人民文学出版社又开始出版文学翻译作品了,你外文中文都不错,为何不动作?"我说:"我一个人不认识,不知怎样与他们联系。""你找夏玟,她是北大毕业的,现在在那里当编辑。"金先生的话鼓起我的勇气,我立即给夏玟写了一封信。数日后,夏玟来电话约我去社里面谈。她开门见山地说:"我在这里是最小最小的编辑,虽然咱们是北大同学(我比她低两届),我也知道你法文水平不错,但你必须通过试稿这道考试。"她当时就给我两篇东西让我试译,一篇是巴尔扎克《十三人故事》中的第一个故事《行会头子费拉居斯》,另一篇是萨特的剧本《苍蝇》,让我从中各选一节约三五千字译出。我从来没有指望通过什么私人关系办什么事,非常愿意凭自己的实力通过这场考试。在北大的学习,对 19 世纪法国文学比较熟悉,因

---

① 本文写作参考了艾珉为三十卷《巴尔扎克全集》出版写的《中文版序》(1998 年 8 月)。

此先译了费拉居斯女儿于勒夫人写给丈夫的诀别信寄出。

没过几天,夏玟来了电话:"你的试译稿在编委会顺利通过,请你立即开始译《十三人故事》中前两篇,此书已列入我社出版计划。今后你就是我社的约稿译者。萨特不用试译了,你就将《苍蝇》全剧译出,这也是已列入《萨特戏剧集》出版计划的。"

我从接电话的传呼电话亭一蹦一跳地回家,嘴里哼着歌,心里呼喊着:"啊!我成了人民文学出版社的约稿译者了!"

二 排上了队

关于《十三人故事》的翻译出版,还有一段故事:

前两篇《行会头子费拉居斯》和《朗热公爵夫人》已译好改好即将出版时,有一天夏玟去北大拜访我们的老师、老前辈陈占元教授。谈起即将出版此书的事,陈占元先生对三个故事只译两个提出异议,认为这样把好好的一部著作砍掉一块十分不妥。夏玟说因为第三个故事牵涉到同性恋甚至性奴问题,因此有所顾忌。她回社后向领导禀报后,又来电话让我将《金眼女郎》译出。于是《十三人故事》得以全须全尾地呈现在中国读者面前。

《十三人故事》1983年12月出版。从1980年到1983年底这四年间,有些老同学老朋友已在其他出版社陆续发表译作。有人说我:"你还守着人文那高门槛哪!来我们这儿吧,这儿出书快!"我说:"对,我就守着。这就好比上公交车,排上了队,总有上车的时候。"确实,这期间我又有别的译作排上了队,此后陆续得以出版。如:萨特《苍蝇》收入《萨特戏剧集》于1985年2月出版;狄德罗《拉摩的侄儿》收入《法国中篇小说选》于1998年1月出版;儒勒·凡尔纳《冰上怪兽》1991年以外国文学出版社名义出版后,又于2016年8月和2019年5月在人民文学出版社出版;普鲁斯特《追忆似水年华》第二卷《在少女们身旁》(我与桂裕芳老师合译)于2002年6月收入"二十世纪外国文学丛书"中出版。

三 上了"巴"船

《十三人故事》出版得到好评。艾珉在 1998 年 8 月为《巴尔扎克全集》写的长篇《中文版序》中说："《十三人故事》是袁树仁女士发表的第一篇译作,然不鸣则已,一鸣惊人,特别是《朗热公爵夫人》中对地中海岛屿自然景色和人物心理的描写,译笔清新俊逸,极富韵致,博得译界的喝彩。"当然这是溢美之辞。1983 年人文社开始制订三十卷本《巴尔扎克全集》出版计划,1984 年开始实施这个巨大工程时,我自然被拉上"巴船",不仅作为译者,且参与编校。到 1998 年《巴尔扎克全集》出齐,十六年的劳作,其中的苦与乐,真是一言难尽!

我参加《巴尔扎克全集》,首先受到我国法国文学权威罗大冈先生的反对。他对我说:"袁树仁,巴尔扎克是个老粗,对你不适合。你应该去译普鲁斯特……"1985 年南京译林出版社组译普氏巨著《追忆似水年华》时,确实来邀我参加。但我已经承诺参加《巴尔扎克全集》工作,必须信守诺言,绝不反悔。我谢绝了南京的邀请。后来又与桂裕芳老师合译了普氏巨著第二卷《在少女们身旁》,那是数年之后的事,在此不赘述。

《巴尔扎克全集》先后分配给我的待译作品有十二种,内容包罗万象,19 世纪上半叶法国社会生活的各个方面,人文科学、自然科学的各个领域,各行各业、各阶层的人物,都在老巴的画板上跳动。所以译老巴,首先要求你要有非常广阔的知识面,必须熟悉一百五十年前法国的历史文化、风土人情。难哪!怎么办?学!阅读各种有关的书籍。有时为了一段文字或几个词语,要查阅数本著作。

语言方面,一百五十年了,与现代语言有差别,而且老巴喜欢用各种行话、黑话、专业术语。怎么办?学!查资料,找参考书!为了译第二十七卷《杂著 I》中收集的 1824—1830 年的作品(真是一卷大百科全书啊,18 世纪末到 19 世纪 20、30 年代的整个法国全在那里),我专门到位于法国南方阿尔市的国际文学翻译家中心去工作了三个月,因为那里有《十八、十九世纪法语词典》(我们没有)。我刚到时,中心的主任,也是一位翻译家、学者接见我,说:"有什么问题可以来找我。"但是有一天我带着一串问题去找他,他支支吾吾半天,说不明白,最后满面通红、胡须抖动着对我说:"这我怎么知道?二百年前的小细节!"

巴氏著作中常有拉丁文引语。有时一本书译完了,几段拉丁文留下的"大窟窿"仍在那里瞪着我,令我十分烦躁。有人告诉我,北师大有一位老先生会拉丁文。去询问一下,不行。于是我决定学习这个已死去的语言。黄药眠先生的大公子黄大地在研究罗马史,与我有同样的苦恼。于是我们俩聘请了一位"文革"中被监禁多年、那时虽已被释放却仍无职业的前神父贾先生教我们拉丁文。他不要报酬,我和黄大地每月给他买茶叶和香烟。学习时间是每星期日的下午和晚上,雷打不动,地点在黄大地家。一次,大雪后的北京整个道路成了滑冰场。我下课后骑自行车从师大回北大西门对面我的家。到人大附近拐弯处,摔了一跤,脚镫子扭曲变形无法再骑。我推着车从人大走回北大,到家已是子夜时分。就这样,慢慢地,借助于词典,我可以将那些瞪着我的拉丁文窟窿一一消灭了。

反复阅读了原文过后,怎样用既表现原作的风格又明白流畅的地地道道的中文表述出来,更是一个难题。读者比较喜欢《烟花女荣辱记》中几个小标题的译法,如"烟花女子动真情""老叟情爱价几何""蹉跎路通向何方"等,他们大概永远想不到译者在这上面累死了多少脑细胞。其实从《十三人故事》开始,我就喜欢将小标题的画龙点睛作用以中国古典小说回目的形式表现出来。在《行会头子费拉居斯》中我也用了"妻子受责""死在何方",在《朗热公爵夫人》中用了"女子露出真面目""天主了结风流债",在《金眼女郎》中用了"巴黎容颜""奇巧鸿运"等。有时标题只是人名、地名之类,那就没有办法了。

在《巴尔扎克全集》中,我不仅是译者,还担负了审校工作。前二十五卷均根据法国伽利玛出版社"七星文库"本翻译、校订。这是迄今为止最经典的版本。第二十六至三十卷，当时尚未有"七星文库"本，系采用法国路易·柯纳尔版的《巴尔扎克全集》。《巴尔扎克全集》全部译文共一千二百多万字，光人名、地名、历史事件固定译法就做了几千张卡片，印了两大本索引。要将全部译文中的人名地名从头至尾统一起来，只这一项，就是多大的工作量！傅雷先生的二百二十万字译文所依据的原文并非"七星文库"本（那时"七星文库"尚未出版），有时缺少一整段，校对起来又是多么大的工作量！对各位译者译文理解上文字上的修改，又是多么大的工作量！每卷卷尾对本卷所收各篇均要做题解，介绍相应的时代背景和作品主题。这又是多大的工作量！

就这样，我们干了十六年。数千个日日夜夜，十六年的心血！

那时的工作条件，无法与今日相比。没有电脑，没有互联网，一切都是手工操作。译文草稿修改完毕，要抄在一个方格一个字的稿纸上。1990年暑假，为了抄一部十几万字的译稿，我每天早早吃了早饭，就赶到教研室开工。放假，无人，屋大，一楼，安静，凉爽，理想的工作场地！我的目标是一天一万字。一位法国朋友当时在我校暑期汉语短训班学习，他有时下午四点半下课后来看我，他的第一句话总是："抄多少字了？"我答："八千。""啊呀！对我来说，写一个汉字就像画一个小图画，我得花好几分钟呢！你一天要抄一万字，手不疼吗？""疼也要抄。暑假对我来说是黄金时期呀！开学后就没有这么多的时间了！"这是真的。我为《巴全》译的十二部作品二百二十多万字，全部是在业余时间完成的。在学校，除了繁重的教课任务，我还先后担任教研室主任、系主任、副院长等职务，样样都要做好。

家里什么条件？一张大写字台，一半空间被一台彩电占据，斜对着先生的观影座椅。我只占写字台的一角，约四分之一的地方。一盏台灯，后面用一张报纸遮住电视，桌上是法文原文和中文译稿，字典和其他工具书等放地上、脚下。

1998年，三十卷本的《巴尔扎克全集》中文版出齐。艾珉在《中文版序》中写道："《巴尔扎克全集》译成中文达一千二百万字，除已故翻译家傅雷先生所译二百二十万字外,基本上都是 80 年代以来的新译,法语文学翻译界的佼佼者差不多都参加了这一巨著的翻译或审校工作。北京语言文化大学外语学院副院长袁树仁教授,除参加审校工作外,还利用课余时间翻译巴尔扎克作品十二种,字数达二百二十万字,成为傅雷先生之后对翻译介绍巴尔扎克贡献最大的翻译家。……"拿到尚散发着油墨香的《巴尔扎克全集》最后一卷,我不禁潸然泪下。

那时,我与人文社合作整二十年,我也六十岁了。

四　青山未老

《巴尔扎克全集》出齐了,我也退休了,有更多的时间和精力译书了。人文社约我重译《幻灭》。这是个大部头,译成中文至少有四十四万字。

天不遂人愿。2001 年初,我先生罹患喉癌,手术后心梗心衰,双肺感染,医院数次发病危通知。被抢救过来后,又连续患膀胱癌、肾癌及喉癌复发,四次住院手术,最后扩散至肺癌,于 2009 年 11 月病逝。九年,我照护病人,身心俱疲。我自己真的幻灭了,自然无暇顾及老巴的《幻灭》。2010 年,我重拾《幻灭》,又干了三年,新译的《幻灭》于 2013 年收入十二卷本的《巴尔扎克选集》中出版。又是十五年!这时我觉得自己已完全文思枯竭了。

巴尔扎克却继续不断地迸发出强大的生命力。人民文学出版社先后出版了十卷本《巴尔扎克选集》(1989),二十四卷本《人间喜剧》(1994),巴尔扎克诞辰二百周年纪念版《巴尔扎克全集》(1999),十二卷本《巴尔扎克选集》(2013)以及大量单行本(我译的《十三人故事》《莫黛斯特·米尼翁》《婚约》《老姑娘》均出版过单行本)。最近我得知人文社又在筹划出版质量更高的新版《巴尔扎克全集》了。三十六年前为《巴尔扎克全集》首次出版与我们一起艰苦奋斗的数位老师和同学,如张冠尧教授、黄晋凯教授和散文家、翻译家施康强先生均相继作古。我们今天回忆《巴尔扎克全集》的诞生及二十二年来它走过的道路时,更加怀念这些师友。

这就是我与人文社四十年的交往。感谢人文社,我很幸运成了她的约稿译者。从那时起,我就正如一句法文熟语说的那样:"面板上总有面团。"持续不断有约稿,且总是名家名著。我在这块沃土上劳作,时时体验着劳动的辛苦和收获的快乐。我经历了人文社西编的几代编辑,与他们均有很好的合作。最早而且合作时间最长的当然是夏玟老师。她与我可说是亦师亦友的关系,给我很多指点和帮助。当然我也竭尽全力帮助她。后来与全保民先生、王瑞琴女士,现在与黄凌霞女士也都保持着良好的关系。

人民文学出版社七十岁了,她对中国的文学事业发展做出了极大的贡献。我祝人文社永葆青春,四季花开灿烂。

书为媒

| 蔡鸿君

　　1986年4月,我进入中国社会科学院外国文学研究所《世界文学》编辑部,担任德语文学编辑,不久就认识了人民文学出版社的三位前辈同行——关惠文先生、胡其鼎先生和仝保民先生,时常向他们求教,交流有关德语文学翻译方面的信息。时任《世界文学》主编的高莽先生,当时经常请一些著名作家、诗人,来我们编辑部讲课,其中就有时任人民文学出版社副总编辑的绿原先生。他在逆境中自学德语,翻译了大量歌德、海涅、里尔克的作品,让我这个刚刚迈入德语文学翻译之门的新人感到由衷的敬佩。

　　1987年,《世界文学》拟定要以专辑的形式介绍德国作家君特·格拉斯(Günter Grass)。我自然首先就想到胡其鼎先生。此前我就知道,他这些年一直在翻译格拉斯的《铁皮鼓》。我联系了胡其鼎先生,表达了《世界文学》希望选登《铁皮鼓》部分章节的愿望,可惜由于种种原因,未能如愿。《世界文学》后来改为刊发格拉斯的《猫与鼠》。我很荣幸地请到人民文学出版社美编室主任张守义先生为《猫与鼠》绘制插图。张守义为外国文学图书绘制的插图风格独特,堪称一绝,称其为当时国内书籍装帧艺术第一人也毫不为过。我还记得:他的办公室非常小,大约只有四五平方米,桌上地下堆满了书稿,屋里烟雾缭绕,张守义先生的烟瘾之大,是出了名的。当时《猫与鼠》译稿还没有完成,我只能向他详细地介绍了作者和作品的基本情况。张先生听得很认真,做了一些记录。没过多久,他就通知我去取画稿。他总共为《猫与鼠》画了十幅黑白插图,简洁写意,笔墨凝练,造型准确。因为这一期《世界文学》选登的插画数量太多,所以《猫与鼠》仅配发了四幅,留下一丝遗憾。1991年10月,漓江出版社在出版《猫与鼠》单行本时,刊发了张守义先生的全部十幅插图,算是弥补了这个遗憾。我因《猫与鼠》与张守义先生有了交情,后来还"得寸进尺"地请张守义先生为我选编翻译的《古斯特少尉》(安徽文艺出版社,1991)和《施尼茨勒中篇小说选》(安徽文艺出版社,1992)画了七幅插图,并且设计了封面。

20世纪90年代初,我到德国留学。90年代中期,我与妻子任庆莉开始在德国从事德语图书的版权代理工作,与全保民先生联系非常频繁。1999年8月,我们代理到的人民文学出版社的第一个版权合同《雪地三游客》签订完成,这本书是德国著名作家埃里希·凯斯特纳(Erich Kästner)的代表作之一,他也是第一位获得素有"小诺贝尔文学奖"之称的世界儿童文学最高奖——国际安徒生奖的德语作家,被誉为战后西德儿童文学之父。此后不久,人民文学出版社恢复了少儿编辑室,开始考虑引进各语种的童书。经全保民介绍,我们认识了负责少儿读物编辑室筹建工作的王瑞琴女士。我在德国专攻德语儿童文学,率先推荐的都是德国的名家名作和畅销书。既有眼光,又有魄力的王瑞琴,在引进英国作家 J. K. 罗琳"哈利·波特"系列的同时,也选中了瓦尔特·莫尔斯(Walter Moers)的《蓝熊船长的13条半命》,并在2000年6月签约。这本书1999年3月出版后,立刻进入德国畅销榜单前列,作者紧接着又出版了两本续集《来自矮人国的小兄妹》和《穿越夜空的疯狂旅行》,在德国掀起一股旋风。王瑞琴毫不犹豫,又接连签下了这两本书的中文版权。为了能够尽快出版中文版,她约请了李士勋、王泰智、沈惠珠、朱显亮等资深译者。与此同时,王瑞琴还决定引进出版克里斯蒂娜·涅斯特林格(Christine Nöstlinger)的儿童小说系列。涅斯特林格是奥地利当代最著名的儿童文学作家,也是世界童书两项最高奖——国际安徒生奖(1984)和阿斯特里德·林德格伦纪念奖(2003)的获得者。这个系列包括以下六本小说:《冻僵的王子》《新木偶奇遇记》《幽灵大婶——罗莎-里德尔》《可爱的魔鬼先生》《巴特先生的返老还童药》《脑袋里的小矮人》,她还约我写了一篇序言放在每本书的前面。这是中国首次全面地介绍涅斯特林格。2001年10月签约,2003年1月出版,规模之大,速度之快,在当时对于译介一位外国童书作家是很罕见的。与此同时,王瑞琴还引进了德国畅销书作家克尼斯特(Knister)的《魔女莉莉》系列和沃尔夫冈·霍尔拜恩、海克·霍尔拜恩夫妇(Wolfgang Hohlbein、Heike Hohlbein)的《法老的诅咒》《外公的13号古宅》等,均在国内读者中产生了很大影响。2006年8月,霍尔拜恩夫妇首次访华时,特别要求去拜访人民文学出版社,亲自表达了感谢。

全保民先生一直关注德国的文学和社科图书,引进了《奥斯威辛的爱情》《情系蒙特卡罗》《雷曼先生》《与苏格拉底散步》《达尔文的猴子》等图书。2002年初,诺贝尔文学奖得主格拉斯的《蟹行》尚未出版,全保民就代表人民文学出版社提出要购买中文版权,但因种种原因未能如愿。我对全保民这个老朋友,总觉得有亏欠之意,真心希望以后弥补。这个机会很快就来了:2002年6月,与格拉斯齐名的著名作家马丁·瓦尔泽(Martin Walser)出版了《批评家之死》,这本书立刻在德国引起轰动,连续数周名列畅销书榜首。我率先推荐给了全保民,人民文学出版社立即决定买下版权,并获得了德国版权方Suhrkamp出版社的同意。办理合同期间,外国文学研究所老同事、德语翻译界前辈高中甫先生来德国探亲,在我家做客,他得知此事后,表示愿意翻译。我当即就将一本工作样书交给了他,并通知了全保民。不知是否因为高中甫先生手头工作繁重,不能尽快完成,全保民后来延请了黄燎宇先生。黄燎宇先生不仅呈现出一本高质量的译作,而且对翻译和研究马丁·瓦尔泽产生了浓厚的兴趣。他写的关于翻译《批评家之死》的文章,还被德国汉学家 Karin Hasselblatt 翻译成德语,收入了德国 Rowohlt 出版社 2009 年出版的德语平装版作为后记。黄燎宇先生还通过北京大学这个平台,成功地促成马丁·瓦尔泽在 2008 年首次访华。这位德国文坛巨擘亲临其境耳闻目睹,对中国产生了极大好感,并与莫言等中国作家建立了友谊,留下中德文坛交流史上的一段佳话。

21 世纪初,人民文学出版社发起,并与中国外国文学学会联合,启动了"21 世纪年度最佳外国小说"评选活动。中国的外国文学专家出任评委,以英、美、法、德、俄等国以及西葡拉美语种出版的年度长篇小说新作为评选对象,每年评选出 6 至 8 本"年度最佳外国小说"。每年年初,我们都会将精心选出的四五本德语长篇小说推荐给全保民和新入职的德语编辑欧阳韬先生。欧阳韬曾师从北京大学德语系主任张玉书教授攻读世界文学专业,他的加盟为人民文学出版社出版德语文学添加了新生力量。我非常荣幸也颇为自豪的是,从 2002 年至 2009 年,连续八届评出的年度最佳德语外国小说,都是我们推荐的书:《雷曼先生》《尘世的爱神》《夜幕》《台伯河边的爱情》《爱的怯懦》《梅尔尼茨》《午间女人》《恋爱中的男人》。特别值得一提的是,马丁·瓦尔泽的新作《恋爱中的男人》还同时获得了年度最佳外国小说奖——"微山湖奖"。2009 年 12 月,年逾八旬的老作家再次访华领奖。颁奖仪式在北京大学举行,著名作家莫言在颁奖典礼上演讲,他说马丁·瓦尔泽"这个圣诞老人带给我们的礼物,是他的新著《恋爱中的男人》。将今年的外国文学奖授予这部小说,是我们回报给'圣诞老人'的礼物"。时任中国出版集团总裁的聂震宁先生为瓦尔泽颁发了"微山湖奖",他也是人民文学出版社的老社长。1996 年,他在担任漓江出版社社长时,还曾亲笔签约买下了 1999 年诺贝尔文学奖得主君特·格拉斯的"但泽三部曲"——《铁皮鼓》《猫与鼠》《狗年月》。

吕迪格尔·萨弗兰斯基(Rüdiger Safranski)是德国当代著名思想家、哲学家、传记作家。他写的一系列德国思想家传记在德国非常受欢迎。2005 年,萨弗兰斯基的新作《席勒传》出版后非常畅销。欧阳韬表示愿意考虑购买版权。萨弗兰斯基的作品都是我们代理到中国出版的,而且绝大部分都是我上海外院的同学卫茂平教授翻译的,他是萨弗兰斯基专家。因此,萨弗兰斯基的每本书一旦签约成功,我都会请出版社首先联系卫茂平。此时,我获悉萨弗兰斯基将要访华,卫茂平也会参加有关的学术活动。我立刻建议欧阳韬利用这个机会,直接与作者和译者见面,敲定《席勒传》的出版事宜,版权方面的事,我请他放心,德国 Carl Hanser 出版社最看重的是中国出版社的背景和译者的资质。此后不久,作者萨弗兰斯基、译者卫茂平、编者欧阳韬在中国人民大学的活动上见面,相谈甚欢。我将此情况向 Carl Hanser 出版社详细汇报,《席勒传》的合约很快就顺利签订了。

《生命》这本书的出版,也是一个令人难忘的故事。德国的柏林文学之家,一直致力于将优秀的德语文学作品呈现给外国读者,而且也特别注重合作对象和译者的选择。他们会请专家选定一部作品,做特别的推荐活动,但是经费有一定的限额。2013 年 6 月 18 日,Rowohlt 出版社版权经理 Susanne Begemann 女士来电话说,柏林文学之家选定大卫·瓦格纳(David Wagner)的小说《生命》(*Leben*)作为向中国推荐的项目,并确定与人民文学出版社合作,但是版权预付金只有三百欧元,她想听听我的意见。我当然立刻表示全力支持:时年四十二岁的大卫·瓦格纳是德国文坛新秀,《生命》这本书刚刚在 3 月份获得了"莱比锡书展大奖",绝对是值得翻译介绍的好书,我们本来也计划在 8 月的北京国际图书博览会上特别推荐;人民文学出版社是中国最好的文学出版社,一定会呈现高质量的译本;预付金虽然少,但是只要版权方同意,我们作为代理方可以不计报酬。Begemann 女士也完全赞同我的观点,顺利促成了这个项目。10 月的法兰克福书展上,德国 Ueberreuter 出版社的版权经理 Julia Balogh 女士在谈完工作之后告诉我,她在前不久中国驻德国大使馆的招待会上认识了我上海外院的同学——时任中国驻德国使馆公使衔参赞的姜锋先生和他的夫人叶澜女士,因为叶澜正在翻译她男朋友大卫·瓦格纳的小说《生命》。我不禁感叹:以书为媒,结交朋友,朋友越多,世界就会越小。2014 年 8 月底,大卫·瓦格纳第一次踏上中国北京的热土,在人民文学出版社做了专题讲座,在北京国际图书博览会会场参加了《生命》中文版的首发式。《生命》被评选为 2014 年"年度最佳外国小说"。我有幸亲口向手捧鲜花的作者大卫·瓦格纳和译者叶澜表示祝贺,并在德国展台前合影留念。这年年底,《生命》还获得了首次颁发的奖金高达一万美元的"邹韬奋年度外国小说奖"。

二十多年来,每年的北京国际图书博览会和法兰克福国际书展,都是我与人民文学出版社的朋友们相识重逢的机会。2017 年 10 月,上任不久的臧永清社长率团参加法兰克福国际书展,早在他任职春风文艺出版社时,我们就认识,此后也时常在北京书展见面。欧阳韬早早就约定了展会第一天在中国出版集团展台见面的时段。简短寒暄后,臧社长单刀直入,询问格拉斯的中文版权,当时在场的还有王瑞琴和欧阳韬。隔日晚上,在上海九久读书人招待各国同行的酒会上,臧永清社长又趁热打铁,使得原先基本定局的格拉斯中文版权陡升变数。其实,长期以来,全保民和欧阳韬一直在为人民文学出版社争取获得君特·格拉斯的中文版权,从 2013 年起,他们每年都会来信询问版权到期的情况。2014 年,全保民得知《我的世纪》(图文典藏版)可以授权,立刻报价签约,并且在几个月内就重新编辑出版发行。全保民对德文原版的编排做了很大的调整,每个章节前面添加了说明文字,交代了"叙述者""叙述事件""叙述时间",使之更加符合中文读者的阅读习惯。《我的世纪》(图文典藏版)里的一百幅水彩画,是作者亲自绘制的,图文并茂,相得益彰。2015 年 9 月 20 日,人民文学出版社举办了《我的世纪》(图文典藏版)的新书发布会暨读者分享会,八十岁高龄的中国德语文学研究会名誉会长、中国社会科学院外国文学研究所研究员叶廷芳先生亲临现场,回忆了他本人在 1979 年格拉斯访华时的亲身经历和感受。宋强先生带领人文社的营销团队,通过网络直播的形式,将活动分享给未能到场的读者观众,这也是我的初次直播体验。此次臧永清社长亲自出马,欧阳韬也怀揣详尽的策划方案,向格拉斯作品的版权方提出人民文学出版社希望出版君特·格拉斯系列作品的宏大计划。人民文学出版社毫无疑问是中国现当代作家精华之作的汇集之地,在出版德语文学作品方面也阵容强大,不仅出版过《歌德文集》《海涅文集》《席勒文集》《毕希纳全集》《卡夫卡小说全集》《施尼茨勒作品集》等经典德语作家的作品,其"21世纪年度最佳外国小说"丛书也推出了当代德语文坛的一系列新作。人民文学出版社凭借其在中外文学出版领域的综合实力和独具特色的策划方案赢得了格拉斯作品版权方Steidl出版社的青睐。他们也很珍惜人民文学出版社与君特·格拉斯的深厚渊源,格外看重人民文学出版社的作家优势和综合实力,坚信可以通过人民文学出版社的大力推广让更多的中国读者读到格拉斯。我想,假如格拉斯在天之灵有知,他的作品将在出版中国最优秀文学作品的出版社出版,相信他也会感到满意的。2019年8月22日,在北京国际图书博览会德国展台举办的发布会上,臧永清社长正式宣布:人民文学出版社将出版《格拉斯文集》(新版)和《格拉斯读本》,后者将收入格拉斯的小说、诗歌、戏剧、散文和美术作品,全面介绍文学家和艺术家格拉斯。

从第一次走进人民文学出版社,一晃过去了三十多年,以书为媒,我有缘结识了许多人民文学出版社的朋友,我们共同策划的近百本从德语翻译的图书,从朝内大街166号走向读者,它们也记载着我们之间的深厚情谊,此情此谊将绵远流长。